〈2판〉

소통의 화용론

커뮤니케이션에 대한 화용론적 접근

〈2판〉

소통의 화용론

커뮤니케이션에 대한 화용론적 접근

이성범 저

한국문화사

지은이 **이성범**

서울대학교 인문대학 영어영문학과를 졸업하고 서울대학교 대학원 언어학과에서 석사학위를 받은 뒤 미국 Yale대학교 대학원 언어학과에서 박사학위를 받았다. 한양대학교 문과대학 영어영문학과 교수를 거쳐 현재 서강대학교 국제인문학부 영미어문전공 교수로 재직 중이다. 미국 UC Santa Barbara에서 방문교수를 지냈으며 중국 난징대학에서 초빙교수를 역임하였다. 의미론 및 화용론 전공자로서 특히 언어와 문화, 법과 언어, 감정의 표현과 소통, 대조언어학적 관점에서의 언어사용 등을 연구하고 있다. 대한민국 학술원 저술상 및 문화관광부 선정 우수도서를 저술했으며 다수의 논문을 발표했다. 대표적인 저작으로는 『언어와 의미: 현대의미론의 이해』, 『추론의 화용론』, 『영어로 읽는 세계』, 『영어화용론』, 『영어 지시 표현의 이해: 인지·화용적 접근』, 『화용론 연구의 거시적 관점』, 『음식과 언어』, 『영어로 생각하는 글로벌 이슈』, 『언어적 무례함에 대한 실험화용적 연구』, 『한국, 일본, 싱가포르의 행복 감정 소통에 관한 문화 횡단적 연구』, 『화용론연구』(공저), 『영문법의 활용』(공저), 『화용론』(역서), 『화용론개관』(역서) 등이 있다.

〈2판〉
소통의 화용론
커뮤니케이션에 대한 화용론적 접근

1판 1쇄 발행 2015년 2월 20일
1판 2쇄 발행 2016년 9월 10일
2판 1쇄 발행 2019년 8월 5일

지은이 | 이성범
펴낸이 | 김진수
펴낸곳 | 한국문화사
등 록 | 1991년 11월 9일 제2-1276호
주 소 | 서울특별시 성동구 광나루로 130 서울숲 IT캐슬 1310호
전 화 | 02-464-7708
팩 스 | 02-499-0846
이메일 | hkm7708@hanmail.net
웹사이트 | www.hankookmunhwasa.co.kr

ISBN 978-89-6817-768-2 93700

· 이 책의 내용은 저작권법에 따라 보호받고 있습니다.
· 잘못된 책은 구매처에서 바꾸어 드립니다.
· 책값은 뒤표지에 있습니다.

· 이 도서의 국립중앙도서관 출판예정도서목록(CIP)은 서지정보유통지원시스템 홈페이지
 (http://seoji.nl.go.kr)와 국가자료공동목록시스템(http://www.nl.go.kr/kolisnet)에서
 이용하실 수 있습니다.(CIP제어번호: 2015004234)

2판 서문

소통이 시대의 화두임을 알리며 등장한 『소통의 화용론』이 개정판을 내게 되었다. 그간 소통을 거시화용론적 안목으로 다룬 저작들이 거의 없던 차에 이 졸저가 처음 등장했기 때문에, 예상치 못하게 강호제현의 분에 넘친 관심을 얻게 된 것으로 생각한다. 그러나 이 책이 독자 여러분들의 기대와 호기심을 충족하는 가뭄의 단비 역할을 하기는커녕 오히려 갈증과 궁금증을 증폭하는 데 그치지 않았나 하는 걱정이 든다. 본 개정판에서는 일단 초판에서 잘못되었거나 시의성이 떨어진 부분들을 먼저 걸러내는 데 주력했는데, 그럼에도 여전히 미흡한 부분이 많을 것으로 생각하며 커뮤니케이션에 대한 화용론 연구의 길을 함께 걸어가는 학문적 도반 여러분들의 따끔한 질책을 기다릴 뿐이다.

현재 국내외를 막론하고 이른바 4차 산업혁명에 관한 논의가 활발하다. 인문학자의 시각에서 4차 산업혁명은 사람의 마음과 생활 방식의 자동적인 결합을 의미한다. 즉 서로 다른 영역에 떨어져 존재하는 것으로 생각되었던 인지 cognition와 문화 culture가 긴밀히 융합되는 현상인데, 이 현상의 핵심적인 키워드인 인공 지능, 빅데이터 분석 등은 인간의 언어 사용과 직접 관련이 있다. 인간의 사유패턴과 생활양식, 가치체계 전반에 걸쳐 전대미문의 혁신적인 변화를 가져올 4차 산업혁명에 걸맞은 새로운 패러다임을 지향하는 화용론은 개개인의 마음에서 비롯된 인지적 능력인 언어 사용 능력이 가치 체계로서의 사회문화적 맥락에서 어떻게 기능하고 구현되는지를 밝혀야 하는데, 그 첫걸음이 바로 언어적 소통에 관한 연구라고 할 수 있다. 화용론에 대한 이러한 시대적 자각은 비단 우리에게만 국한된 것이 아니라 세계 도처에서 공유되어 그 어느 때보다 비약적인 학문적 성과를 쏟아내기 시작했다.

이처럼 세계는 급속도로 발전해 가는데 안타깝게도 우리 사회의 소통은 오히려 퇴보하는 모습을 보여주고 있다. 자신들의 이익만을 생각하는 일부 위정자들과 이들에 부화뇌동하는 언론 및 권력 기관, 사회 단체, 그리고 대의를 외면하고 목전의 사리사욕에 눈먼 일부 인사들이 저마다 중구난방으로 자신의 목소리만 높이고 상대방의 말은 경청하지 않는 바람에 현재 대한민국의 사회적 소통은 낙제점을 받을 정도로 심각한 수준이다. 1960년대 사이먼과 가펑클이 마치 선지자처럼 "I saw ... people talking without speaking, people hearing without listening, people writing songs that voices never share.(나는 보았지 언어를 말하는 게 아니라 그저 지껄이는 사람들을, 경청하는 게 아니라 그저 흘려듣고 있는 사람들을, 그리고 다른 이들이 함께 부르지 않는 노래를 만드는 사람들을)"이라고 설파한 지 벌써 반세기가 되었지만, 우리 사회의 말하기-말듣기-공유하기는 그 당시와 비교해서 나아진 것이 별로 없다고 할 수 있을 정도로 암울한 수준이다. 즉 하루도 빠짐없이 막말과 언어 폭력이 일어나고 있고 무책임한 공격과 형식적인 사과가 남발되고 있어 사회적 공공재로서 말은 이미 그 효력을 상실한 지 오래이다. 이해관계가 첨예하게 대립하는 사회일수록 소통의 수단으로서 언어가 그 힘을 발휘하지 못하면 그 공백은 강압적이고 비합리적인 수단인 폭력이 채우게 된다는 점을 우리는 모두 명심해야 한다. 저자는 일찍이 "의미는 언어의 꽃"이라 한 바 있는데, 더 나아가 "소통은 언어의 열매"라고 할 수 있다. 꽃이 피었다 떨어진 자리에 결실이 생기는데, 아무런 꽃도 없는 무의미한 자리에서는 문자 그대로 결과가 없으며,

병들고 빈약한 꽃자리에는 탐스러운 열매가 영글지 못하고, 독기 어린 꽃이 있던 자리에는 차마 먹을 수 없는 과실이 맺힐 것이다. 반면 아름답고 소담스러운 꽃자리에는 싱그럽고 맛좋은 열매가 열릴 것이다. 어떤 꽃으로 피어나 어떤 열매로 마감할지는 사회적 소통에 참여하는 우리 각자가 선택할 사항으로서 그런 선택을 잘 하려면 소통의 화용론적 본질을 잘 아는 것이 필수적이다.

이 개정판은 저자가 연구년을 맞아 남경대학의 초빙교수로 재직하면서 완성한 것이다. 이 자리를 빌려 南京大學의 吳玉梅교수, 劉素英교수, 尹恩子교수, 尹海燕교수, 李錦花교수, 崔昌笀교수, 陳新仁교수에게 감사드린다. 이분들은 저자에게는 진정 "남경의 천사"인 고맙고 소중한 분들이다. 저자가 머물고 있는 외교공우 창밖으로는 온갖 나무들이 날로 푸르름을 더해가고, 仙林캠퍼스 杜廈도서관 앞 버드나무 꽃의 은은한 향기는 바람을 타고 연구실까지 전해진다. 이제 이 아름다운 金陵을 떠나야 하는데 차마 자리에서 일어나지 못하고 계속 찻잔만 비우면서 금릉의 자제들과 함께했던 시간을 떠올리며 석별의 정과 장강의 물 중 어느 것이 더 길고 짧은지를 묻게 된다(請君試問東流水 別意與之誰短長). 마지막으로 인터넷 연락 등의 어려움 속에서도 개정판 작업을 맡아 수고하신 한국문화사 관계자들께 감사의 말씀을 드리며, 부디 본 개정판이 꽉 막힌 소통으로 인해 답답하고 짜증나는 현실에 한 줄기 시원하게 쏟아지는 소나기처럼 청량감을 안겨드릴 수 있기를 소망할 따름이다.

2019년 6월
중국 난징에서 이성범

1판 서문

누구나 '소통'을 운위할 정도로 '소통'이 바야흐로 시대의 화두가 되고 있다. 사람이라면 내남없이 참된 사랑을 원하지만 실제로 사랑을 하거나 받는 것이 그리 간단치 않은 것처럼 좋은 소통 역시 모든 이가 간절히 원하는 것이지만 실제 일어나는 대화를 보면 조화로운 소통보다는 서로 삐걱대는 불통을 더 자주 마주치는 것 같다. 거대 항공사 임원이든 기내 승무원이든, 한국 굴지의 우유 회사 본사 직원이든 그 회사 대리점주이든, 대학교수이든 그 교수한테서 배우는 대학원생이든, 따지고 보면 다 같은 인간으로서 귀한 존재인데도 서로의 뜻과 생각을 전하고 공유하며 상호 이해하고 원만한 관계를 유지하는 과정이 그렇게도 어렵다는 것을 특히 요즘 들어 매일 새롭게 느끼게 된다. 어찌 보면 우리는 그토록 사랑을 원하지만, 사랑하는 방법에 서툴러 서로에게 상처만 주고 돌아서는 첫사랑의 풋내기들처럼 모두가 그리도 바라는 좋은 소통에 관한 한 영원한 초보자일지도 모른다. 대학을 졸업한 지 30여 년의 공부에서 얻은 결론 중의 하나는, 우리 인간에게 가장 어렵고도 시급한 문제는 어쩌다 마주치게 되는 고등수학과 같은 고차원적인 문제가 아니라 사랑이나 소통과 같이 가장 흔한 것이 가장 까다롭고도 절실한 문제라는 점이다. 이처럼 중요하지만 쉽지 않은 게 바로 우리네 소통이기 때문에 그럴수록 더욱더 이를 잘 살피고 그 실체를 이해하며 더 나아가 타인과의 관계 속에서 제대로 실천하려는 노력이 필요하다. 이 점이 바로 이 책을 쓰게 된 동기 중 가장 실질적인 동기라고 할 수 있다.

또한, 이 책은 그동안 언어의 문제를 탐구하면서 지나치게 닫힌 언어 체계 내에서 자족적인 연구를 해 온 것에 대한 자기반성에서 비롯된 것이다. 저자가 존경하는 김태옥 교수께서는 "지금 언어의 연구는 언어체계보다는 언어적 커뮤니케이션 연구로, 텍스트 자체만의 연구에서 텍스트와 컨텍스트의 상관성 연구로, 그리고 좁은 의미의 언어 능력이 아닌 인간의 총체적 능력을 의미하는 텍스트 사용 능력을 규명하는 학제적 방향으로 옮겨가고 있다"고 하셨다(김태옥 2010, 5쪽). 워낙 비학천재非學淺才인 저자는 그 말의 뜻을 잘 헤아리지 못하다가 최근 거시적 화용론에 관한 책을 준비하면서 비로소 염화시중拈華示衆처럼 그 의미가 마음에 들어와 새로운 탐구의 소중한 불씨가 되었다. 2001년에 출판되어 강호 제현의 분에 넘치는 사랑을 받은 졸저 『추론의 화용론』이 맥락의존적 추론의 인지적 과정과 원리에 초점을 두었던 반면, 그로부터 14년 만에 나오게 된 본 『소통의 화용론』은 사회적 언어 행위의 소통적 과정과 원리에 초점을 맞춘 것으로, 언어 기호를 통한 커뮤니케이션에 대한 조심스러운 화용적 접근이다. 인간의 언어 사용은 그 인지적, 심리적 측면과 사회적, 소통적 측면이 종합적으로 연구되어야 비로소 완전한 모습을 그릴 수 있는데 그런 점에서 본 『소통의 화용론』은 『추론의 화용론』을 보완하는 의미도 지니고 있다.

　더 나아가 지금까지 소통은 보통 사회학이나 광고홍보학, 신문방송학, 커뮤니케이션학 등에서 주로 다루어져 왔고 화용론을 포함한 언어학에서는 그리 활발하게 다루어지지 않았지만, 인간 소통의 가장 기본을 이루는 것은 역시 언어이고 이 언어는 언어체계라는 닫힌 공간에서 자족적으로만 쓰이는 것이 아니라 구체적이고 무한히 열린 세계에서 시시각각 새로운 모습으로 변하면서 사용되는 것이기 때문에 언어학에서도 이에 대한 설명적 체계를 정비함과 동시에 인접 학문의 연구 성과를 이해하고 융합하는 데 기여할 수 있는 새로운 노력이 요구된다. 이 책의 독자들께서 본 연구를 그런 노력의 일환으로 받아주신다면 더 바랄 것이 없겠다.

이미 여러 사람이 나름대로 정의했지만, '소통'은 사회적 행동주체들 사이에서 생각과 정보, 감정 등을 전달하고 교환하는 상호작용의 과정으로서 비단 개인들 사이의 원활한 관계를 유지하는 데 필수적일 뿐 아니라, 사회나 국가 및 지구촌의 구성원들이 서로를 이해하고 교류하는 데 결정적인 역할을 담당한다고 본다. 그런 생각 하에 이 책은 구체적 맥락에서의 언어 사용을 다루는 화용론적 관점에서 언어를 통한 의사소통의 여러 문제에 대해 탐구하고 있다. 우선 1장에서는 소통과 커뮤니케이션의 정의를 알아보고 지금까지 제기된 대표적인 의사소통의 모델을 살펴본다. 또한, 의사소통의 여러 요소에 대한 기존 논의의 문제점들을 실제 예를 중심으로 언어학적으로 재검토하고 있다. 2장에서는 대화의 원리에 대해 가장 고전적인 그라이스의 이론과 스퍼버와 윌슨의 적합성 이론 및 신그라이스적 연구인 레빈슨의 이론을 알아보고 하버마스의 언어 사용 이론과 보편 화용론에 대해 논하고 있다. 이 과정에서 본 연구는 그 초점을 개인들 사이의 사적인 대화에만 국한하지 않고 거시적인 차원에서 공적인 담화에서의 소통 현상까지 확장하고 있다. 3장에서는 오스틴과 썰의 고전적인 화행 이론을 비판적으로 논의하면서 사회적 언어 행위의 분석을 위한 기본 토대를 새롭게 제시하려는 시도를 하고 있다. 이를 위해 요즘 우리 사회에서 빈발하고 있는 일방적 소통이나 불통의 대표적인 사례들을 언어 행위 이론의 관점에서 자세히 분석하고, 그런 문제의 화용론적 의의들을 초심자들도 쉽게 알아들을 수 있는 용어로 기술하고 있다. 대표적인 언어 행위로서 사과 행위를 분석하면서 국내외를 막론하고 하루가 멀다 하고 일어나는 각종 사과 행위의 사례들을 화용적 관점에서 설명하는데 그 과정에서 언어 행위의 보편성과 언어적 특수성의 문제도 균형 있게 다루고 있다. 4장에서는 소통이나 불통과 직간접으로 관련이 있는 언어적 공손 현상에 대해서 우선 서양에서의 공손 개념과 동양에서의 공손 개념을 비교하고 레이코프와 리치, 브라운과 레빈슨 등의 공손 이론 체계를 검토하고 마지막으로 스펜서-오티의 조화관계 이론에 따라 실제 한국어 자료를 분석하고 있다.

이 책은 소통의 기본을 이루는 언어 사용에 대해서 기존의 비언어학적 논의에서 소홀히 다루어졌던 부분들을 보완함과 동시에 언어학, 특히 화용론이 소통이라는 학제적 연구 주제에서 제 몫을 담당할 수 있음을 보여줌으로써 향후 많은 연구를 촉진할 수 있게 되길 감히 희망한다. 그뿐만 아니라 본 연구는 사회적으로 결코 바람직하지 않지만 그럼에도 불구하고 우리 주위에서 흔히 볼 수 있는 불통의 대표적 사례들을 분석함으로써 소통의 주체들 사이에서 상호 배려와 공감을 도모하고 조화로운 관계를 지향하는 사회적 소통의 방향을 제시하려는 의도가 있다. 그러나 이는 저자 혼자만의 노력으로는 결코 가능한 일이 아니며 이 방면에 관심과 뜻이 있는 모든 분의 힘이 합쳐질 때에야 비로소 가능한 것으로 생각한다. 그러려면 이 미약한 책이 독자 제현의 질책과 배려를 통해 새롭게 태어나고 가치를 더해야 할 것으로 믿는다. 소통에 대한 화용론적 연구는 이제부터라고 생각한다. 비록 갈 길이 멀고 험하지만 그럴수록 용맹정진해야 할 필요성을 느낀다. 그 길에서 독자 여러분과의 아름다운 소통을 기대한다.

책을 낼 때마다 느끼는 점이지만, 이 책은 저자 혼자만의 노력의 결실이 아니며 주위 여러 사람과의 소통에 힘입어 빛을 보게 된 것이다. 우선 저자가 재직하고 있는 서강대학교의 대학원 학생들에게 감사한다. 학기 중이든 방학 중이든 강의실과 실험실에서 그들과의 소통이 없었다면 이 책은 꿈도 꾸지 못했을 것이다. 특히 교정뿐 아니라 좋은 의견까지 제시해준 한승훈 박사에게 고마운 마음을 전한다. 아울러 본 저서의 출판을 맡아준 한국문화사에 감사하며 특히 편집을 담당한 강인애 선생님과 표지 도안을 맡은 유승희 선생님께 감사한다. 마지막으로 이 책을 쓰면서 좋은 소통의 중요성과 슬기로운 실천의 필요성을 몸소 깨닫게 해준 아내에게 한결같은 사랑의 마음으로 이 책을 바친다.

저녁 노을로 아름다운 남산을 한가로이 바라보며
2015년 2월
이성범

차례

- 2판 서문 __ V
- 1판 서문 __ VIII

① 소통과 언어

1. 소통과 커뮤니케이션 __ 1
   1.1 위대한 소통 ·· 2
   1.2 소통의 정의 ·· 10

2. 의사소통의 모델 __ 14
   2.1 전달 모델 ·· 15
   2.2 언어 연쇄 ·· 21
   2.3 수렴 모델 ·· 25
   2.4 구성주의 모델 ·· 34

3. 의사소통의 요소 __ 39
   3.1 송신자 ·· 40
   3.2 수신자 ·· 52
   3.3 메시지 ·· 63
   3.4 채널 ··· 83
   3.5 되먹임 ·· 87
   3.6 잡음 ··· 89
   3.7 세팅 ··· 92

- 1장 참고문헌 __ 96

② 대화의 원리

1. **소통의 두 얼굴** __ 100
2. **대화와 협조** __ 113
   2.1 그라이스의 대화 원리 ·················· 114
   2.2 대화함축 ·································· 126
   2.3 격률 지못미 ····························· 130
   2.4 격률과 문화 ····························· 140
   2.5 언어적 협조와 사회적 협조 ········ 145
3. **적합성 이론** __ 150
   3.1 적합성과 소통 ·························· 151
   3.2 의사소통의 목표 ······················ 154
   3.3 의도 ··· 157
4. **레빈슨의 함축 이론** __ 166
   4.1 의미의 층위 ····························· 166
   4.2 추론의 원리 ····························· 170
   4.3 공적 소통에서의 추론 ··············· 178
5. **하버마스의 언어 사용 이론** __ 181
   5.1 보편화용론 ······························· 182
   5.2 타당성 주장 ····························· 187
   5.3 사회적 행동 ····························· 189

- **2장 참고문헌** __ 194

③ 언어 행위와 소통

1. 행위로서의 말하기 __ 198
   1.1 언어 행위의 예 ·· 198
   1.2 사회적 언어 행위 ······································ 201

2. 언어 행위 __ 206
   2.1 언어 행위의 세 측면 ·································· 206
   2.2 발화수반력 표시 장치 ································ 211
   2.3 언어 행위의 적정성 ·································· 217
   2.4 언어 행위의 유형 ······································ 231

3. 사과 행위 __ 256
   3.1 사과의 정의 ··· 257
   3.2 사과하기 ·· 261
   3.3 사과 행위의 적정 조건 ······························ 266
   3.4 사과 행위의 실현 방법 ······························ 270
   3.5 문화적 측면 ··· 275
   3.6 사과는 어려워 ·· 283
   3.7 사과인 듯 사과 아닌 사과 같은 행위 ·········· 293

4. 언어 행위 발화의 구조 __ 298
   4.1 주요부와 주변부 ······································· 298
   4.2 수식 ··· 300

5. 간접 언어 행위 __ 317
   5.1 언어 행위의 직접성 ·································· 317
   5.2 간접 언어 행위의 종류 ······························ 321

■ **3장 참고문헌 __ 327**

언어적 공손 현상

1. 언어적 공손 __ 330
   1.1 우리를 둘러싼 공손과 예의 ··· 330
   1.2 동양적 공손과 예의 개념 ··· 333
   1.3 서양적 공손과 예의 개념 ··· 337
2. 공손의 규칙과 원리 __ 339
   2.1 레이코프의 공손 규칙 ··· 339
   2.2 리치의 공손 원리 ·· 343
   2.3 브라운과 레빈슨의 공손 이론 ·· 370
3. 스펜서-오티의 조화관계 이론 __ 391
   3.1 체면 다시 보기 ··· 391
   3.2 조화관계의 요인 ··· 393
   3.3 조화관계 지향 ·· 398
   3.4 비동의 행위와 조화관계 ·· 405

- **4장 참고문헌** __ 414

- 인명 찾아보기 __ 418
- 주제어 찾아보기 __ 422
- 표 목록 __ 431
- 그림 목록 __ 432

제1장 소통과 언어

> Think like a wise man but communicate in the language of the people.
> —William Butler Yeats
>
> 너의 그 한마디 말도 그 웃음도
> 나에겐 커다란 의미
> 너의 그 작은 눈빛도 쓸쓸한 그 뒷모습도
> 나에겐 힘겨운 약속
> 너의 모든 것은 내게로 와
> 풀리지 않는 수수께끼가 되네
> —산울림, 「너의 의미」 중
>
> To effectively communicate
> we must realize that we are all different
> in the way we perceive the world
> and use this understanding as a guide
> to our communication with others.
> —Tony Robbins

1. 소통과 커뮤니케이션

우리는 지금 소통communication에서 언어 사용의 문제를 탐구하고자 한다. 보다 구체적으로 말하면 우리는 인간의 언어를 매개체로 한 의사소통에서 화자의 의도가 어떻게 메시지로 구현되고 어떤 과정을 거쳐 청자에게 전달되며 다양한 요소들로 구성된 맥락에서 청자는 어떤 방식으로 그 메시지를 해석하는지, 그리고 그 결과 화자와 청자의 관계에는 어떤 변화가 있는지에 대해 화용적 관점에서 살펴보고자 한다. 이를 위해 우선 이 장에서는 '소통' 및 이에 해당하는 영어 표현인 'communication'의 정의와 이론적 모형을 검토하고, 소통에 관여하는 여러 요소를 조사한다. 이런 논의를 바탕으로 2장에서는 의사소통의 유형을 여러 관점에서 나누고 유형별로 의사 전달과 관계 형성이 어떻게 이루어지는지를 살펴본다. 소통은 일종의 사회적 언어 행위인 만큼 사회적 상호작용을 설명하는 화용론의 언어 행위 이론speech act theory에 대해 3장에서 자세히 다루고, 4장에서는 소통과 불가분의 관계에 있는 언어적 공손linguistic politeness의 문제를 실제 사례를 중심으로 탐구한다.

1.1 위대한 소통

'소통'이 바야흐로 시대의 화두가 되었다. 이는 비단 한국에서만 국한된 현상이 아니라 통신과 미디어가 발달하면서 전 세계적으로 불고 있는 시대적 추세라고 할 수 있다. 누구보다도 소통의 중요성을 잘 알고 있는 정치권의 예를 들면, 1980년에 지미 카터Jimmy Carter를 누르고 대통령에 당선된 로널드 레이건Ronald Reagan은 8년간의 재임 기간에 높은 대중적 인기를 구가하였다. 그의 국민적 지지도가 높았던 이유는 여러 가지 있겠지만, 가장 결정적인 것은 레이건이 "소통의 대가Great Communicator"라는 별칭을 들을 정도로 국민들과 소통을 잘하는 대통령이었기 때문이다. 레이건의 연설 담당관이었던 켄 카치기언Ken Khachigian은 레이건이 소통에 성공한 데에 세 가지 비결을 들고 있는데, "잘 숙성한 메를로 포도주가 수정으로 만든 잔에 부드럽게 부어지는 듯한" 레이건의 목소리가 그 첫 번째 비결이고, 두 번째는 카메라 앞에서 당당한 그의 타고난 배우 기질이며, 세 번째는 청중들에게 중요한 그림들을 생생하게 떠올리게 하는 레이건의 마술적인 언어 구사력이라고 하면서, 그를 미국인들을 천진난만한 학생들처럼 자유자재로 다룬 "미국의 선생님America's Teacher"이라고 부르고 있다. 그는 재임 기간 중 수많은 기자회견과 연설을 통해 소통의 대가 기질을 유감없이 발휘했는데 가장 대표적인 것은 1986년 1월 28일에 발생한 우주왕복선 챌린저호 참사로 인해 7명이 목숨을 잃고 미국이 충격과 비통에 빠져 있었을 때였다. 그날 밤 텔레비전 카메라 앞에 등장한 레이건은 특유의 침착한 어조와 빛나는 수사로 다음과 같이 희생자를 기리고 국민을 위로하는 명연설을 함으로써 자칫하면 자신의 지도력에 문제가 될 수도 있었던 대참사의 위기를 극복해 낼 수 있었다.

> The future doesn't belong to the fainthearted; it belongs to the brave … We will never forget them, nor the last time we saw them, this morning, as they prepared for their journey and waved goodbye and 'slipped the surly bonds of Earth' to 'touch the face of God.'
> 미래는 심약한 자들의 것이 아니라 용감한 자들의 것입니다… 우리는 그들을 결코 잊지 않을 겁니다. 또한, 오늘 아침 그들이 여행을 준비하고 작별 인사를 하며 '신의 얼굴을 만지러 이 땅의 험악한 굴레를 벗어 던졌던' 그들의 마지막 모습도 절대로 잊지 않을 겁니다.

물론 찰스 던Charles Dunn(2009)과 같은 이는 "레이건의 아이러니"라는 표현을 써서 레이건이 정작 알맹이substance는 별로 없고 외양style만 내세우던 대통령이라는 비판에서 자유롭지 않다고 했지만, 레이건 자신은 고별 연설에서 자기가 특별했던 것은 외양이 아니라 내용content이었고 자신은 "위대한 소통가가 아니며 위대한 것들을 소통하려고 노력했을 뿐"이라고 말했다. 이 말이 겸손함에서 비롯된 것인지 아니면 실질은 없고 껍데기만 있는 존재로 폄하하려는 시도에 대한 섭섭함에서 비롯되었는지는 알 수 없지만, 어쨌든 레이건의 스타일은 종래 미국의 보수적 공화당의 정치인들이 흔히 갖고 있던 '명령과 통제의 리더십leadership of command and control'이 아니었고 고집불통의 자세를 버리고 언제나 대통령 자신이 직접 나서되 설득을 포기하지 않는 "프랑스 인상주의 화가와 같은" 잔잔하고도 여백이 있는 "간접적 리더십indirect leadership"을 보여주었다(Dunn p.6). 그 결과 일반 대중들은 대통령의 정책 내용은 접어둔 채 일단 그의 소통 스타일에 매혹되었고, 심지어 소속은 민주당이면서도 레이건을 지지하는 "Reagan Democrats"들을 포함한 소위 묻지마 지지자들이 속출하였다. 레이건이 과연 외양만 있고 알맹이는 없었는지를 밝히는 것은 역사학자를 포함한 해당 전문가들의 몫이다. 다만 소통을 다루는 이 글에서 주목하고 싶은 것은 소통은 지知적인 측면도 물론 중요하지만 정情적인 측면도 못지않게 중요하다는 점이다. 랜험Lanham(2003)은 의사소통에서 수사rhetoric와 문체style가 메시지 내용 자체보다 중요하다고 주장하며, 고프만Goffman(1959)은 의사소통은 "자기 자신을 보여주는 것performance of self"으로서 메시지를 포장하는 표현의 중요성을 강조했다.

흔히 의사소통에서는 표현되는 말words의 내용이 거의 절대적인 것으로 생각하기 쉽지만, 미국 UCLA의 심리학과 명예교수인 메라비언Mehrabian(1981)의 고전적 연구에 따르면 성조tone of voice나 몸짓 언어body language도 이에 못지않게 중요하거나 어떤 경우에는 더 중요한 요소로 인식되기도 한다. 메라비언은 감성적 의사소통의 가장 중요한 요소로서 1)말, 2)성조, 3)몸짓 언어를 들고 있는데 이는 각기 문자 언어, 음성 언어, 신체 언어로 볼 수 있다. 의사소통에 참여하는 화자가 만들어내는 말의 내용과 그 말을 전달할 때 사용되는 음성적 매개체로서 소리의 높낮이나 길고 짧음, 운율적 연결 방식 등이 중요하며 그런 말을 할 때의 몸짓이나 태도, 표정, 시선 처리, 자세 등도 중요한 요소가 된다. 이런 요소들은 의사소통 상대방에게 비단 잘 보이겠다는 목적만 수행하는 게 아니라, 자신의 메시지에 대한 화자 스스로의 진정성과 진지함을 내용과 함께 전달하는 것이다. 아무리 좋은 내용의 선물이라도 그것을 예쁘게 포장하는 정성이 결여되어 있으면 선물하는 사람의 진심이 잘 전달되지 않을 수 있는 것처럼 이성과 감성이 두루 합쳐진 의사소통이야말로 진정으로 상대방의 마음을 움직일 수 있다. 소개팅 같은 자리에서 상대방에 대한 첫인상은 불과 6초면 모두 결정되고, 이때 가장 중요하게 작용하는 요인은 외모, 얼굴, 제스츄어 등이 대부분이고 목소리 톤이나 말하는 방법 등이 그다음으로 중요하다. 대개 이 첫인상은 나중에 들어온 정보에 상관없이 바뀌지 않고 오래 지속되는 경향이 있는데 이런 현상을 심리학에서는 "초두 효과Primacy Effect"라고 한다(콜맨Coleman, 2006). 이처럼 우리가 면대면 의사소통에서 받는 메시지는 소통에 사용된 말 외에도 그 말이 발음된 소리, 그리고 몸짓 언어의 세 부문으로 구성된다. 그런 관점에서 메라비언은 감정이 중요시되는 개인들 사이의 의사소통에 적용되는 '7-38-55 규칙the 7-38-55 Rule'을 제안했는데 이는 소통에서 청자가 화자를 판단하는 데 말의 역할은 7%에 불과하지만, 말소리, 즉 음성적인 부분은 38%로 말의 5배가 넘고, 몸짓 언어의 역할은 무려 55%나 된다는 것이다. 이 점은 소통에서 비언어적 부분, 감성적 부분이 얼마나 중요한지를 보여준다. 원래 합리적이고 논리적이며 쉽게 감정에 지배되지 않기로 잘 알려진 독일 민족이 아돌프 히틀러Adolf Hitler라는 선동가를 자기들의 영웅적 지도자로 열렬히 추앙하다가 끝내 비극적인 결말을 맛보았던 것은 "레이건의 아이러니"보다 더 심각한 "히틀러의 아이러니"로서 과도한 감성적 소통의 위험성을 보여주는 사례이다. 소통에 임하는 화자의 입장에서 볼 때 효과적인 의사소통을 하려면 말verbal, 소리voice, 모습visual, 이 세 요인을 잘 결합해야 하는데 이 세 요인이 잘 결합된 경우를 메라비언은 "부합된다congruent"고 표현한다. 문제는 이 세 요인이 서로 부합되지 못하는 경우인데, 예를 들어 말로는 "I don't have a problem with you"라고 하고 있지만 정작 화자가 이 말을 하면서 청자의 시선을 회피하거나, 화자의 표정이 진지하지 못해서 정말로 청자와 아무런 문제가 없다는 느낌을 주지 못할 경우 청자는 메시지의 언어적, 내용적 측면보다 메시지 전달 과정에서의 비언어적, 형식적 측면에 더 주목하여 진정성을 의심하게 된다. '7-38-55 규칙'에 따르면 의사소통에서 언어적 측면이 갖는 영향은 7%에 불과하고 비언어적 측면이 갖는 영향은 38% + 55% = 93%나 된다는 점에 유의할 필요가 있다. 레이건은 '7-38-55 규칙'의 세 요인을 최대한 잘 결합해서 소통에 성공한 경우라고 볼 수 있다. 반면에 그의 전임자였던 카터는 초반에는 따뜻한 미소와 조지아 땅콩 농장 출신이라는 신선한 경력을 바탕으로 인기를 끌었으나 차츰 지나치게 도덕적인 원칙을 강조하고, 메시지의 전달 방식보다는 메시지 자체에 집착하며, 카랑카랑한 목소리와 남부 사투리가 어느새 미소와 소탈함을 대체하고, 시종 근엄한 태도로 바뀌면서 세 요인이 서로 부합되지 않는 바람에 결국 유권자들이 등을 돌린 사례로 볼 수 있다.

메라비언의 규칙은 실험에 근거한 것이라고 하지만 많은 점에서 비판을 받고 있다. 첫째로 이 규칙은 모든 종류의 의사소통에 적용되지는 않고 감정이나 태도가 중요한 의사소통에 적용된다. 둘째로 메라비언과 그의 동료들이 행한 실험의 타당성에 의문이 제기된다. 그들의 1967년 실험은 첫째로 피험자들에게 한 여성이 한 단어를 여러 가지 다른 성조로 발음하는 것을 듣게 하고 각각의 경우 느낌을 수치로 나타내도록 하였다. 이때 단어의 어감과 소리의 느낌은 일치하지 않을 수도 있는데 예를 들어 'brute'란 부정적 의미의 단어를 긍정적인 성조로 발음하여 평가하도록 하는 것을 들 수 있다. 두 번째 실험에서는 피험자들에게 'maybe'와 같은 한 단어를 듣게 하면서 동시에 여러 다른 표정의 사진을 제시하고 느낌을 수치로 나타내도록 하였다. 이 실험으로부터 나온 공식이 바로 '7-38-55 규칙'인데 이는 정상적인 의사소통과는 너무나 거리가 먼, 단 한 단어에 대한 느낌을 수치화한 것이어서 규칙의 신빙성에 의문을 갖게 한다. 또한, 이 규칙은 의사소통에 참여하는 사람들 사이의 여러 변수를 충분히 고려하지 않고 있다. 다음 절에서 보겠지만, 의사소통에 영향을 주는 요인 중 화자와 청자의 관계, 즉 친밀한 정도, 힘 또는 직위의 차이, 성별이나 연령, 사회적 인식 등에 따라 이 규칙의 내용은 달라질 수 있고, 대화의 내용도 영향을 줄 수 있다. 의사소통에 영향을 주는 요인은 말, 소리, 몸짓 언어 외에도 대화 참여자들의 정체성, 그들이 가진 가치나 신념 및 이런 것들을 얼마나 대화 참여자들이 공유하고 있는지 등도 중요하다. 이런 다양한 변수들을 고려하지 않고 일괄적으로 '7-38-55 규칙'을 설정하는 것은 지나친 단순화라고 볼 수 있다. 그런 변수들을 고려하지 않더라도 이 규칙이 소통에 있어서 내용을 구성하는 언어의 역할을 너무 과소평가하고 있고 비언어적 요인을 지나치게 중요하게 여기고 있다. 극단적인 경우로 텔레비전이나 영상통화폰을 무음 상태로 해서 소리가 전혀 들리지 않을 경우 오직 말하는 사람의 모습만으로 소통이 이루어지는데 그래도 청자는 55%를 이해할 수 있다는 것인가? 전혀 모르는 외국어로 말하는 사람은 7%의 말의 요인을 제외한 93%로 이해할 수 있다는 것인가? 만에 하나 그것이 사실이라면 외국어 학습 방법도 본질적으로 바뀌어야 할 것이다. 그러나 그런 주장을 입증하는 완전한 증거들은 아직 제시된 바 없다.

다만 메라비언의 규칙은 전통적으로 간과되었던 의사소통에서 비언어적 요인들의 중요성을 환기시켜 준 데 의의가 있고 이를 대표적으로 보여 준 사람이 바로 레이건이라고 할 수 있다. 레이건 대통령이 은쟁반에 옥구슬 같은 목소리로 연설을 마치면서 "Good night America"라고 인사를 하면 많은 미국인은 마치 인자한 아버지께서 자장가를 불러주는 듯한 환상에 사로잡혀 잠자리에 들곤 했고 이는 레이건의 어떤 정책보다도 호소력이 있었다. 미국 정치권에서 대중 매체를 활용한 국민들과의 소통에 신기원을 세운 사람은 프랭클린 루즈벨트 Franklin D. Roosevelt 대통령이었다. 그는 당시에 새로운 발명품이었던 라디오를 십분 활용한 '노변정담 firside chats'이란 프로그램을 통해 국민들에게 친숙하게 다가가는 데 성공했다. 루즈벨트가 라디오를 활용하여 소통에 성공한 최초의 대통령이었다면 레이건은 텔레비전을 활용하여 소통에 성공한 최초의 대통령이었다고 볼 수 있다.

한국의 정치에서도 소통은 계속해서 점점 더 중요한 요소로 인식되고 있다. 지난 2012년 대선에 출마한 후보자들은 너나 할 것 없이 누구나 소통을 강조했다. 예를 들어 2011년 11월 15일 한 북콘서트book-concert에서 문재인 당시 노무현 재단 이사장은 "다음 정부 지도자는 어떤 인물이어야 한다고 생각하느냐"라는 질문에 대해 "일방적이지 않고, 소통할 수 있으며, 겸손한 권력이었으면 좋겠다"라고 답하면서 소통을 중요시하였고, 대선 출마 선언을 즈음해서는 트위터twitter를 개설하면서 단기간에 수십만의 팔로어follower들을 모으고 거의 매일 직접 트윗을 하는 등 국민들과 소통하는 모습을 보이려고 노력했다. 2012년 9월 16일 대선 후보 수락연설에서는 "'협력과 상생'이 오늘의 시대정신입니다. 저는 '소통과 화합'의 리더십을 발휘하겠습니다"라고 말한 바 있다. 낙선 후인 2014년 8월 세월호 단식 현장을 방문해 남긴 트윗에서도 문재인 의원은 "문제는 소통과 공감이다. 대통령부터 유민 아빠를 만나 이야기에 귀를 기울여야 한다"고 주장할 정도로 소통을 계속 부르짖고 있다. 또한, 박근혜 후보 역시 대선 운동 기간뿐 아니라 당선 후에도 소통의 중요성을 역설한 바 있다. 한국 정치사상 최초의 '인터넷이 만든 대통령'이라고 불리던 노무현 대통령에 비해 그전의 여권 후보들이 전자 매체를 통한 소통에 비교적 큰 비중을 두지 않았던 반면, 박근혜 후보는 대선 운동 기간에 '행복캠프'를 포함한 공식, 비공식 선거 조직 등을 총동원해서 대대적인 SNS 활동을 보였고, 각종 토론에서도 소통의 중요성을 강조하였다. 그럼에도 불구하고 대선 직전 발표된 김한나 (2012)의 보고서에는 박근혜 후보는 '소통 부재'가 가장 큰 단점으로 지적

되었다. 대통령 당선 후에도 청와대에 국민소통비서관직을 두고, 문화관광부에는 국민소통실장을 두는 등 소통을 위해 노력하였음에도 '불통'이라는 논란이 끊이지 않았는데 이에 홍준표 당시 경남도지사는 2014년 1월 3일, SBS라디오의 [한수진의 SBS 전망대]에 전화로 출연해서 박근혜 대통령의 '불통' 논란과 관련해 "두 분(즉 이명박 전 대통령과 박근혜 대통령)을 불통이라고 보지 않는다"고 주장하면서 "기자회견장에 자주 내려와서 이야기하고 해야 하는데 김대중·노무현 전 대통령은 일종의 달변가였다. 그러나 이명박 전 대통령과 박근혜 대통령은 달변가가 못 돼 기자회견을 하기 상당히 부담스러워 해 그런 것"이라고 말했다. 마치 소통의 전제 조건은 말을 잘하는 달변가이어야 한다고 보는 듯한 인상을 주는 발언을 한 홍 지사는 소통의 또 다른 조건을 제시하는데. "반대하는 세력과 물론 소통은 해야 하지만 불법을 행하는 세력, 그리고 억지를 요구하는 세력, 자기 요구를 들어주지 않는다고 해서 그것을 불통으로 낙인찍는 것은 정당하지 못하다"고 주장하여 제한적이고 선택적인 소통의 불가피성을 옹호했다. 이유가 무엇이든 '소통 미흡'의 평가는 사그라지지 않았는데, 2014년 8월 22일에 발표된 한국갤럽의 여론조사에서 박 대통령의 직무 수행을 부정적으로 평가한 44%의 응답자 중 21%는 '소통 미흡', 또 다른 21%는 '세월호 수습 미흡', 2%는 '리더십 부족/책임 회피' 등을 그 이유로 들었다. 급기야 박 전대통령은 국회의 탄핵을 받아 헌법재판소에서 탄핵이 인용됨으로써 재임 중 물러나게 된 비운의 주인공이 되었는데 소통을 강조하던 지도자가 바로 그 문제로 몰락하게 된 것은 역사의 아이러니라고 할 수 있다. 이런 점에서 유사한 국가적 참사를 당했을 때 국가의 최고 지도자가 보인 소통의 방식을 비교해서 타산지석으로 삼을 수 있는 부분은 과감히 받아들이고, 보다 국민들에게 가깝게 다가가려는 자세를 보일 필요가 있다.

1.2 소통의 정의

그렇다면 누구나 중요하게 생각하는 '소통'이란 대체 무엇인가? 국립국어원에서 펴낸 표준국어대사전에 따르면 '소통疏通'은 다음과 같이 정의되어 있다. (표준국어대사전 3,553쪽)

1) 막히지 아니하고 잘 통함
2) 뜻이 서로 통하여 오해가 없음

또한 일반적으로 '소통'과 큰 구별 없이 사용되는 단어인 '의사소통'의 정의는 다음과 같다. (표준국어대사전 4,888쪽)

1) 가지고 있는 생각이나 뜻이 서로 통함

어원적으로 볼 때 '소통'에서 '소疏'란 '트다, 트이다, 조밀하지 않고 성기다'의 뜻이 있다. 이 글자는 '발'을 뜻하는 '足'에 '흐르다'는 뜻의 '流'가 결합한 형으로 '물처럼 잘 흐르다, 잘 통하다'로 해석될 수 있다. 한자의 '疏'는 '막히다'의 뜻인 '塞'에 반대되는 개념인데 '소원疏遠하다'란 단어처럼 '친하지 않다'는 뜻도 있지만, 이는 관계가 가깝고 친밀하지 않다는 것을 의미한다. 일본어에서는 '소통'이란 단어에 '疏' 대신 '疎'를 사용하기도 하는데 같은 의미로 쓰인다. 과거에 선비나 유생들이 자신들의 의견을 임금에 올릴 때 "상소上疏를 올린다"고 하였고, 불가에서 '소문疏文'이란 '죽은 사람을 위해 부처님에게 그의 죄와 복을 아뢰는 글'을 의미하기도 한다. 또한 '통通'이란 '통하다, 내왕하다, 알리다'의 뜻으로서 '통신通信', '통학通學', '통고通告' '통성명通姓名' 등의 단어로 쓰이고 있다. '소통'은 '차량 소통이 원활하다'라든지 '공기 소통이 잘 되어 쾌적하다' 등의 표현처럼 말의 뜻 외에도 다른 명사와 결합할 수 있다. 따라서 '말의 뜻이

통하는 것'을 의미할 때는 '소통' 앞에 '뜻'이나 '의도'를 나타내는 '의사 意思'라는 단어를 붙여 '의사소통'이란 표현으로 특정해서 쓰기도 한다.
반면에 영어에서 '소통' 또는 '의사소통'에 해당하는 단어인 'communication'은 원래 '공유하다, 나누다, 참여하다'를 뜻하는 라틴어 동사 communicare의 명사형인 communicatio에서 유래한 것으로 중세 불어를 거쳐 14세기부터 영어에서 쓰이게 된 단어이다. 현대 영어의 communicate는 common, community, commune, communique 등과 모두 같은 어원을 갖고 있다. 주요 영어 사전에서는 communication의 의미를 다음과 같이 정의하고 있다.

'the imparting or exchanging of information by speaking, writing, or using some other medium' (Oxford English Dictionary)
'the process of giving information or of making emotions or ideas known to someone' (McMillan Dictionary)
'the act or an instance of communicating; the imparting or exchange of information, ideas, or feelings' (Collins Cobuild Dictionary)

'소통'은 추상명사이지만 영어에서 'communication'은 복수형으로도 쓰이는데 이때는 전화라든지 컴퓨터처럼 '정보나 물품을 주고받는 수단(means of sending or receiving information, such as telephone lines or computers; means of travelling or of transporting goods, such as roads or railways)'이라는 뜻으로 사용된다.
영어의 'communication'이란 단어는 중국어와 일본어에서는 종종 '교통 交通'으로 번역되기도 한다. 물론 중국어나 일본어에서 '交通'은 'communication' 외에도 'traffic'의 뜻도 있지만, 한국어에서 '교통'은 주로 '운송 수단을 통해 이동하는 것'을 뜻하고 '의사소통'이란 뜻으로는 '교통'이란 단어를 점점 더 쓰지 않는 경향이 있다. 또한 '통교通交'란 단순히 '의사를 주고받는 것'이

아니라 '사이좋게 지내는 것'까지 의미한다. 중국의 5대 은행 중의 하나인 '교통은행交通銀行'은 한국인들에게 물류나 운송 등 교통 관련 비즈니스를 대상으로 하는 은행처럼 들리지만, 영문명은 'Bank of Communications'로 되어 있고 장쩌민 전 주석을 배출한 '상해교통대학'은 교통 문제를 가르치고 배우는 학교가 아니라 인문학, 공학, 의학 등을 포함하는 종합대학교이다. 일본어에서는 '의사소통'을 뜻할 때 '意思(の)疎通'이나 '意志の疎通'을 쓰기도 하지만 영어에서 온 '커뮤니케이션(コミュニケーション)'이나 이 단어의 축약형인 'コミュ'를 외래어로 많이 사용한다. 예를 들어 'コミュ'와 능력을 뜻하는 'りょく'의 복합어인 'コミュりょく'란 '커뮤니케이션 능력'을 말하고 'コミュしょう'란 커뮤니케이션에 장애를 뜻하는 障(장)이 붙은 것으로 '커뮤니케이션 장애'를 말한다. 또한 'ひコミュ'란 커뮤니케이션을 뜻하는 'コミュ' 앞에 부정을 뜻하는 접두사 ひ-(非-)가 붙은 것으로 '비커뮤니케이션', 즉 '의사소통 능력이 모자라서 의사소통의 의지가 감퇴한 상태나 그런 사람'을 가리킨다. 때로는 'コミュ'보다 더 축약형인 'コミ'만을 사용하기도 해서 'くちコミ'란 '입(くち, 즉 口) 소문'을 가리키는 말이다.

이상에서 본 소통에 대한 한국어와 영어 사전에서의 두 가지 정의를 비교해 볼 때 영어에서 'communication'은 정보를 주고받는 '과정process'에 초점을 둔 것이지만, 한국어에서 '소통'이나 '의사소통'은 그 '결과end'에 초점을 두고 있다. 또한, 영어에서 소통의 정의는 '무엇what'의 측면을 강조하여 전달의 대상과 주체를 명시하고 있지만, 한국어에서의 정의는 '왜why'의 측면을 보다 강조한 것으로서 관계 형성 및 유지가 소통의 중요한 목적이 되고 있음을 보여준다. '공동체'와 같은 어근에서 '의사소통'이란 단어 'communication'이 유래한 영어의 어원을 고려해 볼 때 영어 사전의 정의가 정보 교환의 사회성을 간과하는 듯하게 보이는 것은 다소 의외라고 할 수 있다. 그러나 인간의 자아는 개인들 사이에서의 사회적 상호작용과 타인에 대한 지각으로부터 성장한다고 본 '거울 자아looking glass self 이론'의 창시자인 미국의 사회학자 쿨리Cooley(1902)는 의사소통이야말로 인간관계가 존재하고 발전하게 되는 메커니즘이면서 동시에 자아가 성장하는 필수적 요인이라고 한 바 있다. 이 두 가지 정의를 종합해 보면 '소통' 또는 '커뮤니케이션'이란, 정보를 교환하면서 그 결과 생각이나 감정을 공유하여 막힘이 없고 바라는 관계를 이루는 것까지 의미하는데 그런 점에서 '나눔'과 '공유'가 없고, 막힌 데가 있어 오해가 남는 일방적인 의사 전달은 진정한 소통이나 커뮤니케이션이라고 볼 수 없다. 이는 마치 왈츠와 같은 춤을 출 때 두 사람이 몸동작을 상호 원활하게 교환해야 비로소 아름다운 춤이 될 수 있지 어느 한쪽이 다른 쪽을 일방적으로 끌고 가거나 협조하기를 거부하면 성공적인 협업으로서 춤이 될 수 없는 것과 마찬가지라고 할 수 있다. 스텝 몇 가지로 이루어지는 간단한 몸동작인 춤에서도 그러하듯 이보다 훨씬 복잡하고 미묘한 언어적 도구를 사용한 의사소통은 그만큼 많은 요소를 충분히 고려해야 성공적인 것이 될 가능성이 높으며 언어 및 언어 행위에 대한 이해와 심층적 분석이 선행되어야 하는 작업이다. 의사소통은 메시지를 주고받는 것으로 요약할 수 있지만, 그 이면에는 많은 변수와 요소들이 작용하고 있어서 결코 간단치 않다. 이글튼Eagleton(2009)은 모든 소통은 믿음faith이 관여하며 너무나 복잡하고 다양한 잠재적 장애물들이 있으므로 소통이 된다는 것 자체가 언어학자들에게는 작은 기적으로 여겨질 정도라고 말했다. 우리는 이 책에서 그런 기적을 화용의 관점에서 조심스럽게 접근하고 있다.

 언어를 통한 의사소통이란 그 중심에 언어가 있으므로 당연히 언어학의 연구 주제이지만 이는 커뮤니케이션학, 사회학, 심리학, 철학, 문화인류학 등이 모두 연결된 분야이다. 그뿐만 아니라 언어적 소통에 대한 연구는 인문사회학적 접근도 필요한 동시에 이와 결부된 과학적, 기술적 측면은 수리과학, 통계학 등의 자연과학과 컴퓨터학, 통신과학, 산업공학 등을 아우르는 융합 학문적 접근이 필요하다. 레빗과 휘즐러Leavitt and Whisler가 1958년에 Harvard Business Review에 기고한 'Management in the 1980s' 란 제목의 글에서 컴퓨터 프로그램을 통한 정보 처리 기술과 의사 결정을 위한 통계적, 수학적 방법의 응용 및 고차원적인 사유의 시뮬레이션을 위한 기술을 통틀어 "정보 기술Information Technology 즉 IT"이라고 부른 이래 IT는 20세기를 대표하는 기술로서 자리매김했다. 그런데 IT가 컴퓨터를 중심으로 한 공학적 개념에 머물렀다면, 1980년 중반부터는 IT에다 communication이 추가된 "정보 통신 기술 Information and Communication Technology, 즉 ICT"의 용어가 널리 쓰이기 시작하면서 종래의 컴퓨터공학적 접근 외에도 텔레커뮤니케이션 기술을 포함하고 더 나아가 모든 정보의 소통과 관련된 사회과학적, 인문과학적 접근까지 아우르는 "정보 통신 기술"이 시대를 선도하는 기술이 되었다. 그 결과 순수학문적인 이유 외에도 기술적으로나 산업적으로도 '커뮤니케이션'이 화두가 되고 있는데 다음 절에서는 그런 관점에서 지금까지 제안된 의사소통의 모델들에 대해 알아보기로 한다.

2. 의사소통의 모델

의사소통은 의사소통에 관여하는 구성 요소와 이 요소들의 관계로 이루어지는 하나의 체계를 형성한다. 이런 의사소통 체계가 과연 어떤 모습으로 어떻게 기능하는지 설명하기 위해 학자들은 다양한 의사소통의 모델을 제시해 왔다. 전통적으로 의사소통은 일종의 기술skill이라고 생각하는 경향이 있다. 이런 견해에서는 의사소통의 궁극적인 목표가 상대방을 설득하는 데 있고 이를 위해서는 화법을 다듬는 게 중요하다고 생각한다. 의사소통에 대한 이런 견해를 수사학적 접근이라고 부를 수 있는데 이는 개인적 대화에 초점을 맞추고 있다. 반면에 보다 사회문화적 관점에서 의사소통은 사회 질서 social order를 재생산하는 것이라고 보는 견해도 있다. 인간이 만들어낸 규범이나 관습, 제도 등은 의사소통의 산물이고 이런 삶을 지배하는 총체로서 문화는 원활한 의사소통을 통해 영속적인 재생산 과정을 거치게 된다. 반대로 보다 기계적이고 미시적인 관점에서 의사소통을 '정보의 교환'과 동의어로 생각하는 인공두뇌학 cybernetics의 분석도 있다. 이런 관점에서는 문제 해결을 위한 인간의 모든 행동을 '정보와 환류를 통한 제어 및 조정'으로 설명하려는 의사결정모형을 지향한다. 다음 논의에서 보겠지만 1940년대부터 의사소통에 대한 본격적인 논의는 수학과 시스템공학적 접근이 주도했다고 볼 수 있다. 그중에서 대표적인 것을 들면 언어적 의사소통을 포함한 모든 종류의 정보 전달 과정을 수학적으로 모형화한 새넌과 위버 Shannon and Weaver(1943)의 전달 모델 transmission model이 있고 엔트로피의 개념을 중심으로 의사소통의 수렴 과정을 설명하려는 수렴 모델 convergence model이 있으며, 이에 대한 대안으로 제시된 구성주의 모델 constructionist model 등이 있는데 다음 절에서는 이들에 대해 알아보기로 한다.

2.1 전달 모델

의사소통의 전달 모델 transmission model of communication이란 의사소통을 정보의 송신과 수신이라는 핵심 개념으로 규정하는 모델을 말한다. 미국 Bell 연구소의 연구원이었던 클로드 새넌 Claude E. Shannon과 워렌 위버 Warren Weaver는 1940년대 중반 일반적 면대면 소통이 아닌 라디오나 유선 전화의 원격 통신을 위한 모델을 개발했는데 이들의 최초 모델은 송신자 sender, 채널 channel, 수신자 receiver로 이루어진 간단한 모델이었다. 이 모델에서 송신자는 쉽게 말해 전화를 거는 사람으로서 소통의 메시지를 입력하는 사람encoder이고, 송신자의 반대쪽에 있는 수신자는 그 전화를 받는 사람으로서 메시지를 해독하는 사람decoder이다. 채널이란 메시지가 전달되는 통로로서 원래 모델에서는 유선 전화선 자체를 말하는데 송신자와 수신자는 채널의 양 끝에 존재하며 개념적으로 하나의 선line으로 연결되어 있다. 그런데 이런 원초적 모델에 몇 가지를 추가하여 1949년 섀넌과 위버는 정보의 출처information source로부터 시작하여 정보의 종착지destination에 이르기까지 메시지가 어떻게 전달되는지를 다음 그림과 같이 모형화했다.

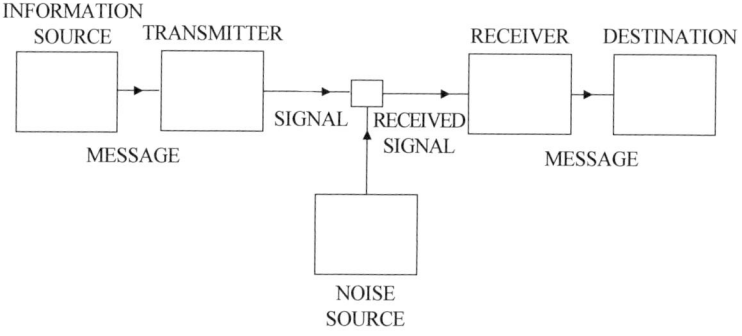

[그림 1] 섀넌과 위버의 커뮤니케이션 모델

이 모형의 특징은 정보의 출처와 그 정보 송출자transmitter를 동일시하지 않고 있고, 정보의 수신자와 정보의 종착지가 다를 수 있다는 점이다. 1940년대 유선 전화에 의한 소통 모델로서 위 그림에서 transmitter는 전화기의 송화기를 말하고 receiver는 수신기를 말하며 signal은 전화선을 통해 전달되는 전기적 파동을 말한다. 다만 이를 자연적인 면대면 대화에 적용할 경우 transmitter는 발화자(의 입)에 해당하고 signal은 음파sound waves이며 receiver는 청자(의 귀)에 해당한다. 따라서 일반적인 언어적 의사소통에서 information source와 transmitter는 동일하고 receiver와 information destination도 동일한 경우가 대부분이다. 그러나 엄밀히 세분해서 보면 언어적 의사소통에서 메시지를 발화하는 화자speaker 자신이 그 메시지의 생산자producer일 수도 있고, 때로는 화자가 말을 하긴 했지만, 그 말의 내용은 화자가 만들어 낸 것이 아니라 원래는 다른 사람이 발화한 것을 청자에게 대신 전달하거나 옮긴 경우도 있다. 청자hearer 역시 그 메시지의 최종적인 도착점이 될 수도 있지만, 때에 따라 자신이 수신한 메시지를 제3자에게 다시 전해줄 수 있는 경유적, 도구적 존재일 수도 있다.

　새넌과 위버가 제안한 의사소통에 대한 전달 모델은 전화 케이블이나 라디오 전파의 효율성을 측정하기 위한 수학적 모델로서 정보를 계량적으로 측정할 수 있는 이론의 토대가 되었다는 점에서 공학적 의의를 지닌다. 이 전달 모델은 의사소통을 메시지를 보내는 사람으로부터 시작해서 받는 사람에까지 이어지는 일련의 선형적 과정linear process으로 보는데 이는 면대면으로 이루어지는 일상적 대화의 과정과 많은 점에서 차이가 있다. 이 모델에서 송신자와 수신자는 비록 연결되어 있지만, 같은 대화 현장에 물리적으로 동석하는 대신 원격으로 떨어져 있어 상호 고립된 개인으로 취급된다. 그러나 실제 대화는 화청자가 한 자리에 있는 경우가 보통이고 서로는 실시간적으로 상호 작용한다. 그럼에도 불구하고 이 전달 모델은 단방향one-way 모델인데 송신자는 일방적으로 메시지를 입력하기만 하고, 수신자는 송신자의 메시지를 그저 받아들이기만 하는 이차적 역할을 맡은 것처럼 비춰진다. 그러나 실제 자연스러운 대화에서 송신자는 자신의 메시지를 입력할 때 실시간으로 수신자의 반응을 살펴가면서 가능한 여러 입력 형태 중에서 하나를 선택, 조절하고, 수신자 역시 송신자가 보내온 메시지에 대해 나름대로 해석과 재창조의 역할을 할 수 있는 등 상호의 존재를 염두에 둔 대등한 능동적 존재들로 보아야 하며, 이들 사이의 의사소통은 양방향two-way으로 일어난다고 보아야 한다. 아울러 이 모델에서는 송신자와 수신자가 메시지를 주고받을 때 일어날 수 있는 여러 변수의 작용이 충분히 고려되지 않고 있다. 예를 들어 송신자와 수신자 사이의 역학 관계나 대화 목적의 일치 여부, 협조적 관계인지 아니면 중립적 관계인지 경쟁적 관계인지에 따라 메시지의 내용과 전달 방식이 달라질 수 있음을 고려해야 한다.

새넌과 위버의 의사소통 모델은 메시지가 화자로부터 청자에 이르기까지 중간 단계에 잡음 noise이 들어갈 수도 있음을 보여주고 있다. 이들이 염두에 둔 잡음은 전화나 라디오의 물리적 잡음 static을 말하는데 이는 메시지 신호에 영향을 줄 수 있다. 실제 대화에서도 화자가 발화한 신호 signal가 아무런 변화 없이 100% 온전히 청자에게 전달될 수도 있지만, 그 과정에 다른 요소에 의해 화자의 말이 변질될 수도 있는데 그럴 경우 청자는 대부분 잡음에 의해 변질된 신호를 받아들일 수밖에 없고 이는 최종 도착지까지 연결되어 전달된다. 물론 메시지의 최종 수신자는 자신이 들은 말에 대해 화자에게 묻거나 반응을 함으로써 화자에게 되먹임, 즉 피드백 feedback을 줄 수 있다. 예를 들어 화자가 "오늘 철수네 집에 놀러 갈래?"라고 말했는데 청자는 이 발화 중 외부 잡음으로 인해 "철수네"란 단어를 제대로 듣지 못했을 경우 "누구네 집?"이라고 되물음으로써 메시지 수신이 완전하지 않았음을 표현할 수 있다. 그러면 화자는 다시 "철수, 철수네 집"이라고 말함으로써 청자에게 메시지를 명확하게 수신할 수 있도록 한다. 새넌과 위버의 모델에서 '잡음'은 고의적인 개입이 아니라 정보를 전달하는 과정에서 우연히 생겨난 전파 방해나 혼선 interference 정도로 취급되고 있다. 그러나 정작 대화에서 중요한 것은 화자나 청자의 대화 목적이나 의도이며 이에 따라 고의적으로 정보를 왜곡하는 경우도 많은데 새넌과 위버의 전달 모델에서는 이런 고의적 잡음의 기능에 대해서는 다루지 못하고 있다. 전달 모델에서 전달되는 것은 '메시지'로 표현되는데 새넌과 위버가 생각하는 메시지는 전화기에서 음성 신호를 전류 electrical current로 변환한 것이다. 이는 잡음에 의해 다소 영향을 받기는 하지만 기본적으로 소통의 첫 단계부터 마지막 단계까지 항상 고정된 형태를 지니고 있다. 그런데 인간의 언어적 의사소통에서 전달되는 것은 '의미 내용'인데 화자가 의도한 의미가 청자에게 항상 고정된 의미로 전달되어 수신되는 것이 아니라 청자에 의해 각 맥락에서 재해석되는 과정을 거친다. 훗날 위버는 새넌과 위버의 전달 모델에서 '정보 information'는 일반적인 의미의 정보와 거리가 있다고 말하고, 이들에게는 의미 내용이 많은 정보나 전혀 의미가 없는 정보나 모두 정보로서 동등하게 취급된다고 한다. 새넌 역시 의사소통의 의미적 측면은 공학적 문제와 무관한 것이라고 주장하며 이들의 전달 모델에서는 고려의 대상이 아니라고 말했다. 그러나 실제 언어적 의사소통을 연구하는 사람들에게는 의미 내용이 의사소통 연구에 핵심으로 위치해야 함은 두말할 필요도 없다. 뿐만 아니라 이 전달 모델은 화자와 청자가 아무런 다른 맥락 요인에 구애받지 않고 독자적으로 소통에 임하는 것처럼 묘사하고 있어서 개인주의적 문화에서 적용되는 모델일 뿐 집단주의적 문화에서는 지나치게 단순하다는 비판도 있다(De Mooij 2014).

전달 모델에서 정보의 이동은 마치 상품이나 사람의 이동과 같은 것으로서 은유적으로 파악되었다. 전달 모델에 따라 레이코프와 존슨 Lakoff and Johnson(1980:10)은 마치 물이 상수도관을 통해 흘러가거나 전기가 전선을 통해 흘러가는 것처럼 정보가 흘러가는 것으로 파악하는 '도관 은유 conduit metaphor'로 의사소통 행위를 다음과 같이 정의하였다: "The speaker puts ideas (objects) into words (containers) and sends them (along a conduit) to a hearer who takes the idea/objects out of the word/containers." 그런데 이 은유는 레디 Reddy(1979:290)가 지적한 다음 가정들에 근거한다.

1) 언어는 한 사람으로부터 다른 사람으로 생각이 전달되는 도관conduit의 기능을 한다.
2) 말을 하거나 글을 쓸 때 사람들은 자신들의 생각이나 감정을 언어 안에 집어넣는다.
3) 언어는 생각이나 감정을 그 안에 싸서 다른 사람들에게 전함으로써 전달되게 한다.
4) 말을 듣거나 글을 읽을 때 사람들은 언어에 싸여 있는 생각과 감정을 꺼낸다.

레디의 주장에 따르면, 만약 이런 견해가 옳다면, 소통이란 편지를 보내는 것처럼 정보를 잘 싸서 보내고 이를 잘 꺼내기만 하면 되는 것이기 때문에, 무엇인가를 배운다는 것learning은 별다른 노력이 요구되지 않으며 매번 송신자의 의도가 고스란히 전해지는 매우 정확한 것이어야 한다. 또한, 수신자는 그저 꺼내기만 하면 되기 때문에 그가 의사소통을 통해 무언가를 배운다는 것은 수동적으로 잘 따라 하면 되는 것처럼 여겨질 수 있다. 그러나 챈들러Chandler(1994)는 언어 그 자체에는 정보가 없다고 주장한다. 언어는 소통의 도구일 수는 있어도 그 자체가 정보는 아니며, 정보나 의미는 청자나 독자가 자신이 듣거나 읽은 것을 능동적으로 해석하려는 과정 중에 발생하는 것이라고 본다. 결론적으로 의미는 언어로부터 '꺼내지는extracted' 것이 아니라 '구성되는constructed' 것이라고 주장한다.

결국, 언어적 의사소통이란 도식화된 행위라기보다는 상호관계적 상황에서 다양한 변수의 작용으로 그때마다 역동적으로 달라질 수 있는 실천적 행위로 보아야 한다. 앞에서도 보았듯이 제대로 된 의사소통은 일방적인 자기표현이 아니라 양방향의 나눔과 공유를 목표로 하기 때문이다. 이와 유사한 관점에서 하버마스Habermas(1998)는 의사소통에서 화자와 청자는 공동의 상황해석을 이끌어내기 위해 미리 해석된 생활세계Lebenswelt로부터 객관세계, 사회세계, 주관세계에 있는 것에 동시에 관계한다고 주장한다. 이런 방식으로 해석에 초점을 맞추는 언어 이해는 화용적 분석을 필요로 하게 되며 이는 현대 화용론에서 오스틴Austin이나 썰Searle 등이 정립한 언어 행위 이론과 직결되는데 이에 대해서는 다음 2장과 3장에서 더 자세히 다루도록 한다.

2.2 언어 연쇄

딘즈와 핀슨Denes and Pinson(1972)은 언어 연쇄Speech Chain 모델을 제시했는데 이는 음성적 메시지의 생성과 전파, 수용 과정을 도식화한 것이다. 이 언어 연쇄 모델은 의사소통에 대한 새넌과 위버의 전달 모델과 유사한 점이 많다.

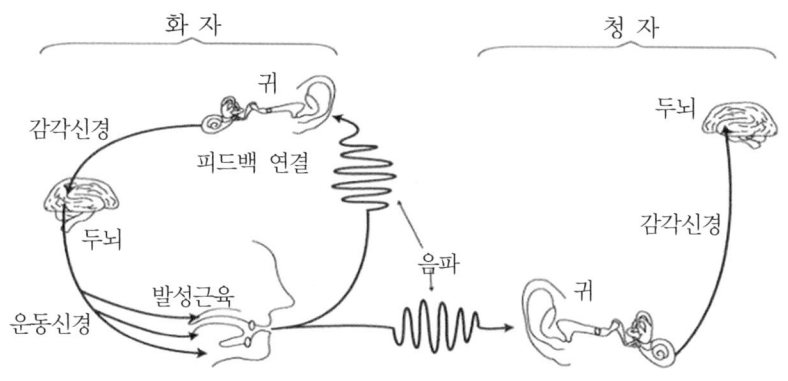

[그림 2] 언어 연쇄 (Denes and Pinson 1972, p.5)

화자는 자신의 대뇌 언어 중추에서 개념을 떠올리면 그에 맞는 단어들을 찾고 단어들을 문법 규칙에 따라 배열한다. 그리고는 운동 신경을 통해 구강 내의 조음 기관들을 관장하는 근육들을 움직여서 그 단어들의 소리를 만들어내고 이 소리는 공기 입자를 통해 음파의 형식으로 화자의 몸 밖으로 나와 음향 신호가 되어 공간을 날아가 청자의 귀에 도달하게 된다. 청자의 귀에서는 이를 감각 신경을 통해 받아들여 청자의 뇌에 전달하면 그 신호에 대한 해독이 일어나게 된다. 이런 연결된 연쇄 과정을 주고받음으로써 대화가 계속 이루어지게 된다. 이 모델에서 특기할 것은 화자가 자신의 발화를 스스로 모니터링할 수 있고 그에 따라 자신의 말소리의 높낮이라든지 속도, 음색 등을 조절할 수 있다는 점이다. 흔히 말은 할 수 있으나 귀가 들리지 않는 경우 자기 발화에 대한 셀프 모니터링이 잘 안 되어 소리의 높낮이가 적절하지 않은 사례를 볼 수 있다. 외부 소리가 들리지 않도록 볼륨을 크게 틀어 헤드폰을 쓰게 하고 노래를 부르게 할 경우 자기 목소리를 듣지 못하게 되어 노래의 박자나 음정, 음색 등이 엉망으로 들리게 되는 것도 셀프 모니터링이 작동하지 않기 때문이다. 호켓Hockett(1960)은 언어의 구성 자질design feature 중의 하나로 되먹임feedback이 가능하다는 것을 들고 있는데 이는 화자가 말을 할 때 자신의 말을 스스로도 들으면서 음성적, 음운적 조절뿐 아니라 의미적 내용까지 바로바로 확인해서 발화를 최적인 모습으로 이어나가는 것이 인간 언어의 특징이라는 것이다. 그런데 [그림 1]에서 본 섀넌과 위버의 전달 모델은 이런 되먹임 과정이 빠져 있다는 문제점을 안고 있다.

화자의 셀프 모니터링은 비단 음성적 관리 기제일 뿐 아니라 더 나아가 의사소통에서 자신이 하는 말을 스스로도 잘 경청해야 할 필요성을 일깨우는 것이라고 할 수 있다. 즉 화자가 자신의 메시지를 청자에게 들으라고 강요만 할 것이 아니라 자기가 하는 말이 스스로도 얼마나 타당한지, 스스로에게도 얼마나 거슬린 것인지를 셀프 모니터링하면서 대화에 임하는 것이 성공적인 소통의 필수적 요소라는 것을 말해준다. 흔히 사람의 입은 하나지만 귀가 둘인 것은 말하기보다 듣기에 더 힘쓰라는 뜻이라고 윤리적으로 해석하기도 하는데, 귀가 둘인 것은 눈이 둘인 것처럼 음원의 방향과 거리감을 알기 위해서는 하나의 귀만으로는 부족하기 때문이고 입은 메시지의 출구이기 때문에 화자의 입장에서는 방향과 거리를 측정할 필요가 없으므로 하나로도 충분한 것이다. 일반적으로 화자의 눈과 입은 맞은편에 있는 청자를 향하게 되는 것이 자연스러운 면대면 대화의 자세이며 화제의 대상이 되는 당사자의 정면에서 정정당당하게 말하는 것이 아니라 그 당사자 뒤에서 몰래 말하는 이른바 뒷담화는 자연스러운 대화의 자세가 아니라는 것을 시사한다. 더 나아가 화자가 누구에게 직접 말하고 싶어도 그 대상의 권위나 파워 때문에 언로가 막혀서 직접 이야기하지 못하고 답답한 나머지 아무도 없는 곳에서 자기 스스로에게 말했다는 이른바 '임금님 귀는 당나귀 귀' 설화 역시 제대로 기능하지 못하는 의사소통의 폐해를 보여준다. 이런 설화는 우리 민족에게는 신라 시대 경문왕 이야기에 나오지만, 중세 유럽의 '귀가 긴 알렉산더 (또는 아랍식으로 이스칸드르)' 이야기에도 비슷한 내용이 전해지며, 안데르센 동화인 '벌거벗은 임금님' 역시 원활한 언로가 막힌 세상에 대한 풍자로 볼 수 있다. 물론 의사소통은 송신자와 수신자가 다른 사람 사이에서 일어나는 개인 간 소통-interpersonal communication 또는 대인 소통-heterocommunication이 보통이지만 때로는 일기라든지 숲에 들어가 아무도 없는 곳에서 "임금님 귀는 당나귀 귀"를 외친 독백처럼 송신자와 수신자가 같은 한 개인에서 일어나는 경우도 있는데 이를 개인 내 소통 intrapersonal communication 또는 자기 소통-autocommunication이라고 한다. 개인 간 소통의 주된 목적이 정보의 전달로서 수신자는 소통의 결과 전에는 몰랐던 새로운 것을 알게 되는 게 보통인데 브롬스와 감버그 Broms and Gahmberg (1983)에 의하면 개인 내 소통은 새로운 정보의 교환이 목적이 아니라 수신자의 자아 ego를 확인하거나 재정립하는 데 목적이 있다. 예술가들의 창작 행위는 자기와의 고독한 대화라고 볼 수 있고, 기도를 올리는 것도 종종 자기 소통의 형태로 본다. 일반적으로 자기 소통은 사회적 의사소통 능력이 습득된 후 일어나는 이차적 현상으로 보이는데 이에 대해서는 더 많은 연구가 필요하다.

일반 백성과 군주와의 소통이 막혀서 언로가 폐쇄된 것과 이론적으로 대척 관계에 있는 역사적 사실이 신문고申聞鼓와 같은 직보 제도인데 이는 오래전 중국 요임금 시대에 설치했다고 전해지는 감간지고敢諫之鼓가 원형이고 남조를 거쳐 당, 송으로 이어지는 등문고登聞鼓를 본떠서 우리나라에서는 조선 태종 때에 힘없는 백성들이 억울한 일을 당했을 경우 복잡한 절차 없이 직접 왕에게 알릴 수 있도록 대궐에 북을 매달아 놓은 것이다. 그런 혁신적 취지에도 불구하고 날로 퇴색해서 실제로 신문고를 울려 왕에게 억울한 사정을 직접 알린 경우는 별로 찾아볼 수 없을 정도였고 오히려 일부 소수 권력층이 자신들의 사리사욕을 채우기 위한 수단으로 전락한 것은 직접 민주주의를 실험해 볼 수 있는 싹을 밟아버린 역사적 퇴행이라고 볼 수 있을 것이다. 정보화 시대를 맞아 최근에는 각종 행정기관 등에 시민들이 민원이나 의견을 올리고 답을 들을 수 있는 온라인 체제들이 만들어지고 있는데 대표적인 것으로는 [국민신문고]라 하여 중앙 정부의 국정에 대한 국민들의 의견을 직접 올릴 수 있는 인터넷 사이트(www.epeople.go.kr)가 운영되고 있는데 조선 초 태종 때 만들어졌다가 반짝하고 유명무실화한 제2의 신문고로 전락하지 않기 위해 자유로운 접근과 표현의 자유가 보장되고 책임 있는 답변과 관리가 절실히 요구된다. 단적으로 2014년 4월, 육군 28사단에서 일어난 윤 일병 구타 사망 사건은 아무리 좋은 제도가 있더라도 그 제도를 활용할 수 있는 관련자들의 의식과 사회문화적 뒷받침이 없을 때는 무용지물이 된다는 것을 여실히 보여주는 사례이다. 보도에 따르면 윤 일병이 맞아 숨진 부대 곳곳에는 구타와 가혹 행위 등을 알릴 수 있는 '마음의 편지함'과 '생명의 전화'가 설치돼 있었고 '병영생활 상담관' 제도도 있었지만, 폐쇄적이고 강압적인 병영 문화 때문에 아무도 윤 일병을 구하기 위해 그런 제도를 사용할 수 없었다. 가혹 행위에 참여한 것으로 알려진 이모 병장은 나이 들어 입대한 후 자기보다 나이가 어린 선임병들로부터 가혹 행위를 당한 후 '이등병 선진 병영캠프'에 들어갔다. 그는 "비밀이 보장된다"는 말에 자신의 부대 분위기를 적어냈지만 애초 말과 달리 비밀이 보장되지 않았고 "소원 수리를 했다"는 사실이 선임병들 사이에 알려지며 "배신자"가 되어 결국 전출되었다. 그런데 자신이 이런 가혹 행위의 피해자 였음에도 불구하고 어느덧 이 병장 자신이 군대 폭력의 가해자 위치에 처하게 되어 비극적인 사망 사고의 주범으로 몰리게 되었고 동료 병사들은 보복이 두려워 가혹 행위를 어디에도 보고하지 못했다. 군대 내에서 소통이 조금이라도 트여 있었더라면 이런 어처구니없는 사건은 일어나지 않을 수 있었다는 점에서 군대라는 특수 조직에서의 의사소통의 기능을 보다 면밀하게 분석하고 예방책을 마련하는 것이 급선무라고 생각된다.

언어적 의사소통은 언어라는 기호의 세 가지 특성, 즉 1)기호와 기호 사이의 형식적 속성인 통사적 특성과 2)기호와 그 기호가 지시하는 대상 사이의 관계인 의미적 특성 및 3)기호와 기호 사용자 간의 관계인 화용적 특성에 지배되는 정보 전달 과정이다. 이 중 세 번째 화용적 특성을 고려하지 않은 일방적인 정보 전달 모델은 맥락과 문화 등의 역할이 철저히 배제된다는 점에서 완전한 모델이라고 볼 수 없다. 따라서 의사소통은 일련의 주어진 기호들을 공유하고 그 기호에 대한 통사적, 의미적, 화용적 규칙이나 원리들을 공유하는 두 주체 사이에서 일어나는 사회적 상호 관계라는 관점에서 새롭게 접근할 필요가 있다.

2.3 수렴 모델

킨케이드Kincaid(1979)는 앞에서 본 섀넌과 위버식의 선형적 전달 모델의 문제점을 극복하기 위해 의사소통의 수렴 모델convergence model of communication을 제안한다. 이 모델은 의사소통을 의견 수렴의 역동적 과정으로 보고 소통이 일어나는 사회적 조직은 일정한 패턴을 가진 정보의 흐름으로 상호 연결된 개인들의 네트워크로 본다. 개인들은 공유하는 정보에 대해 제각기 다른 의미를 부여하지만 상호 이해 과정에서 처음의 차이점들은 역동적인 되먹임 과정을 통해 줄어들 수 있다. 그러나 정보 교환에 잠재해 있는 불확실성 때문에 개인들 사이의 차이점들은 완전히 사라지지 않고 일부는 남을 수 있다. 따라서 의사소통은 상호 이해라는 목표 지점을 향해 나아가지만 그런 목표 지점에 완전히 도달할 수 없는, 대화 참여자들 사이에 벌어지는 일련의 주기적인 의견 수렴 과정이라고 본다. 상호 이해는 구성원들 사이에서 합의의 토대일 뿐 아니라 뒤르껭Durkheim(1966)이 말하는 "집단 의식 collective consciousness"과 "집단 행동collective action"의 토대가 된다. 집단 의식이란 어떤 사회의 구성원들이 공유하는 사고방식이나 가치관, 규범, 윤리 의식 등을 일컫는데, 의사소통의 수렴 모델에서는 의사소통을 상호 이해와 합의 및 집단 행동으로 수렴하는 개인들에 의해 정보가 만들어지고 공유되는 과정으로 본다. 이 모델에서 중요하게 생각하는 점은 누가 누구에게 정보를 어떻게 전달하는가에 있지 않고 대신 같은 정보를 공유하려는 사람들 사이에서 상호 이해가 어떻게 일어나는가에 있다. 킨케이드의 수렴 모델은 의사소통을 사회의 조직들이 스스로를 조직하는 기본적 과정으로 본다. 이 과정을 설명하기 위해 킨케이드, 염, 울펠 및 바넷Kincaid, Yum, Woelfel and Barnett(1983)은 본래 열역학적 개념인 '엔트로피entropy'를 사용하여 다음과 같이 의사소통의 기본 원리를 제안한다.

1) 의사소통이 구성원들 사이에서 제한 없이 일어나는 사회 조직에서는 시간의 흐름에 따라 더 낮은 엔트로피의 생각 집단 패턴으로 조직 전체가 수렴되는 경향이 있다.
2) 의사소통이 구성원들 사이에서 일어나지 않는 사회 조직에서는 시간의 흐름에 따라 더 큰 엔트로피의 생각 집단 패턴으로 조직 전체가 발산되는 경향이 있다.

열역학에서 엔트로피란 원래의 가용할 수 있을 상태로 환원할 수 없게 된, 무용의 상태로 전환된 에너지의 총량을 말한다. 즉 엔트로피란 열역학의 제2 법칙, 즉 "모든 물질과 에너지는 사용이 가능한 것에서 사용할 수 없는 것으로, 혹은 이용이 가능한 것에서 이용할 수 없는 것으로, 또는 질서 있는 것에서 무질서한 것으로 변화한다"는 것이다. 에너지 보존의 법칙에서 보듯 에너지의 총량은 일정하지만, 인간이 자연으로부터 얻는 에너지는 항상 물질계의 엔트로피가 증가하는 방향으로 일어난다. 가용할 수 있는 에너지는 일정한데 자연의 물질은 일정한 방향으로만 움직이기 때문에 무용한 상태로 변화한 자연현상이나 물질의 변화는 다시 되돌릴 수 없다. 즉 다시 가용할 수 있는 상태로 환원시킬 수 없는, 무용의 상태로 전환된 질량(에너지)의 총량을 엔트로피라고 한다. 일반적으로 엔트로피는 어떤 현상이 원상태로 돌아갈 수 없는 비가역적 과정이면 증가하게 되고 반대이면 감소하므로 어떤 현상의 변화가 자연적 방향을 따라 발생하는가를 가늠하는 척도로 쓰인다. 이를 킨케이드의 의사소통 모델에 적용하면 의사소통이 제한 없이 일어나는 조직에서는 의사소통이 가역적인 과정이 되어 생각의 엔트로피가 낮아질 수 있지만, 의사소통이 원활히 일어나지 못하는 조직에서는 비가역적인 과정으로 생각의 엔트로피가 높아지는 방향으로 나아가게 된다.

 자연과학에서 엔트로피 증가의 원리는 분자운동의 확률이 적은 질서 있는 상태로부터 확률이 큰 무질서한 상태로 이동해 가는 현상으로 해석되고 엔트로피가 감소하는 것은 반대로 무질서에서 질서로 옮겨가는 과정이다. 높은 온도에서 낮은 온도로 열이 흐르고, 운동에너지가 열에너지로 바뀌어 가는 것이 자연적 변화의 방향이다. 물리학자들의 설명대로 우주의 엔트로피는 계속 커지는 쪽으로 나아가지만, 인간은 이런 열역학 제2 법칙, 즉 엔트로피 증가의 법칙에 그대로 순응하고 있는 것은 아니다. 반대로 인간은 끊임없이 무질서한 상태를 줄이고 질서를 찾아내기 위해 노력한다. 그런 노력의 일환이 바로 교육과 사회화라고 할 수 있다. 이런 노력은 인간의 행동을 규제하고 조직화하려는 방향으로 일어나므로 자연계에서 일어나는 엔트로피를 증가시키려는 변화와 반대 방향의 변화이다. 인간 사회에서 엔트로피의 감소는 보통 자발적으로 일어나지 않는데, 킨케이드의 관점에서 볼 때 의사소통에서도 보다 조화로운 상호 합의로 나아가는 것은 엔트로피가 감소하는 것으로서 이는 결코 자발적으로 일어나지 않고 대신 구성원들 사이에서 이를 위한 노력이 수반될 때만 가능한 것이다. 즉 상호 이해를 위해 의견을 조율하려는 개방적인 태도가 중요하며 그럴 경우 의견 수렴의 가능성이 높아서 성공적인 의사소통이 된다. 예를 들어 마라Marra(2012)는 뉴질랜드의 한 직장에서 일어난 뉴질랜드 이주민의 대화에서 대화 참여자들 사이에 생각이 다를 경우 비동의disagreement를 표현하는 방법에 대해 연구했다.

새로운 나라에 와서 새로운 직장에서 일하게 된 이주민들은 자신들이 원래 태어나 성장한 나라와 다른 환경에서 생각이나 근무 방식의 다른 점을 발견할 때 이에 대한 자신의 의견을 기존의 직원에게 전달하는 데 어려움을 겪을 수 있다. 예를 들어 다음 예시 1에 보면 중국에서 온 Ava라는 인턴은 자신이 일하게 된 뉴질랜드 통신회사의 마케팅 전략에 대해 자신의 상사인 Chris에게 자기의 의견을 피력하려고 하지만 Chris는 이런 Ava의 노력을 회사 방침에 대한 도전으로 간주하고 받아들이지 않는다(예시 1은 Marra 2012: 1,584쪽에서 인용).

> 예시 1
> 1. Ava: um yeah so still have something to to yeah to pull
> 2.   okay mm er + so um b-
> 3.   so (marketing team) have not been involved…?

4. Chris: not really we don't do a lot of marketing [at organisation]
5. we treat all customers the same
6. if we have a promotion we send it to everybody […]
7. Ava: mm so normally ( ) just to do the email or calls
8. based on the (//sales)\
9. Chris: /there's very\\ little marketing done
10. Ava: oh
11. Chris: very little marketing
12. Ava: mm is this … difficult to do the marketing er
13. based on the products?
14. Chris: um
15. Ava: or
16. Chris: well it yeah er it it really depends on on um
17. what sort of marketing we want to do…
18. Ava: mm + I I mean um you you just mentioned
19. that you have done lots in the past…
20. Chris: yeah long time ago…
21. Ava: but what's the reason why it stopped?
22. Chris: [Chris explains with hesitation – "we haven't had the success"]
23. um but there's not a lot of marketing done [at organisation]

이 대화에서 보면 Ava는 마케팅을 하지 않는 것에 대해 의아하게 생각하고 묻지만(1~3줄), Chris는 회사의 방침을 설명한다(4~6줄). 그러자 Ava는 조심스럽게 자신의 생각을 제시하려고 하는데(7~8줄), Chris는 딱 잘라서 마케팅은 거의 하지 않는다고 단언할 뿐 자세하게 이어나가려고 하지 않는다(9줄, 11줄). 그럼에도 불구하고 Ava는 "Oh"라고 놀라움을 표시하면서(10줄), 그 이유를 재차 묻는데(12~13줄, 18~19줄, 21줄), 이에 대해서 Chris는 앞에서 말한 것처럼 과거에 했었지만 잘 안 되었고 이제는 하지 않는다는 말을 반복함으로써(20줄, 22~23줄) 더 이상의 논의를 피하려고 한다. Chris의 이런 태도는 아직 회사의 방식에 적응하지 못한 Ava에 대해 본격적인 반론을 제시하여 관계를 소원하게 하는 것을 피하려고 하는 배려 때문이라고 볼 수 있지만, 여전히 Ava의 의견을 받아들이지 않고 자신과 회사의 입장을 고수하고 있다는 점에서 생각의 엔트로피는 감소하지 않고 오히려 증가하는 결과를 낳은 것으로 보인다. 이 예에서 보듯 사회적 조직으로서 직장이라는 실행공동체community of practice의 규칙이나 관례 등을 존중하면서도 자신이 생각하는 다른 의견을 적절하게 제시할 수 있는 분위기가 있어야 수렴convergence의 가능성이 있는데 어떤 새로운 의견 제시도 기존 질서에 도전하는 것으로 보는 권위주의적 환경에서는 그런 수렴은 불가능하고 오히려 서로의 입장 차이만 확인하거나 갈등이 깊어지고 감정까지 상할 수 있는 발산divergence의 가능성만 높아질 수 있다. 마라의 분석에 따르면 이 대화에서 Ava의 거듭된 마케팅 질문은 Chris에게는 체면을 위협하는 행위face-threatening act, FTA로 받아들여졌고 이는 단순히 개인적 차원의 문제가 아니라 회사라는 조직의 행동 방식이나 규범에 의문을 제기하는 것처럼 비춰지는 위험성이 있다고 한다. 갈등을 해결하는 방식은 1)회피 avoidance, 2)전환 diversion, 3)타협을 통한 해소 resolution using negotiation, 4)권위를 통한 해소resolution using authority가 있는데 마라(2012)는 이 예시 1에서 본 대화의 경우는 권위를 통한 갈등 해소의 예로 규정한다.

 그러나 모든 직장이 인턴사원과 같은 새로운 구성원에 대해 고압적인 자세를 유지하는 것은 아니다. 뉴질랜드를 배경으로 한 마라의 또 다른 사례를 보기로 하자. 다음 예시 2에서 Andrei는 러시아에서 뉴질랜드로 새로 이주했는데 정부의 한 부서에서 일하게 되었다. 이 부서에서 오래전부터 일한 Tim은 뉴질랜드에서 정식 일자리를 얻는 것의 어려움에 대해 Andrei와 다음과 같이 이야기하고 있다(예시 2는 Marra 2012: 1,585쪽에서 인용).

> 예시 2

1. Tim: /they'll move down\\ yeah moving down south
2.   and it could be for things like um prices in rent
3.   housing situation…
4.   and if they sort of look at their current situation with money
5.   coming in very little and employment very little as well
6.   so it just makes sense to
7. Andrei: go down
8. Tim: go down to the rural areas where renting is cheaper
9.   chances of finding a job is higher
10. Andrei: but but er lower in southern more southern regions
11.   are there are less people and it means there are
12. Tim: that's true
13. Andrei: there are not many jobs
14. Tim: yep that's true
15. Andrei: in Auckland there are more more jobs
16.   although the prices are higher there
17.   but still er there are possibilities to find job
18.   in b- in a big city than a small one
19. Tim: you can find I mean the opportunities may be there
20.   but at the same time you've also got to compete
21.   with //um
22. Andrei: /with\\ many people
23. Tim: yeah with with with others
24.   and also if you've if you've got a family
25.   it's very difficult to even try and find a place to stay
26.   close to that job
27. Andrei: mhm
28. Tim: you know there's also the transport factor
29.   there's the schooling thing
30.   so down south yep I mean that that's a very hard decision

31.   and that's er er choice…
32.   we capture that through [the organisation]
33. Andrei: ah I see

위의 대화에서 Tim은 많은 사람이 대도시인 Auckland를 떠나 남쪽 지방으로 이동하는 이유를 말하는데(1~6줄), 이에 대해 Andrei는 농촌 지역은 대도시보다 일자리가 없다고 반론을 하고 있다(10~11줄, 13줄). 이에 대해 Tim은 수긍하는 것처럼 답하는데(12줄, 14줄) 여기까지 보면 Tim과 Andrei는 위의 예시 1에서 본 Ava와 Chris의 경우와는 달리 어느 정도 타협을 통한 갈등의 해소가 이루어진 것처럼 보인다. 회사가 마케팅을 적극적으로 하지 않는 것에 대한 Ava의 문제 제기가 당돌한 것처럼 받아들여졌던 예시 1과 달리 예시 2에서 새 이주민인 Andrei의 반론은 비교적 부드럽게 받아들여지고 있다. 그런데 대화가 계속 진행되면서 Tim은 Andrei에게 대도시가 살기에 좋지 않다는 자기 생각을 적극적으로 개진하면서 Andrei도 자신의 의견을 받아들일 것을 설득하기 시작한다(19~21줄, 23~26줄). 이런 Tim의 적극 공세에 비해 Andrei는 Tim의 말을 중간에 차단하거나 할 엄두를 내지 못하고 오직 발언권의 차례를 넘겨주기에 적합한 전이접합지점 transition relevance point에서 최소한의 반응만 보인다(22줄, 27줄, 33줄). 결과적으로 Tim은 뉴질랜드 사정에 밝은 자신의 지위를 바탕으로 Andrei와의 의견 차이를 해소하는 것처럼 보인다. 결국 이 대화는 타협 negotiation을 통해 서로 다르게 생각하는 것을 해결하려는 시도로 볼 수 있다.

그런데 갈등을 해소하는 또 다른 방법은 아예 문제가 되는 것을 피하는 것이라고 할 수 있다. 다음 예시 3에서 뉴질랜드 토박이인 Nerissa는 중국 출신의 새 이주민인 Henry와의 대화에서 이런 태도를 보이고 있다(예시 3은 Marra 2012: 1,586쪽에서 인용).

> 예시 3

1. Nerissa: I thought I'd printed them off and gave them to you
2. Henry: er yesterday one I think I gave back to you two papers
3. //one\ the first one I sent them I sent=
4. Nerissa: /oh you gav-\\
5. Henry: =//(in)\
6. Nerissa: /yeah\\ that's the [acronym removed] form
7. Henry: mm
8. Nerissa: but there were another couple that looked like this
9. similar to this look similar
10. but it actually has what directory I'd requested for you
11. Henry: oh i'm sorry
12. Nerissa: maybe i gave them to simon

이 대화에서 Nerissa는 자신이 서류를 프린트해서 Henry에게 주었다고 하지만(1줄) Henry는 그걸 다시 돌려주었다고 한다(2~3줄). 그러자 Nerissa는 그것이 자신이 말하는 서류가 아니며 또 다른 것이 있다고 한다(8~10줄). 이에 대해 Henry가 여전히 자신은 알지 못하지만 미안하다고 하자(11줄), Nerissa는 더 이상 Henry에게 추궁하지 않고 제3의 인물을 내세워서 상황을 미봉하려고 한다(12줄). Nerissa가 이렇게 쉽게 물러선 것은 이 문제로 Henry와 갈등을 증폭할 만큼 중요한 문제가 아니라는 점을 인식하고 갈등을 피하려는 전략을 선택했기 때문이다. 이런 갈등 회피 전략은 문제의 진정한 해결이 아니라 표면적인 봉합이기 때문에 엔트로피의 감소로 볼 수 없다. 따라서 이런 상황에서의 의사소통은 수렴이 아닌 발산의 방향으로 나아간다고 볼 수 있다. 그러나 권위를 통한 갈등 해소라는 예시 1보다 갈등 회피의 예시 3은 우월한 지위에 있는 사람이 열등한 지위에 있는 사람을 생각해서 문제를 자진해서 거론하지 않는 방법을 택했기 때문에 받아들이는 사람의 입장에서는 덜 체면이 깎이는 것으로 볼 수 있다. 따라서 같은 발산이라도 다른 양상을 띨 수 있다는 점에서 킨케이드의 수렴 모델은 수렴과 발산의 경우를 보다 세분해서 접근할 필요가 있다.

의사소통의 수렴 모델은 선형적 전달 모델의 약점을 극복하는 시도이지만 여전히 의사소통에서 주고받는 정보의 양을 계량적으로 측정하는 것을 목표로 하는 수학적 모델이다. 그런데 일상적인 대화에서 볼 수 있는 의사소통의 목적은 엔트로피를 감소시키려는 데에만 있는 것은 아니다. 질서 있는 사회와 조화로운 인간관계도 중요하지만, 의사소통은 상대방에 대한 추궁이나 비판, 자기변명이나 자기주장, 서로 간에 잘잘못이나 시비를 가리기 위해서도 필요하며, 경고나 위협, 명령 등으로 상대방의 체면을 손상시킬 위험성이 있는 경우라도 소통이 불가피한 경우가 많다. 또한, 인간도 자연의 일부이므로 우주의 대원리라고 할 수 있는 엔트로피 증가의 법칙에서 예외일 수 없다. 물리학자들의 지적대로 어떤 부분의 엔트로피를 감소시키면 다른 부분에서 그보다 더 많은 양의 엔트로피를 증가시켜야만 하는 풍선 효과도 고려해야 한다. 수렴적 의사소통을 할 때마다 엔트로피는 항상 감소하는지는 실험적으로 입증이 필요한 부분이다. 이런 문제점에도 불구하고 엔트로피 개념을 핵심으로 하는 의사소통의 수렴 모델은 충분히 설명적 잠재력이 있다. 경제학자인 제레미 리프킨Jeremy Rifkin(1990)은 엔트로피는 인류가 발견한 유일한 진리이며 모든 경제활동을 지배하는 기본 원리라고까지 주장한다. 엔트로피 법칙은 기본적으로 자연 세계의 변화의 방향성을 규정하는 것이지만 사회적 상호작용 역시 이런 변화의 방향성을 갖고 일어난다고 볼 수 있으므로 사회 현상에도 적용될 수 있다.

2.4 구성주의 모델

의사소통의 구성주의 모델은 인지심리학이나 교육학에서 널리 논의되고 있는 구성주의를 의사소통에 적용한 것이다. 피아제Piaget의 구성주의

constructivism나 1950년대 말 스위스 제네바에서 피아제와 같이 연구했던 페퍼트Papert의 구성주의constructionism는 용어 사용에서 볼 수 있듯 약간의 차이가 있기는 하지만 공통적으로 '구성주의'라고 불린다. 유아의 발달 단계에서 학습이 이루어지는 것을 새로운 관점에서 연구한 피아제의 구성주의를 토대로 MIT의 페퍼트는 학습 이론을 보다 확장하고 체계화했다고 볼 수 있다. 구성주의는 서로 다양한 경험을 가진 삶의 주체들끼리 능동적인 상호작용을 통해 세상에 대한 지식이나 의미를 스스로 구성해낸다는 생각이다. 이를 우리가 관심 있게 생각하는 언어적 의사소통에 적용해 보면 대화에서 주고받는 정보나 메시지는 이미 굳어진 의미를 가지고 소통되는 것이 아니라 그 대화에 참여한 사람들 사이의 상호작용 과정에서 의미가 새롭게 창조되거나 재해석될 수 있다는 것이다. 특히 비고츠키Vygotsky와 같은 사회적 구성주의social constructionism의 관점에서 볼 때 의사소통은 의미를 공유하고 창조하는 참여자들의 상호 작용에 의한 생산물로 생각되는데 사회적 진실이라든지 아이디어와 같은 것은 의사소통이라는 사회적 과정에 의해 구성되고 수립된다. 사회적 현실은 사람에 의해 만들어지고 제도화되기 때문에 사람들의 관점에 따라 끊임없이 변화하고 재해석된다. 이 과정에서 의사소통이 큰 역할을 담당하는데 의사소통에 참여하는 사람들 역시 고정적인 역할을 수행하는 것이 아니라 계속된 선택을 통해 새로운 사회적 현실을 만들어간다. 페퍼트(1980, 1991)는 어린아이들이 대화를 통해 각자가 선호한 것이나 스타일에 따라 자기 주도적으로 학습하고 새로운 지식을 구성해 나가는 것을 보여주면서 발달 과정에서 맥락의 중요성을 강조하고 있다. 개인적 차원에서 지식의 성장이나 사회적 차원에서 새로운 가치의 발견과 확산은 다른 사람의 아이디어를 비판 없이 수동적으로 받아들이는 데 있는 것이 아니라 각자가 자신의 말로 표현해보고 자기의 목소리를 확인한 후 다른 사람들과 생각을 교환함으로써 가능해진다고 본다. 그런 점에서 구성주의는 위에서 본 의사소통의 전달 모델이나 도관 비유가 참다운 학습과 지식 습득의 모형이 될 수 없다고 주장한다.

피아제에게 지식은 한쪽에서 입력해서 송신하면 다른 쪽에서 해독하고 저장하는 정보가 아니라 사람들이 다른 사람들 및 세계와 상호작용을 통해 얻어지는 경험이라고 한다. 때때로 어린아이는 성인이 보기에 당연한 것 같이 보이는 것에 대해서도 배우고 받아들이는 것에 저항하는 것처럼 보일 때가 있는데 이는 나름대로 이유가 있기 때문이며 교육자들은 이런 저항을 쓸데없는 것으로 무시해서는 안 된다고 한다. 의사소통에서도 화자가 한 말에 대해 청자는 화자의 의도를 그대로 해석할 수도 있지만, 때에 따라서는 그 맥락에서 자기 스스로 새로운 해석을 할 가능성이 있는데 그렇다고 해서 화자는 그러한 청자의 태도를 틀렸다든지, 무식하다든지, 또는 무책임하다고 나무라기만 해서는 진정한 의사소통이라고 할 수 없다. 액커만Ackermann(1994:3)이 "개념적 변화는 제 나름의 삶을 가지고 있다"고 말한 것처럼 일단 청자에게 던져진 말은 화자의 전유물이 아니라 그 발화 맥락에서 화청자의 상호 작용의 결과로 얼마든지 새로운 의미를 갖게 될 수 있고 이는 원래 화자가 의도했던 것과 거리가 있을 수도 있다. 즉 의사소통은 누가 누구에게 자기 생각을 일방적으로 전달하고 또 (저항까지는 아니더라도) 재해석이나 재창조의 과정 없이 받아들여지는 단선적이고 일방향적인 정보 전달이 아니고, 의사소통에 참여한 사람이 공동으로 의미를 구성하는 가변적이고 역동적인 상호작용의 과정이다.

페퍼트에 따르면 지식은 근본적으로 맥락context 속에 있고, 사용use에 의해 그 모습이 결정된다고 하는데 이런 생각은 인지 발달과 교육 이론에만 적용되는 것이 아니라 의사소통에 대한 연구에도 적용될 수 있다. 즉 우리가 소통하고자 하는 정보나 감정, 의도 등은 구체적인 맥락에서의 발화를 거쳐야만 비로소 누군가와 공유될 수 있는 것이며 그렇게 해서 공유된 것은 화자와 청자 사이에서 각기 다른 모습으로 존재할 수도 있는데, 그런 가능성을 고려하는 화자라면 자기 생각이 될 수 있는 대로 온전하게 공유될 수 있도록 청자에게 여러 수단을 동원해서 이해시키려는 노력하게 될 것이다. 또한, 청자는 화자의 발화뿐 아니라 그 발화와 연관된 화자의 노력을 총체적으로 고려하여 그 발화 상황에서 최적의 해석을 도출해내려고 노력할 것이다. 이를 보다 잘 이해하기 위해 다음 예를 보자. 다음 대화에서 보면 첫 발화자 A가 대화 상대방인 B에게 전달하려는 의도는 B가 노래를 좀 그만 부르라는 것인데, B는 화자 A의 그런 의도를 눈치채지 못하고 계속되는 A의 말을 제멋대로 "엉뚱하게" 해석하고 있다.

예시 4

A: 너 아까부터 계속 노래하던데 목이 아프지도 않니? 그러다가 병이 날 수도 있어.
B: 괜찮아. 별로 안 아파. 아무튼, 신경 써 주어서 고마워.
A: 아니 내 말은 어떻게 그렇게 노래를 계속할 수 있냐는 거야.
B: 응, 내가 원래 성대가 좀 튼튼한가 봐.
A: 그게 아니고. 네가 노래를 계속하니까 공부를 할 수 없어서 그래. 그만 좀 불러.
B: 아 그런 거야? 그럼 처음부터 그렇게 말하지, 난 또.

이 대화에서 B의 반응은 원래 화자 A가 보기에는 "엉뚱한" 것일지 몰라도 B는 자신이 알고 있는 친구인 A에 대한 평소 지식과 그들이 처한 맥락에서 가장 적절한 해석을 하고 반응을 보였다고 생각할 수 있다. 다만 마지막으로 A가 보다 직접적이고 분명한 방식으로 자기 뜻을 표현하면서 B는 A의 진심을 뒤늦게 알게 되지만, 그때까지 B가 A와 나눈 말은 아무런 의미가 없는 것이 아니며 둘 사이의 관계를 새롭게 이해하는 데 일정 부분 역할을 할 수 있다. 만약 처음부터 같은 말이라도 A가 목소리를 높이고 인상을 쓰면서 청자에게 말했더라면 B는 대번에 A의 의도를 알고 노래 부르기를 멈추었을 수도 있는데, A가 처음부터 그렇게 위압적인 방법을 택하지 않은 것은 B에 대한 배려가 어느 정도 있어서 그렇게 심하게까지 말하지 않더라도 B가 스스로 알아차리고 A의 뜻대로 해 주길 바라는 마음에서 비롯된 것으로 볼 수 있다.

의사소통에 대한 구성주의 모델은 맥락의 역할과 적절한 언어 사용의 중요성을 강조하기 때문에 함축이나 전제 등의 화용적 추론이 많은 일상 대화에서 의사소통을 설명하는 데 매우 유용한 모델이 될 수 있다. 다만 구성주의 모델은 화자의 발화가 일어난 후 청자의 반응이 일어나는 것으로 보고 시차가 있는 상호작용을 설명하는데 일부 의사소통은 화자와 청자가 동시에 거래하듯 상호작용하는 경우도 있어서 그런 차이를 설명하는 데 미흡하다는 지적이 있다. 전달 모델이 의사소통 참여자들을 마치 로봇이나 컴퓨터처럼 생각하는 반면 구성주의 모델은 실제 인간들은 전자공학에서의 기계처럼 행동하지 않으며 늘 상황에 맞추어 상호작용하는 주관을 가진 존재들로 생각하고 실생활에서의 언어적 의사소통에 접근하고 있다. 피아제나 페퍼트의 구성주의 이론의 목표가 공통적으로 학습자들이 자신의 생각을 고수하거나 바꾸는 조건들을 연구하고 상호작용이 어떤 식으로 일어나서 지식의 변화가 일어나는지 밝히는 데 있었던 것처럼 의사소통의 구성주의 모델은 화자와 청자 사이에 어떤 식으로 아이디어 교환이 일어나고 의견의 일치나 불일치는 어떻게 발생하며, 이런 상호작용에서 맥락의 역할은 무엇인지에 대해 연구하고 있는데 이는 언어의 맥락적 사용과 의미 해석을 연구하는 화용론을 필요로 하는 부분이다.

3. 의사소통의 요소

의사소통의 모델은 학자마다 차이가 있지만, 기본적으로 의사소통에 관여하는 요소들에 대해서는 일치한다. 다음 요소들은 의사소통을 이루는 중요한 요소들이다.

1) 송신자 sender, encoder
2) 수신자 receiver, decoder
3) 경로 channel, medium
4) 메시지 message
5) 잡음 noise
6) 환경 setting
7) 되먹임 feedback

라스웰 Lasswell(1960)은 'The structure and function of communication in society'란 글에서 커뮤니케이션 연구는 "Who says What in Which channel to Whom with What effect?"라는 복합적인 질문에 대해 답을 찾는 것이라고 했다. 여기서 Who는 메시지를 입력함으로써 의사소통 행위를 시작하고 주도하는 존재로서 시스템 이론 systems theory에서는 이에 대한 연구를 '제어 분석 control analysis'이라고 부른다. 그리고 What은 메시지의 내용을 가리키는데 이에 대한 연구는 '내용 분석 content analysis'이라고 하며, In Which Channel은 인터넷이나 전화, 라디오, TV, 신문 등의 정보 미디어를 지칭하는 것으로 이에 대한 연구를 '매체 분석 media analysis'이라고 한다. To Whom이란 메시지가 전달되는 곳을 말하는데 이는 수신자뿐 아니라 기타 인적 요소도 포함되며 이에 대한 연구를 '청중 분석 audience analysis'이라고 부른다. 마지막으로 With What Effect란 의사소통이 청중에게 미친 영향이나 결과를 말하는 것으로서 이에 대한 연구를 '효과 분석 effect analysis'이라고 한다. 그런데 라스웰의 분석에서는 메시지가 전달되는 환경과 되먹임에 대한 언급이 빠져 있다. 우선 의사소통의 환경은 송신자나 수신자가 의사소통을 벌이는 세계를 뜻하는데 이는 물리적 공간뿐 아니라 공유된 믿음이나 가치 체계, 관습이나 관행, 규범, 문화 등 메시지의 의미를 결정할 수 있는 발화 맥락의 요소들을 모두 포함하는 것으로서 이 역시 의사소통을 이해하는 데 중요한 부분이 되어야 하며 이에 대한 연구를 '맥락 분석context analysis'이라고 부를 수 있을 것이다. 언어학적 화용론은 의사소통에 대한 공학적, 수학적, 시스템 이론적 모델과는 달리 이 발화 맥락의 요소들을 명시하고 이런 인문학적 측면을 밝히는 데 목표를 두어야 한다. 되먹임 역시 화자의 언어 행위에 영향을 줄 수 있는 중요한 요소로서 이에 대한 연구는 '되먹임 분석feedback analysis'이라고 부를 수 있을 것이다. 이제 이 요소들에 대해 하나씩 알아보기로 하자.

3.1 송신자

3.1.1 송신자의 역할과 유형

송신자란 메시지를 보내는 사람이다. 그런데 메시지의 송신자는 메시지를 처음 만든 사람과 같을 수도 있고 다를 수도 있다. 대부분의 면대면 대화에서는 메시지를 만든 사람이 바로 메시지를 보내는 사람이지만 어떤 경우에는 메시지를 송신하는 사람이 자신이 직접 창조한 메시지가 아닌, 누군가 다른 사람이 창조한 메시지를 제3자에게 전파하는 역할을 하는 경우도 있다. 따라서 메시지의 송신자는 크게 창조자creator와 전파자propagator로 나눌 수 있다. 창조자란 메시지를 처음 만들어낸 사람을 뜻하는데, 이 중 메시지를 입말의 형태로 만들어낸 사람을 화자라 부르고, 글말의 형태로 만들어낸 사람을 저자author라 부른다. 화자와 저자는 자신의 입이나 글로 자기의 생각 또는 감정을 언어로 표현하여 상대방에게 보내는 언어적 커뮤니케이션의 중요한 주체이다. 그러나 모든 메시지의 송신자가 다 그런 의미에서의 화자 또는 저자는 아니다. 어떤 경우 내가 말은 하고 있지만, 그 말의 내용은 나 자신이 만들어낸 내 생각이나 감정이 아니라 다른 사람이 이미 말하거나 글로 쓴 것을 내가 다시 옮기는 때도 있다. 토마스Thomas(1986)의 분석을 따르면, 이런 메시지 전파자도 다시 세 가지 유형으로 나눌 수 있는데, 첫째로, 원래 메시지 창조자가 한 말을 녹음기처럼 그대로 전하는 대독자spokesperson가 있고, 둘째로 메시지 창조자의 말을 자신이 이해한 범위 내에서 객관적으로 말을 옮기는 전달자reporter가 있으며, 마지막으로 메시지 창조자의 말에 자신의 해석이나 논평, 감정 등을 추가하여 주관화시켜 말을 옮기는 대변인mouthpiece이 있다. 일상 언어에서 대독자와 전달자, 대변인은 잘 구별하지 않는 경향이 있지만, 토마스의 분석에서는 엄격한 차이가 있다. 우선 대독자란 처음 누군가에 의해 만들어진 메시지의 원형을 하나도 바꾸지 않고 원형 그대로 충실하게 옮기는 사람이다. 대독자는 궁극적인 메시지 생산자의 권한을 전적으로 존중하여 일체 토를 달지 않는다. 반면에 전달자는 일정한 범위 내에서 처음 메시지에 변형을 가할 수 있는데 그 변형은 빠진 문법 요소를 보충하여 완전한 문장으로 만든다든지, 잘못 사용된 어법을 교정한다든지 하는, 누가 보아도 동의할 수 있는 최소한의 객관적 변형이어야 하며, 전달자 자신의 주관적인 내용이 포함되어서는 안 된다. 예를 들어 신문 기자는, 그가 논설위원이나 해설자가 아닌 한, 자신이 인터뷰한 사람의 말을 독자에게 전달하는 과정에서 육하원칙에 의거하여 사실 보도할 뿐, 원칙적으로 자신의 주관적인 의견이나 생각을 메시지에 추가할 수 없다. 반면에 대변인은 원래 메시지의 근원인 창조자의 말이나 문장만 옮기는 것이 아니라 그의 의중을 파악하거나 심중을 헤아려 상황에 더 적합한 표현으로 대체하거나 가감 또는 부연 설명할 수 있는 권한을 가진 사람이다. 다음 (1)부터 (7)의

각 쌍으로 이루어진 표현 중 위의 a-예문은 송신자가 자신이 메시지의 내용을 만들어낸 것이 아니라 전달하는 역할만 하고 있음을 나타내는 것들이고 아래의 b-예문은 송신자 자신이 메시지를 만든 사람이다.

(1) a. 주식시장은 당분간 약세를 면치 못할 거라고 합니다.
    b. 주식시장은 당분간 약세를 면치 못할 것입니다.
(2) a. 이번 겨울은 그 어느 때보다 추울 거라던데.
    b. 이번 겨울은 그 어느 때보다 추울 거야.
(3) a. 네가 먼저 대들었다면서.
    b. 네가 먼저 대들었잖아.
(4) a. 사람들이 그러는데 현아가 숨겨 놓은 애인이 있대.
    b. 현아가 숨겨 놓은 애인이 있어.
(5) a. 그대에게 애인이 생겼다는 그 말을 풍문으로 들었소.
    b. 그대에게 애인이 생겼어.
(6) a. 이젠 적극적인 공격만이 살길이라는 이야기가 떠돌고 있습니다.
    b. 이젠 적극적인 공격만이 살길입니다.
(7) a. 이번 일은 그냥 참고 넘어가기에는 도가 지나쳤다는 지적입니다.
    b. 이번 일은 그냥 참고 넘어가기에는 도가 지나쳤다.

송신자의 유형은 그가 맡은 역할에 따라 달라지는 것으로서 특히 메시지의 내용에 대한 책임 소재가 문제가 될 때 매우 중요하다. 개인과 개인의 대화라든지 개인과 조직과의 대화, 조직과 조직 사이의 대화 등 어떤 종류의 대화이든 메시지 송신자의 유형에 따라 그 메시지의 내용에 대한 책임도 달라질 수 있다. 만약 메시지에 사실과 다른 내용이 들어 있을 경우 메시지를 만들어내고 자신의 입으로 공표한 화자는 그 메시지에 대해 전적으로 책임을 져야 하겠지만, 메시지를 옮겨 나른 사람들은 화자보다는 책임이 덜 하다고 보아야 할 것이다. 그러나 단순 전파자라고 하더라도 책임에서 완전히 벗어나는 것은 아닌데, 거짓된 루머나 유언비어를 최초로 만들어낸 사람도 처벌하지만, 이 루머나 유언비어의 사실 여부를 확인하지도 않고 무책임하게 퍼뜨린 사람들도 처벌될 수 있다.

다음 절에서 보겠지만 메시지를 수신하는 청자에는 화자로부터 자신의 말을 듣는 것이 허락된 중심 청자와 화자의 허락을 받지 않고 몰래 남의 말을 엿듣는 도청자가 있는 것처럼, 메시지 송신자도 자기 신분을 감추거나 다른 사람으로 위장하고 은밀하게 메시지를 보내는 사람들이 있다. 남의 허락을 받지 않고 그 사람 몰래 사진을 찍는 것을 '도촬盜撮'이라고 부른다면, 원래 화자의 말을 마치 자기 것인 양 무단으로 말하는 사람은 '도화盜話'라고 할 수 있다. 가장 문제가 되는 것은 다른 사람이 쓴 글을 마치 자신이 창조한 것인 양 정당한 절차를 밟지 않고 사용하는 것인데 이런 표절은 원저자의 노력의 결실을 몰래 따먹는 것과 같은 범죄행위라고 할 수 있다. 특히 컴퓨터와 인터넷이 보급되면서 누구나 손쉽게 다른 사람의 글이나 그림 등에 접근할 수 있고 마음만 먹으면 이를 컴퓨터 마우스의 복사하기 등의 방법으로 가져올 수 있다. 예를 들어 유명한 맛집에 대한 인터넷 블로거들의 글을 보면 토씨 하나 다르지 않은 같은 내용의 글이 여러 블로그에 올라가 있는 경우를 흔히 볼 수 있는데 최초의 저자가 누구인지를 밝히고 그로부터 허락을 받아 옮겨 사용해야 할 것이다. 한국 사회는 유독 '원조'에 대한 집착이 강하지만, 이를 존중하고 보호하려는 노력은 그리 두드러지지 않는다. 국민 간식으로 사랑받는 떡볶이만 해도 누가 언제 그런 음식을 개발하여 상품화했는지 분명 추적이 가능할 텐데도 어느 한 집에서 '원조'라고 자칭하고 나서면 곧이어 그 이웃집에서 덩달아 자신이 '원조'라고 주장하면서 소비자들을 어리둥절하게 만든다. 그 결과 서울 중구 신당동의 마복림 할머니의 떡볶이집을 소개하는 한 블로거의 글을 보면 제목이 "신당동 떡볶이 타운 - 원조 중의 원조 1번지"라고 원조를 연거푸 쓰고 그것도 모자라 1번지를 강조하고 있다(http://shinlucky.tistory.com/1079). 원조 논쟁은 떡볶이집뿐 아니라 '세종시'를 누가 사수했느냐는 이른바 '세종시 사수 원조 논쟁'과 같이 정치권에서도 발생하기도 한다. 2012년 10월 23일 윤형권, 김소라 기자가 작성한 [세종포스트]지의 기사에 따르면 당시 대선을 앞두고 새누리당 박근혜 후보가 "제가 세종시를 지킬 때 야당은 뭐했나?"라며 '세종시를 지킨 원조'는 자신이라고 말해 '세종시 지킨 원조' 논쟁이 불붙었다고 전달자의 입장에서 보도하고 있다. 이에 대해 당시 민주통합당 세종시당은 "지금부터 꼭 8년 전인 2004년 10월 21일 박 후보가 한나라당 대표일 때 헌법재판소에 '신행정수도건설특별법' 위헌소송을 한나라당 소속 의원들이 주도했다"면서 박 후보가 '세종시를 지킨 원조'라는 것은 새빨간 거짓말이라고 비난했다고 이 기사는 별다른 논평 없이 중립적인 시각에서 적고 있다 (http://www.sjpost.co.kr/news/article.html?no=5171). 국민의 입장에서는 이런 문제에서까지 원조가 누군지를 다투는 모습이 그다지 보기 좋은 모습은 아니었지만, 대선을 앞두고 단 한 표라도 아쉬운 정치권에서는 총력을 기울여 이전투구를 벌일 정도로 큰 사안이었다.

최근 소셜 미디어social media가 일반 대중들 사이에 뿌리를 내리면서 소셜 네트워크 서비스SNS는 기동성이 뛰어나고 접촉이 용이하며 엄청난 전파력을 갖고 있으므로 많은 정치인이 앞다투어 이를 국민과의 소통창구로 활용하고 있다. SNS의 장점이 시간과 장소의 구애를 받지 않고 언제 어디서나 정치적 소통과 참여가 가능한 환경을 제공한다는 것인데 그 결과 누구나 자신의 의견을 개진하고 같은 정치적 견해를 가진 연결망을 형성하게 되어 세력화의 가능성까지 얻게 된다. 이런 SNS는 잘 사용하면 정치 참여의 문턱을 낮추고 기성 정치인들의 활동을 감시하는 순기능을 갖고 있지만, 악용될 경우 그 폐해도 만만치 않다. 이른바 SNS 정치 시대, 스마트폰 정치 시대에 정보 전달의 부작용으로 대두되는 것이 이른바 댓글 조작과 같은 여론 조작과 왜곡된 정보 확산이다. 이런 의도를 갖고 사이버 공간에서 암약하는 사람들은 그 메시지를 받는 사람이 보낸 사람의 정확한 신원을 대개의 경우 확인할 수 없으므로 유령과 같은 저자, 즉 유령저자 ghost writer로 인식된다. 특히 엄연한 국가 기관인 국정원이나 국민의 군대이어야 할 군사이버사령부 등에서 과거 대선 기간 중 특정 후보의 당선을 돕기 위해 어떠한 수단이나 방법도 마다치 않고 가용 인력을 동원하여 자신들의 정체를 숨긴 채 편파적 댓글 공작과 사이버 여론 조작을 한 것으로 드러나 큰 충격을 주었다. 이처럼 이해관계가 첨예하게 대립하거나 서로 다른 사상적, 정파적 신념이 충돌하는 의사소통의 장에서는 책임을 모면하면서 상대방을 비방하거나 여론을 조작하는 손쉬운 수단으로 유령저자들이 암약하는 경향이 있다. 그 결과 사이버 공간에서 모든 의견 제시는 실명으로 하려는 움직임이 있는데 그럴 경우 유령저자의 폐해는 어느 정도 없어질 수 있겠지만, 언론의 자유가 위축되어 활발한 토론과 정당한 비판마저 잠재우는 공포의 공간이 될 수 있는 부작용도 면밀히 고려해야한다. 이상에서 본 메시지 송신자의 역할에 따른 유형 분류를 그림으로 나타내면 다음과 같다.

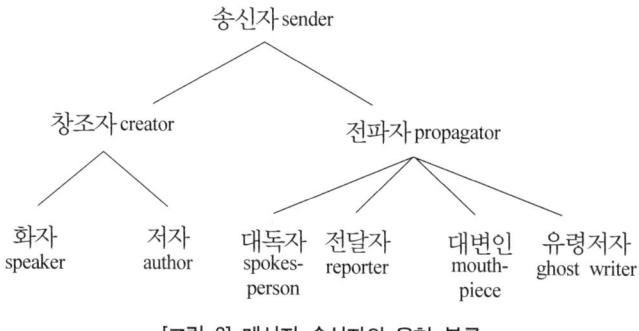

[그림 3] 메시지 송신자의 유형 분류

위의 전파자는 글말이 아닌 입말을 기준으로 분석한 것이고 입말의 경우 저자의 글을 타인에게 전하기 위해 인용하는 사람을 인용자 quoter라고 불러 구별할 수 있다. 학술 논문 등에서는 원저자의 글을 인용할 때 엄격하게 원문 그대로 인용하는 원칙을 고수해야 할 필요가 있는데 이럴 때의 인용자는 창조자의 입말 메시지를 대신 읽어주는 대독자와 같은 역할을 한다.

3.1.2 전파자 표시 방법

말을 하는 사람의 역할에 따라 그 말에 대한 책임이 달라질 수 있기 때문에 또는 자신보다 더 권위가 있거나 다수의 사람이 이미 한 말임을 강조하여 자신이 전달하는 말의 신뢰도를 높일 필요가 있을 때 또는 자신이 하는 말에 대해 자기 스스로 확신을 갖고 하는 말이 아님을 밝힐 필요가 있을 때 우리는 자신이 그 말의 창조자가 아니라 전파자의 역할임을 보여주는 언어적 장치들을 활용하기도 한다. 다음은 그런 목적으로 영어에서 사용되는 언어적 장치이다.

1) 문장을 비인칭 주어인 it로 시작하는 것은 종종 메시지 내용의 궁극적 출처를 명시하지 않는 효과가 있다.
    - It has been scientifically proven that too much sugar makes one sleepy.
    - It is said that Mr. Mackay called his Malaysian boss a "chink".
    - It is rumored that the Swiss government subsidizes cattle farming.

2) 위 1) 유형 구문의 변형으로서 화자를 가리키는 I나 we 대신에 3인칭을 사용하여 발화의 출처를 간접화한다.
    - Mr. Mackay is said to have call his Malaysian boss a "chink".
    - Too much sugar has been scientifically proven to make one sleepy.
    - The Swiss government has been rumored to have proposed a multi-billion dollar settlement to the U.S. authorities.

3) 불특정한 일반적 사람들을 가리키는 they, one, some 등을 사용하여

출처를 불분명하게 할 수 있다. 예를 들어 사랑에 관해 노래한 베트 미들러Bette Midler의 The Rose란 곡의 가사를 보면 사람들이 사랑에 대해 이러쿵저러쿵 말하는 것을 먼저 이야기할 때는 some이란 불특정 대명사를 사용해서 자신과의 거리감을 보여주고, 그다음에 자신이 생각하는 사랑에 관해서 이야기할 때는 I라는 일인칭 대명사를 사용하고 있다.

- Some say love it is a river that drowns the tender reed
- Some say love it is a razer that leaves your soul to bleed
- Some say love it is a hunger, an endless aching need
- I say love it is a flower and you its only seed

이 가사에서 보면 어떤 이는 사랑이 연약한 갈대를 물에 빠뜨리게 하는 하천과 같다고 하고, 어떤 이는 사랑이 영혼을 피 흘리게 하는 면도칼과 같은 것이라고도 하며, 또 어떤 이는 사랑이 무한히 아픔을 느끼는 욕구인 굶주림과 같은 것이라고들 하여 다들 부정적으로 보고 있지만, 정작 노래를 하는 본인은 사랑이 꽃과 같은 것이고 상대방은 그 꽃을 키우는 씨와 같다고 각자 말한다고 긍정적으로 노래하고 있다. some이 불특정 인물을 가리키어 화자의 역할을 생산자가 아니라 전파자로 할 수 있는 것은 some이 주어의 자리에 있을 때이고 물론 같은 대명사 some이라도 주어가 아닌 자리에 올 경우에는 화자의 역할이 전파자가 아닌 생산자가 될 수 있다. 예를 들어 같은 사랑을 주제로 한 플라치도 도밍고Placcido Domingo와 존 덴버John Denver의 Perhaps Love를 보면 다음과 같은 구절이 나온다.

Perhaps love is like a resting place
A shelter from the storm
It exists to give you comfort
[중략]
Oh, Love to some is like a cloud

To some as strong as steel
For some a way of living
For some a way to feel
And some say love is holding on
And some say letting go
And some say love is everything
And some say they don't know

이 노래 가사의 첫 부분은 화자가 사랑에 대해 확신을 갖고 있지는 않지만 아마도 그럴 것이라고 완곡하게 자신의 생각을 말하고 있다. some은 주어가 아니라 주어인 love를 수식하는 전치사구의 목적어로 되어 있기 때문에 이 부분도 화자 자신이 그 발화 내용의 출처가 된다. 반면 And some say로 시작하는 부분에서는 주어가 some으로 표시되어 있기 때문에 화자의 역할이 전파자로 전환되고 있다.

4) reportedly, allegedly, reputedly, supposedly 등의 부사를 사용함으로써 발화의 내용이 간접적으로 전달되는 것을 표시할 수 있다.
   - They have reportedly agreed.
   - Her minivan allegedly struck the children as they were crossing the street.
   - The actor reputedly earns ten million dollars a year.
   - She supposedly gained a $5-million settlement at the end of her marriage.

5) 위 4)의 경우와 유사한 것으로서 be 동사 다음에 like를 사용함으로써 그다음 내용에 대해 거리감을 두거나 단언하지 않는다는 것을 표시할 수 있다.
   - She's like, "I don't believe it," and I'm like, "No, it's true!". (Dictionary.com 인용)
   - She comes into the room and she's like 'Where is everybody?" (Oxford Dictionary 인용)

이 말의 화자는 그 여자가 한 말뿐 아니라 내가 한 말도 마치 제3자가 한 것을 전달하는 사람처럼 조심해서 말하고 있다. 특히 "It was, like, ten feet high"나 "The temperature was, like, thirty degrees below zero"처럼 높이나 온도, 길이, 무게 등의 도량형 표현 앞에 like가 삽입되는 경우가 많은데 이때의 like는 그 측정치에 대해 자신이 직접 하지 않았거나 확신이 없다는 것을 표시하는 기능을 한다.

6) according to 다음에 belief, news, study, research, poll 등의 명사나 그런 명사의 동사형을 포함한 구문을 사용하여 발화 내용의 출처를 표시할 수 있다.
   - According to reputation or general belief, Canada is the safest country in the world.
   - According to what people say or believe, there's no life in Mars.
   - According to the report, the average monthly household cellular phone bill is $73.
   - People with the blood type O have a lower risk of heart disease, according to a recent study led by Dr. Fred Thompson of Cornell University.

7) 무생물 명사를 주어로 사용함으로써 발화 내용이 간접적으로 전달됨을 밝힐 수 있다.
   - A new study conducted by Yale psychologists reveals that babies know when their parents are faking.
   - A recent, credible poll shows that most Gazans support Hamas.
   - There is an old saying that the best things in life are worth waiting for.

8) 상대방의 동의나 확인을 구함으로써 발화내용의 간접성을 높인다.
   - He isn't here, huh?
   - She is not coming with us, right?
   - They were at the party, correct?

9) 기타 발화 내용이 자신이 직접 만들어낸 것이 아님을 명시적으로 밝힐 수 있다.
   - I heard through the grapevine that…
   - I don't trust this but…
   - I came across an article online and let me quote part of it…

3.1.3 송신의 양식

대부분의 커뮤니케이션에서는 메시지를 만들어내는 존재와 이를 송출하는 존재가 하나로서 동일한, '단일 양식의 송출unimodal sending'로 전달되는 게 보통이지만 일부의 경우 메시지의 원천 생산자와 이를 송출하는 존재가 다르거나, 원생산자와 함께 새로운 송출자가 추가되는 '복합 양식의 송출multimodal sending'로 전달될 수도 있다. 예를 들어 TV 방송에서 원래 어떤 출연자가 한 말은 보통 그 말의 음성 형태 그대로 시청자에게 전달되지만, 때에 따라서는 TV 프로그램의 제작진에 의해 그 말의 시각적 형태인 자막으로 화면에 표시되어 동시에 전달될 수 있다. 이 경우 음성 형태와 자막은 일치할 때도 있지만, 종종 일치하지 않는 경우도 있다. 이를 도식화하면 다음 [그림 4]와 같다. 이때 제작진과 같은 통제자controller는 섀넌-위버 모형에서의 잡음의 원천noise source이 아니라 자신이 스스로 원 출연자의 메시지 1를 해석하고 보다 적절하다고 생각하는 형태로 메시지 2를 재창조하여 시청자에게 제공하는 재창조자re-creator라고 볼 수 있다(이성범 2011에서 인용).

[그림 4] TV 자막 방송에서의 이중 메시지 전달 과정

시청자는 화면에 등장한 출연자들이 말하는, 가공되지 않은 메시지 1을 오디오로 들으면서 동시에 이따금 이 메시지 1과 제작진이 재창조한 메시지 2를 비디오로 함께 보게 된다. 즉 두 개의 메시지가 다른 채널을 통해 수신자인 시청자에게 전달된다. TV 프로그램의 성격에 따라 메시지 1과 메시지 2의 차이가 많이 벌어지는 것과 크게 차이가 없는 것으로 나눌 수 있다. 예를 들어 이성범(2011)의 조사에서는 KBS2의 [1박 2일]과 같은 오락성이 강조되는 예능 프로그램의 경우는 원 출연자들의 말과 제작진이 재가공한 자막 사이에 상당한 차이가 있지만 KBS1의 [인간 극장]과 같은 사실성이 중요시되는 교양 프로그램의 경우는 음성으로 전달되는 메시지와 자막으로 표시되는 메시지 사이의 간극이 비교적 크지 않은 것으로 드러났다. 다만 [인간 극장]의 경우에도 표준어에 맞지 않는 어법이나 비속어 등은 가급적 표준어나 거슬리지 않는 표현으로 바꿔서 전달되는데 이는 방송 언어의 사회적 교육 기능에 충실하려는 노력으로 보인다. 최근에는 자막을 뛰어넘어 여러 현란한 컴퓨터 그래픽이 TV 방송에 없어서는 안 될 요소로 활용되는데 이러한 컴퓨터 그래픽의 소통적 기능과 효과에 대해서는 면밀한 연구가 필요하다. 그런데 청각적인 메시지 1과 시각적인 메시지 2가 차이가 있을 경우 이 둘이 상승 작용을 하기보다는 시청자들은 인지적 불일치 등으로 인한 혼란을 느낄 수 있으므로 지나친 자막의 사용은 시청자들의 이해를 저해하는 부작용을 가져올 수 있다. 따라서 TV 방송에서 자막의 역할에 대해서는 면밀한 검토가 필요하다. TV뿐 아니라

외국 영화를 상영할 때 출연자들의 대사를 한국어로 번역해서 자막을 넣어주는데 때로는 이 자막이 출연자들의 원래 모국어 대사의 내용을 너무 축약하는 등 거리가 있거나 심지어 오역일 경우 영화 관람객들이 영화를 보는 데 방해가 될 수 있다.

3.2 수신자

『보물섬』, 『지킬박사와 하이드씨』 등으로 유명한 스코틀랜드 출신 소설가 로버트 스티븐슨Robert L. Stevenson은 Lay Morals란 글에서 "입말이든 글말이든, 모든 말은 그 말을 들을 생각이 있는 준비된 청자가 있기 전까지는 죽은 언어이다"라고 했는데 이는 소통 과정에서 수신자 또는 해독자의 역할이 중요하다는 것을 강조한 말이다. 언어적 의사소통에서 메시지가 입말로 되어 있을 경우의 수신자는 청자이고, 글말로 되어 있을 경우의 수신자는 독자reader이다. 청자든 독자든 수신자는 송신자가 보낸 메시지를 받고 그 뜻을 해독하는 사람이다. 소통은 고정된 송신자로부터 수신자에게로 단 한 번의 메시지 전달로 끝나는 것이 아니라 서로 역할을 교환하면서 메시지를 주고받고 대화를 계속 재생산해내는 것이 보통이다. 앞에서 본 새넌과 위버의 선형적 소통 모델에서는 언어적 메시지를 입력하는 송신자는 코드 입력자의 입장에서 말을 하고 수신자는 자신과 송신자가 공유하고 있다고 믿는 공통적 배경 하에 송신자의 메시지를 푸는 코드 해독자의 입장에서 서로 역할 분담을 하여 자기가 맡은 부분을 충실히 이행하면서 소통이 이루어진다고 생각한다. 마치 송신자와 수신자가 기계의 부품처럼 상호 자립적으로 자신이 맡은 일을 처리하면서 대화가 이루어진다고 보는 견해를 쇼버와 클라크Schober and Clark(1989)는 대화의 '자립적 견해autonomous view'라고 부르고 있다. 이에 반해 구성주의 모델에서 보았던 것처럼 송신자와 수신자가 대화의 목적을 염두에 두고 상호 이해에 도달하기 위해 자신들에게 주어진 여러 가지 가능한 자원들을 동원하여 부단히 협력하면서 대화가 이루어진다는 견해를 '합작적 견해collaborative view'라고 한다. 합작적 견해에서는 송신자와 수신자의 역할이 고정적이지 않고 대화의 전개 방향에 따라 달라질 수 있으며 송신자가 수신자를 대하는 태도에 따라 그 유형이 달라질 수 있고 수신자도 송신자의 메시지 송신에 영향을 주는 능동적 역할을 수행할 수 있다고 본다. 앞 절에서 메시지 송신자의 다양한 역할에 대해서 보았던 것처럼, 이 절에서는 합작적 견해에 입각한 수신자의 다양한 역할에 대해 알아보자.

3.2.1 수신자의 역할과 유형

소통 과정에서 수신자의 역할은 일차적으로 송신자에 의해 결정될 수 있다. 예를 들어 같은 "이게 뭐야?"라고 물어보는 말일지라도 그 말을 한 송신자, 즉 화자가 자기 앞에 앉아 있는 상대방에게 질문하기 위해 그를 쳐다보면서 말을 할 경우와 마치 자기 앞에 누가 있는지도 모르는 것처럼, 굳이 대답을 얻고자 하는 것 대신 궁금함을 표현하기 위해 자기 스스로에게 말을 할 경우 상대방의 역할은 달라진다. 즉 화자가 상대방에게 어떤 답을 기대하고 물어본 것이라면 그 상대방은 그 상황에서 하나밖에 없는 중요한 청자의 역할을 수행하는 것이지만 화자가 스스로에게 물어본 것이라면 비록 그 상대방은 화자의 말을 들었고 그 자리에 대화 파트너로 있었다 할지라도 그 특정 순간의 발화에서는 중심적인 청자가 아니라 주변적인 청자로 전락하게 된다. 오히려 이런 상황에서는 화자 스스로가 자신을 중심 청자로 생각하는 것이다. 이처럼 수신자의 역할은 화자와의 상대적 관계에서 결정되는데, 이 점에 착안하여 고프만(1981)은 '청자'를 그 역할에 따라 다음 세 가지 유형으로 구분한다:

1) 화자가 알지 못하는 사이에 그의 말을 우연히 듣는 사람
2) 화자가 직접 말을 건네지는 않았지만, 그의 말을 듣는 것이 허락된 사람
3) 화자가 직접 말을 건네고, 그의 말을 듣는 것이 허락된 사람

이 분류의 기준은 첫째로 청자의 존재에 대한 화자의 인지 여부와, 둘째로 청자의 대화 참여에 대한 화자의 허락 여부로서 고프만은 이 두 기준이 청자의 역할을 설명하는 데 가장 중요하다고 생각한다. 벨Bell(1984)은 고프만의 분류를 조금 더 확장하여 다음과 같이 넷으로 청자를 구분한다.

1) 화자가 직접 말을 건네는 대상으로서의 중심 청자 addressee
2) 화자가 직접 말을 건네지는 않지만, 대화의 참여자로 인정하는 청중 auditor
3) 화자가 직접 말을 건네지 않고 대화 참여자도 아니지만, 화자가 자신의 말을 들을 수도 있을 것이라고 생각하는 우연 청자 overhearer
4) 화자가 직접 말을 건네지도 않고 그 존재도 모르지만, 화자의 말을 듣는 도청자 eavesdropper

고프만의 분류에 비해 벨의 분류는 도청자의 범주가 추가되었는데, 벨과 유사한 관점에서 클라크Clark(1996)도 청자를 1)중심 청자, 2)주변 청자 side participant, 3)구경꾼 bystander, 4)도청자로 나눈다. 벨의 분류에서 '청중'은 클라크의 분류에서 '주변 청자'에 해당하고, 벨의 '우연 청자'는 클라크의 '구경꾼'과 유사하다. 다만 클라크는 벨의 분석과 달리 청자에 대해 화자가 갖는 책임을 언급하였는데, 화자는 자신의 말을 듣는 사람이 어떤 유형인가에 따라 그 말에 대한 책임의 정도가 달라진다고 한다. 우선 화자는 중심 청자에게 한 말에 대해서는 가장 큰 책임을 지는 반면, 주변 청자가 들은 말은 중심 청자보다는 책임이 크지는 않지만 그래도 화자가 한 말로 효력이 있다. 반면에 벨의 분류에 의하면 화자가 인정하지 않은 우연한

청자에 불과한 구경꾼이 들은 말은 화자가 직접 타겟으로 삼고 한 말이 아니므로 별로 책임이 없으며, 화자의 말을 몰래 엿들은 사람에 대해서는 그 말의 내용과 무관하게 아무런 책임도 없다. 이상의 논의에서 나온 1)화자가 알고 있는가? 2)화자가 대화 참여자로 인정했는가? 3)화자가 말을 건넨 사람인가? 4)화자가 얼마나 책임을 지는가?라는 네 가지 분류 기준을 사용하여 청자의 유형을 표로 나타내면 다음과 같다.

[표 1] 청자의 유형 (Clark 1996:14를 일부 수정한 것)

	Known to Speaker	Ratified by Speaker	Addressed to by Speaker	화자의 책임
중심 청자 Addressee	yes	yes	yes	가장 크다
주변 청자 Side Participant	yes	yes	no	보통
구경꾼 Bystander	yes	no	no	별로 없다
도청자 Eavesdropper	no	no	no	전혀 없다

청자의 유형에 대한 또 다른 분류로서 버슈어렌Verschueren(1999:85)은 수신자를 '해석자interpreter'라고 부르고 있는데 해석자의 역할을 다음과 같이 분류하고 있다.

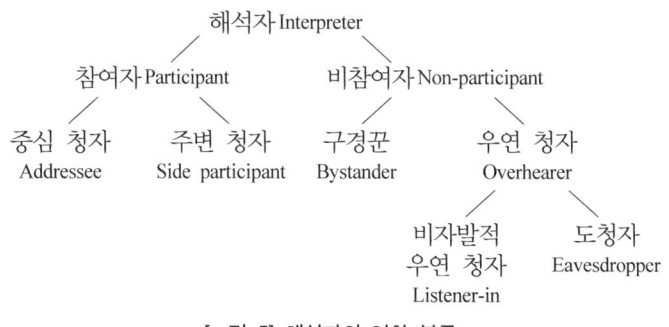

[그림 5] 해석자의 역할 분류

이 분류에서는 메시지를 수신하는 사람이 공식 또는 비공식으로 대화에 참여하는 사람인지 아니면 대화에 참여하는 사람이 아닌지에 따라 참여자와 비참여자로 나누고 있다. 대화 참여의 여부는 대화 현장에 물리적으로 있다는 것만으로는 충분하지 않으며 메시지를 보내는 사람 즉 송신자로부터 대화 파트너나 메시지 종착지로 인정을 받았거나 적어도 그 존재를 송신자가 인지하는 경우에만 참여자가 될 수 있다. 대화에 참여하는 사람 중에서도 화자가 자기의 주된 대화 상대로 생각하고 자기의 말을 듣는 존재로 인정하는 청자를 '중심 청자'라고 하며 화자의 말을 듣기는 하지만 화자로부터 정식 대화 파트너로 인정받지는 않은 사람을 '주변 청자'라고 한다. 버슈어렌에서 '구경꾼'은 클라크의 '구경꾼'과 같은데, 버슈어렌의 '우연 청자'는 허가받지 않고 의도적으로 남의 말을 듣는 '도청자'와 허가를 받진 않았지만 어쩌다 엿듣게 되었을 뿐 고의적으로 남의 말을 들은 것은 아닌 '비자발적 우연 청자 listener-in'를 구별하고 있다.

  예를 들어 프란치스코 교황이 방한하여 시복식을 주재하기 위해 광화문 광장에 들어섰을 때 잠시 차에서 내려 광장에 있던 세월호 유족 대표와 이야기를 나누었는데 지금까지 살펴본 송신자와 수신자의 여러 유형을 이 사례에 적용해 보면, 일단 교황은 자신이 생각하는 말을 스스로 만들어내어 자신의 입으로 발화한 화자이며, 이를 한국어로 단어 하나하나 그대로 옮겨 전달한 통역은 대독자라고 할 수 있다. 이처럼 대독자는 원칙적으로 원래 발화의 화자가 말한 것을 하나도 바꾸거나 가감하지 않고 정확히 옮겨 전하는 역할을 수행하는 반면 대변인은 다소 변형이 가능하다. 만약의 경우 교황이 유족 대표와 대화하던 자리에 있던 사람 중 누군가가 통역이 옮긴 교황의 말을 듣지 못해서 옆에 있는 사람에게 "교황께서 지금 뭐라고 말씀하셨어요?"라고 묻자 간략하게 정리해서 답해준 사람은 대변인의 역할을 수행한 것이라고 볼 수 있는데 이 대변인 역할을 한 사람은 대독자보다는 좀 더 자유롭게 내용을 가감하거나 자신의 의견을 삽입할 수도 있다.

반면에 교황이나 통역의 말을 옆에서 듣고 이를 방송한 기자는 전달자의 역할인데 전달자는 교황의 말 중에서 일부를 강조하거나 삭제할 수도 있지만, 본인의 의견을 제시할 수는 없다. 교황과 대화를 나눈 유족 대표는 자신의 발화에 대한 화자일 수도 있고, 일부 발언 내용이 만약 다른 유족들이 느끼고 말해온 것들을 종합하고 압축해서 교황에게 전달한 것이라면 전달자일 수도 있다. 수신자의 측면에서 보면 그 이야기를 취재하던 기자들이나 바로 그 주위에 있던 사람들뿐 아니라 더 나아가 그 광경을 텔레비전으로 지켜보던 시청자들 역시 넓은 의미로 이 특별한 소통에 참여한 것으로 보아야 한다. 교황이 유족 대표를 향해 이야기했기 때문에 중심 청자는 유족 대표이고 교황이 직접 대화 파트너로 말을 건넨 유족 대표는 아니지만, 그 옆에서 경청하던 사람들은 주변 청자로 볼 수 있지만 이 광경을 지나가다가 먼발치에서 보거나 집에서 중계되는 TV 화면으로 본 사람들은 구경꾼에 해당한다. 또한, 만약 행사 진행 요원이나 중계방송 팀원이 다른 곳을 향하다가 우연히 그 자리를 지나치면서 대화 내용을 무심코 듣게 되었다면 그는 비자발적 우연 청자가 되며, 실제 그랬을 리는 없겠지만 만약 누군가가 몰래 숨어서 이 대화를 녹취하거나 엿듣고 있었다면 그는 허가받지 않은 도청자가 될 것이다.

3.2.2 도청과 감청

도청과 감청은 누군가가 타인의 통신을 몰래 엿듣는 행위를 말하는 것으로 도청은 불법이지만 감청은 법에 의해 보장된 행위라는 차이가 있다. 그러나 일반인들의 법감정으로 도청이든 감청이든 자신의 통신 내용을 누군가가 몰래 엿듣고 조사하는 것은 결코 유쾌한 일이 아니며 표현의 자유와 사생활의 침해로 받아들여진다. 도감청은 일반인들과는 먼 스파이 영화에서나 일어날 법한 이야기처럼 들리지만 실제로 인류의 역사와 함께 늘 있었고 오늘날에도 우리 주위에서 횡행하고 있다. 특히 무선 휴대전화의 보급과 도감청 장비의 발달로 이런 일은 앞으로도 계속 늘어날 것으로 보인다. 요즈음 휴대전화 번호만 알아도 통화를 도청하는 것이 가능하며 이런 일을 막기 위한 도청탐지업체와 보안업체가 호황을 누리고 있다고 한다. 도청과 관련해서 주목할 만한 것은 법적으로도 적법한 절차를 무시하고 위법하게 수집된 증거에 의하여 발견된 제2차 증거의 증거능력은 인정할 수 없다는 이른바 '독수독과원칙毒樹毒果原則, Principle of Fruit of the Poisonous Tree'인데 이는 미국 및 한국에서 형사소송법상의 증거 법칙으로 받아들여지고 있다. 예를 들어 고문이나 강압, 불법 체포, 압수, 수색 또는 도청에 의해 얻어낸 자백이나 증거는 위법하게 수집된 것으로서 아무리 사실일지라도 이를 배척한다. 미국에서는 미란다 고지Miranda warning를 먼저 하지 않고 불법적인 공권력의 행사로 얻은 자백은 독수독과이론에 의해 증거능력이 없는 불법적인 증거로 배척된다. 따라서 미국에서는 수사기관이 범죄 용의자를 체포할 때 반드시 체포의 이유와 함께 "피의자는 묵비권을 행사할 수 있고, 피의자의 모든 발언이 법정에서 불리하게 작용할 수 있으며, 피의자는 변호인을 선임할 권리가 있다"는 것을 미리 알려 주어야 하며 이를 어길 경우에 얻어지는 모든 진술이나 자백은 효력이 상실될 수 있다. 한국에서는 1992년 12월 부산의 초원복집이란 음식점에서 김기춘 당시 법무부 장관을 비롯하여 부산 시장, 부산 경찰서장, 안기부 부산지부장, 부산시 교육감 등 유력 기관의 기관장들이 당시 민자당 김영삼 대선 후보를 당선시킬 목적으로 "부산 경남 사람들 이번에 김대중이 정주영이 어쩌냐 하면 영도다리 빠져 죽자"라든지 "민간에서 지역감정을 부추겨야 해"라는 말을 포함하여 지역 감정을 부추길 목적으로 회동한 사건이 들통 나 큰 문제가 되었다. 그러나 이 비밀 모의에서 한 말들이 원색적인 지역감정을 부추기고 공무원을 선거에 동원하자는 부도덕하고 불법적인 발언이었음에도 불구하고 그 발언들이 허가받지 않은 정주영 후보 측의 관계자가 전직 안기부 직원과 공모하여 도청한 것으로 드러나자 오히려 일부 언론에서는 지역감정과 관권선거를 획책한 공무원과 여당 인사들의 문제는 접어둔 채 도청의 문제를 집요하게 물고 늘어졌고 김영삼 후보 측은 이 모든 것을 음모라고 주장했다.

  이 회동에 참석한 인사들도 독수독과원칙에 근거하여 아무런 법적 제재 없이 승승장구했지만 이후 20년이 넘는 기간 동안 거의 모든 선거에서 지역감정이 한국 정치의 불치병으로 남게 되는 불행을 낳게 되었다. 중요한 사건에서 도청자의 역할을 법적으로 보장하지 않는 것은 위법적인 증거 수집 행위를 막기 위한 장치라는 점에서 의의가 있다. 이는 결과에 상관없이 수단이 옳지 않은 것은 그릇된 것이라는 철학적 신념에 근거한 것으로 볼 수 있다. 도청은 그 의도가 어디에 있든 비열하고 비윤리적인 행위로 비난받아야 한다. 그런데 사회적 소통에서 도청의 범위가 어디까지인지는 애매할 경우가 있다. 앞에서 본 우연 청자나 구경꾼도 화자가 말한 것을 화자의 허락 없이 들을 수 있는 사람들인데 이들이 들은 내용도 법적 증거로서의 효력이 없는지는 의문이다. 도청은 녹음기와 같은 도청 장치 등을 통해 이루어진 경우라든지 도청자가 우연의 범위를 벗어나 고의로 화자(들) 몰래 잠입하여 녹취한 경우로 국한해서 보아야 할 것이다.

  도청과 유사하지만, 법의 보호를 받는 합법적 도청이 감청이다. 감청과 관련해 한 가지 주목할 사실은 1970년대 초 미국을 뒤흔든 워터게이트Watergate 사건에서 닉슨Nixon 대통령의 사임을 몰고 온 치명타는 백악관 회의의 비밀 녹음테이프였다는 점이다. 백악관에서 중요 대화를 비밀리에 녹음하게 하는 것은 프랭클린 루즈벨트Roosevelt 대통령부터 시작해서 오바마Obama 대통령까지 이어져 왔다. 닉슨 재임 시에는 백악관의 중요 방마다 소형 라발리에 마이크를 눈에 띄지 않도록 설치하고 모든 발언을 비밀리에 녹음하게 하였는데 1973년 7월에 중단될 때까지 워터게이트 스캔들을 어떻게 해결할 것인지에 대해 닉슨과 보좌관들이 회의한 내용도 담겨 있었다. 당시 닉슨에 의해 임명된 워터게이트 특별검사인 콕스Cox 검사는 이를 제출하도록 하였고 법원이 증거로 채택함에 따라 결과적으로 닉슨은 재임 중 탄핵 이외의 사유로 사임한 최초의 대통령이란 불명예를 안게 되었다.

미국의 첩보 기관이 국가의 안보를 위해 도청이나 감청을 하는 것은 일부 법에 의해 보장되기도 한다. 그러나 첩보 영화에서 보듯 자기 나라에서만 도청이나 감청을 하는 것이 아니라 우방국 대통령이나 총리의 전화까지 도청하는 것은 국가 간 신뢰를 저버리게 하는 행위이며 인권과 정의를 내세우면서 세계를 이끄는 지도적 위치에 있는 국가로서 행할 일은 못 된다는 것이 중론이다. 미국 중앙정보국CIA과 국가안보국NSA에서 컴퓨터 기술자로 있었던 에드워드 스노든Edward Snowden은 2013년 영국의 일간지 가디언The Guardian의 글렌 그린월드Glen Greenwald 기자에게 통화 감찰 기록을 포함한 다양한 기밀문서를 공개하여 전 세계적으로 큰 파장을 불러일으켰다. 스노든은 자신의 폭로가 공공의 이익에 부합하는 것이라고 믿었기 때문에 한 것으로 국가의 안보를 결정적으로 위태롭게 할 자료는 포함되지 않았다고 주장하였다. 이 폭로 사건 이후 미국에서는 국가안보국이 수많은 개인의 이메일과 문자 통화 내역을 무분별하게 들여다보았다는 것은 아무리 안보를 위한 것이었다고 할지라도 정당화될 수 없다는 견해와 테러리스트와의 전쟁 등을 위해서는 통신의 비밀은 일부 유보될 수도 있다는 견해가 맞서고 있다. 한국에서도 최근 개인들 간의 카카오톡Kakao Talk의 내용을 일부 기관이 사찰한 것이 보도되면서 통신의 자유 및 비밀 보장을 우선시해야 하는지 아니면 국가 안보 및 범죄 수사의 편의를 우선시해야 하는지 사이에 해묵은 논란이 일고 있다. 이는 2000년대 초에 있었던 휴대폰 도감청 논란을 사회적 합의에 도달하지 못한 채 정치적으로 대충 봉합한 것의 후유증이라고 볼 수 있다. 카카오톡 대표는 처음에는 감청 사실을 부인하다가 감청 기록이 공개되자 뒤늦게 검찰의 감청 요구에 불응하겠다는 초강수를 들고 나오더니 하루도 안 돼 자신의 발언에 오해가 있었다고 일부 부인하는 등 우왕좌왕하는 모습을 보였다. 검찰도 사태가 일파만파로 커져 나가자 황급히 해명성 발표를 하였는데 그런 와중에 일부 카카오톡 사용자들은 아무런 통신 사찰이나 검열이 없는 텔레그램Telegram과 같은 해외 메신저로 이른바 '사이버 망명'을 떠나는 사람들이 늘어나기도 했다. 기술은 하루가 다르게 빨리 발전하는 데 비해 이를 뒷받침할 제도나 의식은 기술 발전의 속도를 따라잡지 못하고 있다는 게 문제의 근본인데, 이 문제는 소통의 시대를 맞아 반드시 사회적 합의를 이루고 지혜롭게 해결해야 할 난제임에 틀림없다.

3.2.3 청자와 청해자

한국어에서 동사 '듣다'는 영어의 hear와 listen을 포함하는 말이다. 그러나 영어의 hear와 listen은 차이가 있다. hear는 귀와 뇌를 사용해서 소리를 캡처하는 것을 말하지만 listen은 청자의 외부 세계에 주의를 기울이면서 소리를 받아들여 의미를 추출해내는 과정까지 포함한다. 이런 이유로 hearer를 '청자'라고 한다면 listener는 '청해자聽解者' 또는 '경청자傾聽者'라고 불러 구별할 필요가 있다. 하루 종일 우리 귀에는 수많은 소리가 들려오지만 정작 그 많은 소리 중 우리가 집중해서 듣고 그 의미를 파악하려고 노력하는 데까지 이르는 소리는 매우 적은 부분을 차지한다. 이 말은 우리가 무언가를 말할 때에는 주의 집중에 선택의 여지가 없지만, 들을 때에는 얼마나 주의 집중할 것인지 선택의 여지가 있다는 것을 의미한다. 우리는 어떤 말을 관심을 갖고 열심히 들을 것인지 아니면 별다른 관심을 기울이지 않고 그냥 흘려들을 것인지를 매 순간 선택한다. 예를 들어 저녁 뉴스를 들을 때 자기가 관심이 있는 아이템은 귀를 쫑긋해서 놓치지 않으려고 애쓰지만 자기와 별 관련이 없거나 재미가 없다고 생각하는 소식은 듣는 둥 마는 둥 한다. 뉴스 맨 마지막에 날씨를 알려주는 부분에서도 분명히 기상캐스터의 말을 듣기는 했지만 집중하지 않으면 방금 전에 들은 내용도 전혀 기억하지 못하는 경우가 많다. 비유적으로 말하면 한 귀로 듣고 다른 귀로 흘려보내는 것은 가능하지만 한 입으로 말하고 다른 입으로 말하는 것은 불가능하다. 영어에서 "Listen carefully"는 가능하지만 "Hear carefully"는 불가능하고 listen은 자신의 노력의 방향이 향하는 대상을 명시적으로 나타낼 필요가 있기 때문에 보통 목적어 앞에 방향의 전치사 to를 써서 "I listened to the music"처럼 쓰지만, hear는 그런 to 전치사 없이 "I heard the music"처럼 쓴다. 이는 청각뿐 아니라 시각에서도 마찬가지인데 그냥 주의 집중 없이 망막에 상이 맺히는 것을 보는 것은 see인 반면 관심을 갖고 어떤 목적을 위해 살펴보는 것은 look을 쓰며 look은 목적어를 취할 때 대상을 명시하는 at이나 into, for, up to 등을 목적어 앞에 사용하는 반면, see는 그런 전치사 없이 사용되는 것이 일반적이다. 우리가 무언가를 경청하는 것listening은 소리 자체를 즐기거나 감상하기 위한 목적일 때도 있고, 강연이나 지시, 해설, 논의를 이해하기 위한 목적일 때도 있으며, 누군가를 비판하기 위한 목적으로 경청할 때도 있다. 따라서 앞에서 본 수신자의 유형 분류에서 메시지 수신자가 주의 깊게 화자의 말을 듣는 경청자와 그런 노력 없이 말을 듣는 (단순) 청자를 구별할 필요가 있다.

수신자의 유형 분류에서 메시지를 받는 사람이 하나의 개인인지 아니면 복수의 사람들인지도 고려해야 한다. 가장 일반적인 형태인 일대일 대화에서는 청자가 하나이지만, SNS나 대중 강연, 방송 등에서는 청자가 다수일 수 있다. 다수인 청자일 경우에도 화자가 특정한 다수를 염두에 두고 메시지를 보내는 경우가 있고 화자 자신도 자기의 메시지를 어떤 사람들이 받을지 모르는 상태에서 메시지를 보내는 경우도 있다. 휴대폰 전화처럼 하나의 수신자에게 송신자가 메시지를 보내는 경우를 '단일 수신자 송신unicast', 또는 '단보單報'라고 하고 카카오스토리나 페이스북Facebook처럼 자신과 연결된 특정 다수에게 메시지를 보내는 경우를 '특정 다수 수신자 송신multicast' 또는 '선보選報'라고 한다. 반면 일반 공중파 텔레비전이나 광고용 애드벌룬, 도로변 빌보드처럼 불특정 다수에게 메시지를 보내는 것을 '불특정 다수 수신자 송신broadcast' 또는 '동보同報'나 '광보廣報'라고 한다. 특정 다수 수신자 송신은 송신자로부터 메시지 수신을 허락한 사람들에게 메시지가 전해지는 것이므로 불필요한 자원의 낭비가 없다. 불특정 다수 수신자 송신은 광범위하게 메시지를 보낼 수 있지만, 잉여적인 경우가 많고 원치 않는 수신자들에게는 소통의 효과가 없는 메시지 전달 방식이다. 길거리에 즐비한 광고 간판은 불특정 다수를 겨냥한 메시지 송신이지만 그 간판이 의미를 갖고 효과를 얻을 수 있는 대상은 소수에 불과한 경우가 많으며 대부분의 사람에게는 오히려 시각적 공해로 작용할 수 있기 때문에 국가적인 차원에서 방송이나 통신을 규제하는 것처럼 이 부분도 적절한 사회적 합의와 규제가 필요하다.

3.3 메시지

메시지는 소통에서 전달되거나 교환되는 송신자의 뜻, 생각, 의미, 의사, 의향, 의도, 감정 등을 모두 포함한다. 메시지는 몸짓이나 표정 등 비언어적 방법으로도 전달될 수 있지만 가장 손쉽고 신뢰할 만한 방법은 언어를 통한 것이다. 그런데 이런 언어를 통해 전달될 수 있는 의미는 그 종류가 단일하지 않다. 전통적으로 언어의 의미를 크게 문장의 의미sentence meaning와 화자의 의미speaker meaning의 둘로 나눈다. 예를 들어 "철수는 나이가 10대 후반이다"라는 말의 의미는 그 문장에 쓰인 단어의 의미들을 모두 합한 것과 그 단어들이 결합하여 구나 절로 커져 나간 방식에 의해 결정된다. 이런 문장이 언제 누가 어떤 맥락에서 말했는지를 완전히 배제한 채 이 문장만 보면 그 의미는 고정적이며 누가 봐도 동일하게 해석된다. 이것이 이 문장의 명제적 의미로서 이는 문장의 진리치를 결정한다. 그런데 같은 문장이라도 이 문장은 대화에서 누군가의 질문에 대한 답으로 했을 경우 또 다른 뜻을 가질 수 있다. 예를 들어 누군가가 "철수는 결혼했니?"라는 말에 대한 답으로 했다면 그것은 문장의 의미 이상의 뜻을 갖게 되는데 10대 후반은 결혼하기에 아직 이른 나이라고 생각되는 문화에서는 아마도 '철수는 아직 결혼하지 않았다'라는 것을 화자가 비명시적인 방법으로 의미하는 것으로 볼 수 있다. 반면에 같은 문장이라도 "철수가 삐삐가 무엇인지를 알까?"라고 물어보는 질문에 그렇게 답했다면 삐삐는 철수가 채 성장하기도 전에 사용이 중지된 것이기 때문에, 이 문장으로 화자가 의도한 의미는 '철수는 삐삐가 무엇인지를 모른다'가 된다. 이처럼 문장의 의미는 고정되어 있지만 화자의 의미는 대화의 맥락에서 화자가 특별히 무엇을 의도했는지에 따라 달라질 수 있다.

다음 장에서 더 자세히 보겠지만, 현대 화용론의 초석을 놓은 그라이스Grice(1975)는 '문장의 의미'를 "말해진 것what is said"이라고 부르고 '화자의 의미'를 "함축된 것what is implicated"이라 불러 구별하면서 "대화에서 전달되는 것what is conveyed", 즉 전체 메시지는 "말해진 것"과 "함축된 것"을 합친 것이라고 했다. 고전적인 의미론semantics이 맥락과는 무관한, 말해진 것의 논리적, 형식적 의미 구조에 초점을 맞추어 연구했지만 그라이스 이후 화용론pragmatics은 문장의 의미와 구별되는, 구체적인 대화 맥락에서 발생하는 화자의 의미를 밝히는 데 초점을 두고 있다. 그런데 그라이스의 화용론 연구를 계승한 레빈슨Levinson(2000:21)은 언어적 의미를 '문장의 의미'와 '화자의 의미' 두 가지로만 구별하지 않고 더 나아가 '문장의 의미'와 '화자의 의미'의 중간적인 성격을 지니는 '발화의 의미 utterance meaning'라는 새로운 의미의 층위layer를 설정하고 있다. '발화의 의미'는 대화의 맥락 속에서 화자의 의도를 그때마다 가늠해서 얻어내는 '화자의 의미'와 달리 정상적인 상황이라면 보통 사람들이 예상하는 기본적 추론 default inferences을 말한다. 예를 들어 "영미도 그 고양이를 예뻐했다"는 말은 '영미 아닌 다른 사람이 고양이를 예뻐했다'라는 말을 함축하는데 이 함축적 의미는 화자의 의도에 따라 맥락에서 달라질 수 있는 화자의 의미가 아니라, '~도'라는 특수조사가 쓰인 문장이라면 관습화된 추론에서 비롯된 것이다. 이 관습화된 추론은 맥락에 좌우되지 않아서 누가 언제 말해도 항상 타당하다. 그렇다고 해서 이 추론된 의미가 '문장의 의미'는 아닌 이유는 그 문장에서 명시적으로 표현된 단어들의 사전적 의미만으로는 알 수 없고 대신 '~도'라는 조사의 용법에 근거하여 추론해서 얻어낸 일반적인 함축 의미이기 때문이다. 또 다른 종류의 일반적인 함축으로는 수나 양을 가리키는 말과 관련된 추론이 있는데 예를 들어 "Some of my friends are Buddhists"라는 말은 'Not all of my friends are Buddhists'를 함축한다. 이는 더 강력한 말 all이 있음에도 불구하고 화자가 그것을 사용하지 않고 그보다 약한 some을 사용한 것은 all은 아니기 때문이라는 매우 일반적이고도 기초적인 수량에 관련된 추론의 결과이다. 이처럼 일반화된 추론으로 대화에서 얻어낼 수 있는 의미를 레빈슨은 '일반화된 대화함축 Generalized Conversational Implicature, GCI'이라고 부르는데 이 일반화된 대화함축은 고정적인 '문장의 의미'도 아니고, 맥락마다 달라져서 미리 가늠하기 어려운 특수화된 '화자의 의미'도 아닌, 그 중간 단계인 일반화된 '발화의 의미'이다. 3장에서 볼 오스틴(1962)의 언어 행위 이론에서는 우리가 언어로써 하는 행위에는 1)발화 행위locutionary act, 2)발화수반 행위illocutionary act, 3)발화결과 행위perlocutionary act의 세 가지가 있다고 한다. 레빈슨은 자신의 의미 층위 이론에서 '문장의 의미'는 발화 행위와 대응하고, '발화의 의미'는 발화수반 행위와 대응하며, '화자의 의미'는 발화결과 행위와 대응한다고 주장하고 있는데 이에 대해서는 다음 장에서 살펴보기로 한다.

소통에서의 메시지를 표현하는 가장 일반적인 방법이 언어라고 했는데, 언어가 제대로 기능하기 위해서는 형식과 의미, 사용의 세 영역이 각자 완전해야 하며 동시에 서로 유기적으로 관계를 맺어야 한다. 언어는 기본적으로 말소리를 통해 우리의 생각을 표현하는 관습적 체계라고 할 수 있다. 이를 위해서는 일정한 형식form을 지켜야 하며, 그 형식에 깃든 내용으로서 의미meaning가 있어야 한다. 그뿐만 아니라 언어는 구체적인 맥락에서 적절하게 사용되어야 비로소 소기의 목적을 달성할 수 있다. 이런 점에서 라센-프리맨Larsen-Freeman(1994)은 다음과 같이 언어의 세 영역을 구분한다.

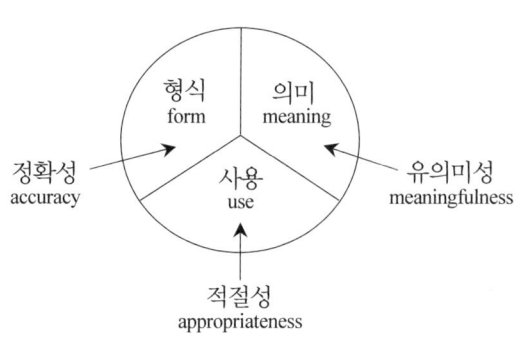

[그림 6] 언어의 세 영역

우선 언어의 형식이란 문장을 이루는 요소들의 결합 관계에서 각종 음운 규칙이나 문법 규칙에 일치하는 것을 말한다. 소리가 모여 음절이나 단어를 만들 때 지켜야 할 언어 보편적 규칙이나 개별언어적 규칙이 있고, 단어들이 모여 구나 절을 만들 때에도 역시 일정한 규칙이 있다. 또한, 소리를 적는 철자에서도 언어마다 지켜야 할 원리나 규칙이 있다. 언어의 형식은 정확성을 요구한다. 언어는 또 문장을 이루는 단어들이 최소한의 의미를 갖고서 서로 의미의 충돌 없이 결합해야 한다. 유의미하지 않은 언어 표현은 소통의 도구로서 언어의 기능에 문제를 일으킨다. 아울러 이런 문장이나 단어들이 대화 맥락에서 사용될 때 그 쓰임이 적절하도록 대화의 원리나 화용적 제약들을 따라야 한다. 대화의 원리나 화용적 제약을 잘 지키는 발화는 적절한 발화로 평가되며 그렇지 못할 경우는 문법적이고 뜻도 있지만 적절하지는 못한 발화가 될 수 있다. 그런데 실제 언어적 의사소통에 쓰이는 발화를 보면 형식이나 의미, 사용 면에서 완전하지 않은 경우를 볼 수 있다. 첫째로 형식이 다소 어긋나도 유의미하거나 적절할 수 있다. 영어에서는 다음 (8)부터 (12)까지 문장들의 쌍에서 a는 형식적으로 옳다고 여겨지는 것이지만 b는 그렇지 못하지만 그래도 의미는 전달할 수 있다.

(8) everyone
    a. Everyone who wants to join should bring his or her ID.
    b. Everyone who wants to join should bring their ID.

학교 문법에서는 everyone은 의미상으로는 복수이지만 형식상으로는 단수로 처리되기 때문에 그다음에 동사를 쓸 때나 문장 중에 대명사로 다시 받을 때 단수로 써야 한다고 되어 있다. 그럼에도 불구하고 요즘에는 특히 영국영어에서 everyone을 all과 같은 복수로 생각하고 문장 중에 다시 가리킬 때 복수 대명사를 사용하는 경우가 많다. 그러나 위 예문 b에서 보듯 everyone who의 술어로 단수형 동사 wants를 쓰는 것이 보통이고 복수형 동사 want는 아직 비문법적이라고 받아들이는 것이 보통이다. 사실 everyone은 그것이 가리키는 대상을 하나하나 개별적으로 언급하는 것이기 때문에 그중에는 남자도 있을 수 있고 여자도 있을 수 있는데 20세기 중반까지는 everyone을 문장 중에 다시 대명사로 받을 때는 Everyone who wants to join should bring his ID처럼 his로 통일해서 썼다. 그러나 1960년대 이후 여권 신장 운동이 본격화되면서 성적인 차별이 없는 언어에 대한 요구가 거세짐에 따라 대표 단수로 주격일 경우 he나 소유격일 경우 his만 쓰던 것을 만약 여자도 지칭해야 한다면 he or she (더 나아가 s/he) 또는 his or her로 공평하게 쓰는 것이 대세가 되었다. 이것은 사회적 동기에 따라 문법이 변하는 것을 보여주는 대표적인 사례라고 할 수 있다. 따라서 어떤 시점에서 문법적 형식에 맞지 않는 것처럼 보이는 것도 시간이 지나면서 수용 가능성이 높아져서 그 자체도 문법적으로 정확한 표현이 될 수 있다. 인간의 언어적 소통은 기능을 중시하는 측면이 있기 때문에 형식에 구애받지 않으려고 한다. 문법과 화용 사이의 갈등에서 형식을 중시하는 문법이 기능을 중시하는 화용에 자리를 내주는 것은 다음 예에서도 볼 수 있다.

(9) however
　　a. It rained yesterday. However, tomorrow looks nice.
　　b. It rained yesterday, however tomorrow looks nice.

영어 사전에도 나와 있듯이 however는 역접의 의미를 지닌 부사이다. however가 역접을 나타내는 또 다른 표현인 but과 다른 점은 X but Y는 가능하지만, X however Y는 가능하지 않다는 점이다. 즉 뜻은 유사하지만, but은 접속사인 반면 however는 접속사가 아니라 부사이다. 이는 nevertheless, nonetheless, notwithstanding 등의 부사도 마찬가지로서 이들은 접속사로는 쓰이지 못하고 단순 부사로만 쓰인다. 예를 들어 nevertheless가 부사로 쓰인 'a small but nevertheless important change'는 좋지만, 접속사처럼 쓰인 'a small nevertheless important change'는 형식이 맞지 않는 비문법적 표현이다. 반면에 although는 접속사로만 쓰이고, though는 Though he wanted to leave, he couldn't에서처럼 접속사로도 쓸 수 있고 He stayed but he wanted to leave, though처럼 부사로도 쓸 수 있다. 이런 접속사-부사의 경계가 복잡하므로 때로 혼동이 일어나서 however와 같이 부사인 것이 접속사로도 쓰이게 되는 경우가 발생하여 이를 접속 부사라고도 부르는데, 미국 델라웨어 대학교의 야고다Yagoda(2014) 교수의 조사에 따르면 however를 접속사처럼 쓰는 것에 대해 26세부터 45세까지 연령 집단에 속한 사람들은 문법적으로 정확하지 못하다는 반응이 많지만 25세 이하와 46세 이상의 집단에서는 비교적 받아들이는 비율이 높았다고 한다. 이처럼 문법 현상에 대해 중간 연령대에서 특이한 반응을 보이는 것은 매우 이례적인 현상이다.

 부사로만 쓰였던 however가 접속사로도 쓰이는 경향과 정반대의 경향으로 접속사가 부사처럼 쓰이게 된 것은 더 오래전부터 일어났다. 영어의 대표적인 문법 표현인 and나 but, or은 원래 등위 접속사로서 X and Y, X but Y, X or Y처럼 두 개의 접속되는 단어나 문장의 첫 부분(X) 다음에 와야 한다. 그렇지 않고 X 없이 등위 접속사로 시작한 And Y, But Y, Or Y라는 것은 원칙적으로 잘못된 형식의 표현이다. 1980년대까지만 해도 영어 작문을 할 때 And나 But으로 문장을 시작하면 문법적 오류로 간주되었는데 이제는 문장의 경계를 넘어서 앞에 X가 제시되어 있으면 And나 But, Or 등으로 새로운 문장을 시작해도 틀린 것은 아니라고 받아들여진다. 문법적 표현의 정확성은 의미적 고려에 의해 바뀔 수도 있다.

 (10) different from과 different than
   a. This is different from that.
   b. This is different than that.

영어에서 different는 목적어를 취할 때 전치사 from을 목적어 앞에 쓴다는 것은 기본적인 문법 사항이라고 할 수 있다. 또한, 비교를 나타낼 때는 'X is taller than Y'처럼 형용사나 부사의 비교급 다음에 than을 쓴다는 것 역시 가장 기본적인 문법 사항이다. 그런데 특정 연령대에 국한되지 않은 많은 영어 사용자들이 이런 가장 기본적인 규칙을 무시하고 different 다음에 than을 쓰는 것이 많이 늘어나고 있다. 이는 different 역시 비교의 뜻이 있기 때문에 비교 구문의 핵심인 than을 이 경우에도 사용한 것으로 보이는데 이는 의미가 형식을 우선하게 된 또 다른 예라고 볼 수 있다. 영어의 different에 해당하는 한국어 표현은 무엇일까? 물론 '이것은 저것과 다르다'라고 말하는 것이 정확한 어법이지만 '이것은 저것과 틀리다'처럼 종종 '틀리다'가 '다르다'라는 뜻으로도 쓰이고 있다. 방송사의 우리말 바로 쓰기 프로그램에서 빠지지 않고 나오는 것이 '틀리다'를 '다르다' 대신 쓰는 것은 정확하지 못하다는 지적이지만 그런 캠페인에도 불구하고 '틀리다'는 'X와 Y는 ○○하다'라는 형식의 구문에서 '○○하다'의 자리에 '다르다'를 빠르게 밀어내고 있고 특히 'X는 Y와(는)/Y하고(는) ○○하다'라는 형식의 구문에서는 '틀리다'가 '다르다'보다 빈번하게 사용되는 추세이다. 그뿐만 아니라 TV 자막에 보면 "이 집 음식은 너무 맛있어서 둘이 먹다가 하나가 어떻게 돼도 몰라요"와 같은 말에서 출연자가 강조하는 뜻으로 '너무'라는 말을 하면 이를 '정말'로 바꿔서 표시하곤 하는데 '너무'는 강조 외에도 '지나치게'라는 부정의 의미가 있어서 단순히 강조하는 말로서는 정확한 표현은 아니지만, 언제부터인가 '너무'가 '매우'나 '굉장히', '아주' 등의 정확한 강조 표현을 밀어내고 강조 표현의 대표주자로 부상하게 되었다.

(11) like와 as
   a. Do it exactly as I told you.
   b. Do it exactly like I told you.

영어의 like는 여러 의미로 사용되는 표현이지만 '~처럼'의 뜻일 경우에는 그다음에 명사 목적어를 취하는 전치사이다. 그런데 이런 의미의 like는 점점 명사 목적어만 취하지 않고 He acts like he is the winner of the game 처럼 문장을 목적어로 취하여 접속사같이 사용되기에 이르렀다. 사실 이런 접속사 용법은 as나 as if가 담당하던 것으로서 원래 as 다음에는 문장이 나오는 것이 문법적으로 맞고 like는 문장이 아닌 명사가 와야 하는데 like가 as의 영역을 일부 침해한 것으로 볼 수 있다. like가 as나 as if처럼 쓰이게 된 것은 원래 look, sound, feel 등의 감각을 나타내던 동사 다음에서만 제한적으로 쓰이던 것이 확장된 것이다.

　like는 매우 다재다능한 영어 표현이어서 형용사, 전치사, 부사, 접속사 등으로 두루 쓰이고 있고 접속사로서의 like의 용법은 이제는 문법적인 것으로 받아들여지고 있지만 일부 사전에서는 이런 용법은 여전히 "비격식적인 informal" 것이라고 표시해 놓고 있다. 또한, 이 장의 앞부분에서 전파자 표시 수단을 논의할 때 보았듯이 She's like, "I don't believe it," and I'm like, "No, it's true!"라는 예에서처럼 be 동사 다음에 나와 그다음 말은 내가 직접 한 말이 아니라 그냥 전달하는 말이라는 것을 강조할 때 쓰이기도 한다. 그뿐만 아니라 like는 젊은 사람들의 말에서 Like, why didn't you call me last night? The movie was, like, really great, you know?의 예처럼 문장 내에서 특정한 위치 없이 습관적으로 나오는 경우가 있는데 이는 자신이 하고자 하는 말에 대해 망설이거나 뒤의 표현을 강조하는 효과를 위해 쓰이게 된 것으로 이 역시 과거에는 정확한 어법이 아니었다.

(12) lead의 과거형
    a. The receptionist led the visitors into the room.
    b. The receptionist lead the visitors into the room.

동사 lead의 과거형은 led로 써야 맞지만, 일부 젊은 층에서는 원형인 lead를 그대로 쓰고 발음만 [lɛd]로 하는 경우가 늘어나고 있다. 이는 아마도 lead가 동사 외에도 '납'이란 뜻의 명사로도 쓰이는데 이때는 동사와 달리 [lɛd]로 발음되는 것에 영향을 받은 것으로 보인다. 미국 주유소에서 납 성분이 포함되지 않은 휘발유를 unleaded [ənˈlɛdɪd]라고 발음하는 데 익숙해진 나머지 가끔 등장하는 동사 lead의 과거형까지 이에 맞춘 것으로 추정된다. 이와 유사한 예로 야고다(2014)는 영어 화자들이 '눕다'라는 뜻의 자동사를 'lie down'이라 하지 않고 이것의 타동사형인 'lay down'으로 쓰는 것이 점차 늘어나고 있다고 한다. 예를 들어 After lunch, I like to lie down and have a nap이 형식적으로 맞지만, 이는 종종 After lunch I like to lay down and have a nap으로 쓰인다는데 이는 아마도 lie가 '눕다'라는 뜻 외에 '거짓말하다'는 뜻으로도 자주 쓰이는 것에서 영향을 받아 '눕다'는 타동사와 자동사를 가릴 것 없이 lay로 통합되는 과정에 있는 것으로 보인다.

  한국어에서는 동사로 쓰이던 것이 형용사로 쓰이기 시작한 사례도 있다. '웃기다'란 말은 원래 '웃'에 사동의 보조 어간 '기'가 들어가 '웃게 하다'는 뜻의 동사였다. 따라서 '웃기다'가 현재형으로 쓰일 경우는 '공부한다, 잔다, 달린다'처럼 '-ㄴ다'의 어미로 활용해야 한다. 예를 들어 어떤 영화가 나를 매우 웃게 하면 "이 영화는 정말 웃긴다"라고 말하는 것이 정확한 어법이었다. 그런데 '크다, 예쁘다, 무겁다'처럼 현재형에서 별도의 어미가 붙지 않는 형용사와 마찬가지로 '웃기다' 역시 "이 영화는 정말 웃기다"라고 형용사로 쓰는 어법이 널리 퍼지게 되었다. 즉 원래 동사였던

'웃기다'가 형용사로 범주가 바뀐 것이다. 반면에 '알맞은'은 동사가 아니지만 '알맞는'이라고 동사형 어미를 사용해서 동사처럼 사용하는 것도 늘어나고 있는 추세이다.

 기능을 고려한 나머지 형식을 소홀히 하는 것은 인터넷이나 휴대폰상의 통신 언어에서 두드러진다. 예를 들어 "집에 왔어염(집에 왔어요)"이라든지, "언능 온나(얼른 와)", "행쇼(행복하시오)", "죄송함다(죄송합니다)", "갠차나(괜찮아)", "함 가치 가삼(한번 같이 가자)", "이거슨(이것은)", "왔당(왔다)", "갸 광탈(그냥 광속도로 탈락)"처럼 이른바 "언어 파괴"라고 불리기도 하는 형식상 부정확한 은어적 표현들을 흔히 볼 수 있다. 영어에서도 온라인상에서 쓰이는 은어적 표현들을 'netspeak'라고 하는데 다음과 같은 예들이 있다.

 1) 준말이나 두자어 acronym를 사용하는 것

HRU:	how are you	RUOK:	are you ok
MU:	I miss you	LTNS:	long time no see
LOL:	laughing out loud	IC:	I see
M8:	mate	U4E:	you forever
GR8:	great	W8:	wait
OMG:	oh my god	AFAIK:	as far as I know
JK:	just kidding	BRB:	be right back
IMHO:	in my humble opinion	B4N:	bye for now
CUL:	see you later	HAND:	have a nice day
NISM:	need I say more	TTYS:	talk to you soon
A/S/L:	age, sex, location	ROFTL:	rolling on the floor laughing

 이 중 LOL은 'laughing out loud'의 줄임말로 '크게 웃다'라는 뜻으로 쓰이기 시작하면서 발음도 [로울]이나 [라울]처럼 해서 새로운 단어처럼 쓰이게

되었지만 점차 그런 의미적 기능보다 단순히 정감적 기능을 나타내는 말로 바뀌고 있다. 맥호터McWhorter의 지적에 따르면 LOL은 실제로 웃지 않을 때에도 그냥 상대방에 대한 관심을 표하는 것으로 이 표현을 사용하고 있으며 이는 "いいですね(좋군요)"에서도 볼 수 있는 일본어의 간투조사 '-ね'와 유사한 어법이라고 한다. 한국어에서도 "즐" 또는 "즐겜"은 인터넷 채팅이나 게임을 하다가 그만두고 나가면서 "즐거운 채팅하세요", "즐거운 게임하세요"라는 인사말로 하던 것이었는데 인터넷 거래에서 서로 조건을 맞추다가 맞지 않을 때 빨리 연결을 끊으면서 사용되기 시작해서 나중에는 상대방을 무시하거나 비꼬는 단어로 사용되고 있다. 이처럼 인터넷 사용자들끼리 무례하거나 상스러운 표현들을 주고받으며 인신공격을 하는 현상을 '플레이밍flaming'이라고 하는데 이는 상대방의 얼굴과 신원을 확인할 수 있고 보통 인간관계의 지속성이 높은 면대면 대화에 비해 익명성이 보장되고 일회적 만남이 많은 온라인 채팅이나 통신에서 흔하게 일어난다. 대표적인 것으로 최근 헌법불합치 판정을 받은 낙태죄를 둘러싼 인터넷 논쟁은 단순한 토론이 아니라 감정적 댓글 전쟁이라고 부를 수 있을 정도이다(이성범 2018). 우리 주위에서 최근 급등하고 있는 온라인에서의 명예훼손 논쟁은 소통이란 것이 잘 쓰면 더할 나위 없이 인간 관계 증진에 좋은 것이지만 함부로 쓰면 순식간에 관계를 무너뜨릴 수 있는 양날의 칼과 같은 것임을 상기시켜 준다. 한국어 사이버 은어에서는 'ㄱㅅㅅ(개자식)'이나 'ㅈㄹㅂㄱ(지랄발광)'과 같은 차마 대놓고 쓸 수 없는 욕을 음절의 첫 글자인 자음만 적는 경우도 있는데 이는 자음이 모음에 비해 정보량이 월등히 높으므로 자음만 적어도 뜻이 대충 통하는 자음 문자abjad의 특성을 차용하는 예이다. 이는 비단 통신 언어에서만 볼 수 있는 것이 아니고 'bldg(building)', 'hdqtrs(headquarters)'와 같은, 길고 복잡한 영어 단어를 줄여서 쓰는 것에서도 볼 수 있다. 또한, 자동차 내비게이션navigation에서도 목적지를 입력할

때 '마포대교'를 'ㅁㅍㄷㄱ'로만 입력한다든지 '서강대학교'를 'ㅅㄱㄷㅎㄱ'만 입력해서 찾는 것도 자음이 지닌 높은 정보량 때문이다. 이를 모음만 써서 입력한다면 마포대교의 경우는 'ㅏㅗㅐㅛ'가 되고 서강대학교는 'ㅓㅏㅐㅏㅛ'가 되어 그 뜻을 쉽게 추정할 수 없다. 물론 이렇게 자음만 사용하는 것은 때로는 오해를 초래할 수 있어서 'ㅁㅍㄱㅊㅅ'는 의도했던 '마포경찰서'가 아니라 '목포구치소'가 될 수도 있는 위험성이 있다. 한때 크게 유행했던 OTL이나 OZL은 라틴 알파벳과는 무관하게 실의에 빠진 사람이 무릎을 꿇고 좌절하는 모습을 기발하게 문자로 표시한 것인데 이는 공식적인 문서에서는 사용할 수 없는 준그림문자적 semi-pictographic 표현이다. 또한 "지못미(지켜주지 못해 미안해)", "넘사벽(넘을 수 없는 사차원의 벽)", "갑툭튀(갑자기 툭 튀어나오다)", "정줄놓(정신줄 놓다)", "흠좀무(흠 좀 무서운데)", "여병추(여기 병신 하나 추가)", "듣보잡(듣지도 보지도 못한 잡놈)" "광탈(광속도로 탈락)", "열공(열심히 공부해라)", "열폭(열등감 폭발)", "심쿵(심장이 쿵)" 등과 같이 조사나 어미를 과감히 탈락시키고 의미적 내용어의 첫 글자들만을 모아 하나의 문장적 개념을 단어로 압축하여 표현한 말들이 많이 쓰이는데 이는 언어유형론적으로 교착어 agglutinative language인 한국어를 이누이트 Innuit어와 같은 융합어 incorporative language처럼 보이게 한다. 이에 비해 사용자는 소수이지만 일부 사이트에서 꾸준히 보이는 형식 파괴 표현으로 "젭라(제발)", "멍미(뭐임)", "그넨(근데)", "당므(다음)", "빠릴(빨리)", "스빈다(습니다)", "십라(시발)", "사렻줏메(살려주셈)", "항가항가(하악하악)" 등이 있는데 이는 단어 내 자음들의 위치를 교묘히 맞바꿔서 새롭지만, 기존 단어의 뜻을 유추할 수 있도록 만든 음위전환 metathesis에 의한 신조어라고 할 수 있다. 준말의 사용은 한국 이동통신에서 단문자는 40자로 제한된 상황에서 불가피한 것으로 볼 수 있다.

이 밖에도 공식적인 문서에서는 잘 나타나지 않지만, 온라인에서 주로 쓰이는 통신 언어의 특징에는 다음과 같은 것들이 있다.

2) 구두점을 안 쓰거나 과장되게 사용하는 것
the professor's e-mail → the professors email
WORLD SERIES HERE WE COME!!!!!!!!!!!!!!!!!!!!!!!
힘드네요⋯⋯..;:;;   어떡해?!?!?!

영어는 한국어보다 구두점의 사용이 엄격하다. 특히 격식을 갖춘 글에서 정확한 구두점의 사용은 정확한 어휘나 문법의 사용만큼 중요하며 구두점이 틀린 것은 큰 오류로 생각된다. 그러나 속도가 중요하며, 형식보다는 기능을 강조하고, 개방적인 사이버 공간에서의 통신 언어는 구두점이 상대적으로 덜 중요하다. 휴대 전화에서 문자 역시 마찬가지인데 여기에서 쓰이는 언어는 글말written language이지만 입말spoken language의 특성도 많이 가진 제3의 유형의 언어로서 맥호터는 문자 쓰기texting를 "손가락으로 하는 말fingered speech", 즉 "손가락 말"이라고 부른다. 이런 신종 언어는 특정 집단에서만 내부적으로 은밀히 사용되고 기존의 어법을 무시하여 소통의 혼란을 초래하며 공동사회의 근간이 되는 언어적 통일성을 저해하여 사회적인 통합에 문제가 된다는 비판적인 시각이 존재한다. 그러나 이런 사이버 은어나 손가락 말은 일시적인 현상이 아니며, 기존 글말/입말 문법의 아류나 파괴가 아니고 새로운 소통 수단에 적합한 제 나름대로 규칙을 가진 실험적 형태의 언어로서 청소년들을 중심으로 언어의 레퍼토리를 늘리고 그 지평을 확장하려는 노력이라는 긍정적인 시각도 있다.

3) 이모티콘이나 스마일리를 사용하는 것
:), :^), ^_^, -_-:, @-@, (^0^)~♪, \(°▽°)/, ㄴ(`ε´)﹂,
(*ー.ー)a, ㅜ.ㅜ, ㅠㅠ, ^^, =3

이모티콘은 '감정'을 뜻하는 emotion과 '상像'을 뜻하는 icon의 혼성어이며 스마일리는 '미소'를 뜻하는 smile에서 파생된 신조어로서 이모티콘이나 스마일리는 키보드에 있는 각종 기호를 이용해서 그림에 가까운 이미지를 만듦으로써 말로 표현하기 어려운 감정이나 기분을 나타내는 것이다. 이는 라틴 알파벳이나 한글과 같은 음소 문자에는 없는 글자의 상형성을 얻는 방편으로 생각할 수 있는데, 적절한 이모티콘은 글로 나타낸 문장보다 효과적일 수 있다. 카카오톡과 같은 메신저에서 이미지나 애니메이션 형식의 캡처된 파일인 소위 "움짤"이 널리 사용되는 것도 통신 언어에서 단순한 언어적 메시지 외의 부분이 중요함을 일깨워주는 것이다.

   4) 대소문자의 구별을 하지 않는 것
      John's Porsche → johns porsche
      Stop the music. → STOP THE MUSIC
      Cleveland Browns → cleveland browns

대문자와 소문자가 섞여 있는 문장의 경우 대소문자를 구별하지 않는 것은 소문자를 치다가 대문자로 바꾸기 위해서는 키보드 입력을 한 번 더 해야 하는 불편함이 있기 때문으로 보인다. 아니면 아예 처음부터 대문자 모드로 고정해서 쳐야 한다. 이를 감수하고 대문자와 소문자를 꼬박꼬박 가려서 입력하는 것은 글쓰기 규범을 잘 지키는 모범적인 언어사용자로 보일 수 있다. 그러나 적어도 온라인 이동 통신에서 대소문자를 가려 쓰거나 준말을 쓰지 않고 길게 이야기하거나 구두점을 빠짐없이 집어넣는 것은 "소심하다"든지 "경계심이 많다"는 인상을 줄 수 있다. 한국어에서는 대문자와 소문자의 구별이 없는 대신 신속하게 입력하기 위해 위에서 본 것처럼 준말을 쓰거나 '뭐라뭐라' 대신 '모라모라', '싫어' 대신 '시로', '괜찮습니다' 대신 '갠찬슴다', '합니다' 대신 '함다'라고 쓰는 것처럼 획수가 많은 글자의 획수를 줄여 입력하기도 한다. 이런 현상은 이해가능성에 지장이 없는 범위 내에서 최소한의 노력으로 최대한의 효과를 얻으려는 경제성의 원리 때문에 일반적인 언어 형식을 희생하는 것이다.

   5) 소리나 몸짓을 특수하게 표현하는 것
     ha ha, hahahaha, hehehe, tee hee
     ㅋㅋㅋㅋㅋㅋ, ㅎㅎㅎ, 뷁, 굽신굽신, 휘리릭, 꾸벅, 뤠뤠,
     삐질삐질, 토닥토닥, 쓰담쓰담

통신 언어에서는 이모티콘이나 이미지 외에 문자를 사용해서 소리나 몸짓 등을 나타내기도 한다. 이때 기존의 의성어나 의태어를 사용해도 되지만 좀 더 기발하거나 인상적인 문자들을 고안해냄으로써 문자의 영역에서 탈피해서 새로운 통신 문자 체제를 만드는 시도가 끊임없이 이어진다.

   6) 욕이나 비속어를 일부만 살짝 바꾸거나 다른 글자로 쓰는 것
     병진, 빙신, 븅신, 볍신(병신), 식빵, c8, 18(씨팔), 재섭서(재수없어), 돌(도라이), DOG-CHILD(개새끼)

사회적으로 금기인 욕이나 비속어는 인터넷 은어나 통신 언어에 형식을 조금 바꾸어 등장한다. 특히 청소년들의 채팅에서 이런 욕이나 비속어가 많이 사용되는 것에 대해 우려의 목소리가 높지만 이런 금기어를 또래들끼리 거리낌 없이 주고받는 것은 다른 종류의 대화에서는 생각하기 어려운, 규범적 언어 사용으로부터 일종의 해방감을 주는 효과가 있다. 이런 금기어의 사용은 음성 통화보다는 문자 메시지에서 더 두드러진다. [한겨레21]이 보도한 방송통신위원회의 발표에 따르면 2010년 이동통신 가입자가 당시 인구인 4,887만 명보다 더 많은 5천만 명을 넘어서 보급률 102.4%를 기록함으로써 명실공히 전 국민 이동통신의 시대를 열었다

(http://h21.hani.co.kr/arti/culture/culture_general/28447.html). 이동 전화의 기본은 '통화'이지만 오히려 '문자'가 더 많이 애용되고 있으며 더구나 카카오톡이나 라인, 틱톡 등과 같은 메신저 앱messenger app의 보급으로 인해 음성 통화보다 글자로 이루어지는 통신이 압도적 우위에 올라섰다. 미국의 경우도 크게 다르지 않다. 2007년 [월스트리트저널 Wall Street Journal]이 문자 메시지에 대한 통신요금 청구서를 토대로 한 분석 결과 청소년(13~17살)은 한 달에 3,339건, 즉 하루 평균 111.3건의 문자 메시지를 사용하는 반면, 45~54살 성인은 한 달에 323건, 하루 평균 10.8건으로 이는 2006년에 비해 75%나 증가했고 이런 증가 추세는 계속될 것이라고 한다. 미국의 휴대전화 사이트인 cellphones.org에 따르면 2009년 미국인이 하루에 보내는 문자 건수는 평균 17개인 데 비해 평균 통화 시간은 2007년 3.13분에서 2009년 2.03분으로 줄어들었다. 문자 그대로 '텍스트 혁명 text revolution'이 일어나고 있는데 음성 sound은 문자 text에 비해 더 빠르고 감정을 더 잘 전달한다는 장점이 있음에도 불구하고 문자를 음성보다 더 많이 쓴다는 것은 그만큼 요금이 저렴하다는 이유가 크겠지만, 그 외에도 문자가 지닌 소통상의 장점이 있기 때문으로 보인다. 박준범(2000)은 "문자 메시지 전송을 통한 커뮤니케이션으로 그들만의 새로운 커뮤니케이션 채널을 형성하고 있다"고 지적했는데 문자 혁명의 중심에 있는 청소년들은 자신들의 의사표현에 최적인 수단으로 문자를 선택하는 경우가 두드러진다. 청소년들에게 이동통신의 문자는 기존의 언어와 다른 새로운 언어로서 이 새로운 언어는 독특한 문법과 조어법을 채택하고 실험하고 있다.

7) 외래어를 한국식으로 변형하거나 외래어와 한국어를 혼용하는 것
생유(thank you), 생유 베리 감사(thank you very 감사), 짐승돌(짐승+idol), 디스하다(disrespect+하다), 개드립(개+ad lib), 귀차니즘(귀찮+ism), 엣지있게(edge+있게), 악플(악한+reply), 선플(선한+ reply), 무플(reply 없음), 글설

리(글쓴이를 설레게 하는 리플라이), 득템(item 획득), 생파(생일 party), 광클(미친 듯이 click), 출첵(출석 check), 쉴드(shield)치다, 스압(scroll+압박), 엑박(그림 파일이 보이지 않고 대신 x자 모양이 든 box가 뜨는 것), 킹왕짱, 인강(Internet+강의), 언플(언론+play), 원츄(want you), 베프(best friend), 레알(real), 버닝(burning), 버로우(burrow), gg(good game), ibm(이미 버린 몸), 간지(感じ)나다, 간지가 후레레, 캐간지, 오덕후(オタク), 십덕후(십+덕후)

때에 따라서는 이렇게 파괴된 형식의 언어를 사용하는 것이 더 적절하게 여겨지기도 한다. 특히 십대들의 통신에서는 문법 형식에 맞는 언어를 사용하면 "(모)범생"이라고 빈축을 받고 심하면 따돌림까지 받을 수 있어서 일부러 또래들이 쓰는 언어를 따라 쓰기도 한다. 그 결과 인터넷 은어는 청소년층 하위문화subculture의 일부가 되고 있다. 특히 한국은 청소년들이 입시와 취업이란 문제에 늘 압력을 받고 있고, 자원은 제한되어 있는데 사람들은 비슷한 가치만을 추구하면서 경쟁은 지나치게 치열한 사회이다. 게다가 청소년들의 숨통을 틔워줄 마땅한 여가활용 시설이나 문화적, 사회적 인프라가 부족한 상황에서 청소년들이 집단으로 인터넷과 게임, 통신에 몰두하게 될 가능성이 엄청나게 크다. 이런 '또래 압력peer pressure'은 청소년층에게 두드러지지만, 일부 중장년들 층에서는 자신들이 보다 젊게 보이기 위해서 또는 젊은 층과 소외되지 않기 위해서 일부러 나이 어린 세대들의 은어를 따라 쓰는 사람들도 있는데, 이는 몸은 늙었지만, 마음만은 젊은이로 남고 싶어 하는 일종의 피터팬Peter Pan 증후군으로 볼 수 있다.

지금까지 인터넷 은어들을 중심으로, 언어의 세 영역인 형식-의미-사용에서 정확성을 요체로 하는 언어 형식이 문법에서 규정한 대로 표현되지 않아도 소통에 큰 지장을 초래하지 않고 받아들여지는 예들을 보았다. 그런데 이와 반대로 언어 형식이 완벽하더라도 언어의 의미나 사용에서 문제가 발생할 수 있다. 예를 들어 서너 살짜리 어린이들에게 소방관이 불조심에 대해 이야기하면서 "어린이 여러분, 발화점이 높은 물질일수록 가연성은 낮은 법입니다"라고 말한다면 이는 형식면에서는 흠잡을 데 없이 완전한 문장이지만 두 살짜리에게는 전혀 의미를 헤아릴 수 없는 문장으로 당연히 소통에 실패할 것이다. 언어의 세 영역 중 형식은 의미와 화용을 제외한 문법 규칙만을 고려해서 규칙이 제대로 지켜졌는지의 준수 여부를 말한다. 위에서 본 인터넷 통신 언어는 의도적인 형식 파괴 외에도 소통 과정에서 문법 지식의 미비라든지 부주의함 등의 이유로 문법 규칙이 준수되지 않을 수 있다. 예를 들어 It occurred me that John was the murderer와 같은 문장은 '…에게 어떤 생각이 떠오르다'라는 뜻으로 쓸 때 occur 다음에 to라는 전치사를 반드시 써야 하는 문법 규칙을 어긴 문장이다. 그럼에도 불구하고 의미상으로는 대충 이 문장을 쓴 화자의 의도를 확인할 수 있고 다른 해석은 거의 불가능해서 소통에 치명적인 영향을 주지는 않는다. 반면에 "What is this thing called love?(이 사랑이라고 불리는 것은 대체 무엇일까?)"란 문장과 "What is this thing called, love?(자기야, 이것 이름이 뭐야?)"라든지 "Let's eat, Grandma"와 "Let's eat Grandma"는 구두점인 쉼표가 두 가지 전혀 다른 해석을 가져오기 때문에 문법적 형식이 중요한 역할을 하는 경우이다. 형식과 의미의 관계에서 촘스키 Chomsky의 유명한 예인 Colorless green ideas sleep furiously는 형용사 다음에 명사가 와서 명사구 주어를 만들고 그 복수 명사에 맞는 복수 동사가 수식어인 부사와 함께 술어부에 왔기 때문에 문법적으로는 영어의 통사 규칙을 준수한 문장이지만 의미상으로는 연결될 수 없는 개념들끼리 구와 절을 만든 것이기 때문에 유의미하지 않은 문장이 되었다. 이처럼 형식상으로는 완전하지만, 내용상으로 무의미한 문장들 역시 정상적인 의사소통에 사용될 수 없다.

이상의 논의에서 우리는 형식과 의미 및 사용의 관계를 살펴보았는데 언어의 세 영역 중 남은 두 영역인 의미와 사용의 관계를 보면 우선 내용을 이루는 의미가 없어도 언어 사용에서 적절할 수 있다. 가장 대표적인 것이 언어의 친교적 기능을 위한 인사말과 같은 것인데 영어에서 가장 흔히 쓰이는 아침 인사인 "Good morning"은 "좋은 아침"으로 번역되곤 하지만 이는 엄밀히 말해 아침 날씨가 좋다는 뜻은 아니다. 태풍이 와서 비가 내리고 바람이 몰아쳐도 아침 인사로 이 말을 할 수 있다는 것은 이 말이 내용보다 그 말을 하는 것 자체가 중요한 기능적 표현에 불과하다는 것을 알 수 있다. 외국인과 대화를 할 때 가끔 그 사람의 언어를 잘 몰라서 뜻을 이해하지 못할지라도 그가 내게 호감을 갖고 하는 말인지, 아니면 경고를 하려고 하는 말인지 등을 말소리의 운율적 요소나 표정, 몸짓 등으로 어느 정도 파악할 수 있는데 앞서 본 메라비언의 이론처럼 이런 준언어적 장치들에 의한 소통 역시 무의미하지 않으며 때론 더 적절한 것이 될 수 있다. 마지막으로 언어 사용이 부적절하게 어긋나도 의미는 전달될 수 있다. 예를 들어 화자의 등 뒤에 있는 사람이 자기보다 한참 연장자인 줄 모르고 그 사람에게 "야 너 조용히 해"라고 말했다면 화자의 의미는 너무나 분명하게 전달될 수 있지만, 이는 적절한 방법으로 이루어진 것이 아니다. 같은 말이라도 자기보다 나이가 어린 후배에게 말했다면 그 말은 의미도 확실하고 사용도 적절한 말로 받아들여질 것이다. 이처럼 같은 의미도 맥락에 따라 그대로 말할 수 있을 때가 있고 다른 식으로 말해야 할 때가 있는데 의외로 많은 경우 의미는 확실하지만, 사용에 문제가 있는 발화들이 있어 소통에 문제를 일으킨다. 의미는 언어 소통에 있어 메시지의 핵심 내용을 이루지만 의미만으로는 충분하지 않으며 이것이 표현된 문법적 형식과 이것이 쓰인 맥락적 사용에 의해 최종적으로 좋은 소통과 그렇지 못한 소통이 결정된다.

3.4 채널

소통에서 채널은 앞서 섀넌과 위버의 모델에서 보았듯이 원래 라디오나 텔레비전, 전화처럼 송신자와 수신자가 하나의 물리적 공간에 있지 않고 멀리 떨어져 있어서 원격 통신을 위한 기계적 장치가 필요한 경우를 상정한 개념이다. 채널이란 전파의 형식으로 메시지가 지나가는 통로이자 메시지를 실어 나르는 방법이나 수단을 말하는데, 라디오나 TV와 같은 대량 매체를 통한 소통이 아닌 개인들 사이의 면대면 대화에서는 말소리와 몸짓이 채널로 간주된다. 반면 글말과 손가락 말에서는 신문이나 잡지, 휴대폰, 컴퓨터와 같은 통신 미디어 자체도 채널이고 그 기기들의 화면을 통해 확인할 수 있는 이메일이나 문자 메시지 등도 채널로 간주된다. 메시지가 어떤 수단을 통해 전달되는가는 소통에 큰 영향을 준다. 먼저 대화 참여자가 서로 얼굴을 보고 상대방이 누군지를 확인할 수 있는 상황, 즉 면대면 상황에서 대화할 때와 상대방의 얼굴을 보고 누군지 확인할 수 없는 비면대면 상황에서 대화할 때는 말하는 방식이 달라진다. 다음 표에서 왼쪽은 면대면 상황에서 행해지는 발화인 반면 오른쪽은 같은 내용이지만 음성 전화나 화자와 청자가 분리되어 있어 아직 서로의 신원을 확인하지 않은 비면대면 상황에서 행해지는 발화이다.

[표 2] 면대면 대화와 비면대면 대화

면대면	비면대면
Who are you?	Who is it?
I am John Smith.	This is John Smith speaking.
댁은 누구요?	게 누구요?
저는 부산에서 왔습니다.	여기는 뉴욕입니다.
너는 지금 무엇하고 있니?	그대는 무엇 하는 분인가요?

청자를 눈앞에 둔 상황에서 그가 누구인지를 물어볼 때는 "너 누구냐"라든지 "Who are you?"라고 묻는 게 보통이지만, 문을 사이에 두고 청자가 문 반대쪽에 있을 때 노크라든지 인기척이 들리면 그가 누군지를 확인하기 위해서는 "게 누구요?" 또는 "Who is it?"이라고 한다. 영어에서 대명사 it은 사람에게는 잘 쓰지 않는 것이지만 상대방이 누군지 모를 경우에는 아직 정식 대화 파트너로 인정하지 않는다는 뜻이 내포되어 있다. 이렇게 물어보자 문밖에서 노크한 사람이 "저 옆집에 사는 경식입니다"라고 답하면 그때부터는 일단 신원을 확인했기 때문에 마치 면대면 대화처럼 "경식이, 네가 웬일이니?"처럼 '거기' 대신 '너'를 사용해서 지칭하게 된다. 이런 비인칭 대명사의 사용은 식당 같은 곳에서 직원을 부를 때에도 흔히 볼 수 있는데, 잘 알지도 못하는 식당 직원을 처음부터 "이봐 너", "어이 당신"이라든지 "Hey you"라고 부르는 것은 극히 무례한 어법으로 간주된다. 대신 "여기요"라든지 "저기요" 또는 "Waiter"라고 부르는 것이 적절하다. 전화에서도 영상 통화가 아닌 음성만 오가는 개인 대 개인 통화에서는 "여보세요"나 "Hello"라고 시작하고, 상대방이 누군지를 몰라 물을 때는 2인칭 대명사는 빼고 그냥 "누구십니까?"라든지 "어디십니까?"라고 묻거나 영어에서는 you 대신 "Who is this?"라고 묻는 것이 일반적이다. 면대면은 아니지만, 인터넷이란 미디어를 통해 채팅하는 경우에는 완전한 비면대면 통화보다는 심리적 거리감이 덜하다. 그 결과 채팅에서는 상대방을 지칭할 때 바로 '너'나 'you'를 사용하는 것이 흔한데 이는 소통의 채널에 따른 차이라고 볼 수 있다. 또한, 휴대폰에서 널리 쓰이는 문자 메시지는 형식적으로는 글자를 사용하지만, 실제적으로는 입말에 가까운 양상을 보일 때가 많다. [한겨레 21]의 구둘래 기자가 쓴 '우리는 어찌하다 문자 드립에 빠졌나'란 기사에 보면 "문자는 감정의 결이 드러나기에 가장 우아하게 거절하는 방법도, 잔인하게 거절하는 방법도 문자에 다 있다."라고 했는데 이는 문자 메시지가 갖는 특유의 감성적 특성을 지적한 것이다. 문자는 또한 입력하는 사람이 미리미리 조절할 수 있고 교정이 가능하며 음색이나 어조가 숨겨져 있기 때문에 음성에 의한 소통보다 자유롭고 여유 있게 메시지를 전달할 수 있다. 예를 들어 어려운 부탁을 할 때나 그동안 연락이 소원했던 사람에게 안부를 전할 때도 음성으로 직접 통화하는 것은 심리적 압박감이 높지만, 문자를 통해 페이스를 조절하면서 마치 편지를 쓰듯 이야기를 하는 것이 더 효과적일 수 있다. 취업 포털인 [인크루트]와 [한겨레 21]이 2010년 공동으로 실시한 설문조사에서 64.1%가 오랜만에 지인에게 안부를 물을 때 문자를 이용한다고 말했고, 72.0%가 개인 안부 연락을 할 때 예전에는 통화로 하던 것을 문자로 한다고 말했다. 이는 문자 메시지가 정보 시대의 중심적 소통 채널로 자리매김하고 있음을 보여주는 것이다.

인류의 언어 진화 단계에서 가장 먼저 나온 것은 말소리를 이용한 입말이고, 말소리의 시공간적, 인지적 한계를 극복하기 위해 만들어낸 것이 글자이다. 글자는 기록과 지식의 저장과 전수를 용이하게 해서 인류의 문명을 가능케 한 일등공신으로 생각된다. 흔히 "말은 인간을 동물과 구별시켜 주었지만, 글은 인간을 문명적 존재로 승화시켰다Speech made us human; writing made us civilized"라고 할 정도로 문해literacy는 문명적 인간의 필수적 요건으로 간주된다. 글자의 사용 이전과 이후로 선사 시대와 역사 시대를 나누는 것은 그만큼 글자의 영향력이 심대했음을 보여주는 것이다. 그런데 입말을 제치고 이처럼 높은 지위를 누리던 글말의 시대는 차츰 막을 내리고 새로운 손가락 말fingered language의 시대로 들어가는 것이 아닐까 하는 생각마저 들 정도로 현재 인간 소통 채널의 총아는 인터넷과 휴대 전화로 대표되는 모바일 미디어이다. 예수회 신부이자 영문학 교수였고 미국 MLA Modern Language Association 학회장을 역임한 월터 옹Walter J. Ong(2002)은 인간 소통의 중심이 구술에서 문자로 이동한 것이 문화에 어떤 영향을 주고 인간의 의식에 어떤 변화를 가져왔는지 연구했는데, 처음 입말을 통해 소통하던 시대를 "1차 구술 시대 primary orality"라고 하고, 그 후 문자의 발명으로 인해 주로 글말을 통해 소통하던 시대를 "1차 문자시대 primary literacy"라고 부른다. 그 후 라디오나 TV, 전화의 발명으로 다시 입말이 소통의 중심이 된 매스미디어의 시대를 "2차 구술 시대 secondary orality 또는 second orality"라고 하며, 20세기 후반부터 인터넷과 이동 통신의 발달로 인해 다시 문자로 자신을 표현하고 소통하는 시대를 "2차 문자시대 secondary literacy 또는 second literacy"라고 부른다. 1차 문자시대에서는 종이에 인쇄되었거나 필기된 문자가 중심이었지만, "인쇄 문화 print culture"였던 2차 문자시대의 문자는 손끝에서 만들어져서 출판이나 판서의 과정 없이 즉각적으로 상대방에게 전달되는 문자 텍스트가 중심이다. 1차 문자시대의 주역이었던 이른바 지식인, 즉 교육받은 사람들과는 달리, 2차 문자시대 또는 손가락 말 시대의 주역인 청소년들은 책이나 손편지는 물론 면대면 대화보다 휴대 전화를 통한 40자 이내의 단문자 메시지로 주고받기가 가장 편하고 익숙하며, 자기표현을 더 능숙하게 한다. 수줍게 연애편지를 선네던 모습은 이제 구세대적 유산이고 마음에 들면 전화번호를 알아내어 문자를 보내는 것이 신세대적 방식이다. 불과 몇 년 전까지만 해도 지하철 등에서 쉽게 볼 수 있던 무가지 타블로이드 신문은 이제는 휴대폰에 밀려 역사의 뒤안길로 사라지고 있다. 사람들 앞에 나와서 열변을 토하며 자신의 생각을 설득하던 웅변가의 시대나 좋은 문장을 써서 과거에 장원급제하고 출세하던 시대는 모두 지나가고 트위터나 페이스북에 촌철살인의 메시지를 올려 주목받는 사람이 여론을 주도하는 인물이 된다. 이제는 모든 사람이 자기 의견을 댓글이나 토론방에 올리는 시대이기 때문에 특정 분야의 평론가 commentator라고 불리던 사람들은 존재 자체가 위협을 받게 되었고 사람들 역시 소수의 평론가에 의존하기보다는 댓글에 올린 사람들의 의견 동향에 더 관심이 있다. 수업 시간에 앞에 나와 발표하라고 하면 머뭇거리고 말도 잘 못 하는 어린 학생도 문자로 제 친구나 선생님께 의사 표현을 할 때는 거침없이 하는 경우가 많다. 문자시대라고는 하지만 대부분의 문자 사용자들에게 40자를 초과한 긴 글은 참을 수 없을 정도로 지루하게 느껴져서 읽기도 어렵고 쓰기도 힘들다. 앞서 언급했던 맥호터의 지적은 입말에서 한 문장은 길어야 8단어를 넘지 않지만 손가락 말은 이보다도 더 적은 수의 단어로 구성되는 게 보통이라고 한다. 글말에서는 이보다 몇 배 더 긴 문장이 흔한데, 입말과 손가락 말에 익숙한 세대들이 긴 호흡을 필요로 하는 글을 읽는 것은 마치 이유식을 하기 전의 아기에게 어른들이나 먹는 느끼한 음식을 먹으라고 주는 것과 같다.

  소통의 채널은 기술의 발달과 불가분의 관계에 있다. 종이의 발명이라든지 붓과 같은 필기구의 대중화, 활자와 인쇄술의 발명 등이 모두 글말의 시대 또는 1차 문자시대를 가능케 했다면, 라디오나 전화, TV와 같은 대중매체의 발명은 입말의 위력을 다시 실감하게 하여 2차 구술 시대를 꽃피웠다. 이제는 인터넷과 이동 통신이 기존의 매스미디어와 결합한 복합 미디어의 기능을 수행하면서 일반 대중들은 새로운 2차 문자시대, 즉 손가락 말의 시대로 이동하고 있다. 이런 기술의 발달과 소통 방식의 변화에 따른 새로운 소통의 양상이 어떻게 전개될 것인지는 예측하기 힘들지만 상상하는 것만으로도 충분히 재미있는 일이 될 것이다.

3.5 되먹임

  되먹임은 영어의 피드백 feedback을 우리말로 옮긴 것으로 메시지 송수신자가 그 메시지에 대해 반응하는 것을 말한다. 되먹임에는 두 가지가 있다. 첫째는 메시지를 만들어 보낸 송신자 자신이 자신의 메시지에 대해 다시 생각해 보는 것으로 '스스로 되먹임 self feedback'이라고 할 수 있다. 둘째는 송신자가 보낸 메시지를 읽거나 들은 수신자가 어떤 반응을 해서 그것이 송신자에게 되돌아가 원래의 메시지에 영향을 주는 '타인 되먹임 other feedback'이다. 우선 타인 되먹임에는 수신자가 어떤 말을 듣고 고개를 끄덕이는 것, 웃음을 터뜨리며 박수를 치는 것, 마시던 커피를 내려놓고 얼굴을 찡그리는 것과 같은 비언어적 반응도 있고, 나지막하게 "흠"이라고 말한다든지 "맞아, 맞아"나 "그래, 그래"와 같은 맞장구 표현 back channel cue을 사용해서 동감을 표시하거나, "뭐?"라고 하면서 놀라움이나 의문을 제기하는 등의 언어적 반응도 있다. 버슈어렌(1999)은 이런 것들을 모두 '상위화용적 지각 표시 metapragmatic awareness indicator'라고 부르는데 화자가 하는 말에 대해 청자가 어떻게 인식하고 있는지를 상위화용적으로 보여주는 장치이다. 다음 장에서 다시 보겠지만, 상위화용적 지각 표시란 어떤 화용적 행위에 대한 판단이나 생각을 표현하는 것이다. 수신자의 송신자에 대한 되먹임은 자신의 상위화용적 지각을 드러내는 좋은 기회가 된다. 수신자의 이런 반응은 메시지 송신자로 하여금 자신의 말에 대해 재검토할 수 있는 단서를 제공하고 발화를 조정하는 계기를 마련해준다. 그뿐만 아니라 적절한 되먹임은 대화 참여자들 사이에서 상대방이 대화에 얼마나 관심을 갖고 진지하게 임하고 있는지를 보여주는 지표로 작용할 수 있고, 상대방이 자신의 의견이나 감정에 얼마나 동의하거나 반대하는지를 감지할 수 있게 해준다는 점에서 중요한 요소이다. 의사소통 이론에서 되먹임을 고려하는 것은 의사소통 과정에서 일단 송신된 메시지에 대한 반응이 송신자에게 돌아와 새로운 동력으로 작용할 수 있는 의사소통의 순환성을 인정하는 것으로 앞에서 본 선형적인 의사소통 모델의 문제점을 보완할 수 있게 해준다. 인터넷이 이른바 악성 댓글로 넘쳐 나는데도 불구하고 댓글 기능을 폐지하지 않는 것은 기사에 대한 네티즌들의 각종 반응이 되먹임의 역할을 하기 때문이다. 물론 댓글의 이런 순기능은 일부 악플러들의 무조건적인 비방과

인신공격 등의 역기능을 정화할 수 있는 장치들이 마련되어 있을 때에만 가능할 것이다. 외국의 경우도 대기업 인터넷 사이트에는 소비자들로부터 피드백을 받는 통로가 마련되어 있는데 비양심적인 블랙 컨슈머 black consumer나 악의적인 댓글을 올리는 것은 회사 측의 자체 검증을 거쳐 제거되는 경우가 많다고 한다.

텔레비전이 처음 나왔을 때만 해도 시청자들은 TV 모니터 앞에서 화면을 응시하던 수동적 존재였다. 그런 일방(향)적 소통의 시대에서 이제는 시청자들이 실시간적으로 TV 내용을 선택하고 필요한 경우 제어, 저장, 편집, 반응할 수 있는 양방향 TV로 진화한 것은 되먹임이 새로운 소통 방식에서 불가피한 요소임을 보여주는 것이다. 되먹임이 없는 SNS는 있으나 마나 한 무용지물이며 인터넷 기사에 댓글이 달리지 않는 것은 내용이 무엇이든 간에 실패한 기사로 취급받고 광고주들의 외면을 받는다. 그 결과 네티즌들의 주목을 끌고 조회 수를 늘리기 위한 선정적이고 자극적인 제목의 글들이 범람하는 것은 되먹임의 부작용이라고 할 수 있다.

3.6 잡음

넓은 의미에서 잡음은 메시지 이외의 다른 자극으로서 수신자가 송신자의 메시지를 정확하게 이해하는 데 방해가 되는 것을 말한다. 전통적인 의사소통 연구에서 송수신자 사이에서 발생하는 잡음은 크게 1)물리적 잡음, 2)생리적 잡음, 3)심리적 잡음, 4)의미적 잡음의 네 가지 종류로 나누고 있다. 첫째로 물리적 잡음이란 의사소통이 일어나는 외부 환경에서 일어나는 각종 장애 요소를 말한다. 화자의 목소리가 들리지 않을 정도로 시끄러운 제3자의 소리나 에어컨 돌아가는 소리, 잡상인의 확성기 소리, 전화 속으로 들리는 통화음에 끼어드는 기계음 등은 모두 물리적 잡음이다. 때로는 소리 자체는 아니더라도 대화 중에 갑자기 생쥐가 지나가는 것을 본다든지, 교통사고가 나는 것을 목격한다든지, 번개가 번쩍이는 바람에 놀란다든지 해서 말할 내용을 잊어버리거나 말을 더듬게 되는 등 의사소통에 방해되는 외적 요인들은 물리적 잡음의 역할을 할 수 있다. 두 번째로 생리적 잡음은 대화를 할 때 몸이 안 좋아서 심장이 두근두근한다든지, 난데없이 뱃속에서 꼬르륵 소리가 난다든지, 땀을 많이 흘린다든지, 갑자기 변의를 느껴 안절부절못한다든지 등의 생리적 문제로 대화에 집중하지 못하고 지장을 받는 경우를 말한다. 몸속에서 일어나는 생리적 잡음과 달리 심리적 잡음은 송수신자의 마음속에 일어나는 잡념과 같은 것이다. 옆에 있는 사람이 자꾸만 이상하게 쳐다보는 바람에 강연 내용을 이해하는 데 어려움을 겪는 경우와 같이, 커뮤니케이션 행위에 집중을 못 하는 심리적 상황을 말한다. 그뿐만 아니라 특정 종교나 지역에 대한 선입견 때문에 그런 종교나 지역에 속한 사람이 말하는 것을 곧이곧대로 듣지 않으려 하는 것도 추상적 잡음이 소통을 방해하는 경우라고 할 수 있다. 이와는 다르게 전달되는 메시지의 의미를 전혀 몰라 (생소한 표현이나 외국어 등) 커뮤니케이션 자체가 이루어질 수 없는 경우는 의미적 잡음에 해당한다. 또 어떤 특정한 단어에 대한 감정적 대응도 의미적 잡음을 낳는다. 누군가 내 마음에 안 드는 거친 표현이나 인종적, 성적 차별의 언어를 사용하는 사람을 보면 단정적으로 나쁘게 평가하게 되는 것도 의미적 잡음의 예라고 볼 수 있다.

그런데 잡음은 우연히 발생할 수도 있지만 커뮤니케이션을 유리하게 이끌고 가기 위한 전략의 일환으로 인위적으로 발생할 수도 있다. 이해관계가 첨예하게 대립하고 있는 경우 대화 참여자는 자신과 상대방 사이의 원활한 의사소통을 의도적으로 저해하거나 왜곡할 목적으로 의사소통의 직접 당사자가 아닌 제3자를 잡음으로 활용하는 경우도 있다. 이런 일은 인터넷과 같은 사이버공간에서 흔히 볼 수 있다. 예를 들어 2014년 여름 서울 잠실에 신축 중인 제2롯데월드 공사를 두고 벌어진 싱크홀 sink-hole

사태를 "'가라앉는 잠실', 제2롯데월드가 불안하다"는 제목으로 보도한 SBS [뉴스토리] 기사에 따르면, "지역 주민들과 시민단체들은 제2롯데월드 공사로 인해 석촌 호수의 물이 빠져나가고 있고, 그로 인해 잠실 일대의 지반이 약해지면서 싱크홀이 발생했다고 우려의 목소리를 높이고 있다. 하지만 롯데월드 측은 블로거를 고용해 안전에 관한 홍보성 게시글을 올려 논란을 더욱 부추기고 있다'고 보도하였다. 거대 재벌 기업이 인터넷상에서 자사 홍보를 위해 블로거들을 동원했다는 보도가 사실이라면 이는 정상적인 소통을 잡음으로 왜곡시킨 사례로 보아야 하고, 홍보성 게시글을 올리는 데 동원된 블로거들은 원활한 의사소통을 방해한 잡음으로 보아야 한다.

때에 따라서는 메시지를 보내는 송신자 자신이 고의로 발음을 틀리게 한다든지 상대방이 알아듣기 어려운 단어나 외국어를 쓴다든지 해서 메시지 해독이 어렵게 할 수 있는데 이럴 경우 송신자는 스스로 잡음이 될 수 있다. 일부 의사들이 환자를 진료한 차트나 처방전에 일반인들은 알아듣기 힘든 전문 용어를 남발하거나 다른 사람은 도저히 읽을 수 없는 자신만의 필체로 기록하는 경우가 있는데 이런 고의적 잡음은 진료 기록이나 처방전이 의사 자신만의 소유물이 아니라 환자나 약사 등과 의사소통하는 도구로 생각한다면 엔트로피를 줄이는 수렴적 의사소통에 반하는 행위로 보아야 한다. 이처럼 커뮤니케이션에서 불순한 잡음을 이용하여 조작을 가하는 것은 바흐친Bahktin(1986)이 말하는 '굴절perelom'의 한 사례로 볼 수 있다. 바흐친에 의하면 '굴절'이란 어느 한 작가의 의도가 변형, 왜곡 또는 희석되는 현상으로 앞에서 본 TV 자막 방송은 원 출연자들의 발화에 일종의 굴절을 일으키는 것으로 볼 수 있다. 즉 원 출연자의 의도는 자막을 담당한 사람의 "점령된 영역"을 거쳐 다양한 앵글로 분산된다. 바흐친은 언어를 실재에 대한 굴절의 관계로 보고 있는데 어떤 개인의 목소리는 타자의 목소리에 의해 끊임없이 간섭되고 변형되어 결국에는 갈등과 불협화의 상태로 변질된다. 예를 들어 세월호 참사가 일어났을 때 모든 국민이 안전의 중요성을 절감하고 국가적 재난이 닥쳤을 때 이를 효과적으로 대응하기 위한 근본적인 시스템의 수립이 필요하다고 이구동성으로 외쳤지만, 시간이 흐르면서 점점 서로 다른 소리가 나오기 시작하면서 원래의 외침은 심하게 굴절되고 교착상태에 빠지게 된 것은 사회적 소통의 어려움을 여실히 보여주는 사례이다.

3.7 세팅

세팅 setting은 의사소통이 이루어지는 환경을 말하는데 이는 물리적 환경과 사회적 환경으로 나눌 수 있다. 물리적 환경은 소통의 시간 time과 공간 place, 상황 occasion을 포함하고, 사회적 환경은 소통이 일어나는 배경으로서 개인들 사이의 소맥락과 사회적 수준에서의 대맥락으로서 규범이나 제도, 문화 등이 포함된다.

첫째로 물리적 환경의 일부로서 시간은 소통에 영향을 줄 수 있다. 대화 참여자가 서로 적절하다고 생각하는 시간에 대화가 일어난다면 효율성이 높아져 성공 확률이 커질 것이다. 아침형 인간과 저녁형 인간처럼 생활 습관이 다른 사람들끼리는 소통이 어려울 수 있다. 2007년 잡코리아 jobkorea.co.kr에서 한국의 직장인 1,861명을 대상으로 조사한 바에 의하면 25.3%가 아침형이라고 답했고 65.2%가 저녁형이라고 답했다. 반면 미국의 경우 캐롤린 슈어 Carolyn Schur가 조사한 바에 의하면 44%가 아침형이고 32%는 저녁형이었으며 24%는 정해져 있지 않거나 중간형이라고 답했다. 인간은 활동일주기 circadian rhythm의 지배를 받는 자연계 일부이기 때문에 내재된 생체 리듬이 있다는 것은 잘 알려진 사실이다. 사람들은 특정 시간대를 특정 활동과 결부 짓는 경우가 많다. 일부 직장에서는 일정 시간을 집중 근무 시간으로 정해놓고 업무 이외의 다른 일은 못 하게 하기도 한다.

즉 이 시간에는 사적 용무는 물론 금지하고, 회의 및 전화도 통제하며, 다른 부서를 방문하거나 외출을 나가는 것도 통제한다. 이 제도의 취지는 특정 시간대의 근무 밀도를 강화하고 업무의 생산성을 높이자는 것이다. 이런 제도는 일반 민간 기업뿐 아니라 공공기관에서도 시행하고 있는데 예를 들어 정부에서는 2002년부터 '일하는 방식 개선 시책'의 일환으로 오전 10시부터 11시까지 및 오후 3시부터 4시까지를 집중근무시간으로 지정한 바 있다. 이는 공무원만 해당되는 것이 아니라 일반 민원인에게도 적용되어 식약청 같은 곳에서는 민원인들이 이 시간대를 피하여 방문하길 당부하고 있다. 텔레비전 방송의 경우 시청률이 높은 황금 시간대prime time 와 그렇지 않은 시간대가 있어서 광고비에 큰 차이가 있는데 한국은 평일 오후 8시부터 자정까지지만 일본은 오후 7시부터 10시까지를 일반적으로 황금 시간대로 본다. 한국에서는 자정을 넘겨 오전 0시 30분에 방송되는 프로그램도 "오늘 밤 12시 30분"이라고 표현하기도 하는데 일본의 경우는 자정을 넘기면 "오늘"이라고 하지 않고 밤12시는 0시로 표현하는 것이 일반적이다. 이는 생활 습관의 차이 때문이라고 볼 수 있는데 한국은 보통 일본에 비해 업무 시간이 길고, 업무 후에도 바로 귀가하기보다는 회식이나 각종 만남이 이어지는 경우가 많기 때문이다. 한국의 일부 학교에서는 2014년부터 등교 시간을 아침 9시로 늦추었는데 그 취지는 성장기 학생들에게 충분한 수면을 보장하고 아침 식사를 거르지 않도록 하여 학업의 능률을 높이자는 것이다. 이 조치의 성패는 시간을 두고 봐야겠지만 적절한 시간은 의사소통을 비롯한 모든 인간의 활동에 매우 중요하다는 점에는 의문의 여지가 없다. 생체 리듬과 소통의 관계는 아직 연구해야 할 주제가 많다. 특히 대화 주제와 관련해서 시의 적절한 언급이 중요해서 이미 오래전에 끝난 이야기를 다시 끄집어 이야기하는 것은 바람직하지 않다.

 소통이 일어나는 시간뿐 아니라 공간도 커뮤니케이션에 중대한 영향을 미친다. 예를 들어 정숙을 필요로 하는 도서관이나 수업 중인 교실 및 공연 중인 연주회장, 종교적 의식이 진행 중인 교회나 성당, 불당 등에서는 대화가 거의 불가능하고 강당과 같은 공적인 공간은 연설하기에 적합하지만 사적인 대화를 위한 장소가 될 수는 없다. 따라서 좀 더 친밀한 대화를 하기 위해서라면 서로 얼굴을 마주 대할 수 있는 작고 아늑한 공간을 찾는 것이 필요하다. 일본에서는 전철에서 휴대전화로 통화하는 것을 금기시하는 반면 한국에서는 휴대전화 도입 초기에는 지하철에서 음성통화를 금지하는 것을 검토했으나 이동통신사와 사용자들의 반발로 무산된 후 전철에서 휴대전화 음성통화에 거의 제약이 없다. 이런 사회 규범이나 관습, 제도, 가치 체제, 문화 등도 소통이 일어나는 세팅이 될 수 있다. 시간이나 공간 외에 소통의 환경으로 고려해야 할 것은 상황이다. 소통이 어떤 상황에서 일어나는가에 따라 대화 참여자들의 마음가짐이나 태도, 표현 방식 등이 달라질 수 있다. 예를 들어 월드컵 경기를 친구들과 함께 텔레비전 중계로 보면서 자유롭게 이야기하는 사람과 월드컵 경기를 직접 중계방송하는 사람의 어법은 다를 수밖에 없다. 특정 상황에서 으레 예상되는 상투적 어법이 있다. 특히 과거에는 국민적 관심이 높은 스포츠 중계방송에서 냉정하고 객관적인 중계방송이나 해설보다는 국민의 사기를 올리고 정서를 고양하기 위한 의도적인 "애국 방송"이 주류를 이룬 적이 많았다. 최근에도 실제로는 무기력한 경기력을 보여주었는데도, 아나운서나 해설자가 사실대로 알리고 문제점을 냉철하게 제시하고 해법을 논하려 하기보다는 무조건 톤을 높여 "우리 선수들 잘 싸웠습니다. 박수를 보냅니다"라고 얼버무리며 방송을 끝내는 경우가 있다. 아나운서뿐 아니라 기자들도 올림픽이나 아시안게임의 보도를 보면 개막식은 늘 "화려하고 성대했다"라든지 "한 편의 대하드라마, 흥분과 열광의 도가니"라고 표현하며 상투 어법을 구사하는 경우가 빈번하다. 2014년 인천 아시안게임은 예산 부족 등의 이유로 2010년 광저우 아시안게임에 비해 개막식의 규모나 화려함, 다채로움이 훨씬 떨어지는 개막식으로 인해 일부 해외 언론과 네티즌들로부터 초등학교 운동회 수준이라는 비판을 받을 정도였지만 국내의 주류 언론 매체에서는 "화려함으로 가을밤을 수놓았다", "감동의 물결이었다"는 식으로 상반되게 보도했다. 단 매경닷컴은 "감동 없는 '삼류' 개막식… 한류 스타만 남았다"라든지 "[인천AG] 45억 亞 예능 축제? 스포츠 영웅은 개막식 '뒷전'"이라는 다소 자극적인 제목으로 비판적 시각을 보여주었을 뿐인데 주요 언론사의 개막식 보도의 제목을 보면 거의 천편일률적이다.

KBS:	"'아시아의 미래·화합' 2014 인천아시안게임 화려한 개막"
MBC:	"'45억의 꿈' 인천 아시안게임 개막…16일간의 열전 시작"
SBS:	"'45억 인의 축제' 개막…한류 문화 품은 개회식"
연합뉴스:	"'45억 아시아인의 축제' 제17회 인천아시안게임 개막"
JTBC:	"45억 아시아인의 스포츠 축제 개막…16일간 열전 스타트"
중앙일보:	"김수현·싸이 … '한류 콘서트' 개막식"
동아일보:	"'아시아의 꿈' 인천서 하나 되다"
한겨레:	"'하나 되는 아시아' 축제가 시작됐다"
문화일보:	"45억 아시아인의 축제… 인천 아시안게임 개막"
스포츠경향:	"한류로 시작해 한류로 끝난 아시안게임 개막식"
헤럴드경제:	"'인천 아시안게임 개막식' 싸이, JYJ, 엑소 열정적 무대 '화제'…장동건·김수현·현빈 '총출동'"

이처럼 상황에 지배되어 사실을 정확하고도 객관적으로 알려야 하는 본연의 소임을 망각하고 상투적 어법에 매몰하는 보도 행태는 실상을 왜곡하고 잘못된 정보를 제공하게 되는 위험성을 안고 있다. 이는 진정한 의미있는 메시지로서 기능하지 못하고 상황에 따라 스스로 굴절된 유사메시지 pseudo-message로 전락할 수 있기 때문에 원활한 사회적 소통을 위해서는 재고되어야 할 부분이다.

1장 참고문헌

김한나. 2012. 서울대 정치학도 대선주자 3人 한계 분석 : 박근혜 '소통 부재', 문재인 '노무현 그림자', 안철수 '정치력 의문'. 정경News. JK미디어그룹.

박준범. 2000. 청소년들의 이동전화 이용 현상에 나타나는 하위문화적 특성에 관한 연구.

이성범. 2011. 의사소통 행위로서 TV 방송 자막의 언어학적 고찰. 언어와 정보사회 15: 53-86.

이성범. 2018. 낙태에 관한 인터넷 포럼에서의 플레이밍 현상 - 대조화용론적 연구. 어학연구 54.3: 399-422.

Ackermann, P. L. 1994. Intelligence, attention, and learning: Maximal and typical performance. In D. K. Detterman (Ed.), *Current Topics in Human Intelligence; Vol. 4: Theories of Intelligence*. Norwood, NJ: Ablex, pp. 1-27.

Austin, J. L. 1962. *How To Do Things with Words*. The William James Lectures delivered at Harvard University in 1955, edited by J. O. Urmson and Marina Sbisà. London: Oxford University Press. (2nd ed. in 1975, Cambridge, MA: Harvard University Press).

Bakhtin, M. M. 1986. *Speech Genres and Other Late Essays*. Trans. Vern W. McGee. Austin, TX: University of Texas Press.

Barnlund, D. C. 2008. A transactional model of communication. In C. D. Mortensen (Ed.), *Communication Theory* (2nd ed.). New Brunswick, NJ: Transaction, pp. 47-57.

Bell, A. 1984. Language style as audience design. *Language in Society* 13(2): 145-204.

Broms, H. and Gahmberg, H. 1983. Communication to self in organizations and cultures, *Administrative Science Quarterly, Vol. 28, No. 3*. Organizational Culture, pp. 482-495.

Chandler, D. 1994. *The Transmission Model of Communication*. University of

Western Australia.

Clark, H. H. 1996. *Using Language*. Cambridge: Cambridge University Press.

Coleman, A. 2006. *Dictionary of Psychology* (2nd ed.). Oxford University Press.

Cooley, C. H. 1902. *Human Nature and the Social Order*. New York: Charles Scribner's Sons.

De Mooij, M. 2014. *Human and Mediated Communication around the World: A Comprehensive Review and Analysis*. Cham, Switzerland: Springer.

Denes, P. B. and Pinson, E. N. 1972. *The Speech Chain: The Physics and Biology of Spoken Language*. Garden City, New York: Anchor Books.

Dunn, C. W. 2009. The irony of Ronald Reagan. In C. W. Dunn (Ed.), *The Enduring Reagan*. Lexington, KY: The University Press of Kentucky, pp. 1-12.

Durkheim, E. 1966. *Suicide: A Study in Sociology*. Free Press.

Eagleton, T. 2009. *Reason, Faith, and Revolution: Reflections on the God Debate*. New Haven: Yale University Press.

Goffman, E. 1959. *The Presentation of Self in Everyday Life*. New York: Anchor Books.

Goffman, E. 1981. *Forms of Talk*. Philadelphia: The University of Pennsylvania Press.

Grice, H. P. 1975. Logic and conversation. In P. Cole and J. L. Morgan (Eds.), *Syntax and Semantics 3: Speech Acts*. New York: Academic Press, pp. 41-58.

Habermas, J. 1998. *On the Pragmatics of Communication*. MIT Press.

Hockett, C. F. 1960. The origin of speech. *Scientific American* 203: 88-96.

Hybels, S. and Weaver, R. L. II. 2004. *Communicating Effectively* (7th ed.). New York, NY: McGraw-Hill Companies, Inc.

Kincaid, D. L. 1979. The convergence model of communication (East-West Communication Institute Paper No. 18). Honolulu, HI: East-West Center.

Kincaid, D. L., Yum, J. O., Woelfel, J., and Barnett, G. A. 1983. The cultural convergence of Korean immigrants in Hawaii: An empirical test of a mathematical theory. *Quality and Quantity* 18(1): 59-78.

Lakoff, G. and Johnson, M. 1980. *Metaphors We Live By*. Chicago, IL: The University of Chicago Press.

Lanham, R. A. 2003. *Analyzing Prose* (2nd ed.). London: Bloomsbury Academic Publisher.

Larsen-Freeman, D. 1994. Second language pedagogy: Grammar. In R. E. Asher (Ed.), *The Encyclopedia of Language and Linguistics*. New York: Pergamon.

Lasswell, H. 1960. The structure and function of communication in society. In W. Schramm (Ed.), *Mass Communications*. Urbana. IL: University of Illinois Press, pp. 117-130.

Leavitt, H. J. and Whisler, T. L. 1958, Management in the 1980s. *Harvard Business Review*. Cambridge, MA.

Levinson, S. C. 2000. *Presumptive Meanings: The Theory of Generalized Conversational Implicature*. Cambridge: MIT Press.

Marra, M. 2012. Disagreeing without being disagreeable: Negotiating workplace communities as an outsider. *Journal of Pragmatics* 44: 1580-1590.

Mehrabian, A. 1981. *Silent Messages: Implicit Communication of Emotions and Attitudes* (2nd ed.). Belmont, CA: Wadsworth.

Ong, W. J. 2002. *An Ong Reader: Challenges for Further Inquiry*. In Thomas J. Farrell and Paul A (Eds.). Soukup. Cresskill, NJ: Hampton Publisher.

Papert, S. 1980. *Mindstorms, Children, Computers and Powerful Ideas*. New York: Basic books.

Papert, S. 1991. Situating constructionism. In I. Harel, and S. Papert (Eds.), *Constructionism*. Norwood NJ: Ablex Publishing Corp, pp. 1-12.

Piaget, J. 1971. *Genetic Epistemology*. New York: W.W. Norton.

Reddy, M. J. 1979. The conduit metaphor − a case of frame conflict in our language about language. In A. Ortony (Ed.), *Metaphor and Thought*. Cambridge: Cambridge University Press, pp. 284-297.

Rifkin, J. 1990. The global environmental crisis. In J. Rifkin (Ed.), *The Green Lifestyle Handbook*. New York: Holt & Co.

Schober, M. and Clark, H. H. 1989. Understanding by addressees and overhearers. *Cognitive Psychology* 21: 211-232.

Schramm, W. 1954. How communication works. In W. Schramm (Ed.), *The Process and Effects of Communication*. Urbana, IL: University of Illinois Press, pp. 3-26.

Shannon, C. E. and Weaver, W. 1949. *The Mathematical Theory of*

Communication. Urbana, IL: University of Illinois Press.

Sperber, D. and Wilson, D. 1986/1995. *Relevance, Communication and Cognition*. Oxford: Blackwell.

Thomas, J. 1986. The Dynamics of Discourse: A Pragmatic Analysis of Confrontational Interaction. Unpublished PhD Thesis, Lancaster University.

Verschueren, J. 1999. *Understanding Pragmatics*. London: Arnold.

Wertsch, J. V. 1985. *Vygotsky and the Social Formation of Mind*. Cambridge, MA: Harvard University Press.

Wright, W. R. 1960. Functional analysis and mass communication. *Public Opinion Quarterly* 24: 610-613.

Yagoda, B. 2014. *You Need to Read This: The Death of the Imperative Mode, the Rise of the American Glottal Stop, the Bizarre Popularity of "Amongst", and Other Cuckoo Things That Have Happened to the English Language*. NY: Riverhead.

http://shinlucky.tistory.com/1079
http://www.sjpost.co.kr/news/article.html?no=5171
http://h21.hani.co.kr/arti/culture/culture_general/28447.html
http://www.winzip.com/xsuggest.html

제2장 대화의 원리

> Government and cooperation are in all things the laws of life.
> Anarchy and competition, the laws of death.
> —John Ruskin
>
> 말은 쉽게 내뱉지만, 다시 줍긴 힘들지
> 어쩔 땐 말 한마디로 친한 이와 다투지
> 조금만 생각해도 별거 아닌 이야긴데
> 그다지 기나긴 대화를 하잔 건 아닌데
> 대체 왜, 서로 이를 갈고 그래
> 결국 불행만 더 커질 뿐이야
> 자, 이젠 쇠고랑 찬 듯 답답한 삶 속에서 벗어나
> 너와 나 맘속에 있는 고민을 털어봐
> —늘픔패거리, 「대화」 중
>
> You can have brilliant ideas, but if you can't get them across,
> your ideas won't get you anywhere.
> —Lee Iacocca

1. 소통의 두 얼굴

소통은 관계에서 시작하여 관계로 끝난다고 해도 과언이 아니다. 우리는 소통을 통해 타인과 관계를 만들고, 발전시키고, 유지하며, 필요할 경우 수정하고, 끝내기도 한다. 개인적 관점에서 좋은 소통은 타인과의 관계를 본인의 의도와 자기 이익에 맞게 이끌고 가려는 자기 만족적 과정이라고 볼 수 있지만, 상호작용을 고려한 사회적 관점에서 좋은 소통은 상호 이해의 폭을 넓히고 조화로우며 협조적인 관계를 서로 엮어 가는 공생적 과정이라고 볼 수 있다. 찰스 다윈Charles Darwin보다 훨씬 전인 1700년대 초에 활약한 영국의 조셉 애디슨Joseph Addison은 갈등과 경쟁을 피하고 협력과 조화를 추구하는 것이 자연계의 원리라고 했지만, 적어도 인간의 사회생활에는 협조적이고 조화로운 소통만 있는 것이 아니라 갈등과 경쟁을 부추기는 소통도 엄연히 존재한다. 인간이 생태계의 일부일지라도 완전히 자연과 동화될 수 없는 게 현실이라면, 1957년 노벨 평화상 수상 연설에서 레스터 피어슨Lester Pearson이 한 말처럼 완전한 협조를 기대하고 문제를 해결하려고 노력하는 대신 차라리 최소한 상호 관용-mutual toleration과 타협의 정신의 토대에서 문제를 해결하려는 것이 더 성공 가능성이 높은 소통 자세가 될 것이다. 특히 이해관계로 얽힌 사회 조직의 구성원들 사이에서 의사소통의 목표는 상대방과의 완전한 조화와 일치를 추구하는 것이 아니라, 가능한 충돌을 피하거나 최소화하려는 것이 더 현실적인 목표이다.

한국에서 자동차가 생산된 지 반세기가 지났고 이제는 세계에서 손꼽히는 자동차 수출국이 되었지만, 국내 도로 위의 교통 문화는 아직도 선진국 수준으로 올라갔다고 보기에 민망한 정도인 것처럼 과학이나 기술의 발전은 우리의 의식이나 문화보다 항상 앞서 가기 마련이다. 정보 처리 기술의 혁명적 발달과 통신 수단의 비약적 발전은 인류 역사상 그 어느 때보다 소통 행위의 증가를 큰 폭으로 가져왔고 지구상 어디에서든 사람들은 소통의 중요성을 깊이 인식하게 되었다. 그 결과 모두가 소통은 없어서는 안 되며 원활한 소통이 중요하다고 말하지만 정작 개인과 개인 간, 개인과 집단 간, 집단과 집단 간 소통은 정보통신 기술이 앞서가는 만큼 잘 이루어지고 있는지 의문이다. 모두가 중요하다고 생각하지만 실제로는 잘 되지 않는 것이 오늘날의 소통인데 이는 우리 현대인들이 극복해야 하는 소통의 아이러니이다. 소통은 문제 해결의 좋은 방법이지만 역으로 문제를 일으키는 데에도 손쉬운 방법이다. 사이먼즈Simons(1974)는 "커뮤니케이션은 갈등이 사회적으로 정체를 드러내는 수단"이라고 했고, 퍼트넘과 풀 Putnam and Poole(1987)은 커뮤니케이션이 이슈를 만들고 이에 대한 생각들을 조직하며 감정을 갈등으로 바꾸어 갈등 자체를 조장한다고 했다. "세 치 혀가 사람을 살릴 수도 있고 죽일 수도 있다"는 격언처럼 말은 이중성을 갖고 있다. 의사소통을 통해 문제를 해결하고 관계를 개선시킬 수 있다는 믿음은 인간의 선한 의지에 바탕을 둔 의사소통의 순기능을 신뢰하는 것이다. 그러나 마치 양날의 칼과 같이 의사소통은 때때로 문제를 해결하고 관계를 개선하기는커녕 오히려 문제를 더 꼬이게 하고 관계를 악화시키거나 의사소통의 목적이 실종되는 방향으로 작용할 수 있다. 이런 의사소통의 역기능은 우리 주위에서 쉽게 찾아볼 수 있다. 예를 들어 어느 나라에서든 사회적으로 지도적 위치에 있는 저명인사들이나 유력한 정치인들이 청취율이 높은 방송 프로그램에 나와 중요한 이슈에 대해 자신들의 입장이나 견해를 밝히는 것은 그들의 권리이자 의무로 생각된다. 그런 의미에서 2004년 4월 9일 당시 아침 방송으로는 높은 청취율을 보였던 문화방송 [손석희의 시선 집중]에 당시 한나라당 박근혜 대표가 출연한 것은 청취자들로 하여금 그동안 높은 인지도에도 불구하고 실상은 잘 알려지지 않았던 그녀의 정치적 철학과 주요 사안에 대한 의견을 알 수 있는 좋은 기회가 될 수도 있었다. 그러나 이러한 기대와는 달리 이 인터뷰는 초반부터 삐걱대더니 결정적으로 사회자가 "지금까지 경제 살리기를 다수당인 한나라당은 왜 못하셨는지요? 그 책임을 이번 선거에서 심판받는 것이 아닌가요?"라는 돌직구 질문을 던지자, 당 대표는 느닷없이 "지금 저랑 싸우자는 거예요?"라는 답변 아닌 답변을 날림으로써 많은 사람을 아연실색하게 만들었다. 자신에게 유리하거나 만만한 예상 질문이 아닌, 따끔하고 어려운 질문에 답변이 궁해진 나머지 사회자가 질문한 것에 대한 적절한 답을 하는 대신 어색한 웃음과 함께 얼버무리려는 태도를 보인 것은 적지 않은 청취자들에게 갈등 해소라는 의사소통의 순기능보다는 갈등 증폭이라는 역기능을 택한 것으로 받아들여졌다. 또한, 이런 답변은 이 책의 다음 절에서 볼 "대화에서 적절한 대답을 하라"는 그라이스(1975)의 관계의 격률을 고의로 무시하는 것으로 볼 수도 있고 또는 알맹이 없는 대답을 함으로써 "대화에서 요구되는 적절한 양의 정보를 제공하라"는 양의 격률을 고의로 무시하는 것이라고 볼 수 있다. 자신의 목전의 이익을 위해 이런 기본적인 대화의 원리를 고의로 지키지 않는 것은 대화를 갈등 조장의 도구로 전락하게 하는 것이며 이는 특히 일반 대중들과 의사소통을 통해 지지를 받고 사회적 정당성을 확보해야 할 지도적 위치에 있는 공인들이라면 금기로 삼아야 할 대목이다. 이 사례는 다음에 제시된 미국 시엔엔CNN 방송의 인터뷰에 비하면 사회자가 매우 정중하고 예의를 지킨 것으로 판단된다.

2014년 7월 5일 미국의 대표적 여성 코미디언이었던 조운 리버스Joan Rivers는 시엔엔 뉴스룸CNN Newsroom의 여성 앵커인 프레데리카 휘트필드Fredericka Whitfield와 인터뷰를 했다. 여기서 휘트필드는 리버스가 사람들의 패션에 대해 비판하는 "Fashion Police"를 "야비하다mean", "공격적이다offensive"라고 했으며, 리버스가 동물 학대 방지를 주장하면서도 정작 본인은 모피를 입고 다니는 것은 "위선자hypocrite"라고 꼬집었다. 사회자의 이런 공격에 리버스는 더 이상 참지 못하고 "야비하지 않아요It's not mean"를 세 번 반복하면서 "이 인터뷰가 점점 방어하기 위한 인터뷰로 되고 있군요(This whole interview is becoming a defensive interview)"라고 소리를 높였다. 물론 이 말에는 '이 인터뷰의 목적은 내 입장을 방어하려는 데 있는 게 아닌데 당신은 부당하게 나를 몰아붙이고 있다'라는 뜻이 숨어 있다. 리버스는 이어 "댁은 가죽 구두 신지 않소? 닭고기 먹잖아. 고기 먹잖아. 그렇다면 입 닥쳐. 난 더 이상 이런 말도 안 되는 소리 듣고 싶지 않아. 난 갈 거야.(Are you wearing leather shoes? You're eating chickens.

You're eating meat. Then shut up. I don't wanna hear this nonsense. I'm going)"라고 쏘아붙인 후 회견장을 박차고 나갔다. 이 인터뷰는 원래 조운 리버스가 쓴 「Diary of a Mad Diva」라는 책에 대해 말하는 것으로 되어 있었다는 점에서 사회자의 질문이 과도했다는 지적이 있었다. 사회자는 리버스가 화를 낼 때에도 "Are we serious?"라는 말을 반복하면서 진짜로 화가 난 것인지 잘 몰랐다고 말함으로써 인터뷰어로서 문제를 노출했다. 반면에 위에서 본 [손석희의 시선 집중] 사건은 처음부터 당시 한나라당 대표에게 정치적 현안을 묻고 그 답을 듣는 것으로 예정된 것이었다는 점에서 예정된 주제에서 벗어나 게스트를 당황하게 한 CNN 인터뷰에 비해 정도를 벗어난 것은 아니라고 생각된다. 다만 사회자인 당시 손석희 교수의 질문이 다소 솔직하고 곤혹스러운 것으로 답변자의 예상 질문지에 없는 것일 수도 있지만 그렇다고 해서 사회자에게 이렇다 할 답을 하지 않고 대결적인 자세를 보인 것은 개인적인 포용력과 아량의 문제를 넘어 공인으로서 인터뷰 주제에 속한 정당한 질문을 회피하는 것으로 보아야 할 것이다.

조운 리버스는 1933년생으로 웬만한 미국인들이라면 잘 알고 있는 유명 인사이지만 자기보다 32살이나 어린 뉴스 앵커와 설전을 나눈 후 두 달도 못 되어서 사망하고 말았는데 그럼에도 불구하고 미국의 여론은 인터뷰에서 감정을 참지 못하고 뛰쳐나온 리버스에게 호의적이지만은 않았다. 리버스는 평생 인터뷰를 수도 없이 많이 했는데, 문제가 된 이 CNN 사건 후 "인터뷰란 심문interrogation이 아니다. (독일 전범 재판인) 뉘렘베르크 재판이 아니다"라고 억울해 하면서도 앵커였던 휘트필드에게 사과했다. 미국에서 언론 인터뷰는 종종 심문이 아닐까 싶을 정도로 공격적인 경우가 많지만, 이는 사실을 밝혀야 한다는 사회적 목적 때문에 개인적으로 섭섭하게 보일 수 있는 다소 과격한 언사나 질문마저 종종 용인된다는 점에서 한국의 언론 인터뷰와 차이가 있다. 만약 한국에서 누군가가 80세도 넘은, "선생님" 소리를 듣는 노배우에 대해 휘트필드가 리버스에게 했던 식으로 "야비하다"든지 "위선적이다"는 등 신랄하게 비판을 해서 그 노배우가 격분한 나머지 인터뷰가 파행으로 끝났다면 아마도 대부분의 여론은 인터뷰 진행자를 "버릇이 없다"거나 "아버지뻘 대는 웃어른도 몰라보고 무례하다"고 비판할 것이다. 한국에서는 윗사람을 공경하는 사회윤리 의식이 강하고, 어느 분야든 대선배는 감히 비위를 상하게 해서는 안 된다는 자기 검열 의식이 거의 무의식적으로 작용하기 때문에 그런 인물과의 인터뷰는 프레데리카 휘트필드와 조운 리버스의 경우처럼 치열하게 사실을 파헤치는 대신 그저 "좋은 게 좋은 것"이라는 생각으로 두루뭉술하게 순치된 질문과 뻔한 답변으로 진행되는 경우가 많다. 이쯤 되면 인터뷰의 목적과 시청자들이 진짜 궁금하게 생각하는 것은 망각되며, 인터뷰는 결혼 주례사와 다를 게 없는 번드르르한 예찬 일색으로 변질되게 된다.

위에서 본 손석희-박근혜 두 사람은 2012년 9월 10일 [손석희의 시선 집중]에서 다시 인터뷰했는데, MB 정부 밑에서 2인자로서 조심하던 지난 인터뷰 때와 달리 이날은 게스트가 이미 새누리당 대선후보로 확정되어 2004년에 비해 위상이 훨씬 더 높아졌다고 할 수 있다. 그래서인지 전에 한차례 폭풍이 일었던 인터뷰에 비해 사회자의 질문이 날카롭지 못했고 사회자 스스로 대결을 피하려는 듯한 느낌이 들 정도로 늘어진 분위기였다는 것이 중평이었다. 오히려 2012년에는 2004년보다 여당 대선 후보에게 제기된 더 많은 사안이 있었고 청취자들의 관심도 더 높았지만, 사회자가 이에 대해 날카롭게 묻고 추궁하기는커녕 매우 정중하고 조심스럽게 순치된 듯한 질문을 던지면 상대방은 이에 대해 교과서적인 답변들만 주고받는, 평화롭지만 별 의의 없는 인터뷰가 되고 말았다. 사회적으로 권력이나 재력, 명성이 많은 특권층에 속한 사람일수록 사회적 책임과 역할이 더 무거울 수밖에 없고 그만큼 그들은 일반 대중과 더 잘 소통하는 것 역시 그들의 노블리스 오블리제noblesse oblige라고 할 수 있다. 선진국일수록 지도자들에 대한 비판과 견제가 심하고 그들에 대한 풍자satire나 야유sarcasm가 신랄하다 못해 가히 인신공격적일 때도 많지만, 언론과 표현의 자유를 최대한으로 보장하는 것은, 형태는 없지만 소중한 공공재로서 소통이 지닌 무한한 가치 때문이라고 볼 수 있다. 일례로 영국의 총리였던 토니 블레어Tony Blair는 이라크 전쟁을 둘러싼 미국의 조지 부시George Bush 대통령의 정책에 맹목적으로 추종하는 자세를 보여 언론으로부터 "부시의 푸들Bush's poodle"이라는 불명예스러운 칭호를 얻었고 신문이나 인터넷에는 그를 푸들 강아지로 묘사한 풍자만화가 범람하였다. 그러나 블레어는 이에 대해 강압적인 방식으로 대처하지 않고 논리적으로 반박하였으며 영국 내 어느 한 언론 기관이나 개인도 그 나라의 최고 정치 지도자에 대해 불경한 표현을 했다고 해서 비난을 받거나 제재를 받지 않았다. 블레어를 부시의 푸들이라고 부른 것은 쇠락하는 노대국인 영국이 현재 초강국인 미국에 무조건 동조하고, 비위를 맞추지 않을 수 없다는 슬픈 현실을 반영하는 것이다. 영국인들 대다수도 이런 어쩔 수 없는 현실을 인정하면서도 이렇게 자조적인 표현을 사용함으로써 일시적으로나마 무력감을 씻어내는 일종의 카타르시스를 느꼈던 것으로 보인다. 따라서 이런 정치 풍자는 단순한 욕설이나 명예 훼손의 차원을 넘어서는, 사회적 치유 및 약자에 대한 배려의 효과가 있기 때문에 민주주의가 확립된 국가에서는 보호되어야 할 소통 장치이다. 이처럼 최고 지도자가 자신을 뽑아준 국민과 소통하는 것은 당연한 의무이자 권리이다. 그런 의미에서 국민을 대신해서 최고의 엘리트들인 청와대 출입 기자들이 대통령과 갖는 기자회견은 가장 중요한 소통의 장이다. 한국의 경우에도 역대 대통령들은 평균 1년에 15회 기자회견을 했었고 이 대부분은 텔레비전 수상기의 보급이 보편화되면서 생중계되었다. 그러나 언제부턴가 한국에서는 대통령의 기자회견이 빈번하게 열리지 않고 있으며, 열린다고 해도 기자회견다운 기자회견이 아닌, 미리 받은 질문에 대해 일방적인 답변에 그치고 후속 질문은 받지 않는 반쪽짜리 "회견"인 경우가 대부분이다. 이쯤 되면 국민과의 소통을 중요시한다는 것은 겉치레 수사에 불과하고 실상은 일방통행식 의사전달에 안주하는 것으로 의심받을 수 있다. 이에 비해 미국의 경우는 백악관 출입 기자들은 사전에 질문지를 백악관에 제출할 필요도 없고 아무런 성역이나 금기의 제한을 받지 않고 자유롭고 충분히 질문할 수 있다. 예를 들어 50년 이상 백악관을 출입했던 헬렌 토마스Helen Thomas라는 기자는 2006년 3월 21일의 기자회견에서 부시 대통령에게 전쟁의 진짜 이유에 대해 다음과 같이 돌직구 질문을 했다.

> I'd like to ask you, Mr. President, your decision to invade Iraq has caused the deaths of thousands of Americans and Iraqis, wounds of Americans and Iraqis for a lifetime. Every reason given, publicly at least, has turned out not to be true. My question is, why did you really want to go to war? From the moment you stepped into the White House, from your Cabinet – your Cabinet officers, intelligence people, and so forth – what was your real reason? You have said it wasn't oil – quest for oil, it hasn't been Israel, or anything else. What was it?

이에 대해 부시가 반박하면서 설전으로 이어진 것은 널리 알려진 사실로서 때로는 대통령의 심기를 건드릴 수 있고 불편하게도 만들 수 있지만 그래도 계속 날카로운 질문과 대답을 주고받는 백악관 기자회견의 한 단면을 잘 보여준다. 문화일보의 이현종 논설위원은 2013년 12월 16일 오피니언 [오후 여담] "대통령의 기자회견"이란 제목의 칼럼에서 다음과 같이 적고 있는데 이는 대통령 기자회견이 갖는 소통적 중요성에 비추어 음미할 만한 지적이다.

박근혜 대통령이 당선 후 처음으로 내년 초 신년 기자회견을 가질 예정이다. 역대 대통령들이 집권 1년 동안에 평균 15번 이상 기자회견을 했던 것에 비하면 아주 이례적이다. 청와대를 출입하는 기자들은 1년 동안 대통령에게 질문할 '특권'이 없었다. 기자는 누구에게나 질문할 수 있는 권리가 있는데 민주주의 국가에서 1년 동안 대통령이 기자들의 질문을 받지 않은 사례는 찾아보기 힘들다. 후보 시절 박 대통령은 기자들 질문에 "한국말 못 알아들으세요" "지금 저랑 싸우자는 건가요"라는 대답을 해 논란이 된 적 있지만 생중계되는 기자회견에서 이렇게 하면 큰일 날 일이다. 관례로 보면 신년 회견은 청와대 출입 기자들이 사전에 10개 내외의 분야별로 질문을 나눠 하기 때문에 기자와 대통령 사이의 논쟁은 기대하기 어렵다. 미리 정해지지 않은 기자의 질문권도 기대하기 어렵다. 기자들 입장에선 1년 만에 열리는 회견을 대통령의 일방적인 홍보의 장으로만 만들 수 없으므로 이래저래 고민이 많다. 대통령 기자회견이 이렇게 주목받는 현실이 지극히 비정상적이다. 미국처럼 대통령 기자회견이 일상적인 일이 될 수는 없는 걸까.
[문화일보 이현종 논설위원 2013년 12월 26일 오피니언 [오후 여답], "대통령의 기자회견" 중 부분 인용]

대통령이 100% 자유로운 기자회견을 외면하고 소통에 소극적인 인상을 주는 것은 결코 바람직한 일은 아니다. 그것은 지도자의 최우선 책무는 국민들과의 소통에 있기 때문이며, 이때의 국민이란 자신을 지지하는 사람들뿐 아니라 자기에게 비판적인 사람들까지 포용되어야 한다. 소통에 대한 최고 지도자의 태도는 그 자신에서 그치는 것이 아니라 그 밑의 사람들에게 줄줄이 전달된다. 일례로 중요한 이슈가 터졌을 때 방송사에서는 모든 입장을 공정히 보도하기 위해 양쪽 당사자들에게 인터뷰를 요청하지만 별다른 이유 없이 인터뷰를 거절하는 일이 다반사로 일어나고 있다. 소통이 시대의 화두라는데 실상은 불통이 더 커지고 있다. 다음 장에서 보겠지만, 소통은 협조에 기반을 두는 인간의 상호작용인데 최고 권력자가 국민을 대상으로 정상적인 기자회견을 외면하는 것은 평소 소통을 강조했던 것과 배치되는 것으로 최소한의 언어적 협조마저 거부하는 것으로 비추어질 수 있다. 미국의 대표적인 보수파 방송인 폭스Fox사의 뉴스 앵커인 빌 오라일리Bill O'Reilly는 2014년 2월 2일 수퍼보울Superbowl 때 오바마 대통령과 인터뷰를 했다. 미국에서 가장 인기 있는 스포츠 종목인 미식축구의 챔피언 결정전이란 가장 시청률이 높은 시간에 정치적으로 정반대 성향의 언론인과 대통령이 인터뷰한 것은 미국에서도 이례적인 일이었다. 이 인터뷰에서 오라일리는 미국 의료보험의 인터넷 사이트인 healthcare.gov의 오작동 문제와 리비아Libya 벤가지Benghazi에서 일어난 테러 공격 사건 등으로 오바마를 시종일관 몰아세웠고 오바마는 피하지 않고 열심히 대답하려는 모습을 보여주었다. (http://www.foxnews.com/politics/2014/02/02/transcript-bill-oreilly-interviews-president-obama/)

O'REILLY: I don't know about that, because last week, there was an Associated Press call of people who actually went to the Web site and only 8 percent of them feel that it's working well, working well. Why didn't you fire Sebelius, the secretary in charge of this…

OBAMA: (INAUDIBLE).

O'REILLY: – because I mean she had to know, after all those years and all that money, that it wasn't going to work?

OBAMA: You know, my main priority right now is making sure that it delivers for the American people. And what we…

O'REILLY: You're not going to answer that?

OBAMA: – what – what we've ended up doing is we've got three million people signed up so far. We're about a month behind of where we anticipated we wanted to be.

이 대화에서 보면 오라일리는 오바마에게 질문을 던지고 있지만, 그의 답에는 별로 주의를 기울이지 않는 것처럼 보이며 실제로 오바마가 답하려고 하면 이내 그의 말을 끊고 다시 자기의 말을 하고 있다. 즉 대화에서는 한 사람의 말이 끝나거나 의미 단락이 완성되는 곳까지 기다렸다가 자기의 말을 시작하는 것이 적절한데 이를 지키지 못하면 무례한 대화자가 될 수 있다. 대통령의 발화를 이런 식으로 자르는 것은 아무리 민주주의 국가라고 하는 미국이라 해도 지나친 것으로 받아들여질 수 있다. 오라일리는 질문한다기보다 자기의 주장을 펼치면서 상대방인 미국의 대통령이 이를 받아들이기를 강요하는 인상을 준다. 물론 오바마도 토론의 달인답게 오라일리의 거듭된 공격에 당하기만 하지 않고 미국 국세청의 역할에 대한 질문에는 "이런 종류의 문제는 당신이나 당신과 같은 사람들이 텔레비전에서 계속 떠들어대기 때문에 계속 돌아다니는 것(these kinds of things keep circulating because you and people like you keep saying them on television)"이라고 책임을 회피하면서 다소 감정적이고 원색적인 비난을 했는데 이는 언론을 동반자적 공생 관계로 보고 결코 맞서려고 하지 않는 한국의 정치가라면 상상할 수 없는 발언이다.

O'REILLY: I'm sure – I'm sure that the intent is noble, but I'm a taxpayer.
OBAMA: Yes.
O'REILLY: And I'm paying Kathleen Sebelius' salary and she screwed up.
OBAMA: Yes.
O'REILLY: And you're not holding her accountable.
OBAMA: Yes, well, I – I promise you that we hold everybody up and down the line accountable. But when we're…
O'REILLY: But she's still there.
OBAMA: – when we're in midstream, Bill, we want to make sure that our main focus is how do we make this thing work so that people are able to sign up? And that's what we've done.
O'REILLY: All right. Was it the biggest mistake of your presidency to tell

	the nation over and over, if you like your insurance, you can keep your insurance?
OBAMA:	Oh, Bill, you've got a long list of my mistakes of my presidency…
O'REILLY:	But, no, really, for you.
OBAMA:	– as I've (INAUDIBLE)…
O'REILLY:	– wasn't that the biggest one?

여기서 사회자는 "고귀한"이라든지 "국민의 세금"이라든지 "가장 큰 실수"와 같은 감정에 호소하는 표현을 사용해서 상대방을 궁지에 몰아놓고 실제로 대답할 여유를 주지 않는다. 다음 부분에서 보면 정식으로 문장이 만들어지는 경우가 없을 정도로 서로 발언권을 갖기 위해 다투다 보니 상대방의 말을 듣는 경우는 거의 없다. 오라일리는 자신의 생각을 빠른 속도로 계속 말하고 오바마는 상대방의 이름인 "Bill"만 연발하면서 말할 기회를 찾으려고 한다. 이쯤 되면 "막하는" 대화가 된 것이라고 해도 과언이 아니다.

O'REILLY:	But it's more than that…
OBAMA:	And that…
O'REILLY:	– though…
OBAMA:	– well, we…
O'REILLY:	– because of Susan Rice.
OBAMA:	No, it…
O'REILLY:	It's more than that because if Susan Rice goes out and tells the world that it was a spontaneous demonstration…
OBAMA:	Bill…
O'REILLY:	– off a videotape but your…
OBAMA:	Bill…
O'REILLY:	– your commanders and the secretary of Defense know it's a

```
                terror attack…
OBAMA:     Now, Bill…
O'REILLY:  Just…
OBAMA:     －Bill…
O'REILLY:  －as an American…
OBAMA:     －Bill － Bill…
O'REILLY:  －I'm just confused.
```

이 인터뷰에서 미국 대통령은 총 시간의 절반도 못 되는 시간만 말할 기회가 주어졌고 오히려 인터뷰 사회자인 오라일리가 더 많은 시간을 자신의 질문인 듯 질문 아닌 공격에 소비했다. 좋은 인터뷰 사회자는 자신이 인터뷰하는 상대방에게 충분히 말할 기회를 주고 그것을 경청하는 사람인데 오라일리는 인터뷰 사회자라기보다는 마치 대선 토론에 나온 정적과 같은 태도로 인터뷰에 임하였다. 생방송으로 진행된 이 인터뷰가 끝나고 나서 많은 미국의 시청자들이 사회자의 태도에 문제가 있었다고 했지만, 적지 않은 사람들이 사회자가 할 말을 했고 대리 만족을 느꼈다는 엇갈린 반응을 보였다. 대통령과 방송인 사이에 이런 식의 공격적인 인터뷰는 한국적 상황에서는 아마도 불가능할 것으로 보인다. 미국에서도 이런 일이 가능한 것은 아무리 공격적인 질문을 해도 받아들일 수 있는 사회적, 문화적, 정치적, 법적 토대가 있기 때문이다. 반면에 집권 초기부터 주류 언론를 불신하고 '가짜 뉴스'라고 원색적으로 비난해온 트럼프 대통령는 백악관 기자 회견 중 자신에게 비판적인 CNN 소속 기자의 질문 자체를 허락하지 않고 이에 항의하는 기자의 발언를 강제로 중단시키고 백악관 스태프로 하여금 기자의 마이크를 뺏게 하는 비이성적인 면모를 보임으로써 고압적이고 일방적인 제왕의 아이콘으로 등극하게 되었다. 결국 그는 미국와 멕시코 사이의 국경 장벽만큼이나 지도자와 대다수 국민들과의 정상적인 소통를 가로막는 불통의 장벽를 쌓고 일부 지지층들를 상대로 트위터를 통한 자기 변명와 홍보에 치중하는 전례없는 소통 방식를 보여주고 있다. 국민들과 정치 지도자의 공감대를 넓히기 위해서는 무엇보다 소통의 사회적 구조와 기능에 대한 인식이 확산되어야 한다. 결국, 이상의 예에서 볼 수 있듯이 인터뷰나 기자회견을 포함한 사회적 의사소통은 그것이 일어나는 사회적 배경과 발화 맥락에 따라 갈등을 일으킬 수 있는 것으로 평가되거나 약간의 갈등이 발생하더라도 문제를 해결하기 위한 노력으로 평가될 수 있다는 점에서 다양한 문화적 요인들을 고려하고 언어 사용에서 맥락의 역할을 중요시하는 언어화용적 접근이 필요하다.

2. 대화와 협조

화용론은 의사소통에서 말이 사용되는 원리, 대화의 원리를 밝히려고 한다. 대화의 원리를 가장 먼저 본격적으로 생각한 학자는 그라이스H. P. Grice이다. 1913년 영국에서 태어나 옥스퍼드 대학교에서 공부한 후 1967년 미국 버클리 대학교에서 언어 철학 등의 강의를 한 그라이스는 경험주의와 합리주의를 접목하려 한 철학자이자 언어적 화용론linguistic pragmatics을 가능케 한 학자이다. 그에 따르면 대화는 합리적인 생각을 하는 사람들끼리 대화의 목적을 위해 대화의 규칙을 이해한 상태에서 협조하는 상호작용이다. 이러한 협조의 개념을 바탕으로 그라이스는 '커뮤니케이션의 논리logic of communication'라고 부르는 언어 사용의 체계를 수립하려고 시도했는데 이 절에서는 그라이스가 제안한 대화의 원리 체계를 살펴본다.

2.1 그라이스의 대화 원리

그라이스(1975)는 자연 현상이나 사회 현상의 배후에 일정한 원리 또는 법칙이 있듯이, 우리가 말을 사용하여 의사소통하는 데에도 우리가 당연시하는 일정한 원리가 있다고 주장했다. 말이란 생각나는 대로 또는 기분 내키는 대로 내뱉는 것이 아니라, 보통 합리적인 사람들이라면 대화를 할 때 서로 묵시적으로 알고 있거나 가정하고 있는 대화의 목적을 고려하여 그 목적에 따라 자기가 참이라고 알고 있거나 믿고 있는 내용을 적절한 방법으로 전달하려고 한다. 그라이스(1975:45)는 대화의 가장 큰 원리로서 다음과 같은 협조의 원리 Cooperative Principle 줄여서 CP를 제안한다.

> 당신이 참여하는 대화에서 말할 때에는 그 대화의 목적이나 방향에 의해 필요한 말을 하도록 하라.
> (Make your conversational contribution such as is required at the stage at which it occurs, by the accepted purpose or direction of the talk exchange in which you are engaged.)

이 협조의 원리는 대화라는 상호 행위에 참여하는 사람들이라면 암묵적으로 이해하고 있는 매우 일반적인 대원리라고 할 수 있는데 이런 대원리 밑에 대화자들이 따를 것으로 생각되는 다음과 같은 네 가지 범주의 소원리인 격률 maxim 들이 있다.

질의 격률 Maxim of Quality
   당신이 말하는 것이 진실한 것이 되도록 하라.
   (Try to make your contribution one that is true.)
   1. 당신이 거짓이라 믿는 것은 말하지 마라.
      (Do not say what you believe to be false.)
   2. 당신이 충분한 증거가 없는 것은 말하지 마라.
      (Do not say that for which you lack adequate evidence.)

양의 격률 Maxim of Quantity
1. 당신이 말하는 것에 필요한 만큼 정보 내용이 있도록 하라.
   (Make your contribution as informative as is required.)
2. 당신이 말하는 것에 필요 이상으로 정보 내용을 담지 마라.
   (Do not make your contribution more informative than is required.)

관계의 격률 Maxim of Relation
적합한 말을 하라.
(Be relevant.)

양태의 격률 Maxim of Manner
명료하게 말을 하라.
(Be perspicuous.)
1. 애매한 표현을 피하라.
   (Avoid obscurity of expression.)
2. 중의성을 피하라.
   (Avoid ambiguity.)
3. 간단하게 말하라 (불필요한 장광설을 피하라).
   (Be brief.) (Avoid unnecessary prolixity).
4. 순서대로 말하라.
   (Be orderly.)

'격률'이란 용어는 '원리'라든지 '규칙'에 더 익숙한 언어학자들에게는 다소 생소한 것이지만, 그라이스와 같은 철학자들은 이미 오래전부터 즐겨 써 오던 용어이다. 예를 들어 철학자 임마누엘 칸트Immanuel Kant의 '정언명령categorical imperative'은 "당신의 행동은 동시에 보편적으로 통용될 수 있는 법칙에 따라 하도록 하라(Act only according to that **maxim** by which you can at the same time will that it should become a universal law) [강조는 추가된 것]"로 되어 있는데(Rachels 1999:194), 여기서도 '규칙'이란 용어 대신 '격률'이란 용어가 사용되고 있고 질, 양, 관계, 양상modality의 네 범주가 있다는 점에서 그라이스의 체계와 유사하다. 칸트의 정언 명령은 쉽게 말하자면 인간이 행동할 때 보편적인 격률에 따라 하라는 것인데, 이런 원리를 그라이스는 언어적 의사소통에 응용하고 있다. 즉 인간이 대화에 참여해 말을 할 때에는 일반적인 협조의 원리와 이를 구성하는 하위 원리들인 격률에 따라 말하는 것으로 생각된다는 것이다. 이는 개인과 개인 사이의 사적, 사교적 대화에만 적용되는 것이 아니라 단체나 기관 등의 사회 조직과 개인 또는 다른 사회 조직 사이의 소통에도 적용된다. 이와 같은 첫 번째 예로 그라이스의 격률 중 질의 격률이 문제가 되는 사례를 보도록 하자. 한때 미국을 떠들썩하게 만든 전직 미식축구 스타 오 제이 심슨O.J. Simpson의 니콜 심슨Nicole Simpson 및 로널드 골드만Ronald Goldman 살인 혐의 재판에서 검찰 측 핵심 증인으로 나온 로스앤젤레스 경찰서 소속 마크 퍼만Mark Fuhrman은 그가 평소 범인들이나 피의자들을 다룰 때 인종차별적인 용어들을 내뱉곤 했다는 비판을 강력히 부인했다. 그러나 심슨의 변호인들은 다른 증인과 테이프 기록 등에서 그가 종종 인종차별적인 언사를 했다는 사실을 밝혀냈다. 그 결과 퍼만의 증언에 따라 심슨의 유죄를 주장하던 검찰 측의 주장은 신뢰성의 심각한 타격을 입게 되었고 결국 심슨은 무죄로 풀려나게 되었다. 나중에 퍼만은 법정에서 위증한 혐의로 기소되어 벌금 200달러와 3년의 자격정지를 선고받았다. 역사적인 재판으로 불린 심슨의 형사 재판에서 정작 유죄 선고를 받은 사람은 위증한 퍼만뿐이었다. 위증은 법정 대화에서 그라이스의 격률 중 질의 격률을 위반한 발화로서 사건의 총체적 진리를 밝히는 데 결정적인 장애로 인식되기 때문에 매우 엄중한 범죄행위로 간주된다. 또 다른 공적 담화에서 격률이 문제가 되는 경우로 도로 교통 표지판을 들 수 있다. 교통 표지는 도로를 공유하는 모든 사람이 지켜야 할 사회적 약속이며 이를 단속하는 것은 해당 기관의 권리이자 의무이다. 서울 시내에는 수많은 도로 교통표지판이 있는데 그중에는 "견인 지역" 또는 "이곳에 무단 정차할 경우 범칙금 부과함" 등의 내용이 적혀 있다. 이는 당국이 원활한 차량 흐름을 위해 정한 규칙이자 위반 시에는 조치하겠다는 공적 약속으로 받아들여진다. 그런데 이런 교통 표지판이 무용지물이 되는 경우가 있을 정도로 규칙을 지키지 않는데도 실제로 단속은 이루어지지 않는 일이 비일비재하다. 범법 행위가 발생했는데도 약속과 다르게 효과적인 단속을 하지 않는다면 당국이 설치한 그 교통 표지판은 질의 격률을 지키지 않은 소통 행위가 된다. 법정에서 선서까지 한 증인이 거짓말을 할 경우 질의 격률을 어긴 것으로서 위증이 되는 것처럼 국민을 상대로 공포한 것을 지키지 않는 것은 질의 격률을 어긴 것으로 직무 유기나 책임 의식 결여로 받아들여질 것이다.

　내용면에서 뿐 아니라 교통 표지는 그 메시지 전달 방식에서도 간결하고도 정확하게 뜻을 전달해야 한다. 그런데 간혹 이해하기 어려운 교통 표지를 볼 때가 있는데 이는 그라이스의 격률 중 관계나 양태의 격률을 지키지 못한 것이다. 다음 표지는 구두점이 생략된 관계로 두 가지 상이한 해석이 가능하므로 그라이스의 양태의 격률 중 애매한 표현을 피하라는 격률을 어기고 있다.

```
NO
PARKING
VIOLATORS
WILL
BE TOWED
```

[그림 7] 중의적인 주차 금지 표지

위 표지판은 물론 '주차 금지. 위반 차량은 견인됨'이란 뜻으로 설치된 것으로 보인다. 그러나 PARKING 다음에 문장 경계를 나타내는 마침표가 빠져서 '어떠한 주차 위반 차량도 견인되지 않음'이란 정반대의 의미도 가능하게 되었다. 또한, 트위터에 올라온 미국 일리노이주의 어떤 교회는 교회 건물 앞에 다음과 같은 문구가 적힌 입간판을 세워놓았다:

```
BE AN ORGAN DONOR
GET YOUR HEART TO JESUS
```

[그림 8] 중의적인 교회 안내문

이 글을 쓴 사람의 원래 의도는 '교회에 필요한 오르간 악기를 기증해 달라'는 것과 '예수께 마음을 바치라'는 뜻이었겠지만 그 의도된 의미 외에도 '신체 장기를 기증하고 예수에게 심장을 주어라'는 엉뚱한 뜻으로도 해석이 가능하다. 물론 이 정도는 별로 해롭지 않은 실수로 보아 넘길 수 있지만, 다음과 같은 표지판은 자칫 사고를 불러일으킬 수 있는 위험성을 갖고 있다.

```
SIDEWALK CLOSE
USE OTHER SIDE
```

[그림 9] 잘못된 도로 공사 표지

이 표지는 'close'가 아니라 'closed'로 써야 하는데 그렇지 않음으로써 '인도가 폐쇄되었다'는 것 대신에 '인도가 가까이 있다'라는 뜻으로 해석될 수 있어서 이를 보는 사람들로 하여금 위험한 결과를 초래할 수 있는 오해의 소지를 안고 있다.

또 다른 공적 소통의 중요한 영역인 불특정 다수를 대상으로 하는 상업 광고에서는 표현의 과장성 범위를 놓고 늘 논란이 끊이지 않는다. 소비자들이 구매하는 상품의 성분이나 원재료 등의 내용 표시를 할 때 제조업자는 양의 격률을 준수해야 하는데 종종 이 격률이 지켜지지 않아 사회 문제로 비화된다. 예를 들어 한국에서는 식품의 트랜스지방 함유량을 표시할 때 충분하고도 적절한 정보를 제공하지 않고 있다고 해서 소비자단체들이 시정을 요구하는 일이 있었다. 트랜스지방은 일반적으로 몸에 좋지 않은 것으로 알려졌는데 이런 트랜스지방이 0.2g 이하일 경우 식품 내용 및 성분 표시에서 "0g"으로 표시할 수 있게 하고 있다. 그 표면적인 이유는 아무리 몸에 해로운 트랜스지방이라고 하더라도 0.2g 이하는 영향을 주지 않을 정도의 소량이기 때문에 그냥 "0g"으로 적을 수 있게 한다는 것이다. 그러나 트랜스지방은 일단 몸속에 들어오면 체외로 잘 배출되지 않고 축적이 되기 때문에 아무리 소량일지라도 지속적으로 섭취하는 것은 몸에 해로운 결과가 될 수 있다. 절대 다수의 소비자는 제품의 겉표지에 "트랜스지방 0g"으로 되어 있으면 이것을 '트랜스지방이 하나도 없다'는 뜻으로 해석하지 '0.2g 미만으로 있을 수도 있다'고 해석하는 경우는 거의 없다고 보아야 한다. 따라서 하나의 제품에는 0.2g 미만의 트랜스지방이 있다고 하더라도 이를 "0g"으로 표시하는 것은 그라이스의 양의 격률을 위반한 것으로 인식되며 결과적으로 소비자를 오도하는 결과를 낳을 수 있다. 소비자들이 원하는 것은 아무리 소량이라도 트랜스지방이 있는지를 알고 싶은 것인데 그냥 "0g"이라고 표시하는 것은 소비자와 진실한 소통을 하는 것으로 볼 수 없다. 따라서 대다수의 시민은 정부가 식품 안전 문제에 있어 기업 측의 이익보다 소비자들의 건강을 우선한다면 기업의 이런 무리한 요구를 과감히 거부했어야 한다고 보고 있다.

최근 인터넷에서 "호갱"이란 말이 유행하고 있는데 이는 비속어적인 표현으로 '호구+고객님'이 축약된 단어이다. 주로 휴대폰 대리점이나 판매점을 중심으로, 휴대폰에 대해 잘 모르는 소비자들을 "고객님, 고객님"이라 불러 유인한 후 이미 유행이 지났거나 인기가 없는 휴대폰 모델을 구입하게 하고 할부원금을 지나치게 높이 책정하는 경우가 있는데 이런 불리한 "노예 계약"을 하는 고객을 가리켜 "호갱"이라고 한다. 최근에는 '단말기 유통구조 개선법' 일명 '단통법'이라는 정부의 미숙한 법 제정과 집행으로 인해 소비자들이 단체로 "호갱" 소리를 듣게 되는 경우가 발생했다. 새누리당의 김성태 의원은 국회 대정부 질문에서 국무총리를 향해 "'호갱'이라는 말을 들어봤느냐"며 "단통법과 정부를 믿고 제값을 주고 휴대전화를 구매한 국민들은 졸지에 호구 고객이 됐다"고 비판했다. "호갱" 현상은 소비자와 정부의 책임도 있지만, 소비자에게 정확하고 충분한 정보를 주지 않고 감언이설이나 고객의 무지를 악용해 적정한 이윤을 초과해서 폭리를 취하는 업자들의 행위는 그라이스의 관점에서 보면 고객과의 소통에서 질이나 양의 격률을 무시하는 것이다. "호갱"의 반대쪽에 위치한 말로 "손놈(손님+놈)" 또는 "손견(손님+견(犬))"이 있다. 판매업자들의 관점에서 무리한 요구를 하거나 부당하게 이익을 챙기려고 하는 흔히 "진상 고객"을 비하해서 부르는 말이다. 유통업계에서 "상진 엄마" 또는 "상진 아빠"라고도 부르는 이들은 영어로는 "black consumer"라고 하는데 콜센터나 텔레마케팅, 홈쇼핑 등에 출몰해서 상담원에게 억지스러운 요구를 하거나 자신의 요구를 관철하기 위해 욕설과 폭언까지 서슴지 않는다. 이런 모습은 면대면 대화가 아닌 전화나 컴퓨터, TV 등을 매개체로 한 비면대면 대화에서 더 흔히 볼 수 있다. "호갱"과 "손놈"이란 말의 범람은 상업적 의사소통에서 그라이스의 대화의 원리가 얼마나 취약한 것인지를 여실히 보여주며 이에 대한 사회적 대책의 필요성을 일깨워준다.

또 다른 사례로 모 홈쇼핑의 유명 쇼핑 호스트는 2013년 9월까지 '기적의 크림'이라는 상품을 소개하면서 "저를 믿고 쓰세요… 해로운 성분은 하나도 없고 천연성분만 들어 있어요"라고 말했고 실제 그녀의 말을 믿고 수많은 시청자가 이 제품을 구입했다. 그러나 이 "기적의 크림"에는 화장품에 들어가서는 안 되는 스테로이드 성분이 검출되었고, 이 호스트의 말을 믿고 이 제품을 구매하여 사용한 소비자 중 부작용을 호소하는 사람들이 늘어갔지만, 여전히 "스테로이드 성분은 들어가지 않았으니 걱정하지 마세요"라는 말로 소비자를 안심시키려고 했다. 그러나 논란이 진화되기는커녕 계속 확대되자 이 호스트는 자신의 팬카페를 폐쇄했고 식약처는 이 제품을 판매 금지했음에도 소비자 불만이 끊이지 않자 이 호스트는 "가끔 피부에 맞지 않는 분들이 있는 거 같은데 어떤 좋은 화장품이라도 자기에게 맞지 않는 게 있을 수 있으니 그런 말을 저한테 하시면 제가 너무 힘들어요"라고 실질적으로 말 바꾸기를 했다. 결국, 해당 홈쇼핑은 이 상품의 판매를 중단했으나 스테로이드 성분이 한국 식약처의 검사 항목에 없으므로 쇼핑 호스트 개인이 알 수 없었고 그렇기 때문에 쇼핑 호스트 역시 피해자라고 주장했다. 그러나 유해 성분이 들어있는지 알 수 없었다고 한다면 그라이스의 질의 격률에 따라 적어도 그런 게 없다고 소비자에게 말해서는 안 된다는 점에서 호스트의 무지가 그런 발언의 면책 사유가 될 수는 없다. 문제가 된 이 호스트는 "저를 믿고 쓰세요. 제가 직접 써 보고 추천하는 것이에요"라는 말을 함으로써 소비자의 신뢰도를 높이려는 전략을 자주 사용하는데 이 제품 역시 예외가 아니었지만, 이 사건으로 인해 말의 신뢰도가 추락하고 말았다. 문제가 심각해지자 그녀는 자숙의 의미로 2주간 방송을 중단했지만 이미 피해를 본 소비자들로서는 이 2주의 자숙은 별 의미가 없는 요식행위에 불과하다는 지적이 많았다. 소비자들에게 직접적인 피해를 입히지 않았음에도 사회적 물의를 일으켰다는 이유만으로 1년 넘게 방송 출연을 하지 않는 다른 경우와 비교해 보아도 2주의 자숙은 지나치게 가벼운 것이며 자숙과는 별도로 광고에서 의도적이든 비의도적이든 소비자를 기만한 행위는 법적 처벌까지 고려해야 한다는 주장도 제기되었다. 해당 홈쇼핑 측에서는 이 모든 것은 쇼핑 호스트의 책임이 아니라 회사 측의 책임이라고 이 호스트를 두둔했다.(http://www.mydaily.co.kr/new_yk/html/read.php?newsid=201309251612231114&ext=na) 하지만 방송에서 중대한 오보를 낼 경우 방송사뿐 아니라 오보를 낸 기자에게 일차적인 책임을 묻는 것처럼 이는 단순히 회사 측에서 "1분에 1억 원을 판매한다"고 해서 쇼핑 호스트를 감쌀 일이 아니라는 지적이 많았다. 이 사건은 한국 방송에서 새로운 총아로 떠오른 홈쇼핑의 고삐 풀린 듯한 선동적 판매 방식과 느슨한 윤리 의식에 일대 경종을 울린 대표적인 사건으로서 판매에 사용되는 광고 언어의 과장성 또는 허위성에 대해 적절한 사회적 규제가 시급함을 보여주었다.

한국뿐 아니라 선진국에서는 상거래에서 그라이스의 대화의 격률을 어기는 것은 저울의 눈금을 속이는 것처럼 기업이 소비자를 기만하는 것으로 간주되어 커다란 사회 문제가 될 수 있고 이에 대해 무거운 제재가 뒤따르게 된다. 그 단적인 예로 현대자동차와 기아자동차는 미국 시장에서 판매한 자사 자동차의 연비 표시를 과장되게 했다는 소비자 불만이 2012년부터 본격적으로 제기되면서 미국 환경청으로부터 1억 불의 벌금이 부과됐는데 이는 미국의 청정대기법 Clean Air Act에 의해 부과된 벌금 가운데 사상 최대 액수로 알려졌다. 미국 법무부는 이를 "역사적인 조정 historic settlement"이니 "전례가 없는 해결 unprecedented resolution"이라고 부를 정도였다. 그뿐만 아니라 현대기아차는 연비 조작 논란과 관련한 2013년 12월의 집단소송에서 소비자들에게 3억 9500만 달러를 지급하기로 합의한 바 있다. 연비가 갤런 당 1~2마일씩 하향 조정되며, 특히 기아 소울은 갤런 당 6마일을 내리게 되었다. 자동차 연비에 대한 이해 수준이 높고 예민하기로 소문난 미국 소비자들은 갤런 당 1~2마일의 과장이라도 용납할 수 없는 반칙 행위로 받아들인다. 미국의 법무부와 환경청은 현대차와 기아차가 미국에서 판매한 자동차의 연비를 과장해 소비자에게 올바른 정보를 제공하지 않았다고 발표했다. 특히 에릭 홀더 Eric Holder 미 법무장관은 성명을 통해 "이번 조정으로 속이는 것이 얼마나 밑지는 행위인지, 그리고 어떤 회사라도 법을 위반하면 어떤 책임을 지게 되는지에 관해 강력한 메시지를 주게 될 것이다(This will send a strong message that cheating is not profitable – and that any company that violates the law will be held to account)"고 말했다. 이 성명에서도 볼 수 있듯이 기업과 소비자 간의 사회적 소통은 그 대상이 특정되어 있지 않다고 해서 자칫 대화의 격률을 느슨하게 생각할 수 있다. 그러나 지켜야 할 최소한의 원칙을 지키지 않음으로써 발생하는 결과는 벌금만 무는 데에서 끝나는 것이 아니라 기업의 신뢰성에 치명적인 금이 가기 때문에 이를 만회하려면 엄청난 노력이 필요할 것이다. 양의 격률을 가볍게 생각한 결과는 이처럼 혹독하다. 국내에서도 현대차는 2014년 8월 싼타페의 연비 과장 논란이 일자 해당 차종 소유주에 대해 40만 원씩 보상 절차를 진행하고 있다. 그러나 미국의 경우에 비해 훨씬 소극적이고 산타페를 제외한 다른 차종들도 미국 시장에서와 같은 연비 표시로 국내 시장에도 판매됐지만, 국내 소비자들은 아직 미국 소비자들만큼 적절한 보상을 받지 못하고 있다. 이는 기업과 소비자 사이의 사회적 소통에서 정부의 태도와 역할이 중요하다는 것을 보여준다. 기업과 소비자 개인 간의 소통은 보통 힘 있는 강자와 힘 없는 약자의 비대칭적 소통이기 때문에 일방적일 수 있으므로 이를 보완하기 위해 정부라든지 공인 단체나 기관 등의 역할이 중요하다.

상업 행위에서뿐 아니라 국가와 국가 사이의 조약과 같은 중요한 외교 문서에서 각종 소통의 원리를 지키지 못한 문구는 나중에 큰 문제로 비화될 수 있다. 역사적으로 가장 유명한 사례 중의 하나가 바로 1840년 뉴질랜드 원주민인 마오리족 추장들과 영국 정부 대표 사이에 체결한 "와이탕이 조약 The Treaty of Waitangi"의 문서 내용이다. 이 문서는 각기 마오리어와 영어로 쓰였는데 영어 문서는 "영국 여왕에게 모든 주권적 권리와 권한을 절대적이고도 무조건적으로 양도한다(cede to Her Majesty the Queen of England absolutely and without reservation all the rights and powers of Sovereignty)"라고 되어 있었다. 그런데 영국 선교사가 번역한 마오리어 문서는 자국 해안에 출몰하는 해적들과 불법 이주민들의 습격과 약탈로부터 자신들을 보호해주겠다는 영국 정부에게 마오리족 지도자들이 영국 국민으로서 완전한 권리를 가지면서 대신 "통치권"을 이양한다고 표현되어 있다. 문제의 발단은 영어의 "주권 sovereignty"에 해당하는 마오리어 단어가 없었다는 데에서 비롯되었다. 그 당시만 해도 생소한 신조어인 "kawanatanga"란 단어를 썼는데 이 신조어는 영어로 번역하면 "sovereignty"보다는 "governance"에 가깝기 때문에 마오리족 지도자들은 통치권만 넘겨주고 모든 토지는 여전히 자기들 것으로 해석했다. 마오리족은 이 문장을 보고 자신들의 주권을 지켰다고 생각했지만 결국 영국은 자기들에게 일방적으로 유리한 해석만 고집하면서 마오리족의 영토에 뉴질랜드를 건설하고 식민지화했다. 아직도 이 문서의 효력은 논란이 있어서 1984년 뉴질랜드의 노동당 정부는 마오리족들이 국가를 상대로 한 청구 소송 시한을 1840년대까지 끌어올리기도 했다. 이처럼 국제 관계에서도 소통이 원활하고 원만한 것이 되기 위해서는 진실하면서도 양이 너무 많거나 적지도 않게, 적절하면서도 명료하게 소통을 해야 한다는 그라이스의 격률이 유효한 것이다.

대화에서의 격률은 질, 양, 관계, 양태의 네 범주가 있고, 질과 양에는 각기 두 개의 하위 격률들이 있으며, 나중에 그라이스 자신이 적합성의 격률Maxim of Relevance로 이름을 바꾼 관계의 격률은 하위 격률이 없는 반면, 양태에는 네 개의 하위 격률이 있어서 총 아홉 개의 격률이 있다. 격률들 중 질, 양, 관계의 격률은 말하는 내용을 규제하는 격률인 반면, 양태의 격률은 말하는 방식을 규제하는 격률이다. 그러나 격률의 숫자에 큰 의미를 부여할 필요는 없다. 그라이스가 미처 생각하지 못한 격률이 있을 수도 있고, 어떤 격률들은 마치 서로 별도의 격률인 것처럼 그라이스가 제시했지만, 내용상 서로 중복되는 경우도 있기 때문이다. 예를 들어 '적절한 것을 말하라'라는 관계의 격률은 적절하지 않은 말은 필요가 없는 정보 내용이란 점에서 양의 격률과도 상통하는 것으로 보이고, '간단하게 말하고 불필요한 장광설을 피하라'라는 양태의 격률 중 세 번째 하위 격률과도 일치하는 부분이 있어 보인다. 이 때문에 그라이스 이후의 화용론 연구자들은 그라이스가 제시한 격률 체계를 보다 체계적으로 재구성하려는 노력을 하고 있는데 대표적인 경우로 스퍼버와 윌슨Sperber and Wilson(1986/1995)의 적합성 이론Relevance Theory과 레빈슨(2000)의 신그라이스neo-Gricean 이론이 있는데 이에 대해서는 아래 3절 이하에서 다루도록 하고 우선 그라이스의 격률에 대해 좀 더 자세히 살펴보기로 한다.

2.2 대화함축

협조의 원리를 따르는 대화 참여자는 격률들을 염두에 두고 말을 하거나 상대방의 말을 이해하려고 한다. 그 과정에서 청자는 화자의 발화 자체에 명시적으로 표현되지는 않았지만, 화자가 의도한 것으로 생각되는 숨은 의미, 즉 함축을 찾아낼 수 있다. 예를 들어 다음 대화에서 B는 "학생들 몇 명이 합격했느냐?"는 A의 질문에 대해 "대부분이 합격했다"고 답하는데, 보통의 상황이라면 그 대답에 대해 A는 우선 질의 격률에 의해 'B는 대부분의 학생이 합격한 것이 참이라고 믿고 있다'는 것과 'B는 자기 말에 대해 충분한 증거가 있다'고 받아들이게 된다.

    A: How many students passed?
    B: Most of them did.

그뿐만 아니라 B의 말은 대화의 목적이나 방향에서 필요한 것을 말할 것으로 생각되는 협조적 화자라면 꼭 필요한 정보만을 말하고 그 이상은 말하지 않았을 것이기 때문에 "most"를 쓴 것은 그 이상의 정보량을 가진 'all'이라든지 'almost all' 등은 아니라는 것을 은연중에 의미하고 있는 것으로 받아들여진다. 즉 B의 발화는 '(모든 학생이 합격하지는 않았다(Not all of the students passed)'라는 것을 협조의 원리와 양의 격률의 도움을 받아 비명시적인 방법으로 의미하는데 이런 식으로 발화 문장에 명시적으로 표현되어 있지 않고 은연중에 전달되는 의미를 그 발화의 '함축된 의미 implicated meaning' 또는 '함축 implicature'이라고 한다. 일반적으로 어떤 표현 X가 Y라는 의미를 함축하면 'X +> Y'라고 표기한다. 그런데 이 함축은 'Most of them passed'란 표현의 문자적 의미인 '대부분의 학생은 합격했다'를 토대로, 이런 문자적 의미에서 한 걸음 더 나아가 만약에 B가 협조적인 발화자일 경우 모든 학생이 합격했다면 양의 격률에 따라 'most'라는 정보량이 충분하지 못한 표현 대신 'all'이라는 보다 양적으로 강력한 표현을 썼을 텐데 그렇지 못한 것은 양의 격률을 차마 B가 어기지 못하기 때문이며 따라서 이 맥락에서 'all'이 아닌 'most'가 B가 말할 수 있는 가장 정보량이 많은 적합한 답이라는 것을 A가 추론할 수 있기 때문에 가능한 것이다.

양의 격률에 따른 함축의 또 다른 예를 보면 "Do you like apples and bananas?"란 어떤 C라는 사람의 질문에 대해 D가 "I like apples"라고 답하면 이 답의 문자적 의미는 오로지 사과에 대한 것일 뿐 바나나는 명시하지 않고 있지만 대개 이런 문자적 의미에서 더 나아가 이 대답을 'D likes apples AND D doesn't like bananas'로 해석할 것이다. 그 이유는 "I like apples and bananas"가 "I like apples" 또는 "I like bananas"보다 정보량이 더 많은 발화가 되는데 그렇게 정보량이 더 많은 발화를 D가 하지 못하는 것은 양의 격률 때문이므로 'It is not the case that D likes (both) apples and bananas'라는 것을 알 수 있다. 그런데 D가 'I like apples'라고 했으니 이로부터 'D doesn't like bananas'라는 함축된 의미를 추론할 수 있다. 그러나 이런 함축된 의미는 화자 D가 명시적으로 밝힌, 단어나 문장의 고정적인 의미가 아니라 어디까지나 발화 맥락에서 격률의 도움을 받아 C가 화자 D의 의도를 추정해서 얻어낸 의미이기 때문에 때에 따라서 취소가 가능하다. "Do you like apples and bananas?"란 질문에 대해 D는 바나나도 좋아하지만 일단 먼저 사과부터 말할 필요성을 느껴 그렇게 답했을 수도 있다. D의 발화 "I like apples"는 '… and I like bananas too'라고 덧붙여서 말해도 틀린 답은 아니며 이럴 경우 C가 생각했던 'D doesn't like bananas'라는 함축은 취소되게 된다.

격률의 적용 문제와 마찬가지로 함축은 개인과 개인 사이의 사적 대화에서만 일어나는 것이 아니라 개인과 집단, 집단과 집단 사이의 소통에서도 발생한다. 예를 들어 서울 지하철의 일부 전동차에는 냉방이나 난방이 다른 칸에 비해 약하게 나오는 칸이 있다. 이를 알리기 위해 서울메트로나 도시철도공사는 약냉난방이 시행되는 차량의 창문에 다음과 같은 문구의 안내문을 붙여 놓았다.

> 약냉방 이 칸은 냉방을 약하게 가동하고 있습니다. (하절기)
> 약냉방칸 약한 냉방을 원하시는 고객님을 위한 차량입니다.
> 약냉난방칸 약한 냉난방을 원하는 승객은 이 칸을 이용하십시오.
> 약냉방 이 칸은 냉방을 약하게 하고 있습니다.

이런 안내문은 약냉난방을 원하는 승객들을 배려한 친절한 의도가 엿보이는 대목이다. 그런데 한 가지 아쉬운 점은 이 안내문은 해당 칸이 약냉난방이라는 점만 말하고 있기 때문에 다른 칸은 알 수 없다는 점이다. "이 칸은 약냉난방입니다"라는 말은 '다른 칸은 약냉난방이 아닌 칸도 있습니다'를 함축하는데 정작 그런 약냉난방이 아닌 칸에 대한 정보는 명시적으로 제공되지 않기 때문이다. 따라서 약냉난방을 원하지 않는 승객이 이런 안내문을 보았을 경우 자기가 원하는 강냉난방을 위해 어디로 얼마만큼 이동해야 하는지의 정보는 없기 때문에 강냉난방 칸을 찾아갈 것인지 아니면 얼마나 계속 이동하는지 불분명하므로 그냥 참고 갈 것인지 사이에 선택해야 한다. 서울 지하철 중 1, 3, 4호선은 4번 차량과 7번 차량이 약냉난방이고, 5, 6, 7호선은 4번과 5번 차량이 약냉난방이며, 8호선은 3, 4번 차량이 약냉난방으로 각 호선마다 열차 구성과 약냉난방칸 위치가 조금씩 다르기 때문에 일률적으로 안내하기 어려운 점이 있지만 강냉난방을 원하는 승객들까지 고려한다면 위의 안내문보다 다음과 같은 안내문을 붙이는 것이 더 정보량이 많고 모든 경우를 충족시켜줄 수 있을 것이다.

> 이 호선의 4번과 5번 칸은 약냉난방이고 다른 칸은 강냉난방입니다.

이처럼 아주 사소한 일이지만 공적인 의사소통에서도 조금만 더 격률에 신경을 쓴다면 효율성이 높은 의사소통이 가능하다. 이보다 더 심각한 사례를 들면 2014년 10월 식품의약품안전처는 동서식품이 제조한 포스트 아몬드 플레이크PAF를 비롯한 일부 시리얼 제품의 유통과 판매를 금지했다. 동서식품은 자체 품질 검사에서 대장균군이 나온 제품을 전량 폐기하지 않고 이를 다른 제품과 섞어 다시 제조한 후 판매했다는 의혹을 받았다. 회사 내부고발자의 폭로에서 취재가 시작된 이 사건에서는 "PAF 목요일 생산할 때 불량분 10%씩 투입 생산"이라는 쪽지가 붙은 공장 모습이 카메라에 나옴으로써 시청자들을 충격에 빠뜨리게 했다. 문제가 되자 동서식품 관계자는 "대장균군은 식중독균과는 달리 가열하여 살균되는 만큼 재검사과정에서 문제가 없을 때만 판매했다"고 반론했는데 이 맥락에서 그 반론은 '대장균군이 있는 불량품일지라도 살균해서 재활용하는 것은 괜찮다'는 것을 함축하는 것으로 받아들여진다. 또한, 회사 측의 "대장균군이 발견된 재고품이 사실 버리기엔 너무 많았다"는 말도 '이 제품들이 문제가 있기는 있었다'는 것을 함축한다. 회사가 명시적으로 문제가 있었음을 발표하지는 않았지만, 함축적으로 자신들의 제품에 문제가 있었음을 인정한 것이다. 공장 직원들조차 취재기자에게 재고가 쌓인 불량분을 섞은 날에는 제품을 맛보지 말라고 했다고 토로한 것으로 미루어 회사 측의 주장은 소비자들을 설득하기에 미흡하다. 네티즌들이 "그렇다면 앞으로도 계속 그렇게 판매할 건가"라든지 "스스로 '불량분'이라고 한 것을 재활용한 게 문제가 없다니…" 등의 분노와 냉소가 뒤섞인 반응을 보였다는 사실은 동서식품 측의 해명이 소비자들에게 충분하거나 적절하지 못했음을 보여준다.

이상에서 본 협조의 원리와 그에 따른 대화의 격률들은 어떤 발화의 문장이 항상 갖고 있는 문자적 의미 외에 그 맥락에서 가능한 함축된 의미까지를 찾을 수 있는 방법을 제시해 주었다는 점에서 큰 의의가 있고, 그라이스의 대화의 원리와 격률 체계 덕분에 인간의 언어 사용에서 발생하는 맥락 의존적 의미의 영역을 체계적으로 탐구하는 것이 가능하게 되었다.

2.3 격률 지못미

대화 참여자들이 대화의 격률을 항상 준수하는 것은 아니다. 오히려 고의든 아니면 우연히, 실수로든 대화의 격률을 지키지 않는 경우가 허다하다. 그런데 대화 참여자가 대화 중에 격률을 준수하지 않았다고 해서 항상 의사소통에 장애가 발생하는 것은 아니며 그가 격률을 어긴 이유를 생각해서 그의 발화가 지닌 이면적인 뜻을 추정해 볼 수 있다. 대화의 격률이 지켜지지 않는 경우는 다음과 같은 것들이 있다.

1) 격률 위반

격률 위반violating a maxim이란 그라이스(1975:49)의 용어를 빌면 "비현시적인unostentatious 방식으로, 조용하고quiet, 잘 띄지 않게covert" 격률을 안 지키는 경우를 말한다. 부모가 어린 자식들을 위해 크리스마스 전날 밤 트리 주위나 양말 속에 선물을 놓고 마치 산타클로스가 놓고 간 것처럼 시치미를 떼는 행위가 일종의 비현시적 선물 주기 행위이다. 이처럼 비현시적인 행위는 굳이 상대방의 눈길을 끌기 위해 보란 듯이 하지 않는 행위이다. 대화에서 중요한 것은 화자가 격률을 위반할 경우 자신이 그 격률을 어기고 있다는 것을 청자가 눈치채도록 굳이 노력하지 않는다는 점이다. 따라서 청자는 화자가 격률을 위반할 경우 그 사실을 모른 채 넘어갈 수도 있다.

예를 들어 남편이 식사 중에 적포도주를 아내의 옷에 쏟는 바람에 얼룩 자국이 생기게 했다고 하자. 아내가 이에 대해 남편을 원망하는 말을 하자 남편은 아내를 달래기 위해 실제 자신이 믿는 것과는 다르게 말을 할 수 있다.

아내: 자기 때문에 옷에 얼룩이 졌잖아. 어떡해?
남편: 괜찮아. 아무도 못 볼 거야.

남편은 자기 눈으로 보아도 분명 포도주 자국이 눈에 잘 띄는데도 불구하고 자신이 참이 아니라고 믿는 것을 아내에게 말했으므로 이는 그라이스의 질의 격률을 위반한 것이다. 질의 격률은 "진실한 것을 말하라"는 원리이기 때문에 일반적으로 질의 격률을 위반했다는 것은 거짓말을 한 것이 된다. 엄격히 말해서 남편은 거짓말을 한 것이지만, 자기의 이익을 위해 아내를 속일 의도가 있었던 것은 아니며 아내를 안심시키고 걱정을 덜어주기 위해 또는 남편 자신의 민망한 행동에 대해 최소한도의 체면을 지키기 위해 그런 말을 했을 뿐이다. 남편 자신이 진짜로 믿는 것을 숨기고 짐짓 태연하게 "아무도 못 볼 거야"라고 한 말이 아내에게는 사실로 들릴 수 있다.

또 다른 예를 들면 병원의 주치의는 자신이 진료하는 환자가 결코 치료될 수 없는 중병에 걸렸다는 것을 잘 알고 있을지라도 사실 그대로 매정하게 환자의 희망을 꺾을 수 없을 때가 있다.

환자: 선생님, 제 병은 완치될 수 있겠지요?
의사: [완치될 수 없다는 것을 알고 있으면서도] 그럼요, 희망을 잃지 않는 게 중요합니다.

이 대화에서 의사는 완치 가망성이 없는 환자에게 질의 격률을 위반하면서까지 거짓된 희망을 부추기고 있다는 비난을 받을 수 있다. 지푸라기라도 잡고 싶은 생사의 중대한 기로에 있는 환자에게는 의사가 단순히 힘을 내라는 격려 차원에서 말한 것도 환자 자신에게 매우 긍정적인 말을 한 것으로 오해할 소지가 있다. 실제로도 의사가 이런 종류의 환자에게 어떤 식으로 사실을 냉정하게 말해야 하는지는 쉬운 문제가 아니며 의사가 좋은 의도로 말했어도 환자나 환자 가족들은 이를 '나을 수 있다'는 뜻으로 오해할 수 있기 때문에 다른 선택의 여지를 없앨 수 있고, 나중에 여의치 않은 결과가 나올 경우 분쟁의 원인이 되기도 한다. 따라서 일정한 사회적 합의가 필요한 부분이다.

2) 격률 회피

격률 회피opting out of a maxim란 위에서 본 격률 위반과는 달리 화자가 자기는 격률이 요구하는 대로 대화에 협조할 수 없음을 분명하게 표현하는 것이다. 예를 들어 영어에서 "My lips are sealed"나 "No comment", "I cannot say more" 등은 충분한 양의 정보를 제공해야 한다는 양의 격률을 지키지 않겠다는 것을 나타내는 표현이고, 한국어에서도 청자가 원하는 정보를 제공하지 않겠다는 뜻으로 "뭐 그런 것까지 알려고 그러세요", "그건 그냥 그 정도로만 해둡시다"라든지 "더 이상 자세한 이야기는 곤란합니다", "묵비권을 사용하겠습니다", "내 목에 칼이 들어와도 밝힐 수 없습니다" 등 역시 무슨 이유에서든 대화에 비협조적인 자세를 보이는 격률 회피 표현이다. 예를 들어 2014년 7월 9일 OSEN의 프로야구 사이트에는 두산 베어스 야구단의 프랜차이즈 스타였지만 성적 부진과 코칭 스태프와의 불화설 등의 이유로 1군에서 뛰지 못하고 2군에 계속 남아 있던 김동주 선수에 대해 기자가 당시 송일수 두산 베어스 감독과 대화한 내용이 나온다.

  기자: 지난해 2군 감독으로서 김동주를 어떻게 봤습니까?
  송일수 감독: "노코멘트 하겠습니다"
  기자: 김동주가 팀 분위기를 흔드는 것을 우려하십니까?
  송일수 감독: "이야기하지 않겠습니다. 괜히 이야기하면 오해가 생길 수 있습
            니다"

여기서 송일수 감독은 기자의 질문에 대해 시종일관 협조를 하지 않는 격률 회피의 대화 전략을 구사하고 있다. 이로 인해 김동주 선수와 감독 및 구단 관계에 대해 네티즌들 사이에 여러 가지 추측이 난무하게 되었는데 당사자인 송 감독으로서는 그럴 가능성을 알고 있었겠지만 그럼에도 불구하고 이야기를 하지 않는 편이 나은 결과를 가져올 것으로 믿고 격률 회피를 선택한 것으로 보인다.

격률 회피에 의한 대화 협조 거부는 정치 담화에서도 볼 수 있다. 가끔 어떤 중대한 사건에 대해 결정적인 증인이 개인적인 이유로 증언을 거부하면서 "그건 내가 무덤까지 안고 갈 비밀이다"라고 말하는 것을 볼 수 있는데 이 역시 격률의 회피로서 대화에 협조하지 않겠다는 자세이다. 예를 들어 최규하 전 대통령은 신군부 집권 과정에서 누구보다도 가장 진상을 잘 알고 있었을 텐데도 1989년 국회 광주특위에서의 증언과 1994~1995년 서울 지검의 참고인 진술을 거부하고 1996년 서울 지법에서의 12.12 및 5.18 공판에 강제구인되었지만 끝내 증언하기를 거부하다 결국 2006년 세상을 떠났다. 그는 전직 대통령이 삼권분립의 원칙과 대통령 증언의 전례가 없다는 점을 들어 자신의 재임 시 국정행위와 관련해서 법정에 출석하여 증언하는 것이 국익에 도움이 되지 않는다는 논리를 펴서 자신의 뜻을 관철했는데 그 바람에 전두환 전 대통령과 자신의 관계를 포함한 대한민국 현대사의 주요 사건들의 중요 내용이 고스란히 묻히게 되었다. 일부 보수 진영에서는 이러한 그의 태도를 가리켜 "돌부처가 바닥난 국위를 지켜냈다"고 칭송하기도 했다(한승조 1997). 다만 법원이나 국회에서의 증언이 아니더라도 회고록이나 신문 기고, 방송 인터뷰 등을 통해, 국가 안보에 문제가 되지 않는 범위 내에서 국민이 꼭 알아야 할 굵직굵직한 역사적 사건의 진상은 얼마든지 밝힐 수 있었는데 이를 거부한 것은 대통령이 "어린아이만도 못한 역사 인식으로 일관"한 역사성에 대한 몰지각함과 공인으로서의 책임감을 망각한 처사라는 비판도 있었다(신봉승 1996). 국민적 관심사로 떠오른 중대 사건의 진상을 밝혀야 한다는 공적인 대의는 존중될 필요가 있다. 따라서 미국과 같은 나라에서는 의사-환자 관계나 변호인-의뢰인 관계, 성직자-신도 관계와 같은 특수한 관계에서 취득한 정보를 제외하고는 증언을 거부하지 못하도록 법에 정해져 있으며 이를 어길 시에는 처벌을 받게 되어 있고 한국에서도 이와 유사한 조항이 민사소송법 제285조에 명시되어 있다. 이는 민주국가에서 사회구성원들의 공개적 소통과 정보의 자유로운 교환 및 공유가 그만큼 중요하기 때문이다.

3) 격률 무시

격률 무시 flouting a maxim란 화자가 자신이 한 말이 어떤 격률을 지키지 않고 있음을 청자가 알 수 있도록 의도적으로 격률을 지키지 않는 것이다. 화자가 격률을 지키지 않으면 청자는 화자의 의도를 헤아려 그 발화의 함축을 추정하려고 한다. 따라서 격률을 무시했다고 해서 비협조적인 화자는 아니며 협조적인 화자라 할지라도 필요에 따라 자신의 메시지를 효과적으로 전달하기 위해 격률을 고의로 무시할 수 있다. 격률 무시가 격률 회피와 다른 점은 화자가 대화에 협조적인 자세를 취한다는 점이며 격률 위반과 다른 점은 격률을 어기고 있다는 점을 상대방이 쉽게 알 수 있도록 현시적인 방식을 취한다는 점이다. 예를 들어 금연 구역임을 알리는 포스터로 다음과 같은 다소 황당하다고 할 수 있는 포스터를 생각해보자.

[그림 10] 격률 무시성 금연 포스터

이 포스터는 포스터 하단부에 사용된 문구만 제외하면 여느 금연 포스터와 별다른 차이가 없다. 다만 다른 포스터에선 볼 수 없는 "너 죽을래?"라는 매우 도발적인 문구는 두 가지 뜻이 가능한데 '이 금연구역에서 흡연했다가는 그 위반행위 때문에 목숨이 위태로울 수 있다'는 강력한 특별 경고의 뜻으로도 해석될 수 있고, '흡연은 사람을 죽음으로 이끄는 위험한 행위이다'라는 보다 일반적인 뜻으로도 해석될 수 있다. 이처럼 두 가지 뜻으로 해석될 수 있는 표현을 사용하는 것은 중의성을 피하라는 양태의 하위격률을 어긴 것이다. 그러나 화자는 자신이 중의성을 피해야 한다는 것을 알고 있음에도 불구하고 일부러 다소 과격하게 들리는 과장적 표현을 사용하고 있고 청자도 화자의 그런 의도를 어렵지 않게 찾을 수 있다. 이런 격률 무시는 상대방을 혼란시키려는 목적이 아니라 화자 자신의 메시지를 보다 생생하게 전달하기 위해 의도된 것이다. 드라마 대사로 유명한 "나랑 사귈래 죽을래"를 연상케 하는 강력한 메시지로 볼 수 있다. 반면에 다음 [그림 11]은 같은 금연 캠페인의 포스터이지만 "끊어지기 전에 끊어야 합니다"라는 문구를 사용하고 있다. 이 포스터의 광고 문구는 '손가락이 끊어진다'와 '담배를 끊는다'에 동시에 '끊다'란 어원의 동사가 쓰이는 것에 주목한 말장난pun이다.

동음이의어를 이용한 말장난은 중의적 표현과 마찬가지로 해석 가능성이 두 개 있을 수 있지만, 말장난은 단순 중의성에 비해 두 의미 중 하나만 선택되는 것이 아니라 때로는 두 의미가 공모하여 화자의 의도된 의미를 전달하기 때문에 "명료하게 말하라"는 양태의 격률을 무시하는 것으로 청자가 이해하기에 쉽지 않다. 그러나 화자는 의도적으로 양태 격률을 무시함으로써 보다 인상적인 방식으로 자신의 메시지를 전달할 수 있는 효과를 얻을 수 있다.

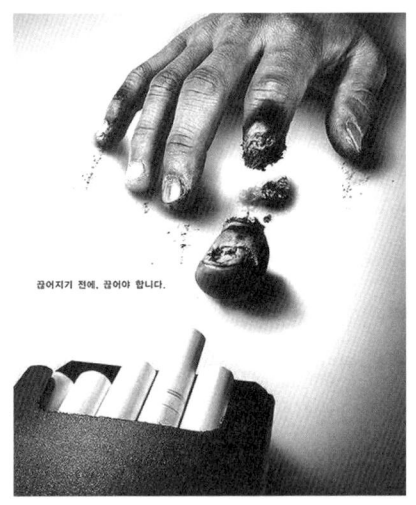

[그림 11] 말장난을 이용한 금연 포스터

실제로 이런 동음이의어의 말장난이 있는 광고 문구를 대상으로 한 지각 실험에서도 말장난이 있는 문구는 그렇지 않은 광고 문구보다 광고주가 의도한 숨은 뜻을 인식하기까지 시간이 더 걸리는 것으로 나타났다(노벡 등Noveck et al. 2001). 이처럼 처리 노력processing efforts이 더 필요함에도 불구하고 광고에서 이런 수사적 표현이 자주 쓰이는 이유는 그런 처리 비용을 고려하더라도 그 노력을 상쇄하고도 남을 정도로 인지적 효과cognitive effects 가 높고 오래 기억될 수 있기 때문이다(멀켄 등Mulken et al. 2003). 특히 광고에서의 pun은 일종의 수수께끼와 같은 것이어서 소비자가 그 숨은 뜻을 찾아냈을 때 지적인 만족감을 줄 수도 있기 때문에 평범한 광고 문구에서 볼 수 없는 큰 맥락적 효과를 갖고 있다. 따라서 이런 의도적 격률 무시로도 볼 수 있는 pun은 다음 3절에서 볼 의사소통의 인지적 이론이라고 할 수 있는 적합성 이론Relevance Theory의 관점에서 볼 때 최적의 적합성 optimal relevance에 도달할 수 있는 적절한 방법이라고 볼 수 있다.

4) 격률 실수

격률 실수infringing a maxim는 언어적 실수로 인해 우연히 격률을 지키지 못하는 결과가 발생하는 것이다. 이는 고의성이 없고, 대화에 협조하고 있다는 점에서 위에서 본 격률 위반이나 격률 회피 및 격률 무시와 다르다. [아빠 어디 가?]라는 텔레비전 프로그램에서는 대도시에 사는 민율이를 포함한 어린이들이 처음 보는 시골에 내려가 마을을 돌아다니다가 그곳 할머니와 다음과 같은 대화를 하는 장면이 나온다.

    시골 할머니: "이 아기들은 어디서 왔어?"
    민율이: "한국에서 왔어요."

이 대화에서 민율이는 태어나 이렇게 멀리 여행해 본 적이 없기 때문에 자신이 마치 해외에라도 나온 것으로 착각한 듯하다. 민율이의 말은 틀린 말은 아니지만, 할머니께서 원하는 답은 아니며 충분한 양의 정보를 제공하지 못하고 있다. 그런 점에서 민율이는 양의 격률을 어기고 있다고 볼 수 있는데 이는 격률 위반과는 달리 숨겨진 어떤 목적을 달성하기 위해 고의로 격률을 지키지 않는 것은 아니다. 그런 점에서 무지나 착각, 단순 부주의 등으로 인해 본인이 의도하지 않게 격률을 지키지 못하는 것을 격률 실수라고 한다. 위의 예를 경찰서 취조실에서 형사가 동네 편의점

절도 용의자를 심문하는 과정에서 발생한 다음 대화와 비교해 보자.

형사: "지금 사는 곳이 어딥니까?"
용의자: "태양계 지구란 별의 한국이란 나라에 살아요."

형사가 원하는 것은 그 동네에 사는 것으로 보이는 용의자의 거주지로서 용의자는 구체적인 도로명이나 번지수를 말해야 격률을 충족시키는 것이다. 이 용의자는 양의 격률을 고의로 무시함 flouting 으로써 '자신이 어디에 사는지 알려주고 싶지 않다'거나 '성실하게 답하고 싶지 않다'는 것을 함축하고 있다. 이 용의자는 아마도 그런 함축을 파악한 형사로부터 "이 사람이 지금 장난하나?"라는 꾸지람을 받을 가능성이 높다. 그러나 앞에서 본 민율이 경우 할머니는 충분한 정보량을 받지 못하셨지만 그래도 그저 어린아이의 천진난만한 말이 귀엽고 예쁘다는 미소만 지을 뿐, "이 아이가 할머니를 놀리나?"라는 노여운 반응은 나오지 않았다. 이 차이는 격률 위반과 격률 실수의 차이를 말해주는 것이다. 할머니는 민율이가 아직 나이가 어려서 상대방의 말과 맥락을 잘 파악하지 못한 채 격률을 지키지 못했다는 것과 이는 고의성이 없다는 것을 잘 알고 있다.

이러한 격률 실수는 상대방의 말을 집중하지 않은 상태에서 성급히 말할 경우에도 일어날 수 있고, 언어적 능력이 부족할 때에도 일어날 수 있으며, 대화 상대방과 공유한 배경 지식이나 문화적 가정 등이 모자랄 때에도 일어난다. 예를 들어 노무현 대통령 당시 사유리라는 일본 출신 리포터는 "청와대는 노무현 씨 집…"이라고 말했다가 이를 들은 한국인 진행자가 황급하게 "아 네, 노무현 대통령께서 계신 곳…"이라고 고쳐서 웃음을 자아내게 했다. 일본어에서는 총리 관저를 '아베 씨의 집'이라고 해도 부적절하지 않지만 한국어에서는 재직 중인 대통령을 "OOO 씨"라고 부르는 것은 적절하지 않은 것으로 생각하는 경향이 있다. 반면에 비공식적인 자리에서는 대통령을 가리킬 때 아예 '씨' 자를 빼고 말하는 것은 매우 흔한 어법이기 때문에 이 점은 한국어를 외국어로 배우거나 말하는 사람들에게는 실수하기 쉬운 부분이다. 한때 [미녀들의 수다]라는 프로그램에서 독특한 억양의 한국말로 인기를 끈 이탈리아 출신의 크리스티나는 자기 한국인 시어머니에 대해 "어머니 참 잘 늙으셨어요"라고 말했다가 곤혹스러운 장면을 연출했다. 당시 발화 상황으로 미루어 보아 크리스티나의 발화 의도는 '시어머니가 나이 들었다는 것을 고소하게 생각한다'라는 뜻은 아닌 것으로 보였다. 아마도 "어머니 참 나이를 곱게 드셨어요"라든지 "어머니께서는 연세가 드셔도 고우세요"라고 하는 게 더 적절한 표현이라고 생각되는데 크리스티나 자신의 의도와 상관없이 어휘 선택에서 실수를 저지름으로써 대화의 격률과 관련해서 비고의적 실수를 저지른 것으로 볼 수 있다. 이런 종류의 실수는 그 발화가 일어나는 곳의 문화나 언어에 익숙하지 못한 이방인이 저지르기 쉽지만, 반드시 그런 것만은 아니다. 널리 알려진 예로 라디오 방송의 사회를 맡았던 가수 김흥국 씨의 유명한 "어록"이 있는데 그의 의도 자체가 불순하거나 악의적인 것은 아니기 때문에 그저 웃음거리로 넘길 수 있다.

    여성 청취자: "남편과는 5년 전에 사별했어요."
    김흥국: "아 그러셨어요? 성격 차이 때문이었나요?"

김흥국 씨는 여성 청취자가 한 발화에서 "사별"이란 단어를 못 들었거나 아니면 잠시 주의 집중을 하지 않아 그 뜻을 망각했기 때문에 엉뚱한 실례를 저지르고 만 것인데 이는 고의적인 격률의 위반과는 다른, 비의도적 격률 실수라고 볼 수 있다. 격률 위반의 경우 청자는 화자의 발화 이면에 숨어 있는 다른 뜻을 찾아내려고 노력하지만, 격률 실수의 경우 청자는 화자의 의도를 의심하기보다는 그가 내 말을 경청하지 않거나 언어가 서투른 것으로 짐작하고 넘어가는 게 보통이다.

2.4 격률과 문화

그라이스는 대화의 원리를 논하면서 협조의 원리 밑에 4개의 하위 원리인 질, 양, 관계, 양태의 격률들을 설정했는데 이 격률들의 상대적 비중이나 언어적, 국가적, 인종적, 문화적 인식의 차이에 대해서는 언급하지 않았다. 캐스퍼와 블룸-쿨카Kasper and Blum-Kulka(1993:209)는 격률 위반에 대한 반응에 있어 문화적 차이가 존재한다고 주장한다. 영어를 모국어로 하는 미국인과 히브리어를 모국어로 하는 이스라엘인 및 최근에 미국으로 건너가 정착한 이중언어자들이 그룹별로 대화할 때 각기 그라이스의 4가지 격률, 즉 질, 양, 관계, 양태의 격률 중 어떤 격률을 위반했을 때 이에 대한 지적이 가장 많은지를 조사해 보았다. 그 결과 미국인들은 질의 격률을 다른 세 격률보다 더 중요하게 여기는 경향이 있었다. 예를 들어 실제 사실과 어긋난 발화를 들었을 경우 미국인들은 60.2%가 이에 대해 참지 않고 그것이 옳지 않음을 지적했다. 다음은 어린이가 사실과 다르게 말할 때 부모가 바로 지적하는 것을 보여주는 예이다(캐스퍼와 블룸-쿨카 1993:209).

ILANA(13.5세):	Did you have a good time at Leora's?
NAOMI(5세):	I wasn't at Leora's.
FATHER:	Yes you were, this afternoon=
MOTHER:	=You weren't? Where did you go from CAN (nursery school)?
NAOMI:	To a home.
MOTHER:	Not to this home.
NAOMI:	Yes, to this home.
MOTHER:	I wasn't here.

이 대화에서는 아이가 레오라의 집에 있지 않았다고 말하자 부모가 바로 그 말이 잘못되었음을 지적하고 사실을 확인하는 말을 계속 하는 것을 볼 수 있다. 반면에 이스라엘인들은 공손함과 관련된 양태의 격률이 지켜지지 않는 것에 대해 가장 많은 40%가 지적을 했고, 미국에 최근 이주한 이중언어자들은 미국인들과 마찬가지로 질의 격률을 최우선시했는데 다만 그 비율은 미국인들보다 다소 낮은 45.8%에 그쳤다. 이런 경향은 연령에 관계없이 각 그룹에서 성인이나 어린이나 대동소이했다. 그룹별 격률의 우선순위는 다음과 같다(캐스퍼와 블룸-쿨카 1993:210). Manner에는 그라이스의 격률 외에도 공손성의 격률이 포함된다.

　미국인
　　Quality(60.2%) > Quantity(18.0%) > Manner(12.7%) > Relevance(9.1%)
　이스라엘인
　　Manner(40%) > Quality(33.7%) > Relevance(%) > Quantity(6%)
　최근 이주자
　　Quality(45.8%) > Manner(31.4%) > Relevance(20.4%) > Quantity(2.1%)

이 결과를 보면 미국인들은 이스라엘인이나 최근 이주자들과 달리 말하는 방식에 대한 규칙인 양태의 격률의 중요성을 상대적으로 낮게 보았으나 국적에 상관없이 정보의 사실성을 규제하는 질의 격률은 정보량을 규제하는 양의 격률보다 중요하게 생각되었다. 질의 격률은 여타 격률과 동급의 격률이 아니라고 할 정도로 특별한 의미를 갖는 격률이지만 그렇다고 해서 모든 언어나 문화에서 질의 격률이 신성불가침일 정도로 항상 지켜지는 것은 아니다. 그 예로 히스Heath(1983)는 질의 격률을 받아들이는 데에 있어 미국인들 사이에서도 인종적 차이가 있음을 보여준다. 백인 중산층이나 서민층은 질의 격률을 상대적으로 더 강조하는 데 비해 흑인들은 그 정도가 덜한 것으로 조사되었다. 예를 들어 백인 어린이들은 부모가 알고 있는 사건의 줄거리를 이야기할 때 참인 것만 말하도록 부모들이 가르치는데 히스는 이것이 백인들의 문자적 전통·literate traditions·을 보여주는 것으로 해석했다. 반면에 흑인 어린이들은 구술적 전통·oral traditions·이 강해서 사건의 줄거리를 살리기 위해 사실성이 다소 유보될 수 있었고, 스토리를 전달하는 사람의 즉흥적인 해석이 용인되는 경향이 있었다. 즉 글자는 소리에 비해 보수적인 성격을 지니고 있어서 변화가 잘 일어나지 않기 때문에 문자적 전통에 입각한 대화나 스토리텔링은 정확성과 사실성을 중요하게 생각하고 집단이 공유한 범위를 벗어난 과도한 개인적 해석을 경계한다. 반면에 구술적 전통은 메시지 전달에 있어 창의성과 스토리성을 중요하게 생각하고 개인적 해석도 받아들이는 폭이 크다. 문서 상으로 전달되는 것은 와전이나 각색의 가능성이 낮은 반면 녹음 없이 구술상으로 전달되는 것은 와전이나 각색의 가능성이 높다.

그런데 히스의 이런 발견이 과연 질의 격률에 대한 인종에 내재된 인식의 차이를 말하는 것인지, 아니면 이야기를 전달하는 과정에서 중요하게 생각하는 것에 대한 우선순위의 차이에 불과한 것인지는 분명하지 않다. 만약 흑인 중에서도 문자 교육을 받고 문서 기록에 익숙한 사람들과 그렇지 못한 사람들 사이에서 의미 있는 차이가 발생한다면 이는 인종에 내재한 차이라기보다는 후천적 교육에 의한 보다 익숙한 소통의 방식에서 비롯된 차이라고 보아야 할 것이다. 메이Mey(2001)도 남자는 일반적으로 여자에 비해 과장이나 반어적 표현을 더 많이 사용하는 경향이 있다고 했지만, 이것이 대화에서 질의 격률을 남자들이 여자들보다 가볍게 여기고 있기 때문에 그런 것인지, 아니면 여자들은 보다 사실적으로 이야기하는 데 비해 남자들은 보다 스토리를 중시해서 수사적으로 다양하게 말하는 것인지는 좀 더 많은 연구가 필요하다. 말하는 방식의 문화적 차이에 대해서 키난Keenan(1975)은 말라가시어에서 특이한 점을 보고하고 있다. 말라가시

어느 사람을 가리키는 표현에서 여러 가지 사회문화적 제약이 있다. 예를 들어 영어나 다른 서양 언어에서 자신의 어머니를 특칭하여 가리킬 때 "my mother"라고 하는 것이 가장 일반적으로 기대되는 표현인 데 비해 말라가시어에서는 자신의 어머니를 그렇게 직접적으로 표시하는 것은 화자 자신에게 지나친 관심을 갖게 할 우려가 있다고 생각해서 화자 자신이 아닌 제3자를 빌어 표현하는 것이 바람직하다고 여긴다. 즉 말라가시어 화자가 "X의 엄마가 좀 아프세요"라고 말하면 영어에서는 화자 자신의 어머니를 지칭할 경우 가장 간단명료한 "my mother" 또는 "Mom" 등이 있는데도 그것을 사용하지 않았으니까 이는 '화자의 어머니가 아닌 다른 누구의 어머니'라는 것을 함축한 것으로 생각된다. 그러나 말라가시어에서는 자기의 동생인 X를 빌어 자기의 어머니를 간접적으로 지칭할 수 있고 그런 덜 명료하지만 간접적인 지칭이 낯선 사람에게 말할 때에는 바람직한 어법으로 생각된다. 따라서 말라가시어에서는 표현의 명료성을 규정하는 '간단하게 말하라'는 격률은 이 경우 우선순위가 높지 않으며 그라이스 격률 체계에는 나와 있지 않지만 '자신에 대한 관심을 적게 하라'는 새로운 격률이 더 중요하게 작용하고 있음을 알 수 있다. 말하는 방식을 주로 규제하는 양태의 격률도 4가지 세부 격률이 문화마다 우선순위에 차이가 있을 수 있고, 그라이스는 설정하지 않은 또 다른 말하기 방식의 격률인 공손성의 격률이 매우 중요하게 작용하는 언어들도 많이 있다. 한국어에서는 내용의 사실성이나 중요성 여부보다 그 내용을 전달하는 태도가 중요할 때가 많아서 공손하게 전달되지 않는 메시지는 바로 소통의 중단을 가져올 수 있을 정도로 공손성의 격률이 중요한 문화적 배경을 갖고 있다. 이런 언어적 공손에 대해서는 이 책의 4장에서 자세히 다루도록 한다.

 양태의 격률 뿐 아니라 양의 격률의 적용에서도 언어의 보편성을 뛰어넘는 개별 언어적 차이가 있는데 영어에서는 "John entered a house"라고 말하면 a house는 누구의 집인지를 밝히지 않은 것이므로 his house보다 정보량이 떨어지는 것으로 보고 양의 격률에 따라 화자는 John did not enter his (=John's) house를 함축하고 있다고 생각한다. 그러나 한국어에서는 "철수가 집으로 갔다"라고 하면 보통 '철수가 자기 집으로 갔다'라는 것으로 생각한다. 물론 한국어에서도 '집'보다는 '자기 집'이 더 정보량이 많아서 정보량이 더 많은 것을 쓸 수도 있는 상황에서 정보량이 적은 것을 사용한 것은 정보량이 많은 표현은 화자의 의도가 아니라는 것으로 함축되어야 한다. 그러나 한국어는 영어와 달리 명사 수식어가 필수적이지 않기 때문에 그런 정보량의 차이에 의한 함축은 발생하지 않는다. 한국어와는 조금 다른 각도에서 말라가시어도 John entered a house라고 말한다고 해서 John didn't enter his house라는 것을 함축하지 않는데, 그 이유는 앞에서도 보았지만, 사람에 대한 지시에서 직접적인 표현을 금하는 말라가시어의 문화적 특성 때문에 정보량이 떨어지는 간접적인 표현 a house이 반드시 정보량이 많은 직접적인 표현 his house이 아니라는 것을 함축하지 않는다. 이런 이유로 키넌(1983)은 '당신이 말하는 것에 필요한 만큼 정보 내용이 있도록 하라'는 그라이스의 첫 번째 양의 격률이 말라가시어에는 적용되지 않는다고 결론 내린다. 그러나 패솔드Fasold(1990)는 말라가시어에 첫 번째 양의 격률이 전혀 적용되지 않는다고 말하는 것은 지나친 판단이며 그들의 문화적 특성에 의해 양의 격률이 덜 두드러지게 보이는 것일 뿐이라고 주장한다. 더 나아가 패솔드는 격률은 발화가 일어나는 곳의 문화나 관습에 따라 적용의 범위가 달라질 수 있으므로 문화상대적으로 기술해야 한다고 본다. 즉 그라이스가 정한 양의 격률을 일부 수정해서 '당신이 말하는 것에 그 문화에서 in this culture 필요한 만큼 정보 내용이 있도록 하라'고 바꾸면 말라가시어에도 영어만큼이나 양의 격률이 있다고 한다.

다만 "그 문화에서"라는 표현의 삽입이 언어보편적이고 합리적인 대화의 원리로서 격률 체계를 생각한 그라이스에게는 격률 체계를 뒤흔들 정도로 불필요하거나 달갑지 않은 것으로 보일 것이다.

2.5 언어적 협조와 사회적 협조

그라이스는 대화의 목적이나 방향에 맞도록 대화 참여자들이 상호 협조 cooperation한다고 보았지만, 이때의 "협조"란 무엇을 말하는 것일까? 협조는 어떤 방식으로 어디까지 일어날까? 그냥 말을 주고받는다고 해서 두 사람이 협조하고 있는 것일까? 이에 대해 토마스(1986)는 그라이스의 '협조' 개념이 언어적 협조와 사회적 협조의 두 가지 뜻으로 해석될 수 있고 실제 화용론 학자들이 대화를 연구하고 분석할 때 서로 다른 협조의 개념을 적용할 수 있기 때문에 문제가 될 수 있다고 지적한다. 위에서 본 그라이스가 제안한 협조의 원리를 언어적 협조의 원리로 보는 견해는 의사소통의 유일한 목적이 정보의 전달로 보는 것이다. 토마스는 이를 화자와 청자 사이의 '언어적 목표 공유linguistic goal sharing'라고 불렀다. 토마스는 그라이스가 협조의 원리를 제안할 때는 대화의 틀만 생각한 것으로서 화자의 발화 의도를 명확하게 해서 청자가 그 말의 뜻을 잘 이해하게 하는 것 이상의 다른 목표를 염두에 두지 않았다고 본다. 그라이스(1989:29) 자신도 "대화 참여자들의 목표는 엇갈릴 수 있고", "대화 내용이 서로에게 조화로운 관계를 만들거나 유지하는 데 도움이 되지 않는다고 할지라도 협조의 원리는 작동된다"고 했다. 이 점은 협조의 원리가 단순한 말을 주고받는 협조 이상의 언어 외적 목표까지 포함하는 것은 아니라고 주장하는 것이다. 따라서 리치와 토마스Leech and Thomas(1990:181)는 대화에 협조의 원리가 작동한다고 해서 화자가 항상 청자에게 좋은 의도를 갖고 청자가 원하는 대로 공손하게 말을 할 것이라는 것은 아니라고 본다. 흔히 말은 또박또박 잘 응대해 주지만 그렇다고 절대로 상대방이 원하는 것을 들어주지 않는 경우를 볼 수 있는데, 이런 사람 역시 그라이스가 보기에는 협조의 원리를 지키는 사람이다. 협조의 원리를 언어적 목표 공유의 원리로만 보는 입장에서는 이는 '청자가 이해할 수 있도록 말하라'는 것은 언어적 원리이지 '청자와 좋은 관계가 되도록 말하라'는 사회적 원리는 아니다.

반대로 그라이스의 협조의 원리를 사회적 목표 공유social goal sharing의 원리로 확대 해석하는 입장에서는 커뮤니케이션의 본질은 사회적 동물로서 인간이 타인과 조화롭게 살아가려는 행위이기 때문에 그런 의미에서 관계를 염두에 둔 협조의 원리란 '청자가 듣기 원하는 것을 말하라'는 원리이다. 언어적 목표의 협조가 타인이 말하는 것을 들어주고 그에 답하는 것에 그치는 것이라면 사회적 목표의 협조란 타인이 소통하려는 이유나 목적을 이해하고 그것에 기여하는 방식으로 행동하는 것까지 포함한다. 따라서 상대방과의 조화로운 관계를 유지하려고 하거나 공손함을 지켜 좋은 인상을 주는 것 등이 모두 사회적 목표 공유를 위한 협조 행위라고 볼 수 있다. 키퍼Kiefer(1979)나 왓츠Watts(2003)는 그라이스의 협조의 원리가 언어적 목표 공유를 위한 것이며 그 이상의 다른 목표, 예를 들어 대화 참여자들 사이의 원활한 관계 유지와 같은 사회적 목표 공유를 위한 것은 아니라고 보고 있다. 왓츠(2003)는 자신도 한때 모든 사회적 상호작용이 협조를 기본 전제로 한다고 생각했었지만, 이는 잘못된 믿음이었다고 토로한 바 있다. 그에 따르면 협조의 원리는 상호 협력이나 체면을 유지하기 위한 수단으로서 공손하게 말하는 것을 설명하려고 하는 대화의 모델에는 기본 원리가 될 수 있지만 이런 모델들조차 공손한 발화가 그라이스의 격률을 때때로 위반할 수 있음을 인정한다. 그 결과 왓츠는 협조의 원리를 기본으로 하는 대화의 모델에는 공손한 언어가 일종의 협조적 행동의 형태이지만 그라이스의 협조의 원리는 준수되지 않는 모순이 발생한다고 주장한다. 예를 들어 다음 대화를 보자. 을은 한국 국가대표의 축구 시합 중계방송을 보고 있는데 갑이 등장해서 다음과 같이 물어보았다.

> 갑: 어디가 이겨?
> 을 1: 한국이 이겨.
> 을 2: 한국이 먼저 첫 골을 내주었지만, 곧 손흥민이 연속 득점해서 2대1로 역전했어.

이때 표면적으로 드러난 갑의 발화 의도는 어느 팀이 이기고 있는지를 알고 싶다는 것으로 이에 대한 답으로 을 1은 그라이스의 협조의 원리를 정확히 준수하고 그에 따른 양의 격률과 양태의 격률을 제대로 지키고 있다. 반면에 을 2는 갑이 필요로 하는 정보, 즉 누가 이기고 있는지를 알려주는 것 이상으로 정보량이 많은 대답을 하고 있고 간결하지 않으며 장황하다고 할 정도로 많은 말을 하고 있다. 맥락에 따라서 갑은 을 2의 답을 듣고 "야 누가 그런 것까지 말하라고 했어? 그냥 누가 이기고 있는지만 말하지. 나중에 하이라이트 방송 볼 건데 누가 넣었는지까지 미리 다 이야기하면 재미없잖아"라고 화를 낼 수도 있다. 그러나 대개의 경우 을 1보다는 을 2의 답이 더 "협조적"이고 더 친근하게 들린다고 생각할 것이다. 협조의 원리나 격률은 다소 어긴 것처럼 보이지만 그래도 을 2의 발화가 더 적절하다고 생각되는 것은 협조를 언어적 협조로만 보는 그라이스의 대화 원리 체계가 지나치게 경직되어 있음을 시사한다. 그라이스의 관점에서 볼 때 을 1은 언어적으로 정확히 협조하고 있고, 을 2는 언어적 협조의 방식에 약간 문제가 있지만, 그럼에도 불구하고 을 1보다 을 2가 더 친근하다든지, 적극적 공손성이 있다고 보는 것은 대화의 협조가 언어적 협조 이상의 사회적 협조까지 포함된다는 것을 보여준다.

그런데 이런 지적은 그라이스의 화용론을 계승한 입장에서는 그가 제시한 협조의 원리를 지나치게 확대 해석한 것으로 본다. 이들에게 중요한 사실은 그라이스가 협조의 원리를 '사회적 목표의 공유' 체계로 보고 있지 않다는 점이다. 만약 그라이스가 말하는 협조란 것이 사회적 목표를 공유하는 것이라면 말다툼과 같은 갈등적인 상황이나 무례한 상황에서는 대화가 더 이상 진행되지 못할 것이다. 그러나 그런 상황에서도 서로 신랄하게 말을 주고받으면서 비록 괴롭긴 하지만 대화가 진행될 수 있는데, 이는 갈등적이고 무례한 대화도 대화 채널은 열려 있도록 하는 최소한의 협조가 있어야 한다는 것을 보여준다. 공손한 대화든 무례한 대화든, 화자와 청자가 사회적 목표를 공유했든 아니든, 최소한의 언어적 협조 없이는 소통이 일어날 수 없다. 언어적 무례함을 연구하는 바우스필드Bousfield(2008)에 의하면, 이 책의 4장에서 주로 볼 브라운과 레빈슨Brown and Levinson (1987)의 공손성 이론은 그라이스의 협조의 원리를 사회적 목표 공유의 원리로 본 것인데, 언어적 무례함을 설명하는 데에는 사회적 목표 공유의 원리로서 협조의 원리가 도움되지 않는다고 주장하며 언어적 공손성 연구와 협조의 원리를 분리할 것을 주장한다. 또한, 규범적인 입장에서 아포스텔Apostel(1979)은 '말해진 것'의 레벨에서 그라이스의 격률이 반드시 준수되어야 한다고 보았지만, 그라이스(1981)는 '말해진 것'의 레벨에서 격률이 준수되지 않는다고 해서 협조의 원리에 저촉되는 것은 아니며 오히려 격률을 준수하지 않는 것이 대화에서의 함축을 유발하는 데 필요한 메카니즘이라는 견해를 보였다.

불필요한 오해를 피하고자 바우스필드(2008)는 그라이스의 협조의 원리를 '언어 협조의 원리principle of linguistic cooperation'라고 구체적으로 부르고 있다. 이 용어는 그라이스의 협조의 원리가 언어 외적인 부분까지의 협조를 포함하지는 않는다는 것을 암시한다. 언어적으로 협조한다는 것과 그 이상으로 협조한다는 것은 분명 구별된다. 상대방에게 언어 외적인 데까지 협조할 수는 없다는 것을 전달하기 위해서라도 일단은 보통 언어적으로 협조해야 한다. 즉 누군가가 내게 갑자기 큰돈을 꿔달라고 할 때 돈을 꿔줄 생각이나 능력이 없으면 말로써 적절하게 그 뜻을 전해야 한다. 이렇게 돈을 꿔줄 수 없다고 말하는 것은 사회적으로는 협조하지 않는 것이지만 적어도 상대방의 요청에 대한 답으로 말은 했기 때문에 언어적으로는 협조한 것이다. 무례하게 보이고 싶을 때에도 그런 무례함이 일단 말로써 전달되어야 한다. 반면에 만약 처음 보는 외국인이 외국말로 "지금 낙성대로 가야 하는데 낙성대가 어느 쪽이에요?"라고 물었을 때 내가 그 사람의 말 중에 한국말로 표현한 '낙성대'는 간신히 알아들었지만, 그 외국말로 대답할 수는 없을 경우 일단 손짓 등으로 따라오라고 하고 아무 말 없이 낙성대까지 안내해 주었다면 그 외국인에 대해 언어적으로 협조한 것은 아닐지 몰라도 사회적으로는 충분히 협조한 것이다. 이런 협조는 발화의 결과로 일어나는 행위인데 이를 언어 행위 이론에서는 '발화결과 행위perlocution'라고 한다. 그라이스의 협조의 원리는 화자가 말한 발화에 수반된 함축적 의미까지 이해하는 것을 다루고 있지만, 발화의 결과로 이루어지는 행위는 다루고 있지 않은데 이는 사회적 협조의 영역에 속한다고 볼 수 있다.

일반적으로 소통에서의 협조는 언어적 협조와 사회적 협조가 공존할 때 제대로 된 협조라고 볼 수 있다. 반면에 언어적 협조는 하지만 사회적 협조는 하지 않는 것은 보통 사무적이거나 자기중심적이고 전략적인 대화에서 흔하며 때로는 발화결과 행위가 그 발화의 의도와 상반되는 경우까지 포함된다. 말은 그럴듯하게 하지만 실제 그 말을 책임질 생각이 없는 사기꾼 등이 이에 속한다. 반면에 위의 "낙성대 예"에서 보듯 언어적으로는 별로 협조하지 않는 것 같지만, 화자의 의도를 이해하고 사회적 목표를 공유하기 위해 노력하는 경우도 있다. 이 두 유형의 협조는 그라이스의 협조의 원리 하나로 묶을 수는 없고, 언어적 협조는 그라이스의 원리나 그를 계승한 레빈슨(2000)의 화용적 추론 원리 및 스퍼버와 윌슨(1987, 1995)의 적합성의 원리 등으로써 설명하고, 소통에서의 사회적 협조는 이 책의 4장에서 볼 레이코프Lakoff(1973, 1975), 리치Leech(1983), 브라운과 레빈슨(1978, 1987), 스펜서-오티 Spencer-Oatey(2002), 컬페퍼 Culpeper(1996), 바우스필드(2008) 등이 제안하는 언어적 공손함/무례함의 원리로 다루는 역할 분담이 바람직하다고 생각된다. 다만 발화결과 행위나 언어적 공손/무례 현상을 다룰 때는 그라이스의 언어적 협조의 원리가 기본이 된다. 언어적 소통에서 협조의 두 측면을 표로 요약하면 다음과 같다.

[표 3] 소통에서 협조의 두 측면

	언어적 협조	사회적 협조
지향점	언어적 목표의 공유	사회적 목표의 공유
목표	대화의 이해	말과 행동의 이해
관련된 언어 행위	발화 행위 및 발화수반 행위에 초점	발화결과 행위까지 관련됨
원리	Use language in such a way that your interlocutor can understand what you are stating or implying.	Say to your interlocutor what he or she wants to hear.
이론	그라이스의 협조의 원리 및 격률, 레빈슨의 추론 원리, 스퍼버와 윌슨의 적합성 이론 등	레이코프, 리치 등의 공손 이론, 브라운과 레빈슨의 공손 전략, 스펜서-오티의 조화관계 이론, 컬페퍼 및 바우스필드의 무례의 원리 등

3. 적합성 이론

적합성 이론은 프랑스의 댄 스퍼버Dan Sperber와 영국의 디어더 윌슨Deirdre Wilson이 공동으로 주창한 커뮤니케이션에 대한 인지화용적 이론이다.

1986년에 나온 이들의 공저서 Relevance: Communication and Cognition은 적합성 이론의 토대를 마련한 것으로 이름에서도 알 수 있듯이 그라이스가 제시한 격률 중에서 "적합한 말을 하라"는 적합성relevance의 격률을 핵심적인 대화의 원리로 생각한다. 이들은 적합성의 개념을 다음과 같이 정의한다.

1) 다른 조건이 다 같다면, 주어진 정보의 처리를 통해 얻어지는 맥락적 인지 효과가 크면 클수록 그 정보를 처리한 개인에게 그 정보의 적합성은 커진다.
2) 다른 조건이 다 같다면, 주어진 정보의 처리에 들어간 노력이 크면 클수록 그 정보를 처리한 개인에게 그 정보의 적합성은 작아진다.

즉 어떤 말의 적합성은 맥락 효과contextual effect에 비례하고 처리 노력에 반비례한다. 적합성의 수준은 발화 맥락에서 화자와 청자를 모두 고려해서 결정되는데 이를 최적의 적합성이라고 한다. 인간의 의사소통은 최적의 적합성이 있을 거라는 추정presumption of optimal relevance 하에 이루어진다.

3.1 적합성과 소통

스퍼버와 윌슨은 커뮤니케이션이 코드 입력encoding과 해독decoding으로 이루어진다는 코드 모델을 완전히 전면적으로 부인하지는 않지만, 이것만으로는 불충분하며 추론의 과정이 추가되어야 한다고 주장한다. 스퍼버와 윌슨의 적합성의 원리는 소통에서 언어적 메시지의 기호 해독 외에 필요한 인지적 처리 과정에 중심 원리로 작용한다. 문장은 의미 표상semantic representation만을 가질 뿐 이 의미 표상은 그 문장을 발화함으로써 실제로 전달되는 생각 내용thoughts과 대개의 경우 일치하지 않고 간격이 있는데 그 간격을 메워주는 역할을 하는 것이 바로 추론이라는 것이다. 코드 모델은 발화의 기본 단계만을 설명할 뿐 그다음 단계에서 일어나는 화자의 의도된 의미를 알아내기 위한 추론 과정으로 의미 보충enrichment이 일어나는 것을 설명할 수 없다는 것이다. 언어적 의사소통은 언어라는 기호를 사용하여 화자가 의미를 전달하고 청자는 그것을 해석하는 과정이 있지만, 이것만으로는 충분하지 않고 발화된 문장의 명시적 의미만으로는 화자가 의도한 것을 다 찾아낼 수 없다. 대신 불완전하게 표현된 기호들의 이면에 있는 화자의 뜻은 맥락의 도움을 받아 추론을 통해 얻어내야 한다. 따라서 소통에 참여하는 모든 사람은 문장에 드러난 명시적 의미를 해독하는 해독기의 역할도 하지만 그 문장에 대한 자신이 갖고 있는 관련된 전제 premise를 동원해서 그 전제들로부터 논리적으로 도출될 수 있는 결론 conclusion을 복원하여 궁극적으로 화자의 의도까지 찾아내는 정보처리기 information processor의 역할도 하는 것이다. 따라서 청자는 소통 과정에서 수동적인 수신자에서 머무는 것이 아니라 능동적인 처리자의 역할까지 담당한다. 많은 경우 소통의 성공 여부는 청자의 적절한 추론에 달려 있고 이를 위해 화자는 발화할 때 자신의 의도에 관한 증거를 같이 보내서 청자가 그런 증거로부터 화자의 의도를 제대로 잘 추론해 내게 한다.

이런 관점에서 윌슨 Wilson(1994)은 청자가 발화를 이해하기 위해서는 1) 언어적 해독을 먼저 해야 하고, 그것에 추가하여 그 상황에서 2)화자가 무엇을 말하려고 의도했는가와 3)화자가 무엇을 함의하려고 의도했는가를 확인해야 하며, 4)말한 것과 함의한 것에 대한 화자의 입장 및 의도된 맥락을 확인해야 한다고 말한다. 다시 말해서 어떤 발화의 의도된 해석은 1)명시적인 의미 내용과 2)맥락 가정 contextual assumptions, 3)맥락 함의 contextual implications, 4)이들에 대한 화자의 입장 attitude의 결합으로 이루어진다고 본다. 예를 들어 철수의 친구로 철수와 다른 학교에 다니는 미나라는 사람이 철수 동생과 다음과 같은 말을 주고받았다고 하자.

    미나: 철수 오늘 학교 갔니?
    철수 동생: 오늘 오빠 학교 개교기념일인데요.

위 대화에서 "예" 또는 "아니오"로 답해야 하는 미나의 질문에 철수 동생의 답은 겉으로 보기엔 별로 적합한 답처럼 보이지 않는다. 철수 동생의 답은 철수가 오늘 학교에 갔다, 안 갔다를 명시적으로 밝히지 않고 단순히 이 대화가 일어난 날 현재 철수 학교가 개교기념일이라는 사실만을 가리키고 있다. 그래도 이 명시적인 의미 내용에 그치지 않고 미나가 그 맥락에서 철수 동생의 의도를 확인하려고 추론의 단계까지 올라가면, '개교기념일에는 보통 학교가 쉰다'는 맥락 가정과 '학교가 쉰다면 철수는 학교에 가지 않았을 것이다'라는 맥락 함의를 찾을 수 있으며 더 나아가 철수 동생의 말은 자신이 그렇게 말함으로써 미나가 충분히 자신의 의도된 의미를 알 수 있을 것이라는 입장을 취하고 있음을 눈치챌 수 있기 때문에 이 모든 것을 종합해서 고려하면 이 맥락에서 적합한 답일 것이라고 생각된다. 이런 맥락에서 '철수 오늘 학교 갔니?'라는 질문에 '아니오, 안 갔어요'라고 답하는 것은 틀린 것은 아니지만, 최적의 적합성을 가진 발화는 아닐 수 있다. 미나의 질문에 대해 동문서답처럼 보이는 '오늘 오빠 학교 개교기념일인데요'란 발화는 실제로는 '아니오 안 갔어요'라는 답에 비해 상대방의 인지 환경을 변화시킬 수 있는 정보량이 높은 발화이기 때문에 오히려 적합성이 높은 발화가 되는 것이다. 물론 '개교기념일에는 학교가 쉰다'라는 한국의 맥락 가정을 모르는 사람이라면 철수 동생의 발화에 의도된 의미를 온전히 찾기 어려울 수 있다. 그러나 철수 동생은 미나가 그런 맥락 가정을 공유할 것이라고 확신할 만한 충분한 이유가 있기 때문에 그렇게 말한 것으로 추정할 수 있다. 미나 역시 철수 동생이 개교기념일만 이야기했지만 그것은 철수가 학교에 갔는지 아닌지를 알 수 있는 좋은 단서가 될 것이라고 확신하고 그 발화의 최적의 적합성을 찾아 추론의 과정을 밟아 결국 말해진 것으로부터 함축된 것까지 모든 의미를 얻어낼 수 있게 된다. 마찬가지로 바로 자신의 등 뒤에 자기가 찾고 있는 박물관이 있는 줄 모르고 박물관이 자기 앞에 있는 건물이냐고 묻는 사람에게 박물관이 바로 등 뒤에 있다는 것을 안다면 그냥 '아니오. 그건 박물관이 아닙니다'라고만 말하고 사라지는 사람은 틀린 발화를 한 것은 아니지만 가장 적합한 발화는 아니며 '박물관은 등 뒤에 있는 건물입니다'라는 것이 최적의 적합성을 가진 발화로 아마도 대부분의 사람이라면 그 맥락에서 그렇게 답할 것으로 기대된다. 그럼에도 불구하고 그렇게 답하지 않고 '아니오'라고만 하고 사라진다면 그는 '나는 당신에게 박물관의 위치를 가르쳐 주고 싶지 않다'와 같은 함축을 유발할 수 있다.

이판티두Ifantidou(2001)에 의하면 커뮤니케이션에서 맥락의 역할은 적합성 이론이 나오기 전까지는 자세히 다루어지지 않았다고 하는데, 적합성 이론은 맥락의 역할을 가장 핵심적인 것으로 보고 "적절한 맥락은 어떻게 선택되는가?", "발화가 일어날 때 가능한 수많은 가정 중에 청자는 어떻게 화자가 의도한 가정들을 찾아내는가?"와 같은 물음에 답하려고 한다. 이 물음에 대한 답은 바로 적합성에서 찾아지는데, 스퍼버와 윌슨은 모든 현시적 커뮤니케이션 행위는 그것이 최적의 적합성을 추구한다는 추정 자체를 전달한다고 말한다. 즉 우리가 어떤 상황에서 어떤 말을 할 때는 말 자체만 청자에게 전달하는 것이 아니라 그 말이 그 상황에서 가장 적합한 발화라는 것을 청자가 추정하게끔 한다는 것이다.

3.2 의사소통의 목표

적합성 이론에서는 의사소통의 목표를 화자의 발화에 의해 청자의 인지 환경cognitive environment이 변화하는 것으로 본다. 이때 청자의 인지 환경이란 청자에게 분명한manifest 사실들의 집합을 말하는데 여기서 '분명한'이란 마음속으로 생각해 낼 수 있고 참이나 거짓을 확인할 수 있는 것을 말한다. 사람의 인지는 주어진 상황에서 가장 적합성이 높은 것에 주의를 기울이도록 되어 있다. 예를 들어 어떤 과목의 중간시험을 앞두고 그 책의 1장을 열심히 읽고 있는 나에게 도서관에서 같이 공부하던 친구가 "이 책의 1장은 시험에 안 나온다고 하셨어"라고 말한다면 이는 '이 책의 1장은 이번 중간시험에 안 나온다고 교수님이 말씀하셨어'라는 뜻으로 이해할 것이다. 물론 친구는 '중간시험'이라고 하지 않고 그냥 '시험'이라고만 했지만, 이 맥락에서 '시험'이란 아마도 곧 있을 중간고사를 지칭하는 것으로 해석하는 것이 가장 적합한 해석일 것이다. 물론 '시험'이라면 이번 중간고사 외에도 기말고사도 있을 수 있고, 내년에 있을 중간고사도 있을 수 있으며, 교원 임용 시험과 같은 또 다른 시험들이 무수히 많을 수 있다. 그러나 청자인 나는 그 수많은 시험을 다 생각할 필요도 없이 화자인 내 친구의 발화에서 나온 '시험'이란 바로 곧 있을 중간고사라고 해석할 것이다. 이는 화자인 친구와 청자인 내가 공유한 인지 환경에서는 '시험'이란 바로 중간고사를 뜻하는 것이 서로 분명하기 때문이다. 만에 하나 친구와 내가 중간고사를 앞두고 공부를 하다가 잠시 1년 반 뒤에 있을 교원 임용 시험을 걱정하는 대화를 나누고 있었다면 그때는 '시험'이 교원 임용 시험으로도 해석될 수 있을 것이다. 즉 어떤 언어 표현의 가장 적합하다고 생각되는 뜻은 언어 표현 자체에 있는 것이 아니라 그 언어 표현이 발화된 맥락에서 대화 참여자들이 공유하는 인지 환경의 성격에 달려 있다. 또한, 친구는 문제의 책 1장이 시험에 안 나온다는 것을 누가 말했는지 명시하지 않았지만 나는 이것을 '교수님께서 말씀하셨어'라고 해석하는 게 가장 적합한 것으로 볼 것이다. 친구의 아버지라든지 오빠도 물론 그렇게 말했을 가능성이 전혀 없는 것은 아니지만 대개 강의 교재의 몇 장이 시험에 포함되는지 아닌지를 알려주는 사람은 강의를 담당한 교수일 가능성이 가장 높기 때문에 그렇게 해석하는 것이 가장 적합한 것이 된다. 이 과정을 스퍼버와 윌슨은 '적합성의 원리와의 일치consistency with the principle of relevance'로 설명한다. 어떤 발화가 해석상에서 적합성의 원리와 일치한다는 것은 그 발화의 해석 내용이 청자에게 최적의 적합성을 지닐 것으로 기대될 때에만 가능하다. 즉 최소의 노력으로 최대의 효과를 거둘 수 있을 것으로 기대될 때에만 적합성의 원리와 일치한다. 친구의 '시험'이란 말을 이번 중간고사로 해석하는 것이 그 맥락에서는 가장 적은 노력으로 얻어낼 수 있는 해석이며 또 그렇게 해석하는 것이 가장 큰 효과를 가져올 수 있는 것이기 때문에 그 해석은 적합성의 원리와 일치하는 해석이다. 만약에 친구가 한 말을 나 말고 도서관에 물건을 배달하러 온 택배 기사도 지나가면서 우연히 들었다면 친구가 말한 '시험'이 이번 중간고사이고 1장은 시험에서 제외된다는 말을 교수님이 하셨다는 것을 알아내지 못할 수도 있다. 그 까닭은 택배 기사는 내 친구와 달리 이 문제에 대해 나와 공유하는 인지 환경이 없기 때문이다. 따라서 같은 말이라도 화청자가 같은 인지 환경 속에서 상호 분명한 것들에 대해서만 적합한 추론이 가능하지 그렇지 않다면 정확한 추론은 불가능하다. 도서관에서 친구가 내게 해 준 발화의 결과 청자인 나의 인지 환경은 변화하게 된다. 그전까지는 미처 몰랐던 1장은 중간고사에서 제외된다는 사실이 새롭게 내 인지 환경에 분명한 것으로 자리 잡게 되었기 때문이다. 그뿐만 아니라 친구의 말은 단지 1장은 시험에서 제외된다는 것만 말했을 뿐이지만, 나는 그 말을 듣고 "그러니까 1장은 지금 읽을 필요가 없다"는 것까지 추론하게 된다.

합리적인 생각을 하는 화자라면, 또는 그라이스의 용어를 빌어 협조적인 원리에 충실한 화자라면, 자신이 의도하지 않는 의미 내용에 청자가 불필요한 시간과 노력을 낭비하지 않도록 할 것이다. 즉 앞서 본 도서관의 친구가 같은 맥락에서 그 발화를 '이 책의 1장은 중간고사가 아닌 변호사 시험에 안 나온다고 교수님이 아닌 자기 아버지께서 말씀하셨다'는 의도로 이야기했다면 그는 청자에게 그렇게 명시적으로 다 말했어야 할 것이다. 만약 그렇지 않다면 그는 적합성의 원리와 일치하지 않는 발화를 한 것이며 청자로 하여금 거의 불가능한 해석을 찾기 위해 부당한 시간과 노력을 소비하게 만드는 것이 된다. 다행히도 대부분의 경우 이성적이고 합리적인 대화 참여자들은 적합성의 원리에 일치되는 발화를 하려고 하며 그런 믿음이 가능하기 때문에 해석과 추론에 큰 어려움 없이 소통이 일어나는 것이다.

3.3 의도

인간의 언어 행위와 같은 소통에 대해서는 의도주의 견해intentionalist view와 상호주관주의 견해intersubjectivist view가 있다. 이 중 언어 행위에 대한 의도주의 견해는 화자의 의도intention를 소통의 핵심으로 보는 견해이다. 이 견해에 따르면 화자는 언어 기호의 도움을 받아 자신이 의도한 바 intention-1를 청자가 인지하게 하면 일단 언어 행위를 성공적으로 수행한 것이다. 화자는 이런 소통을 하고자 하는 의도intention-2가 청자에게 알려지게 되면 자신의 목표를 달성한다. 이때 적합성 이론에서는 intention-1을 '제보적 의도 informative intention'라 하고 intention-2를 '소통적 의도 communicative intention'라 한다. 반면에 상호주관주의 견해는 화자가 청자와 함께 이해에 도달하면 화자는 성공적으로 소통한 것으로 본다. 화자는 자신의 말에 대해 청자와 합의를 이루길 원하지만, 그 말을 청자가 받아들일 것인지 아니면 거부할 것인지 선택의 자유를 인정한다. 언어는 주관적인 내용을 전달하는 수단이 아니라 대화 참여자들이 주어진 주제에 대해 상호주관적으로 이해를 공유하기 위한 수단이다. 그런데 대화의 사회적 측면보다는 인지적 측면을 강조하고 인지적 소통cognitive communication 이론을 표방하는 적합성 이론에서 가장 중요한 개념 중의 하나는 의도주의 견해에서 가장 핵심적인 용어인 의도이다. 스퍼버와 윌슨(1986)은 현시적 의사소통에는 제보적 의도와 소통적 의도의 두 레벨의 의도가 들어 있다고 본다. 예를 들어 내가 일행과 함께 차를 타고 갈 때 바깥 경치가 매우 아름다운 것을 보고 동승한 사람들도 그 아름다운 경치를 보고 즐기라는 의도로 창문을 열고 흥분한 표정으로 창밖을 내다볼 수 있다. 이때 나는 일행에게 창밖 경치가 아름답다는 것을 알리는 제보적 의도가 있다. 그러나 이것만으로는 완전한 소통, 즉 현시적인 의사소통이 일어나기엔 미흡하다. 일행은 내가 어지러워서 창문을 연 것으로 오해할 수 있고 아무런 관심도 보이지 않을 수도 있다. 제보적 의도만 갖고서는 상대방에게 제대로 소통을 할 수 없기 때문에, 진정으로 상대방에게 그 메시지를 전달해서 인지 환경에 변화를 가져오길 원한다면 나는 더 나아가 "야 창밖 좀 내다봐. 경치가 너무 아름다워"라고 말함으로써 비로소 내가 그들에게 창밖 경치가 아름답다는 것을 제보할 의도가 있음을 분명하게 하여 소통을 완성할 수 있다. 이처럼 화자가 청자에게 무엇인가를 알려주려고 하는 제보적 의도가 있음을 자신과 상대방 모두에게 분명하게 하려는 의도가 바로 소통적 의도이다. 화자인 내가 상대방에게 어떤 내용을 제보할 의도가 있다는 것을 분명하게 알게 하려는 의도로서 소통적 의도가 잘 표현되지 않으면 청자는 화자의 뜻을 짐작할 수밖에 없거나 영영 못 알아낼 수도 있다. 비유적으로 말하자면 젊은 남녀가 연애할 때 한쪽이 다른 한쪽에 대해 사랑의 감정을 갖고 있고 그런 것을 상대방이 알아주었으면 하는 의도가 있다고 해도 그런 자기의 마음을 언젠가는 알아주겠지 하고 현시적으로 드러나게 표현하지 않으면, 다시 말해 자기뿐 아니라 상대방도 분명하게 알도록 하는 소통적 의도를 감추고 있으면, 상대방은 그의 진심을 명확히 알 수 없어서 불안해하거나 오해를 할 수 있는 것과 마찬가지이다. 민요에 나오는 갑돌이와 갑순이는 서로 용기가 없고 소심한 나머지 소통적 의도의 전달이라는 마지막 단계를 완성하지 못해 좌절한 예이다. 자신의 마음을 상대방이 알게 하고 싶다면 적절한 방식으로 그것을 분명하게 함으로써 성공적인 소통이 일어난다. 물론 소통적 의도를 언어적 수단을 통해 실행에 옮기지 못하는 것은 그런 생각을 말했다가 혹시나 상대방이 받아들이지 않을까 하는 두려움이라든지 내가 먼저 말하는 게 자존심이 상한다든지 등의 여러 이유가 있을 것이다. 제보적 의도는 있으되 소통적 의도가 뒤따르지 않으면 소통은 불완전한 것이 된다. 이처럼 소통이란 화자가 자신이 제보적 의도를 갖고 있다는 것을 분명하게 알려주는 소통적 의도를 만들어내고 청자가 이를 받아 이해하는 언어 행위이다. 스퍼버와 윌슨의 적합성 이론에서는 소통적 의도까지 있는 것이 현시적 의사소통 ostensive communication의 특징이라고 한다.

그런데 벤셰리프와 다나카Bencherif and Tanaka(1987)에 의하면 현시적 의사소통에도 명시적인 것과 암시적인 것이 있는데 아래 대화 1과 대화 2를 비교해 보면 같은 A의 말에 대해 B와 C는 표현 방법은 다르지만, 기본적으로 둘 다 '파스타를 먹으러 가고 싶지 않다'는 뜻을 말하고 있다.

대화 1 A: 뭐 먹으러 갈까? 파스타 먹을까?
        B: 아니, 난 돈가스 먹고 싶어. 돈가스 먹으러 갈래.

대화 2 A: 뭐 먹으러 갈까? 파스타 먹을까?
        C: 난 점심에도 스파게티 먹었는데…

그러나 대화 1에서 A의 제안에 대한 부정의 의사를 표현함에 있어 B는 '파스타 먹으러 가고 싶지 않다'는 뜻을 비교적 명시적으로 전달하고 있지만 C는 B보다 덜 명시적으로 자신의 뜻을 표시하고 있다. 만약 대화 2에서 A가 다소 센스가 없거나 한국말에 서투른 사람이라면 C의 답을 듣고 "그래서 파스타 먹으러 가겠다는 거야 아니야?"라고 물을 수도 있지만, 대화 1에서 B의 말을 듣고서는 A가 아무리 모자란 사람이라도 그런 질문을 하지 않을 것이다. 그런데 C가 A의 뜻을 항상 먼저 생각하는 사람이라면

"그렇지만 네(A)가 파스타 먹고 싶으면 또 먹으러 가도 돼"라고 덧붙임으로써 처음 C의 대답을 통해 A가 생각할 수도 있었던 함축을 취소시킬 수 있을 것이다. 이상의 예에서 스퍼버와 윌슨의 분류에 따르면 대화 1은 명시적인 소통에 가깝지만 대화 2는 암시적 소통에 가깝다. 물론 대화 2보다 더 암시적인 다음과 같은 소통의 예도 있을 수 있다.

　　대화 3　A: 뭐 먹으러 갈까? 파스타 먹을까?
　　　　　　D: [눈을 감으며] 파스타, 지금 파스타라고 했지?

A의 제안에 대해 D의 동작이나 말은 물론 적극적인 긍정은 아닌 듯하지만 그렇다고 대화 1의 B나 대화 2의 C에 비해 부정의 뜻이 덜 확실하게 느껴진다. D가 눈을 감은 이유는 파스타란 말에 감격해서 아니면 자기도 그것이 먹고 싶었는데 상대방도 똑같이 생각하고 있었다는 게 놀라워서 등 여러 가지 다른 이유가 있을 수 있다. 그리고 이어진 D의 말은 아직 그 말만으로는 A의 제안에 동의인지 아니면 거절인지를 판단하기에 부족하다. 이런 점에서 D는 C보다도 더 암시적인 방식으로 자신의 뜻을 소통하는 것이다. 명시적 소통이든 암시적 소통이든 일단 적합한 말은 주고받았고 그 과정에서 상호 제보적 의도와 소통적 의도는 전달되었기 때문에 비현시적 소통은 아니다. 소통의 명시성이나 암시성은 정도의 문제이지 미리 정해진 경계선이 있는 특성은 아니다. 다만 분류의 편의상 적합성 이론에서는 명시적 소통과 암시적 소통을 마치 이분법적인 방식으로 나누고 있다.

　위에서 본 현시적 소통 외에도 비현시적으로 일어나는 소통도 있는데 비현시적, 은폐적 의사소통의 예로 다음과 같은 경우를 보자. 태호는 자기가 쓰던 컴퓨터가 고장이 났다. 그 컴퓨터를 자기의 형인 철수가 좀 고쳐주었으면 하지만 그렇다고 형에게 대놓고 컴퓨터를 고쳐달라고 말하고 싶진 않다. 대신 동생 태호는 마치 자신이 컴퓨터를 고치려고 하는 듯 컴퓨터를 분해하여 부품들을 책상 위에 늘어놓는다. 형인 철수가 보기에 동생이 컴퓨터를 수리하고 있다고 믿으면 철수는 끼어들지 않을 것이다. 단 동생 태호는 자기가 컴퓨터를 분해해서 부품을 늘어놓은 것이 형의 도움이 필요하다는 것을 알리기 위해 일부러 꾸민 것이라는 의도를 형인 철수가 충분히 눈치챌 수 있을 것으로 기대한다. 그러나 태호는 형이 그런 것까지 생각하길 원치 않으며 그냥 고쳐주었으면 한다. 동생 태호는 실제로 고쳐달라고 부탁한 바 없기 때문에 형이 도와주지 않아도 그가 형으로부터 거절당한다고 생각할 필요는 없다. 즉 태호는 형이 자기의 컴퓨터를 고쳐주었으면 한다는 제보적 의도를 전달하기는 하지만 그런 제보적 의도를 분명한 방식으로 전달하지는 않고 있다. 태호는 형에게 정식으로 요청한 것도 아니기 때문에 설령 도움을 받지 못해도 거절당한 것은 아니므로 자존심이 상할 이유는 없을 것이다. 이런 예를 스퍼버와 윌슨(1986)은 드러내놓고 자신의 뜻을 전하는 현시적 소통이 아닌, 소통적 의도는 감추고 제보적 의도만을 전달하는 '정보 전달의 은폐적인 형태 covert form of information transmission'라고 본다. 벤세리프와 다나카(1987)는 이런 비현시적 정보 전달을 '은폐적 의사소통 covert communication'의 핵심으로 보고 의사소통을 현시적 의사소통과 은폐적 의사소통으로 다음과 같이 나누었다.

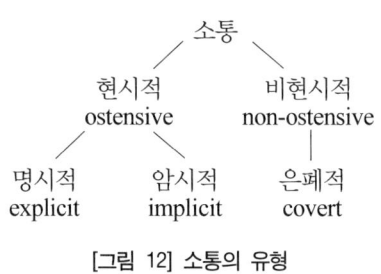

[그림 12] 소통의 유형

현시적 의사소통이란 명시적이든 암시적이든 비은폐적 의사소통으로서 화자가 대화 참여자들의 상호 인지 환경을 변화시킬 의도가 있는 의사소통의 유형을 말한다. 다만 명시적 소통은 그런 의도를 직접적인 언어로 이야기 하는 것이고 암시적 소통은 함축적인 기제를 사용해서 간접적으로 전달하는 것이다. 반면에 은폐적 의사소통이란 화자의 의도가 청자의 인지 환경을 변화시키는 데 있는데 다만 화자가 자신의 의도를 노출시키지 않고 가리면서 하기 때문에 화자의 그런 의도가 분명하지 않은 채 일어나는 의사소통을 말한다. 은폐적 의사소통에서 화자는 소통적 의도의 도움 없이 자신의 제보적 의도를 달성하려고 한다. 화자는 자신의 소통적 의도가 알려지거나 서로에게 분명해지길 원치 않는 상태에서 청자의 인지적 환경이 변화되길 원한다. 연말이면 "어려운 사람을 위해 써 달라"는 쪽지만 남긴 채 익명의 기부천사가 거액의 돈이 든 봉투를 남기고 가는 것을 볼 수 있는데 이는 은폐적 의사소통의 예이다.

개인 간의 대화에서 적합성은 화자의 의도를 헤아리는 데 중요한 것이지만 공적인 소통에서도 적합성에 대한 고려는 중요한 역할을 한다. 특히 언론 보도와 같은 공적인 소통은 최적의 사회적 적합성optimal social relevance을 추구해야 하는데 그렇기 위해서는 시청자나 독자가 그 뉴스에서 진정으로 원하고 필요한 정보가 무엇인지에 대해 기자는 깊이 인식하고 있어야 한다. 예를 들어 2014년 10월 28일 모 뉴스에서는 일부 신용카드 회사가 연회비는 10만 원으로 일반 카드에 비해 비싸지만, 항공권 마일리지를 특별히 높이 계산해주는 카드를 발급한 후 1년도 채 되지 않아서 마일리지 적립 비율을 대폭 낮추어서 카드 회원들이 피해를 받는 사건을 다음과 같이 보도했다.

<앵커 멘트>
부가혜택이 많은 카드라며 가입자를 모은 뒤 몇 달 뒤 부가혜택을 축소하는 카드사들의 얌체 상술이 극성을 부리고 있습니다. 6개월 전에만 고지하면 부가혜택을 축소할 수 있다는 관련법의 허점을 이용한 겁니다. OOO 기자입니다.

<기자 리포트>
항공사 마일리지를 두둑하게 적립해준다는 말에 연회비 10만 원을 내고 신용카드를 만든 이 여성. 하지만, 두 달 만에 마일리지 적립 비율을 10% 줄이겠다는 통보를 카드사에서 받았습니다. 연회비를 다 내고도 넉 달은 약속한 마일리지 혜택을 받지 못한 겁니다.

<인터뷰>
XXX(피해자): "일단 가입시켜서 연회비 다 받고 나서 그냥 우린 축소한다. 금감원에서 승인받았다. 그러니까 문제없다 이런 태도로 나온 거죠."

<기자 리포트>
올해 들어 외환, 국민, 삼성, 롯데, 현대 등 거의 모든 카드사가 마일리지나 할인받을 수 있는 포인트 적립 비율을 축소했습니다. 아예 특정 부가서비스를 없앤 카드사도 있습니다.

<인터뷰>
YYY(카드사 관계자): "경영 환경 변화에 따라서 저희들이 불가피하게 서비스 축소를 하게 됐고요, 관련 법규와 규정의 절차를 밟았습니다."

<기자 리포트>
현행법에 6개월 전에 고지만 하면 부가 혜택을 축소할 수 있도록 규정돼 있다는 겁니다. 하지만 연회비를 다 낸 소비자들은 억울할 수밖에 없습니다. 이 때문에 지난해 대법원은 카드사 측의 일방적인 부가혜택 축소는 위법이라며 소비자들의 손을 들어줬습니다.

<인터뷰>
ZZZ(변호사): "정부가 너무 느슨한 규제를 하는 것 때문이 아닌가. 감독 당국의 의지가 너무 부족하다"

<기자 리포트>
잘못된 법령을 영업에 활용하는 카드사들의 상술에 신용카드 관련 민원은 해마다 증가하고 있습니다. △△△뉴스 OOO입니다.

이 보도는 회원을 가입할 때는 부가혜택이 오래 지속될 것처럼 말한 후 일단 회원으로 가입하면 카드사 측에서 일방적으로 부가혜택을 축소하는 잘못된 상술을 잘 파헤치고 있다. 피해자인 소비자의 입장은 물론 반대쪽에 있는 카드사와 제3자인 변호사와의 인터뷰도 보도하는 등 균형 잡힌 취재 자세를 보이고 있다. 그러나 문제를 지적하는 데에만 그쳐 정작 시청자들이 가장 궁금해하는 점을 다루지는 못했다는 점에서 최적의 적합성을 보인 보도라고 할 수 없다. 이 보도를 들은 시청자라면 기자의 리포트 말미에 밝힌 대로 대법원이 소비자의 손을 들어주기까지 했는데도 이런 관행이 계속 일어나고 있는데 대법원의 판결은 어떤 의미를 갖는 것인지 그리고 대법원 판결을 무시하고 있는 카드사의 이유와 해명은 무엇인지를 궁금해할 텐데 기자의 보도는 이를 더 이상 다루지 않고 있다. 또한, 법원의 권위를 무시한 일부 카드상의 횡포에 대한 법원 및 금감원 등 관련 감독 기관의 입장은 무엇인지? 인터뷰했던 변호사가 지적한 대로 정부의 규제가 너무 느슨하고 감독 당국의 의지가 부족하다면 이들을 대상으로 심층 취재를 했어야 할 것이다. 예를 들어 소비자 보호원은 어떤 일들을 하고 있는지? 실제 피해를 입은 소비자들을 구제하기 위해서는 어떤 절차가 있는지? 소비자가 대처할 수 있는 방법에는 무엇이 있는지? 시청자들이 알고 싶어 하는 이러한 정보를 제공하지 않고 문제점만 지적하고 끝내는 보도는 최적의 적합성을 추구하지 않는 소통 자세라고 보아야 한다.

이와 비교할 때 2014년 10월 19일 또 다른 뉴스에서는 카드사 "항공마일리지 적립 '꼼수' 있었다"는 제목으로 다음과 같은 보도가 있었다.

<앵커 멘트>
사용한 만큼 항공마일리지 적립해준다는 신용카드 많죠. 과연 실제로 사용한 만큼 정확히 쌓이는 건지 꼼꼼히 계산해봤더니, 그렇지 않았습니다. OOO 기자가 전해드리겠습니다.

<기자 리포트>

1,500원당 1.2마일이 쌓인다고 광고한 신용카드. 하지만 적립 마일은 생각만큼 '쑥쑥' 늘어나지 않습니다. 4,400원을 결제한 경우 1,500원으로 나눈 뒤 3천 원에 대해서만 적립해주고 나머지 1,400원은 적립되지 않기 때문입니다. 해외여행의 꿈을 키웠던 AAA 씨는 8개월 동안 1,700마일을 잃어버렸습니다. 서울에서 부산까지 항공기를 8번 타야 쌓을 수 있는 마일리지입니다.

<인터뷰>

AAA: "전혀 몰랐죠. 저는 당연히 처음 설명 들은 대로 1,500원당 얼마 하는 식으로 그렇게 계산되는 줄 알았지…"

<기자 리포트>

온라인 결제액은 적립을 적게 해주거나, 연체액은 갚아도 적립해주지 않습니다. 현대와 삼성, 롯데 등 상당수 카드사가 알게 모르게 쓰는 방식들입니다.

<인터뷰>

BBB (국회의원): "카드사들이 일부 항공 마일리지를 재량으로 없애는 것은 소비자 보호 차원에서 대단한 문제입니다."

<기자 리포트>

가입 당시 소비자에게 이런 설명을 충분히 한 카드사는 없습니다.

<인터뷰>

CCC (카드사 관계자): "고객님들이 납득하지 못하시는 부분을 면밀히 검토해 개선하도록 하겠습니다."

<기자 리포트>

금융감독원은 모든 카드사들을 대상으로 항공 마일리지 적립 방식에 대한 실태 조사에 착수했습니다. □□□뉴스 OOO입니다.

이 뉴스 보도는 같은 뉴스 아이템에 대한 위에서 본 다른 뉴스 보도와 유사한 방식으로 진행되었다. 즉 같은 문제의식을 갖고 현행 제도의 문제점을 지적하면서 피해자의 경험을 소개하고 문제점을 강조한 후 국회의원 및 카드사 관계자의 견해와 해명을 보도하였다. 이 보도에서는 금감원의 반응을 실었다는 점에서 위의 다른 방송의 보도와 차이가 있지만 대신 이런 카드사의 관행이 대법원에서까지 다룬 바 있는 쟁점이 된 사안이었고 대법원의 판결이 난 후에도 여전히 고쳐지지 않고 있다는 점을 전혀 알리지 않고 있다. 대신 법을 만드는 국회의원에게 의견을 묻는 것은 필요한 접근 방법 중의 하나로 보이지만, 국회의원의 의견이 전문가적인 의견이라기보다는 상식적으로 누구나 할 수 있는 지적 정도로만 보여서 인터뷰의 효과를 크게 느낄 수 없고 생략해도 좋을 정도로 적합성이 별로 없는 내용으로 보인다. 위에서 본 두 뉴스 보도는 서로 다른 방송사에서 제작한 것이지만 거의 하나만 들어도 다른 쪽은 다시 들을 필요가 없을 정도로 대동소이한데 공적인 소통의 대표격인 언론 보도는 항상 일반 시민이 궁금해하고 꼭 알아야 할 것에 대해 보다 깊이 연구하고 자문함으로써 사회적 문제의식을 가진 차별화된 보도가 가능해지고 궁극적으로 최적의 사회적 적합성을 가진 소통이 가능해질 것이다.

4. 레빈슨의 함축 이론

4.1 의미의 층위

화용론에서 함축 이론을 개척한 그라이스(1975)는 언어적 소통에서 전달되는 메시지는 단일하지 않고 몇 가지 다른 의미들로 구성된다고 했다. 화자가 청자와의 대화를 통해 전달할 수 있는 것에는 크게 '말해진 것'과 '함축된 것'의 두 가지가 있고 '함축된 것'에는 다음과 같이 또 몇 가지 다른 종류가 있다고 했다.

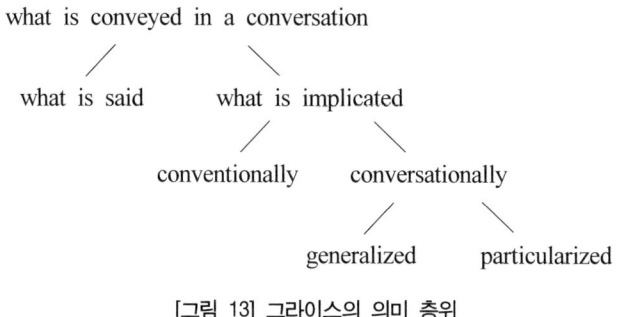

[그림 13] 그라이스의 의미 층위

'말해진 것'이란 화자가 사용한 문장의 의미 sentence-meaning로서, 각 언어의 사전에 수록된 단어들의 의미와 그 단어들이 조합된 방식, 즉 문장의 구조만 알면 누구나 얻을 수 있는 의미이다. 이런 종류의 의미는 누가, 언제, 어디서, 왜 그 문장을 말했는지에 관계없이 항상 일정하게 해석되며 이 의미를 이해하기 위해서 화자의 의도나 맥락적 특수성을 고려할 필요가 없다. 이는 언어 사용을 다루는 화용론의 영역이 아닌 비맥락적 의미만을 다루는 의미론의 영역이다. 이 문장의 의미는 대화에서 전달되는 의미의 기본을 구성한다. 반면에 '함축된 것'이란 '말해진 것'을 기본으로 그 말이 누구에 의해 어떤 맥락에서 어떤 의도로 말해졌는지에 따라 비록 문장에 명시되어 있지는 않지만, 청자가 추정할 수 있는 화자의 의미 speaker-meaning 이다. 이 중에는 특정 단어의 기본적 의미는 아니지만, 이 단어에 고정되어 발생하며 한번 발화되면 화자 자신이 취소할 수 없는 함축을 관례화된 고정함축 conventional implicature이라 부르고, 반대로 화자가 사용한 단어들의 고정적 의미 이상으로 그 상황에 발생할 수 있는 맥락 의존적 의미를 대화함축 conversational implicature이라 한다. 대화함축에는 대화를 지배하는 협조의 원리와 격률의 작동으로 추정할 수 있는 일반화된 대화함축과 대화 참여자들이 그 발화 맥락에서 특수하게 갖고 있는 지식이나 믿음, 가정 등에 의해 생기는 의미를 특수화된 대화함축 particularized conversational implicature (PCI)이 있다.

레빈슨(2000)은 그라이스의 함축 의미 분류를 다소 수정하여 대화에서 전달될 수 있는 의미에는 1)문장의 의미와 2)화자의 의미, 그리고 3)발화의 의미의 세 층위level가 존재한다고 주장한다. 이 중 '문장의 의미'란 그라이스가 말한 'what is said'와 일치하는 것으로 문장에 사용된 단어들의 사전적 의미를 모두 합친 것이다. 다만 레빈슨은 그라이스가 제안한 '고정함축'이란 의미의 층위를 따로 인정하지 않고 대신 화자의 의미와 발화의 의미를 구별한다. 둘째로, '화자의 의미'란 그라이스가 '특수화된 대화함축(PCI)'이라고 부른 것으로서 레빈슨은 이를 "발화 토큰 의미utterance-token-meaning"이라고도 부르는데 이는 특정 상황에서 대화 참여자들 사이에서만 알 수 있는 "임시적 추론 또는 일회성 추론nonce or once-off inferences"으로서 다른 사람들은 알 수 없고 또 그 맥락이 아니면 성립하지 않을 수도 있는 의미이다. 마지막으로 레빈슨이 '발화의 의미utterance-meaning'라고 부른 것은 그라이스의 '일반화된 대화함축(GCI)'에 해당하는 것으로서 이는 문장에 쓰인 단어들의 고정적인 의미의 조합으로 결정되는 문장의 의미와는 달리 맥락에서 추론되어야 하는 의미인데 다만 화자의 의미 즉, 특수화된 대화함축과는 달리 임시적이거나 일회적이지 않고 언어가 정상적으로 사용되면 대개의 경우 그런 해석을 할 것이라고 예상하는 추론의 일반적 과정을 거쳐 얻어지는 의미이다. 레빈슨의 '발화의 의미'는 어떤 특정 맥락에서 발화된 구체적인 개별 발화 하나에서만 볼 수 있는 의미가 아니라 그런 타입의 발화라면 대개의 경우 가질 수 있는 의미라는 점에서 레빈슨은 "발화 타입 의미utterance type meaning"라고 부른다. '화자의 의미', 즉 '발화 토큰 의미'인 PCI와 '발화의 의미', 즉 '발화 타입 의미'인 GCI는 다음과 같이 정의된다.

PCI와 GCI의 정의

1) An implicature i from utterance U is particularized iff U implicates i only by virtue of specific contextual assumptions that would not invariably or even normally obtain.
2) An implicature i from utterance U is generalized iff U implicates i unless there are unusual specific contextual assumptions that defeat it. (레빈슨 2000:16)

PCI란 어떤 발화가 모든 상황에서 항상 또는 정상적으로 얻어진다고 볼 수 없는 특수한 맥락적 가정의 도움으로 얻어지는 함축인 반면, GCI는 그런 특수한 맥락적 가정의 도움 없이 정상적인 맥락에서 통상적으로 얻어지는 함축이다. PCI와 GCI를 다음 레빈슨(2000:16)의 예를 통해 구별해 보자.

    A: What time is it?
    B: Some of the guests are already leaving.
       PCI +> It must be late. (B의 특수화된 대화함축)
       GCI +> Not all of the guests are already leaving.(B의 일반화된 대화함축)

시간을 물어보는 A의 말에 대한 답으로 B가 "손님 중의 일부는 이미 떠나고 있다"라고 답했을 경우 이는 대화 참여자인 A와 B가 속한 상황에서 A가 B의 의도를 그 특수한 상호관계 속에서 파악해야지만 알 수 있는 특수화된 대화함축이다. A와 B는 아마도 손님들을 초대했는데 이들이 밤 늦게 떠날 것이라고 믿고 있고 이는 두 사람이 공유하는 맥락적 가정이다. 반면에 같은 B의 발화에 쓰인 some of the guests란 표현은 비슷하지만, some 대신 all이 사용된 all of the guests란 표현보다 의미의 강도가 약한 표현이다. 이런 강한 표현이 있음에도 불구하고 수와 관련된 표현들의 의미 등급에서 약한 표현을 쓴 것은 '대화에서 요구되는 만큼 정보량이 충분한 말을 하라'는 양의 격률에 의해 화자가 강한 표현이 들어간 문장의 뜻을 전하는 것은 아니라는 것을 함축한다. 이런 함축은 A와 B에게만 특수화된 것이 아니라 누구나 정상적인 추론 과정을 한다면 특별한 상황 요소의 도움 없이 얻을 수 있는 일반화된 대화함축이다. 이 경우 B의 발화에서 생겨날 수 있는 GCI와 PCI는 상호 모순적이거나 의미를 변경시키지 않기 때문에 우선순위를 따질 필요 없이 둘 다 모두 인지 환경에 수용될 수 있다.

4.2 추론의 원리

앞에서 본 의미의 층위 중 '발화의 의미', 즉 일반화된 대화함축을 설명할 수 있는 새로운 체계의 수립을 목표로 하고 있는 레빈슨(2000)은 그라이스의 격률 체계를 Q-원리와 I-원리, M-원리로 재구성한다.

1) Q-원리

첫째로, Q-원리는 대화함축 중에서 Q-함축을 낳게 하는 원리이다. 이는 "말하지 않은 것은 아닌 것이다 What isn't said, isn't"란 경험적 발견 절차 heuristic를 반영하는 원리로서 "충분히 제보적인 말을 하라"는 그라이스의 첫 번째 양의 격률과 연결된다. 이 원리의 결과 화자가 어떤 강한 표현 S가 있음에도 불구하고 그 표현과 의미상으로 유사하면서 의미 강도에서 차이가 있는 표현들로 구성된, 혼 Horn(1989)이 제시한 개념인 혼-등급 Horn-scale <S, W>을 이루는 정보적으로 약한 표현 W를 포함한 문장을 발화한다면 청자는 강한 표현 S를 포함한 문장은 아니라고 추론할 수 있게 된다. 예를 들어 "Some of my best friends are environmentalists"란 문장의 발화는 Q-원리에 의해 'It is not the case that all of my best friends are environmentalists'란 것을 Q-함축하게 된다. 이런 종류의 추론은 특별한 맥락 가정을 필요로 하지 않으며 some이란 말을 들었을 때 이것은 "일부만 가리키니까 전부는 아니겠구나"라는 일반적인 추론에 근거한 일반화된 대화함축이다. 물론 이 추론은 예외를 허용치 않는 형식 논리적 추론이 아니라 화용적인 대화함축이기 때문에 "Some of my best friends are environmentalists, maybe all of my best friends are environmentalists"라고 표현해서 원래 가능한 것처럼 보였던 Q-함축을 취소할 수 있다. Q-원리에 의한 함축에는 다음과 같은 것들이 있다. (아래 예문에서 'X +> Y' 기호는 'X가 Y를 함축한다'의 뜻임)

(1) 등급 Q-함축 scalar Q-implicature
    a. I want some of them.
    +> I do not want all of them. OR
    +> I do not want most of them.
    관련 Horn-scale <all, most, some>
    b. John likes Betty.
    +> John does not adore Betty. OR
    +> John does not love Betty.
    관련 Horn-scale <adore, love, like>
    c. You can leave early.
    +> It is not the case that you must leave early.
    관련 Horn scale <must, can>
    d. It is possible that John leaves the town.
    +> It is not necessary that John leaves the town.
    관련 Horn scale <necessary, possible>

(2) 절 Q-함축 clausal Q-implicature
    a. Ted believes there is life on Venus.
    +> {It is possible that there is life on Venus, It is possible that there is no life on Venus}

b. John or Mary came.
+> {It is possible that John came, It is possible that John didn't come, It is possible that Mary came, It is possible that Mary didn't come}

2) I-원리

둘째로, I-원리는 "단순하게 기술된 것은 전형적인 예를 든 것이다What is simply described is stereotypically exemplified"라는 경험적 발견 절차에 근거한 원리로서 "필요 이상으로 많은 정보를 제공하지 말라"는 그라이스의 양의 격률 중 두 번째 하위 격률에 해당한다. 이 원리는 화자를 배려하는 것으로서 화자는 필요한 만큼만 적게 이야기하라는 것이다. 때문에 이 원리는 최소화의 격률maxim of minimization이라고 부르기도 한다. I-원리에 따라 화자는 가능한 적게 말하려고 하기 때문에 따라서 청자는 화자가 발화한 말의 의미 내용을 최대한 확대해서 가장 적절하고도 구체적인 해석을 찾으려고 노력하게 되며 화자가 말한 최소한의 내용을 갖고 그 해석을 확장하는 의미 보충이 필요하다. 즉, I-원리는 "간단히 말한 것은 크게 고민할 필요없이 그냥 일반적인 경우를 의미한다"라는 원리인데, 화자가 말하지 않은 것은 대화 참여자들이 공유하고 있는 일반적인 정보이므로 청자는 화자가 말하지 않았어도 그 의미를 보충하여 I-함축을 추론해 낸다는 것이다. 이 원리는 발화의 정보량의 상한선과 관련된 추론을 가능하게 해준다는 점에서 '정보'를 뜻하는 영어 단어 information의 첫 글자를 딴 것이다. I-함축의 예를 들면, 철수가 "나는 오늘 학교에 택시를 타고 왔다"고 말하면 대개의 경우 택시를 타면 돈을 내는 것이 전형적인 택시 승차법이기 때문에 '철수는 오늘 학교에 돈을 내고 택시를 타고 왔다'라고 추론하게 된다. 물론 이는 대화함축이기 때문에 취소가 가능해서 철수는 "그런데 기사 아저씨가 기분 좋다면서 요금을 안 받았어"라고 덧붙임으로써 원래 가능했던 I-함축을 취소할 수 있다. 또한 "Harry and Sue bought a piano"라고 하면 'They bought the piano together, not one each'로 해석하는 것도 I-원리에 의한 함축 의미의 해석이다. I-함축의 예는 다음과 같은 것들이 있다.

(3) 전형적인 것으로의 추론 inference to stereotype
   a. Bob opened the door.
   +> Bob opened the door in the normal way by turning the handle.
   b. Nancy ate the soup.
   +> Nancy ate the soup in the normal way using a spoon.

(4) 가교 추론 bridging
   a. I went to the class on time but the professor didn't show up.
   +> ⋯ the professor of the class that I went to⋯
   b. Mary bought a bicycle and found the pedal was faulty.
   +> ⋯ found the pedal of the bicycle that Mary bought⋯

(5) 조건절 강화 conditional perfection
   a. If you wash my car, I'll give you ten dollars.
   +> If you don't wash my car, I will not give you ten dollars.

(6) 접속문 연결 해석 conjunction buttressing
   a. I turned the key and the motor started.
   +> My turning the key started the motor. OR
   +> I turned the key and then the motor started.

(7) 부정 강화 negative strengthening
   a. John doesn't like kimchi.
   +> John positively dislikes kimchi.

(8) 공지시어 해석 preferred local coreference
   a. The cat came in and sat down on the chair.

+> The cat came in and the same cat sat down on the chair.
b. While she was in London, Stephanie Brown went to the palace.
+> While Stephanie Brown was in London, …

3) M-원리

마지막으로 M-원리는 "비정상적으로 말해진 것은 정상이 아니다What's said in an abnormal way, isn't normal"라는 경험 법칙에 상응하는 원리로서 "명료하게 말하라"는 그라이스의 양태의 격률과 일맥상통한다. 따라서 이 원리의 이름은 말하는 방식을 가리키는 영어 단어 manner의 첫 글자를 딴 것이다. 이 원리에 의해 화자가 어떤 유표적인marked 표현 M과 기본적으로 같은 의미 D를 지닌 무표적인unmarked 대안 표현 U를 사용할 수 있었음에도 불구하고 유표적 표현 M이 들어 있는 "p"를 말했다면, 무표적 표현 U가 D의 보다 전형적인 부분집합 d를 가리키는 데 비해 유표적 표현 M은 d의 여집합 d^c를 가리키는 것으로 해석된다. 예를 들어 '그가 자동차를 세웠다'는 뜻으로 무표적인 He stopped the car라는 표현이 있음에도 불구하고 보다 유표적인 표현인 He caused the car to stop이란 말을 했다면 이는 무표적인 표현이 가리키는 보다 전형적이거나 정상적인 방법(예를 들어 자동차 브레이크를 밟는 것)으로 차를 세우지 않고 유표적인 방법(예를 들어 자동차를 몸으로 막아 세우는 것)으로 차를 멈추게 했다는 뜻이 함축된다. 이와 같이 레빈슨(2000)은 일반적인 것을 가리키는 무표적인 표현을 I-원리에 의한 I-함축으로 해석하고, 무표적인 표현 대신 유표적인 표현을 사용하면 일반적이지 않은 특이한 것을 가리키는 것이라는 M-원리에 의한 M-함축이 발생한다고 주장한다. M-함축의 예는 다음과 같은 것들이 있다.

(9) David had the ability to solve the problem.
  +> David didn't solve the problem.
  Cf. David could solve the problem.
  +> David solved the problem. (I-함축)

(10) Tom Kite was reading a letter. The man looked happy.
  +> ⋯The man, who is not Tom Kite, looked happy.
  Cf. Tom Kite was reading a letter. He looked happy.
  +> ⋯Tom Kite looked happy. (I-함축)

지금까지 본 세 유형의 함축은 각기 다른 발견 절차에서 비롯된 것으로 다음 [표 4]에서 보듯 서로 다른 특성을 가진다(레빈슨 2000:41을 요약, 정리한 것).

[표 4] 함축 유형의 속성 비교

속성	Q-함축	M-함축	I-함축
부정적 추론인가?	yes	yes	no
일반화될 수 있는가?	yes	yes	yes
상위언어적 기반을 갖나?	yes	yes	no
의미상 강약 표현의 대조인가?	yes	no	N/A
비슷한 뜻을 가진 형태의 대조인가?	no	yes	N/A
전형적인 것으로의 추론인가?	no	no	yes
자기보다 우선하는 추론은?	none	Q	Q and M

Q-함축과 M-함축은 모두 주어진 표현과 다른 표현을 사용하지 않고 그 주어진 표현을 사용한 것은 다른 표현은 아니라는 상위언어적 과정을 거쳐 결론에 도달하는 부정적 추론의 공통점을 가진다. 예를 들어 '"some"이라고 말한 것은 "all"은 아니다'라는 Q-함축은 부정적인 추론이며, "영미를 사랑한다"라고 가장 쉽고도 무표적인 방식으로 말할 수도 있는데 "영미를 안 사랑하지 않는다"라고 알쏭달쏭하게 유표적으로 말한 것은 '화자가 영미를 그냥 사랑하는 것은 아닌가 보다'라는 부정적인 M-함축을 낳게 된다.

반면에 "철수는 짜장면을 먹었다"라는 말을 들으면 짜장면을 먹는 전형적인 방식을 알고 있는 우리는 주저없이, 거의 자동적으로 "철수는 짜장면을 젓가락으로 먹었다"라고 I-추론할 것이다. I-추론은 Q-추론이나 M-추론과 달리 원래 말한 것을 바탕으로 보다 넓게 전형적인 것으로 확대 해석하는 것이기 때문에 부정적 추론이 아니다. 또한, Q-함축은 예를 들어 "나는 너를 좋아한다"라고 말한 사람의 의도를 확인하기 위해서는 정보적 힘에 있어 차이가 나는 '사랑하다'와 '좋아하다'라는 비슷한 표현을 대조하는 과정이 있고 M-함축은 예를 들어 like와 not dislike라는 약간 비슷하지만 같지 않은 표현의 대조를 통해 의미를 얻어내어야 하지만, I-함축은 대조적인 표현의 유무 자체를 논할 필요가 없고 오직 전형적인 것이 무엇인지만을 고려하는 표현으로서 덜 구체적인 표현으로부터 보다 구체적인 표현으로 확대해석한다는 점에서 구별된다. 즉 Q-함축은 앞에서 본 <all, some>이나 <love, like>와 같은 혼-등급에서 보듯이 보다 강한 표현과 그렇지 못한 표현 사이의 선택을 두고 벌어지는 반면 M-함축은 보다 무표적인 표현과 그렇지 못한 표현 사이의 선택을 두고 벌어진다는 점에서 차이가 있다. 아울러 세 유형의 함축 중에서 Q-함축이 가장 강력하며 그다음이 M-함축이고 I-함축은 셋 중 가장 약한 함축이라고 주장한다.

그런데 이 함축의 세 유형을 구별하는 것 자체의 타당성은 차치하고 세 유형이 모두 일반화될 수 있는 함축인지의 여부는 아직 검토의 여지가 있다. 레빈슨(2000)의 이론 체계에서 일반화된 대화함축 GCI는 모두 청자가 그 함축을 유발하는 표현을 듣게 되면 특별한 맥락적 요소의 도움 없이도 바로 그 자리에서 Q-원리나 M-원리, I-원리 등 추론의 일반 원리에 의해 자동적으로 그 함축을 떠올릴 수 있는 기본적인 default이고도 자동적인 automatic 추론이라고 정의된다. 그러나 실제 실험화용론에서는 이런 일반화된 함축의 기본적 추론, 자동적 추론의 특성에 반하는 실험 결과들이 계속 나오고 있다. 예를 들어 베자이든하우트와 모리스 Bezuidenhout and Morris (2004)는 영어의 some과 같은 Q-함축 유발 표현이 들어 있는 문장을 제시하고 그 바로 다음에 그 문장의 함축을 취소하는 문장을 연속적으로 보여주었을 때 피험자들의 안구의 움직임을 아이트랙커 eye-tracker로 측정하였다.

> Some books had colour pictures. In fact all of them did, which is why the …

레빈슨(2000)의 이론에서는 some이란 함축 유발 표현을 보는 순간 자동적으로 not all이라는 부정의 Q-함축이 생성되며, 그 뒤 문장에서 이 함축을 정식으로 취소하는 긍정 표현인 them did가 나올 경우 앞서 생각했던 함축과 모순을 감지하여 안구의 움직임이 그 부분에서 일시적으로 고정되게 된다고 본다. 이런 주장을 베자이든하우트와 모리스(2004)는 '기본값 모델 Default Model: DM'이라고 부른다. 반면에 카스턴 Carston(1998)이나 르카나티 Recanati(2003) 등의 적합성 이론에서는 이런 some과 같은 양화 표현을 지닌 문장은 원래 그 문장의 의미가 어떤 한 가지로 특정되어 있지 않고 미명시적 underspecified이었다가 나중에 그 문장이 쓰인 발화 맥락의 도움을 받아 의미 보충이 일어나 가능한 의미 중 하나로 고정된다고 본다. 그런 점에서 이를 '미명시 모델 Underspecification Model: UM'이라고 부른다. 이 모델에서는 some으로부터 not all의 해석이 자동적으로 일어나는 것이 아니라 some을 읽을 때 그 의미는 미명시적인 상태로 가고 뒤에 이것의 의미를 보다 명시화하는 all이 나올 때 안구의 움직임이 일시 정체되어 늦어지거나 앞의 some으로 일시적 역진이 일어나고 그다음에 them did라는 부분이 뒤따라 나오더라도 여기서는 처리 속도가 늦어지지 않는다고 본다. 그런데 실제 베자이든하우트와 모리스(2004)의 실험 연구나 캇소스 등 Katsos et al.(2005)의 실험 연구에 따르면 DM의 추정과는 달리

UM의 주장을 지지하는 결과가 나왔다. 그뿐만 아니라 장하아얀(2011)의 한국어 수 표현의 함축 연구에서도 DM보다는 UM의 예측에 부합하는 결과가 나온 것도 주목할 만하다.

4.3 공적 소통에서의 추론

레빈슨이 제안한 추론의 원리는 개인들 사이에서의 사적인 대화에서만 적용되는 원리가 아니라 공적인 대화나 담화에도 적용될 수 있는 소통의 원리라고 할 수 있다 예를 들어 2014년 연말에 큰 문제가 되었던 담배의 개별소비세 인상과 주민세 인상에 대해 당시 실무 책임자라고 할 수 있는 기획재정부 세제실장은 언론과의 인터뷰에서 담뱃값과 주민세 인상이 "증세가 아니라고 말할 수 없다"고 말했다. 그 전까지 정부는 대선 공약 및 증세에 대한 국민적 저항을 의식하여 담뱃값 인상은 국민 건강을 위한 것으로 증세는 아니라는 주장을 했지만 시행을 앞두고 세정 당국의 고위관리가 처음으로 사실상 증세라는 걸 인정하는 발화를 했다. 이 세제실장이 "담뱃값과 주민세 인상은 증세다"라는, 보다 쉽고 무표적인 표현을 사용할 수 있었음에도 불구하고 이에 비해 어렵고 유표적인 이중 부정의 표현을 사용한 것은 앞에서 본 레빈슨의 M-원리가 적용되어 '담당 고위공직자로서 증세라고 말하기 어려운 사정이 있다'라든지 '증세라는 직접적인 표현은 쓸 수 없다'는 것을 함축할 수 있다. 이에 대해 연합뉴스 등은 "세정당국의 고위관리가 증세라는 걸 인정한 것"이라고 보도했고 이런 보도 내용에 대해 당국의 반박이나 반론권 행사 요청은 없었던 것으로 보아 담당 공직자의 함축을 인정한 결과가 되었다. 이처럼 미묘한 문제에 대해 직접적이고 명시적인 방식으로 답을 하지 못하고 일상 대화에서는 자주 쓰지 않는 유표적인 어법을 구사하는 것은 국내외를 막론하고 공공 담화에서 흔히 볼 수 있다. 예를 들어 터키의 에르도안 대통령은 "(IS 이슬람 국가와의) 전쟁이 우리

국경선 1천 250km를 따라 벌어지고 있다"며 "전쟁이 우리 일이 아니라고 말할 수 없다"고 말했다. 같은 이슬람권인 터키는 처음에는 IS와의 전쟁에 대해 미온적인 입장을 보여 군사 작전에 유보적이었으나 입장을 선회해 미국 등 서방국과 함께 IS에 대한 군사적 공격에 동참키로 하였는데 터키 대통령이 "전쟁이 우리 일이다"라고 말하는 대신 이중 부정을 써서 유표적으로 말한 것은 미국이 주도하고 있는 IS와의 전쟁이 단도직입적으로 터키의 문제라고 표현하고 싶지 않은 속내를 함축하고 있는 것으로 보인다. 군사 작전 중 작전 목표가 아닌 민간인이 희생당하는 경우가 많은데 이를 일상적인 용어가 아닌 "collateral damage"라고 어렵게 표현하는 것은 일반 대중에게 전쟁의 비극적이고 부정적인 측면을 적나라하게 전달하고 싶지 않다는 속내가 작용한 것으로 보인다. 군사 분야뿐 아니라 다른 전문적인 영역에서 가끔 전문가란 사람들이 주로 쓰는 난해한 용어를 여과없이 사용하는 것은 일상 용어를 사용했을 때와 달리 전문성이 돋보인다든지, 일반인들은 쉽게 접근하기 어려운 경지에 있는 것처럼 보이는 우월감이나 차별 의식을 전달하기 위한 전략적 소통의 한 모습으로 해석될 수 있다.

공공 담화에서 Q-원리가 적용되는 사례는 축소 발표의 경우를 들 수 있다. 중국에서는 대형 사고가 발생할 경우 해당 정부 관리가 책임을 지게 하는 법이 있는데 30인 이상의 인명 손실이 있는 경우를 대형 사고로 명시해 놓고 있다. 만약 30명 이상의 사망자가 발생하면 해당 지역의 기초자치단체장이 책임을 져야 하는 것은 명시해 놓고 있는 반면, "사망자 수가 특별히 많을 경우"에는 더 높은 광역자치단체장까지 연대 책임을 지도록 되어 있지만 "특별히 많은" 것의 기준은 명시되어 있지 않다. 그런 까닭인지 그간 일어난 대형 사고를 보면 지린성 탄광 가스 폭발 사고의 사망자는 36명이었고, 홍콩 연안 선박 충돌 사고의 사망자도 36명이었으며, 산시성 옌안시 침대버스 충돌 사고의 사망자도 36명이었다. 뿐만 아니라 저장성 고속열차 사고, 후난성 대교 붕괴 사고, 허난성 폭죽 창고 폭발 사고, 상하이 새해맞이 압사 사고 등 많은 대형 사고의 공식 최초 사망자는 36명으로 발표되었다. 우연의 일치라고 하기에는 대형 사고의 최초 사망자가 항상 36명이란 공식 발표에 대해 중국인들조차 의구심을 갖게 되었다. 중국 네티즌들은 아마도 사망자 숫자 36까지가 광역자치단체장이 문책을 받지 않는 마지노선으로 인식했기 때문인 것 같다고 추정하고 있다. 이런 축소 발표 의혹은 공적인 소통의 신뢰성이 결정적으로 금가게 하고 있다. 따라서 많은 중국인들은 대형 사고 발생시 정부가 "사망자는 36명이다"라고 발표하면 이 발표를 "사망자는 36명 보다 더 많지만 문책 등의 이유로 줄여서 발표한다"라고 해석하고 있다. 다만 이런 의문을 제기하는 네티즌은 공안 당국에 의해 유언비어 유포죄로 체포되고 있는 등 언론의 자유가 보장되지 않고 여론이 조작되어 전체적인 대국민 소통이 경색되는 결과를 낳고 있다. "사망자가 36명이다"라는 발표는 레빈슨의 Q-원리에 의해 '사망자가 36명보다 많지는 않다'를 함축하게 되며, 한발 더 나아가 '이 사고는 그렇게까지 대형 사고는 아니다'를 함축하고 또 더 나아가 '광역자치단체장이 책임질 정도의 큰 사고는 아니다'라는 함축을 교묘히 의도하고 있다. 이런 공공 당국의 면피성 고의적 축소 발표는 언론 조작이나 통제가 없는 가장 민주주의적인 국가로 자부하는 미국에서도 흔히 일어난다. 예를 들면 2014년 9월 19일 곤잘레스라는 히스패닉계가 백악관 담을 넘었다가 체포되었다. 이때 백악관 경호국은 곤잘레스가 백악관의 담을 넘은 뒤 바로 관저 현관문에서 잡혔다고 발표했다. 그러나 실제로는 그가 관저 내부로 들어와 대통령의 연설 장소로 쓰이는 이스트룸까지 침입한 것으로 나타났는데 처음 발표를 들은 사람들은 레빈슨의 Q-원리에 의해 보다 정보량이 높은 "곤잘레스가 관저 내부까지 침입했다'라는 말이 없었기 때문에 그가 이스트룸까지 들어왔을 거라고는 생각하지 않았을 것이다. 경호국이 이처럼 축소 발표를 한 이유는 백악관 경비와 보안을 실패한 것을 덮기 위한 것으로 보인다. 공적이든 사적이든 소통을 하는 가장 궁극적인 이유는 정확한 정보 교환과 의사전달을 통한 상호 신뢰와 조화로운 관계 구축에 있는데 공신력을 지녀야 할 당국의 발표가 다른 정치적 이유 때문에 신뢰받지 못한다면 그 사회는 원활하게 돌아갈 수 없을 것이다. 이는 다음 절에서 볼 하버마스가 주장하는 의사소통적 합리성이 결여된 사회로서 소통적 자세가 아닌 전략적 자세에 불과하며 인간적, 민주적 사회로 나아가는 데 치명적인 걸림돌이 된다.

5. 하버마스의 언어 사용 이론

독일의 철학자 하버마스는 사회철학적 관점에서 언어 사용의 문제를 연구하였는데 그가 화용론을 연구한 것은 화용론이 자신의 사회 이론의 핵심적 요소인 소통적 행동 communicative action 을 구성하는 이론적 토대 역할을 하기 때문이다. 그뿐만 아니라 언어적 소통을 연구하는 화용론은 의미나 진리, 합리성, 행동 등과 관련된 문제들의 이론적 토론에 기여하기 때문이다. 하버마스는 문장을 구체적인 생활 맥락에서 사용하는 행위에 대해 관심을 갖고 일상생활에서 소통할 때 필요한 직관적인 언어 지식을 합리적으로 재구성하는 데 목표를 둔 형식적 화용론 formal pragmatics 의 입장을 택함으로써 특정 상황에서 언어의 변이를 주로 다루는 사회언어학과 구별하고 있다. 그는 거시적 관점에서 언어 사용의 구조와 원리를 연구함으로써 사회적 대화를 왜곡하거나 억압하는 각종 요소를 찾아내고 이성적이고 자유로운 소통을 방해하는 폭력을 비판함으로써 보다 발전된 사회와 이상적인 대화공동체의 건설이 가능하다고 믿었다.

5.1 보편화용론

하버마스는 의사소통에 임하는 주체들은 의사소통에 대해 일반적으로 가정하는 전제presuppositions가 있다고 주장한다. 이 일반적 전제란 의사소통을 통해 상호 이해가 일어나는 과정에서 적용되는 보편적 조건이라고 볼 수 있는데 촘스키 생성문법에서 개별 언어의 문법을 뛰어넘는 보편문법Universal Grammar의 존재를 상정하는 것처럼 하버마스(1998:21)는 실제 언어 사용에서도 독일어나 영어, 한국어 등 개별 언어의 한계를 뛰어넘는 보편화용론universal pragmatics의 존재를 상정하고 있다. 보편문법이 인간 언어 능력의 보편적 제약으로서 언어보편소language universals를 밝히는 데 목표가 있는 것처럼, 보편화용론의 과제는 의사소통에서 가능한 상호 이해의 보편적 조건을 찾아내어 보여주는 것이다. 보다 구체적으로 말하자면 대화 참여자들이 상호 이해를 지향한다면 그것이 가능하도록 구현해주는 그 언어 사용에 내재한 보편적인 속성들을 분석하는 것이 보편화용론이 해야 할 일인데 이런 보편화용론적 분석은 궁극적으로 하버마스가 추구하는 비판적 사회이론을 정립하는 데 기초적인 작업이 될 것으로 보고 있다. 보편문법에서는 언어 보편소를 1)인간의 언어라면 반드시 가지고 있어야 할, 모든 언어에 공통되는 보편소인 절대적 보편소absolute universals와 2)어떤 특성 X가 있으면 반드시 따라오게 되는 Y라는 특성이 있음을 규정하는 함언적 보편소implicational universals 및 3)절대적이지는 않지만, 일반적으로 여러 언어에서 두루 발견되는 특성인 통계적 보편소statistical universals의 세 종류로 구분한다. 이 중 절대적 보편소로는 인간의 언어에는 모두 자음과 모음이 있고, 이 자음과 모음이 결합하여 음절을 이루며, 행위의 주체를 가리키는 표현과 그 행위가 일어나는 모습을 그리는 표현들이 있다는 것이 포함된다. 반면에 술어와 목적어는 절대적 보편소이지만, 이들의 상대적 위치는 언어마다 달라질 수 있는데 만약 어떤 언어가 술어를 목적어보다 앞에 오게 하면 이런 특성의 언어는 전치사를 갖게 되고 반대로 술어가 목적어 뒤에 오면 후치사를 갖게 되는데 이런 특성 간의 함언 관계를 표시한 것이 함언적 보편소이다. 마지막으로 통계적 보편소는 여러 언어에서 흔히 보이는 특성들로서 음절 말에 자음은 3개까지 허락한다든지 yes-no 의문문은 문미에서 상승하는 억양을 갖는다는 것 등이 그 예인데 물론 예외적인 언어들도 있기 때문에 이는 절대적이지는 않다. 다만 조음 기관의 상호 작용이나 인지적 패턴을 고려할 때보다 자연적일수록 보편성이 높다고 볼 수 있는 점에서 통계적 보편소의 의미가 있다.

그런데 하버마스(1971:109)는 이와 유사하게 여러 언어의 언어 사용 측면에서 보편적으로 존재한다고 생각되는 화용적 보편소pragmatic universals를 나열하고 있는데 1)인칭대명사, 2)호격이나 경어법의 사용, 3)지시대명사, 관사, 수사, 양화사 등의 화용적 사용, 4)수행 동사performative verbs의 존재 등을 화용적 보편소로 들고 있다. 즉 어느 언어나 대화에서 말하는 사람을 가리키는 1인칭 대명사가 있고 그 사람의 말을 듣는 2인칭 대명사가 있다. 반면 1인칭도 아니고 2인칭도 아닌, 즉 화자나 청자가 아닌 제3자는 어떤 언어에서는 어휘화된 대명사로 표시하지만 어떤 언어에서는 "그 사람", "그놈"이라든지 "彼女(かのじょ, 그 여자)"처럼 어휘화되지 않은 명사구 표현으로 대신하는 경우도 있어 3인칭 대명사는 화용적 보편소라고 할 수 없다. 유독 3인칭만 대명사가 보편화되지 않은 것은 대화가 화자와 청자 사이에서의 상호작용이라는 점 때문으로 보인다. 화자와 청자는 대화 중 상대방을 지칭해야 할 필요가 많고 따라서 이를 간단하게 어휘화된 대명사로 표시하는 방법이 보편적으로 채택된 것으로 보인다. 반면에 화자와 청자의 대화에 가끔 등장하는 제3의 인물은 1인칭이나 2인칭에 비해 빈도와 중요도에 있어 떨어지므로 굳이 고정된 대명사를 발달시킬 필요가 덜 했을 것이다. 다만 서로 마주 보면서 대화를 나누는 경우 상대방의 성별

을 확인하는 것이 가능하므로 1인칭과 2인칭 대명사 성별 분화가 잘 일어나지 않았지만, 3인칭은 대화 현장에 없는 경우가 많으므로 그를 언급할 때에는 성을 구별할 필요가 있어서 남성 3인칭 대명사와 여성 3인칭 대명사가 나뉘게 된 것으로 보인다. 다만 이것도 단수일 경우이며 복수는 3인칭 대명사의 성별이 구별되지 않는 게 일반적이다. 영어에서도 인칭 대명사 he는 고대영어부터 있었지만, 여성형 she는 중세영어에서나 확립되었다. 한국어에서는 '그'가 인칭 대명사처럼 쓰이고 있지만, 이는 지시사에서 비롯된 것으로 구어적인 표현은 아니며, 3인칭은 여전히 어휘화된 대명사가 발달하지 않았다. 하버마스가 화용적 보편소라고 본 호격과 경어법은 모든 언어에 존재하는 것으로 생각된다. 다만 이를 어떤 식으로 체계화하고 언어 표현으로 실제 구현하는지는 언어마다 다르다. 호격은 인도유럽어족에 속한 언어들은 오늘날 대부분 주격과 같은 격으로 표현해서, 만약 Bill이란 사람을 부를 때에 어형 변화 없이 "Hey, Bill! Come here"처럼 말하지만, 주어로 쓸 때도 "Bill is coming here"처럼 어형 변화 없이 쓴다. 다만 영어도 한때는 호격과 주격을 격어미로 달리 표현하기도 했지만, 호격은 누군가를 부르는 것이라는 특별한 기능을 갖고 있기 때문에 문장에서 다른 격과 혼동될 우려가 덜해서 별도의 굴절어미로 구별하지 않은 것으로 보인다. 경어법 역시 모든 언어에서 어떤 방식으로든 기능할 것으로 생각되는데 한국어처럼 주체존대법, 객체존대법, 압존법 등 문법화된 경어 체계가 있는 언어도 있고 영어처럼 별도의 문법화된 경어법은 없지만, 존경이나 공손을 표할 때 특히 선택되는 어휘나 구문 등으로 경어법이 발달된 언어도 있다.

    그런데 하버마스가 화용적 보편소라고 본 지시대명사, 관사, 수사, 양화사의 용법은 언어마다 이런 문법 범주가 발달한 언어가 있고 아닌 언어도 있어서 절대적인 화용적 보편소로 보기에는 무리가 있다. 특히 관사의 경우는 이를 별도의 문법 범주로 취급하지 않고 다른 언어에서 정관사나 부정관사가 하는 기능을 대치하는 다른 표현들이 발달한 언어들도 많기 때문에 관사를 화용적 보편소로 보는 것은 아마도 인도유럽어족에 속한 언어들의 관점이 반영된 것으로 보인다. 다만 그가 양화사도 화용적 보편소라고 한 것은 아마도 이 장의 앞에서 보았듯이 그라이스나 레빈슨의 화용론에서 양이나 수와 관련된 화용적 함축의 보편성을 염두에 둔 것으로 보인다. 예를 들어 어느 언어나 "Some NP VP"라고 말하면 이는 그라이스의 협조의 원리와 양의 격률을 통해 또는 레빈슨의 Q-원리를 통해 'Not All NP VP'를 함축하는 것이 보편화되어 있다. 마지막으로 하버마스가 또 다른 화용적 보편소라고 본 수행 동사는 화자가 말하면서 수행하는 행위의 이름을 동사로 표현하는 것으로 "You're a totally useless bum"이라고 말했다면 그 화자는 이 말에 수반된 모욕하기라는 언어 행위를 수행한 것이다. 이럴 경우 영어에서는 그 발화수반 행위를 insult라는 동사를 써서 "I insult you"로 표현할 수 있다. 이런 발화수반 행위를 표현하는 동사를 수행 동사라고 하는데 이는 모든 언어에 존재한다고 생각된다. 이에 대해서는 3장에서 자세히 다루고 있다.

지금까지 본 하버마스의 화용적 보편소 외에도 우리는 의사소통적 화용론의 차원에서는 협조의 원리, 격률, 공손의 개념과 전략, 언어 행위의 적정성 조건, 적절성 개념 등이 여러 언어에서 두루 적용될 수 있는 화용적 보편소라고 생각한다. 하버마스가 촘스키 언어학을 공부하고 이 책의 3장에서 다루고 있는 오스틴과 썰의 언어 행위 이론을 탐구하며 보편적 화용론을 주장할 만큼 언어 사용에 관심을 갖고 [의사소통행위 이론]이란 저서까지 낸 것은 그의 책 부제에서 보듯 '행위 합리성과 사회 합리화' 및 '기능주의적 이성 비판을 위하여' 언어 사용의 제 측면을 연구한 것으로 보인다. 즉 그는 화용 이론을 기초로 거대한 사회 이론을 구축하려고 한 것이다. 하버마스는 인간의 상호작용과 의사소통이 일어나는 사회의 제 영역에서 이성과 자율적 토론에 입각한 절차적 심의 민주주의의 가능성을 주창하는데 이 모든 기반은 이성적이고도 합리적인 소통이라는 점을 명확히 하고 있다. 다만 이때의 합리성은 근세 서양 철학에서의 이성적 합리성과는 다른 의사소통적 합리성이란 점이 주목할 만하며 이 점은 화용론이 전통적 의미론이 추구하는 논리적 타당성과 구별되는 소통적 적절성을 추구하는 것과 일맥상통한 것이다. 하버마스의 보편화용론에 따르면 누구의 억압이나 간섭을 받지 않는 의사소통의 상황은 우리의 언어 구조 안에 본질적으로 내재하는 지향성이기 때문에 우리가 선택하거나 거부할 수 있는 것이 아니라고 한다. 이런 자유로운 소통에 대한 믿음과 실천이 사회를 보다 발전되게 하고 합리적인 공동체를 건설할 수 있게 해준다는 것이다. 앞에서 본 중국 당국의 '36명 사망자 발표'는 이런 방향에 역행하는 사례이다. 의미에 대한 형식주의적 접근이나 분석 철학적 논의가 한계에 직면했을 때 현대 화용론이 새로운 돌파구를 열어준 것처럼 하버마스는 소위 이성의 위기에 처한 철학이나 사회학의 새로운 돌파구를 의사소통적 합리성과 이성적이고도 적절한 언어 사용에서 찾으려 한 것으로 보인다. 언어적 화용론에 관심이 있는 우리는, 의사소통적 합리성을 입증하기 위해서 언어적 상호작용에 대한 분석이 선행되어야 한다는 하버마스의 대전제가 타당한 방향설정이라고 평가한다. 더 나아가 언어적 상호작용에 대한 분석의 첫걸음은 상호 이해를 전제로 하는 각종 언어 행위speech act에 대한 분석이다. 따라서 하버마스의 최근 연구는 오스틴과 썰이 정립한 언어 행위의 이론을 의사소통적 관점에서 재조명하는 데 초점이 맞혀져 있는데 이 책의 다음 장에서는 이에 대해 자세히 다루고 있다.

5.2 타당성 주장

하버마스는 사람들이 사회적 관계를 만들고, 유지하고 발전시켜 나가기 위해 의사소통하는 방식을 분석하였는데 의사소통 행위에 참여하는 사람들은 그들의 발화와 관련하여 다음과 같은 타당성 주장 또는 요구들을 제기하고 교환한다고 본다.

① **이해 가능성** Meaningfulness(Verstandigkeit)의 주장
아래 ②부터 ④의 타당성 주장 또는 요구의 기본전제가 되는 이해 가능성의 주장이란 화자가 말한 것을 청자는 이해 가능할 것이라고 주장하는 것이다.

② **진리** Truth(Wahrheit)의 주장
진리의 주장 또는 요구란 화자의 말을 구성하는 명제 내용이 참일 것이라고 주장하는 것인데 이것은 언어가 사실들로 이루어진 객관적 세계에 대응하는 것으로 보는 것이다.

③ **정당성** Rightness(Richtigkeit)의 주장
정당성의 주장 또는 요구란 화자의 발화는 그 발화의 규범적 맥락 속에서 정당할 것이라고 주장하는 것이다. 이것은 정당하게 규제되는 상호 인격적 관계로 이루어진 사회적 세계에 상응하는 것이다.

④ **진정성** Sincerity(Wahrhaftigkeit)의 주장
②에서 본 진리의 주장이 객관성이나 사실성을 담보하는 것인데 반해 진정성의 주장 또는 요구란 화자의 주관적 표현은 진실할 것이라고 주장하는 것이다. 이것은 자신이 처한 상황에서 접근할 수 있는 고유한 경험으로 이루어진 주관적 세계에 상응하는 것이다.

이상과 같은 타당성 주장을 예를 들어 설명하면 다음과 같다. 어떤 젊은이가 여유 자금을 재테크하기 위해 증권회사를 찾아 상담 직원에게 좋은 투자 상품을 물어보았다고 하자. 그 직원이 "적립식 펀드에 장기 투자를 하는 게 가장 현명한 선택입니다"라고 답했는데 만약 그 젊은이가 "적립

식 펀드"가 무엇인지 잘 모른다면 아마도 직원에게 좀 더 자세히 설명해달라고 할 것이다. 그 직원이 처음부터 "적립식 펀드" 대신 "일정 기간마다 일정 금액을 나눠 장기간 투자하는 펀드"라고 말했다면 고객은 상대방 발화에서 이해 가능성의 주장을 좀 더 쉽게 받아들일 수 있었을 것이다. 고객의 요청에 따라 증권사 직원은 "적립식 펀드"의 의미를 자세히 설명함으로써 이제 자기가 말한 것이 이해 가능하다는 것을 정당화할 수 있다. 즉 증권사 직원은 자기의 말이 청자에게 충분히 이해 가능할 것이라는 점을 확인하게 된다. 반면에 "적립식 펀드"가 무엇인지 설명해 달라는 고객의 말에 직원이 한심하다는 듯 쳐다보면서 "적립식 펀드도 모르세요?"라고 오히려 반문한다든지 "installment fund입니다"라고 더 어려운 외국어로 답한다면 청자인 고객은 그 직원의 발화에 내재한 이해 가능성의 주장을 더 크게 의심할 것이다. 물론 대화 첫머리에서 "적립식 펀드"가 무엇인지 이해가 안 되었다고 해서 그 자리에서 대화의 실패를 선언하고 자리를 박차고 나올 사람은 별로 많지 않을 것이다. 특히 자기가 필요해서 스스로 증권회사를 찾아간 경우에는 더더욱 상대방 화자의 말에서 이해 가능성의 주장을 신뢰하고 이해가 될 때까지 의사소통을 계속하려 할 것이다.

비슷한 예로 자신의 몸에 큰 병이 있는 것 같아 병원에 찾아간 사람은 담당 의사가 하는 말을 한마디라도 놓치지 않고 들으려 할 것이고 그 과정에서 의사는 비록 자기가 볼 차트에는 의사 자기만이 알아볼 수 있는 필치로 괴발개발 글을 쓸지언정, 환자와의 대화에서는 충분히 알아들을 수 있도록 말을 할 것이라는 전제를 갖고 이해하려 할 것이다. 그뿐만 아니라 증권사 직원의 경우 그의 말은 발화 당시 참일 것이라고 생각한다. 증권사 직원이 특별한 사유가 있어서 젊은 고객을 현혹하거나 속이려고 하지 않는 한 그의 발화가 사실성이 있을 거라고 청자는 추정하게 된다. 아울러 증권사 직원이 자기 회사에서 판매하고 있는 모든 상품에 대해 정통하며 전문가로서 상담하는 것이 그 발화 맥락에서 정당한 행위로 생각될 것이다. 물론 어떤 투자 상품이 유리할 것인지는 애널리스트마다 다를 수 있지만 적어도 그 상담 직원은 자신이 말한 것이 진실된 것으로 믿을 것이다. 증권사를 찾은 이 젊은 고객은 자신과 상담한 직원의 말투가 왠지 신뢰감을 주지 않는다든지, 직원의 상담 태도가 성실하지 못하거나, 자신과의 대화를 귀찮아하고 있다는 느낌을 가질 수도 있다. 심지어 그 직원이 갓 입사해서 아직 많이 서투른 수습사원은 아닌지 등 여러 가지 이유로 의심할 수 있다. 그럴 경우 젊은 고객은 직원이 한 말의 사실적 타당성을 확인하고 싶어 할 것이며 전문가가 아닌 사람이 고객을 안내할 정당한 권리가 있는지를 따지면서 상대방 말의 진실성을 믿지 않을지도 모른다. 이런 경우들을 제외하고 보통의 상황이라면 화자는 자신의 발화에 대한 이해 가능성의 주장과 사실성의 주장, 정당성의 주장, 진정성의 주장이 청자에게 별문제없이 받아들여질 것으로 생각된다. 또한, 화자와 청자는 이런 타당성 주장을 통해 상호 이해와 상호주관적인 합의(컨센서스)에 도달할 수 있고 이런 합의를 통해 상호 행위조정을 할 수 있다. 소통의 궁극적인 목표는 행위 주체들 간의 신뢰와 조화에 이르는 것인데 그 과정에서 우리는 위의 네 가지 주장 또는 요구에 대한 담화를 거치게 된다.

5.3 사회적 행동

하버마스(1984, 1987, 1998)는 사회적 행동 social action을 소통적 행동과 전략적 행동 strategic action으로 나누었다. 이에 따라 인간의 언어 사용도 소통적 언어 사용과 전략적 언어 사용으로 나눌 수 있다. 우선 소통적 행동이란 대화 참여자의 타당성 주장을 상호 인정하면서 대화하는 행위를 말하지만 전략적 행동이란 계산적 행동 일체를 말한다. 다시 말해서 이해 가능성의 주장과 사실성의 주장, 정당성의 주장, 진정성의 주장이라는 네 가지 타당성의 주장을 서로 인정하면서 대화에 참여하는 소통적 행동은 화청자 사이에 공유된 이해에 도달하는 것을 지향하는 반면, 전략적 행동은 그런 타당성에 대한 확신이 없는 상태에서 상호 이해보다는 오로지 개인의 성공이라는 자기중심적ego-centric 목표를 지향한다. 공유된 이해에 도달한다는 말은 화자와 청자가 서로를 확신시키고 그들의 행동이 이성적인 동기에 기초하여 변화되거나 유지, 조정된다는 것을 말한다. 이런 구분은 앞에서도 보았듯이 의사소통을 사회통합이나 사회진화의 필수적인 기본 요소로 생각하는 하버마스 이론의 규범적 기초를 형성한다. 하버마스의 사회적 행동의 유형을 표로 나타내면 다음과 같다.

[표 5] 사회적 행동의 유형

사회적 행동				
소통적 행동			전략적 행동	
이해 도출 지향 행동	컨센서스적 행동		공개된 전략적 행동	잠복된 전략적 행동
	행동	담화		조작	체계적으로 왜곡된 행동

우선 소통적 행동은 1)이해 도출 지향 행동과 2)컨센서스적consensual 행동으로 나뉘며, 컨센서스적 행동에는 행동과 담화, 즉 말discourse이 있다. 이해 도출 지향 행동은 개인 간의 대화에서 흔히 볼 수 있듯이 특별한 합의점을 목표로 하지 않고 다만 상대의 의도나 믿음, 소망, 계획 등의 이해에 도달하는 것을 지향하는 행동이다. 반면에 컨센서스적 행동은 상호 이해에서 더 나아가 대화 참여자들 사이에서 합의를 추구하는 행동으로서 이상화된 소통의 행동 유형이다. 이런 행동은 대화 참여자들이 대화의 목표와 상황 판단을 공유하면서 소통에 임하고 각자 제기하는 타당성 주장이나 요구에 이견이 없을 때 가능한 행동 유형이다. 이런 상황에서 대화 참여자는 상대방을 인격적으로 대하고 상호 의견을 경청하며, 타인을 기만하

려고 하는 의도나 인종적, 계급적, 성적 선입견을 갖지 않고 진솔하게 답하려고 한다. 또한, 대화 과정에서 제기되는 의문이나 문제에 대해 어떤 금기도 적용되지 않고, 강제적이거나 억압적인 수단으로 발화를 중단하거나 영향을 주어서는 안 된다. 그뿐만 아니라 누구든지 질문에서 제외되는 특권적 불가침권이 허용되어서는 안 된다. 그러나 이런 상황은 문자 그대로 이상적인 상황이며, 대부분의 의사소통 행위는 여러 가지 비합리적, 비민주적, 비인간적 요인에 의해 왜곡되기 쉽다. 예를 들어 2014년 8월에 불거진 28사단에서의 윤 모 일병 사망 사건에 대한 축소, 은폐, 왜곡 과정을 보면 우리 사회의 의사소통이 합리적으로, 민주적으로, 자유롭게 수행되지 못하고 있음을 볼 수 있다. 이는 사회적 의사소통 행동을 소통적 행동이 아니라 일종의 전략적 행동으로 보는 일부 의사소통 주체들의 인식과 태도에서 기여하는데 하버마스는 이런 현실을 극복할 수 있는 규범적 힘을 제대로 된 의사소통에서 찾으려고 한다. 컨센서스적 행동의 하위 유형으로 행동과 담화의 차이는 행동은 소통의 과정에서 제기된 타당성 주장들이 암묵적으로 입증되었다고 생각하며 종결되는 것이지만 담화는 그런 타당성 주장들이 일단 맞는 것으로 가정해 두었다가 주제와 관련되어 검토되는 과정을 거친다는 점이다. 하버마스는 비언어적 행동과 언어적 과정을 동일시하지 않는데 일단 행동에 이르기 전에 거치는 사회적 담화인 언어적 과정은 소통 행동을 조절하는 기제로서 작용한다. 그러나 행동이든 담화든 이런 컨센서스적 행동은 대화 참여자들의 상호 협조적인 태도가 전제된다.

사회적 행동의 하위 유형으로서 전략적 행동이란 소통적 행동에 대립되는 개념으로서 이에는 1)공개된 전략적 행동 openly strategic action과 2)잠복된 전략적 행동 latently strategic action이 있고, 후자에는 또 조작 manipulation과 체계적으로 왜곡된 행동 systematically distorted action이 있다. 공개된 전략적 행동은 소통에 임하는 당사자가 자신이 의사소통에 참여하는 목적이 상대방과의 상호 이해나 합의에 있지 않고 자신의 이익이나 목적을 달성하는 데 있다는 것을 숨기지 않고 대화를 하는 것을 말한다. 예를 들어 국가 간의 자유무역 협상의 대표로 나온 사람은 서로 상치되는 목표를 갖고 있어서 한 치의 양보도 없이 상대방의 주장을 반박하고 자신의 주장을 관철하려고 노력할 것인데 이는 물론 그의 협상 파트너도 그러하며 세부 협상 전략은 비밀이겠지만 이런 양측의 입장은 이미 다 알려진 것이라고 할 수 있다. 이런 대화는 공개된 전략적 행동이지만 소통의 태도나 기본자세를 숨기는 경우는 잠복된 전략적 행동인데 이 중 고의로 비컨센서스적 행동을 함으로써 상대방으로 하여금 거꾸로 그가 진짜 컨센서스 행동을 하는 것으로 속게 만드는 것을 조작이라 한다. 반면에 복수의 대화 참여자 중 하나 또는 일부가 컨센서스적 행동이 겉으로만 유지되고 있고 실제로는 아닌 것을 상대방이 모르게 하면서 대화에 전략적으로 참여하는 것은 체계적으로 왜곡된 행동이다. 흔히 상점에서 가격을 흥정할 때 주인이 "싫으면 말고, 나 이거 안 팔아도 좋아. 이렇게 파는 건 나한테도 밑지는 거야"라고 강하게 나오는 경우가 있는데 그러면 상대방은 그 말의 타당성 주장이 없는 상황에서 아마도 저렇게 이야기하는 것은 진짜로 값이 싸다는 것으로 생각하고 그의 조작적 전략 행동에 말려들 때가 있다. 또한, 미국의 일부 자동차 영업 사원은 고객을 위하는 것처럼 가장하고 감언이설을 퍼붓지만 실제로는 바가지를 씌우고 자신의 이익만을 챙기는 것으로 악명이 높은데 이는 체계적으로 왜곡된 행동의 예라고 볼 수 있다. 최근 한국에서는 방카슈랑스 업무를 하는 일부 은행에서 보험과 적금의 성격이 혼합된 상품을 고객에게 판매할 때 고객에게 유리하게 보이는 부분만 강조하고 깨알 같은 글씨로 된 약관에 있는 불리한 내용은 구두로 설명도 하지 않은 채 서명하게 해서 판매했다가 불완전 판매로 적발된 경우가 있었다. 이 금융 상품의 경우 적금 부분은 다른 상품에 비해 이자율이 비교적 높은 편이었지만, 보험 부분은 가입자가 중도해지 시 받지 못하는 금액이 엄청나게 컸고 보험 혜택도 그리 높은 편이 아니었다. 그럼에도 상담 직원은 이런 불리한 내용은 쏙 빼고 마치 고객을 위한 최고 상품인 양 영업을 했는데 이는 비단 그 영업 사원 혼자만의 문제가 아니라 해당 은행의 잘못된 영업 관행이었다고 한다. 이런 영업 행위는 사회적 행동으로서 문제가 있는 전략적 행동이다. 그 소통의 내용에 대한 최소한의 타당성 검증을 완전히 하지 않은 채 자신들의 실속을 챙기면서도 겉으로는 고객을 위한 것처럼 가장했기 때문에 잠복된 전략적 행동이라고 할 수 있다. 하버마스는 이런 종류의 조작과 체계적으로 왜곡된 행동을 비판하면서 이로부터 진정한 해방과 계몽을 지향하는 사회이론을 구축하려고 한다. 다만 소통적 행동과 전략적 행동을 가늠하는 이론적 토대는 언어적 소통의 핵심인 화용론 연구에서 제공해야 할 것이다.

2장 참고문헌

신봉승. 1996. 신봉승의 조선사 나들이. 도서출판 답게.
장하아얀. 2011. Pragmatic inferences of numerals and partitives: An experimental analysis. 한국언어학회 정기학술대회 발표.
한승조. 1997. 최규하 증언 거부, 나는 이렇게 본다: 돌부처가 지켜낸 바닥난 국가권위. 한국논단 89권.
Apostel, L. 1979. What is the force of an argument? Some problems and suggestion. *RIP* 33: 99-109.
Bencherif, S. and Tanaka, K. 1987. Covert forms of communication. Paper presented at the Autumn Meeting of The Linguistic Association of Great Britain, Bradford.
Bezuidenhout, A. and Morris, R. K. 2004. Implicature, relevance and default pragmatic inference. In I. Noveck and D. Sperber (Eds.), *Experimental Pragmatics*. New York: Palgrave Macmillan, pp. 257-282.
Bousfield, D. 2008. *Impoliteness in Interaction*. Amsterdam/Philadelphia: John Benjamins.
Brown, P. and Levinson, S. C. 1978. Universals in language usage: Politeness phenomena. In E. Goody (Ed.), *Questions and Politeness: Strategies in Social Interaction*. Cambridge: Cambridge University Press.
Brown, P. and Levinson, S. C. 1987. *Politeness: Some Universals in Language Usage*. Cambridge: Cambridge University Press.
Carston, R. 1998. Informativeness, relevance and scalar implicature. In R. Carston and S. Uchida (Eds.), *Relevance Theory: Applications and Implications*. Amsterdam: John Benjamins.
Culpeper, J. 1996. Towards an anatomy of impoliteness. *Journal of Pragmatics* 25: 349-367.
Culpeper, J., Bousfield, D. and Wichmann, A. 2003. Impoliteness revisited: with special reference to dynamic and prosodic aspects. *Journal of Pragmatics*

35: 1545-1579.
Fasold, R. W. 1990. *The Sociolinguistics of Language*. Oxford: Blackwell.
Goffman, I. 1981. *Forms of Talk*. Philadelphia: University of Pennsylvania Press.
Grice, H. P. 1975. Logic and conversation. In P. Cole and J. L. Morgan (Eds.), *Syntax and Semantics 3: Speech Acts*. New York: Academic Press, pp. 41-58.
Grice, H. P. 1981. Presupposition and conversational implicature. In P. Cole (Ed.), *Radical Pragmatics*. New York: Academic Press, pp. 183-198.
Grice, H. P. 1989. *Studies in the Way of Word*. Cambridge, MA: Harvard University Press.
Habermas, J. 1971/2001. Reflections on the linguistic foundations of sociology: The Christian Gauss Lectures (Princeton University, February-March 1971). In *Habermas, On the Pragmatics of Social Interaction*. Translated by B. Fultner Cambridge. MA: MIT Press, 2001: 1-103.
Habermas, J. 1984. *Theory of Communicative Action, Volume One: Reason and the Rationalization of Society*. Translated by T. A. McCarthy. Boston, MA: Beacon Press.
Habermas, J. 1987. *Theory of Communicative Action, Volume Two: Liveworld and System: A Critique of Functionalist Reason*. Translated by T. A. McCarthy. Boston, MA: Beacon Press.
Habermas, J. 1998. *On the Pragmatics of Communication*. Translated by B. Fultner. Cambridge, MA: MIT Press.
Heath, S. B. 1983. *Ways with Words: Language, Life and Work in Communities and Classrooms*. Cambridge: Cambridge University Press.
Horn, L. 1989. *A Natural History of Negation*. Chicago: University of Chicago Press.
Ifantidou, E. 2001. *Evidentials and Relevance*. Amsterdam: John Benjamins,
Kasper, G. and Blum-Kulka, S. 1993. *Interlanguage Pragmatics*. New York: Oxford University Press.
Katsos, N., Breheny, R. and Williams, J. 2005. The interaction of structural and contextual constraints during the on-line generation of scalar inferences. In B. Bara, L. Barsalou and M. Bucciarelli (Eds.), Proceedings of the 27th

Annual Conference of the Cognitive Science Society. Mahwah, NJ: Erlbaum, pp. 1108-1113.

Keenan, E. 1977. On the universality of conversational implicatures. In R. W. Fasold and R. Shuy (Eds.), *Studies in Language Variation*, Washington. D.C.: Georgetown University Press, pp. 255-269.

Kiefer, F. 1979. What do conversational maxims explain? *Lingvisticae Investigationes*, iii (1), 57-74.

Lakoff, R. 1973. The logic of politeness; or minding your p's and q's. *Papers from the 9th Regional Meeting of the Chicago Linguistic Society*, pp. 292-305.

Lakoff, R. 1975. *Language and Woman's Place*. New York: Harper and Row.

Leech, G. 1983. *Principles of Pragmatics*. Essex: Longman.

Leech, G. and Thomas, J. 1990. Language, meaning and context: Pragmatics. In N. E. Collinge (Ed.), *An Encyclopedia of Language*. London: Routledge, pp. 173-206.

Levinson, S. C. 2000. *Presumptive Meanings: The Theory of Generalized Conversational Implicatures*. Cambridge, MA: MIT Press.

Matsumoto, Y. 1995. The conversational condition on Horn scales. *Linguistics and Philosophy* 18: 21-60.

Mey, J. 2001. *Pragmatics*. Oxford: Blackwell.

Putnam, L. L. and Poole, M. S. 1987. Conflict and negotiation. In F. M. Jablin (Ed.), *Handbook of Organizational Communication*. Newbury Park, CA: Sage, pp. 549-599.

Rachels, J. 1999. *The Elements of Moral Philosophy* (3rd ed.). New York: McGraw-Hill.

Recanati, F. 2003. 'What is said' and the semantics/pragmatics distinction. In M. Butt and T. King (Eds.), Proceedings of LFG01 Conference. Palo Alto, CA: CSLI Publications.

Simons, H. W. 1974. Introduction. In G. R. Miller and H. W. Simons (Eds.), *Perspectives on Communication in Social Conflict*. Englewood Cliffs, NJ: Prentice Hall.

Spencer-Oatey, H. 2000. Rapport Management: a framework for analysis. In H.

Spencer-Oatey (Ed.), *Culturally Speaking: Managing Rapport through Talk Across Cultures*. London, Continuum, pp. 11-46.

Spencer-Oatey, H. 2002. Managing rapport in talk: using rapport sensitive incidents to explore the motivational concerns underlying the management of relations. *Journal of Pragmatics* 34: 529-545.

Sperber, D. and Wilson, D. 1986. (2nd ed. 1995). *Relevance: Communication and Cognition*. Oxford: Blackwell.

Tanaka, K. 1994. *Advertising Language: A Pragmatic Approach to Advertisements in Britain and Japan*. London: Routledge.

Thomas, J. 1986. The Dynamics of Discourse: A Pragmatic Analysis of Confrontational Interaction. Unpublished PhD. Thesis, Lancaster University.

Thomas, J. 1989. Discourse control in confrontational interaction. In L. Hickey (Ed.), *Pragmatics of Style*. London: Croom Helm, pp. 133-156.

Watts, R. J. 2003. *Politeness*. Cambridge: Cambridge University Press.

Watts, R. J. 2005. Linguistic politeness research. Quo vadis? In Watts, R, J., S. Ide and K. Ehlich (Eds.), *Politeness in Language: Studies in its History, Theory and Practice*. (2nd revised and expanded edition). Berlin: Mouton, xi-xlvii.

Wilson, D. 1994. Relevance and understanding. In G. Brown, K. Malmkjaer, A. Pollitt and J. Williams (Eds.), *Language and Understanding*. Oxford: Oxford University Press, pp. 35-58.

http://www.foxnews.com/politics/2014/02/02/transcript-bill-oreilly-interviews-president-obama/
http://www.munhwa.com/news/view.html?no=20131226010330307002
http://www.mydaily.co.kr/new_yk/html/read.php?newsid=201309251612231114&ext=na
http://sbscnbc.sbs.co.kr/read.jsp?pmArticleId=10000693804

제3장 언어 행위와 소통

> The single biggest problem in communication is the illusion that it has taken place.
> —George Bernard Shaw
>
> 언어는 인간의 행동이다. 삶 자체가 언어이다.
> —도올 김용옥
>
> You're my tear
> You're my fear
> What more can I say
> 어떤 말을 해야 할지
> 우리는 알고 있지
> 정답은 정해 있는데
> 늘 대답은 어렵지
> —BTS, 「Outro: Tear」 중에서

1. 행위로서의 말하기

1.1 언어 행위의 예

우리는 타인과의 의사소통 과정에서 말로써 여러 가지 일들을 한다. 예를 들어 식당에 가서 종업원에게 말을 함으로써 먹고 싶은 것을 주문할 수 있고, 지하철의 옆 좌석에 앉은 사람이 이어폰도 없이 너무 시끄럽게 DMB를 시청하고 있을 경우 그에게 소리를 좀 낮춰 달라고 정중히 요청할 수 있다. 그럼에도 불구하고 그 사람이 볼륨을 낮추지 않을 경우 이번엔 조금 더 직설적인 어휘를 써서 그에게 매너가 없는 사람이라고 비난할 수도 있다. 학교 수업에 지각했을 때 버스 사고 때문에 지각할 수밖에 없었다고 해명할 수 있으며, 평소 관심을 갖고 지켜본 사람에게 용기를 내어 말을 함으로써 자신의 마음을 고백할 수 있다. 그뿐만 아니라 아고라와 같은 인터넷 사이트에 들어가 메시지를 남김으로써 어떤 사회적 주제에 대한 자신의 의견을 밝힐 수 있다. 이 모두가 음성 또는 문자의 형태로 말을 함으로써 말하기 이상의 다른 행위, 즉 주문하기, 요청하기, 비난하기, 해명하기, 고백하기, 의견 표명하기 등의 다양한 행위를 할 수 있다. 이런 행위들을 언어가 아닌 다른 방식으로 할 수 없는 것은 아니지만, 아마도 대개의 경우 이런 비언어적 수단은 언어에 비해 제 뜻을 정확히 전달하기가 어렵거나, 오해의 소지가 높거나, 노력이 엄청 필요해서 비효율적일 것이다. 말은 어떤 행위를 하는 가장 효과적인 수단으로서 무언가를 지칭하기 위해 사용되는 것만이 아니라 실제로 어떤 일을 하는 것이다. 때에 따라서는 같은 말이라도 다른 행위를 구성하기도 한다. 예를 들어 복면을 쓴 강도가 편의점에 들어와 점원에게 "I've got a gun"이라고 한다면 이 말은 이 문장에 쓰인 단어들의 사전적 의미인 "내가 총을 갖고 있다"는 것만을 의미하는 것이 아니라 아마도 점원에게 '허튼 수작 부릴 생각 말고 순순히 돈을 내놓으라'는 협박하기 행위가 될 것이다. 그런데 같은 말이라도 밤중에 집 안으로 멧돼지가 들어온 것 같아 떨고 있는 아내에게 남편이 "I've got a gun"이라고 말한다면 이는 '여차하면 총으로 멧돼지를 쏴서 잡을 테니 걱정하지 말고 나만 믿으라'는 안심시키기 행위가 될 수 있다. 또한, 어떤 사람이 누군가에게 "Do you want a cup of coffee?"라고 한다면 이는 어떤 상황에서는 'Do you feel a desire to a cup of coffee?'라는 단순한 질문하기의 행위가 될 수도 있고, 또 다른 상황에서는 'I'll make you a cup of coffee if you want'라는 제공하기의 행위가 될 수 있다. 즉 같은 문장이라도 그 문장이 실제 발화된 맥락까지 고려하면 해석은 달라질 수 있다. 다음 (1)부터 (5)까지의 문장을 제시된 맥락에서 어떤 화자

S가 청자 H에게 말했다고 하자. 그럴 경우 그 문장은 화살표 오른쪽에 나온 것 같은 말하기 이상의 어떤 행위를 하는 것으로 해석될 수 있다.

(1) [강도가 편의점에 들어와 직원에게]
　　I've got a gun.
　　→ S is **threatening** H in saying (1)
(2) [같이 식사를 하는 친구의 음식을 보며]
　　There's a spider in your soup.
　　→ S is **warning** H in saying (2)
(3) [형편없는 기안서를 올린 부하직원에게]
　　Even a child can write better than this.
　　→ S is **insulting** H in saying (3)
(4) [기차의 옆 좌석에 앉은 사람에게]
　　Do you know the time?
　　→ S is **requesting** H in saying (4)
(5) [평소 잘 알고 지내던 친구에게]
　　I thought you could have helped.
　　→ S is **reproaching** H in saying (5)

그런데 어떤 문장을 말하는 것이 어떤 행위로 해석될 수 있는지는 그 문장의 단어들이 고정적으로 갖고 있는 어휘적 의미들을 합친 그 문장의 명제적 의미와 그 문장이 발화된 맥락 등을 종합적으로 고려하여 결정된다. 그뿐만 아니라 말한 사람의 의도나 화자와 청자가 서로에 대해 알고 있는 배경 지식 역시 그 언어 행위의 해석에 중요한 역할을 한다. 예를 들어 위에 나온 예문 (2)의 경우 "국에 거미가 있다"고 말하는 것은 일반적으로 '조심하라'는 뜻의 경고하기로 해석되지만, 그 청자인 그 친구가 평소 거미를 너무나 즐겨 먹는다는 것을 화자가 알고 있고, 화자가 그런 사실을 알고 있다는 것을 청자 역시 알고 있으면 이 발화는 경고하기가 아니라 일종의 축하하기의 언어 행위가 될 수도 있다. 따라서 행위로서 발화의 연구는 소통에 관여하는 모든 요소와 그들의 관계를 종합적으로 파악해야 하는 화용적 접근을 필요로 한다.

1.2 사회적 언어 행위

이상의 예에서 볼 수 있듯이 우리가 말을 할 때에는 단순히 말하기라는 행위만을 하는 것이 아니라 그 이상의 여러 다양한 행위도 할 수 있다는 점에 주목하여 영국의 철학자 오스틴J. L. Austin은 훗날 1962년에 How to do things with words란 제목으로 출판된 책을 가능케 한 1955년의 윌리엄 제임스 강연William James lectures에서 "말하는 것은 행위를 하는 것이다. 말은 사물을 지시하기 위해서만 사용되는 것이 아니라 실제로 무언가를 하는 것이다 When one speaks, one performs an act. Speech is not just used to designate something, but it actually DOES something."라고 주장하면서, 언어 사용을 다루는 현대 화용론의 핵심 이론 중 하나인 언어 행위 이론의 초석을 세웠다. 오스틴은 사람들이 언어를 사용할 때 정확한 문장들을 하나씩 고립적in isolation으로 만들어내는 것이 아니라 어떤 행위 속에서in action 문장들을 만들어낸다고 보았다. 소통 과정에서 사람들은 말만 하는 것이 아니라 사과를 한다든지, 요청을 한다든지 또는 거절을 한다든지 하는 다양한 행위를 하면서 말을 사용하는 것이다. 우리가 앞서 본 행위로서의 말하기 예는 인터넷 아고라에서의 토론을 제외하면 주로 개인 대 개인의 사적인 사교적 맥락social context에서 이루어지고 있지만, 다양한 언어 행위는 공적인 사회적 맥락societal context에서도 물론 볼 수 있다. 이와 관련된 실제 사례를 좀 더 자세하게 살펴보자.

첫 번째 예로 미국과 소련이라는 양극 체제에서 냉전이 심화되었던 1950년대 초 미국 전역에 매카시즘McCarthyism의 광풍을 몰고 온 장본인인 조셉 매카시Joseph McCarthy 상원의원은 별다른 증거도 제시하지 않은 채 미 육군 통신대 내부에 소련을 위해 일하는 스파이 조직이 있다고 주장함으로써 전쟁 영웅인 랠프 와이즈 즈위커Ralph Wise Zwicker 장군을 무고하는 등 무리수를 두는 바람에 여론의 큰 저항에 직면하게 되었다. 결국, 1954년 6월 9일의 청문회에서 미 육군 법률 고문인 조셉 나이 웰치Joseph Nye Welch는 매카시에 대해 "Senator… Have you no sense of decency, sir? At long last, have you left no sense of decency?"라고 역사에 남을 만한 직격탄을 날려 청중들로부터 우레와 같은 환호를 받았다. 이 말은 언뜻 보기에 질문으로 보이지만 이는 당사자인 매카시 의원이 아무런 예의도 없는 파렴치한으로서 거짓말을 늘어놓고 있다는 비난의 뜻이 담긴 발화였다. 즉 웰치는 단순히 물어보는 말을 한 것이 아니라 그 속에 청자인 매카시를 신랄하게 공격하는 비난하기 행위를 한 것이다. 이처럼 대화나 담화에서 우리의 말은 말하기로만 끝나는 것이 아니라 말하기 이상의 다른 어떤 종류의 행위를 하는 것으로 볼 수 있다.

이처럼 공적인 소통에서 말하기가 무고하기나 비난하기와 같은 부정적인 행위로만 귀결되는 것은 아니다. 특정한 정치적 목적이나 동기에서 말하는 것은 칭찬하기의 행위가 될 수 있다. 예를 들어 한국의 경우 2013년 4월 당시 검찰총장 내정자였던 채동욱 씨에 대한 인사청문회에서 당시 의원들은 "특별히 흠이 없다"거나 "보좌진들이 파면 팔수록 미담만 나온다더라", "채 내정자는 이명박 정부, 박근혜 정부 인사에는 어울리지 않는 도덕성을 갖고 있는 것 같다. 거의 도덕성에 하자가 없다"고 말했다. 이에 대해 당시 언론 보도는 "채동욱 인사청문회…野(야) 의원들 '칭찬 릴레이'"[연합뉴스]라든지 "채동욱 칭찬 청문회"[오주르디], "채동욱 검찰총장 인사청문회…여야 의원들 '칭찬 릴레이'"[CNBNews]라고 제목을 달았다. 즉 언론에서는 국회의원들이 그런 말은 단순히 말하기로만 끝나는 것이 아니라 그런 말을 함으로써 결국 내정자를 칭찬하는 행위를 한 것으로 본 것이다. 이런 인식은 언론뿐 아니라 민주당 박지원 의원 역시 "인사청문회가 아니라 칭찬회 같아서 좀 어색하다"고 말한 것에서도 드러난다.

마지막 예로 루크 스캇Luke Scott은 미국 프로야구 메이저 리그 출신으로서 2014년에 한국 프로야구 SK 와이번스의 용병으로 왔지만 잦은 부상 때문에 제 몫을 다하지 못해 이만수 감독과 사이가 순탄치 못했다. 2014년 시즌을 앞두고 큰돈을 들여 영입한 새 용병 선수에 대한 기대가 컸던 SK 구단과 이만수 감독은 화려한 메이저 리그 경력을 내세우는 루크 스캇의 돌출적 개인 행위와 도를 넘은 요구를 처음에는 고분고분 받아주었다. 그러나 시즌이 시작되고도 스캇 선수의 부진과 불성실한 태도는 계속되었고 급기야 2014년 7월 15일 이만수 감독과 대화를 하던 중 스캇은 감독에게 "You're a coward. A liar"라는 말을 했는데 이를 두고 일부 언론에서는 "루크 스캇이 공개 항명을 했다"고 보도했다. 언론이 이렇게 표현한 것은 스캇 선수의 그런 행동이 '말하기saying'에 그치는 것이 아니라 '항명하기disobeying'라는 바람직하지 않은 행위였다고 본 것이고, 언론의 이런 판단에 대해 SK 와이번스의 팬 카페를 비롯한 여러 인터넷 사이트에서의 야구 팬들의 논의를 보면 절대다수의 네티즌들도 동의하는 것으로 나타났다. 즉 루크 스캇의 말을 "당당하게 의견 표명하기"라든지 "감독에게 경고하기"로 보는 네티즌은 없었고, 대신 "항명하기", "감독의 정당한 지시에 불응하기"라는 평으로 게시판이 도배되다시피 했다. 루크 스캇의 사례를 통해 드러난 한국 프로야구에서 공적인 의사소통의 또 다른 어두운 면은 그의 계약 과정이 투명한 소통 과정을 거치지 않았다는 점이다. 실제로 스캇과 같은 미국 메이저 리그급 선수를 용병으로 데리고 올 때는 엄청난 금액이 필요하다는 것이 한국 프로야구계에서 공공연한 비밀로 되어 있다. 문제는 이들 용병 선수의 연봉을 포함한 구체적인 계약 내용은 정확하고 분명하게 밝히지 않는 것이 관례여서 스캇 선수의 경우 SK 와이번스 구단의 공식 발표로는 계약금 5만 불에 연봉 25만 불, 총액 30만 불에 계약했다고 나와 있지만 같은 해 미국 프로야구 탬파베이 구단으로부터 받은 그의 연봉이 275만 불이었다는 점에 비추어 보아도 30만 불이라는 구단의 발표는 신빙성이 없고 공식 발표 금액의 10배 정도로 계약했을 것으로 추정되었다. 이는 공공연한 사실이었지만, 구단은 자세한 내역을 밝히는 대신 터무니없는 금액으로 공식 발표하였는데 이런 축소하기나 은폐하기는 비단 SK 구단뿐 아니라 당시 한국 프로야구 구단 전체에 암묵적으로 횡행하던 잘못된 말하기 관행이었다. 이런 프로 야구단의 잘못된 소통은 팬들의 불신을 초래하는 데에 그치지 않고, 한국 프로야구를 바라보는 외국 선수나 에이전트들의 비뚤어진 시선을 자초하였다. 이유야 어디에 있든 사실을 사실대로 말하고 밝힐 수 없는 사회적 맥락에서 이루어진 커뮤니케이션은 상호 의구심을 증폭시킬 뿐 의사소통의 본래 목적인 상호 이해와 교감 및 원활한 정보 교환을 기대할 수 없게 한다.

언어 행위 이론의 창시자인 오스틴은 비록 공적인 소통보다는 개인들 사이에서 일어나는 사교적, 소맥락적 언어 행위에 관심을 두었지만, 그 밑에서 수학한 미국의 철학자 존 썰John Searle은 오스틴의 이론을 이어받아 언어 행위 이론을 보다 체계화하고 그 연구 대상을 사회적, 대맥락적 의사소통에까지 확대하였다. 썰은 언어 행위 이론이 인간의 마음mind과 사회에 대한 철학적 논의의 기초가 된다고 생각한다. 특히 1995년에 나온 그의 저서 The Construction of Social Reality나 2010년의 Making the Social World: The Structure of Human Civilization은 언어 행위 이론을 바탕으로 사회적 온톨로지social ontology의 본질을 파악하려는 시도이다. 그의 논의는 문법과 언어에 국한되지 않고 정부와 가족, 칵테일 파티, 여름휴가, 노조, 돈, 야구 경기 등과 같은 다채로운 사회적 개체나 제도의 존재 양상을 다루고 있다. 이런 모든 사회적 현실에는 인간의 의도적 활동intentional activity이 기저에 존재하며 이런 의도적 활동은 언어 행위라는 소통 방식에 의해 개인의 영역을 넘어 사회 전체에 파급되고 공유된다. 썰에 의하면 사회의 규칙이나 제도 및 집단적 지향성 등은 사회 현상을 구성하는 기본적 원자atom들인데 이것은 다음 절에서 볼 선언declaration이라는 언어 행위에 의존한다고 본다. 예를 들어 우리는 어떤 규칙에 대한 서로가 인지할 수 있는 선언 행위를 통해 그 규칙이 어떻게 적용되는지를 이해하게 되며 그 밖의 모든 사회적 제도나 관습 등도 이런 언어 행위에 의해 만들어진다고 본다. 단 언어 행위에 의해 만들어지지 않는 한 가지 예외적 존재가 언어인데, 언어는 언어 행위를 통해 사회적 현실을 구성하지만, 언어 행위가 언어를 만드는 것은 아니기 때문이다. 그렇다면 모든 사회적 현상의 기초가 되는 언어 행위는 과연 무엇이고 어떻게 분석되는가? 초기 언어 행위 이론을 완성한 것으로 평가되는 1969년의 Speech Acts: An Essay in the Philosophy of Language에서 썰은 언어를 이해하기 위해서는 화자의 의도를 이해해야 하는데 이는 다시 말해서 화자의 발화 행위locution에 수반된 말의 요점이나 힘, 즉 발화수반적 요점이나 발화수반력illocutionary point 또는 illocutionary force을 이해해야 한다고 주장한다. 그는 언어란 의도적 처신 행위intentional behavior이기 때문에 일종의 행동action으로 다루어져야 하며, 다양한 종류의 언어 행위가 의미를 표현하는 언어의 기본 단위라고 주장함으로써, 단어나 문장을 의미 분석의 기본 단위로 간주하는 전통적인 언어학과 차별화를 시도하였다. 다음 절에서는 오스틴과 썰의 언어 행위 이론에 대해 살펴보자.

2. 언어 행위

2.1 언어 행위의 세 측면

우리는 1절에서 말을 하는 것은 행위를 하는 것이라고 했다. 그런데 언어 행위는 몇 가지 다른 측면의 행위들로 나눌 수 있다. 예를 들어 "It's rather hot in here"라는 말을 하는 것은 문자 그대로 '이곳이 좀 덥다'라는 뜻의 말을 하는 발화 행위인 동시에 그 말을 한 사람이 청자에게 전하려고 하는 메시지는 '냉방 장치를 작동시켜라'가 될 수 있기 때문에 말을 하면서 명령 행위를 한 것이다. 물론 이런 명령적인 메시지는 발화의 문자적 의미와는 달리 그 발화가 일어난 맥락에서 추론되어야 하는 맥락 의존적인 의미이다. 청자가 화자의 의도를 모를 경우 화자의 발화에 수반된 명령 행위의 요지는 전달되지 않을 수 있다. 또한, 만약 화자가 그 방이 냉방 장치가 없는 방인 것을 알면서 그렇게 말을 했다면 그때는 '이곳은 너무 더우니 다른 곳으로 가자'는 식의 다른 제안의 메시지를 전달하려 한 것으로 생각할 수 있다. 또는 그 방은 실험에 사용될, 더위에 약한 동물들을 기르는 방이기 때문에 절대 덥게 해서는 안 되는 상황에서 화자가 그런 발화를 했다면 이는 '이 방은 이렇게 덥게 해서는 안 된다'는 뜻의 나무라는 행위를 수반하고 있다고 볼 수 있다. 이런 식으로 어떤 발화를 함으로써 말하기 이상의 다른 행위가 수반되는 것을 알 수 있다. 마지막으로 화자의 그런 말을 듣고 청자는 에어컨 스위치를 누른다든지 아니면 창문을 연다든지, 다른 방으로 화자를 인도한다든지, 또는 다음부터는 조심하겠다고 대답한다든지 해서 그 상황에서 가장 적절하다고 생각하는 반응을 보일 수 있다. 이런 청자의 반응은 화자의 원래 발화의 결과로 일어난 또 다른 행위로 볼 수 있다. 화자가 처음부터 그런 말을 하지 않았더라면 아마도 청자는 그런 결과를 보이지 않았을 것이다. 오스틴은 이처럼 하나의 언어 행위에 상호 연결된 다음과 같은 3가지 측면이 있다고 한다.

1) 발화 행위

화자가 무엇인가를 말하는 행위 the act of saying something의 예로 회사에서 누가 "나 지금 갑자기 외근 나갈 일이 생겼는데, 미안하지만 나 대신 이것 좀 해 줄 수 있어?"라고 묻자 그에 대한 답으로 "이 친구야, 난 아직 점심도 못 먹었어"라는 말을 하는 것은 화자가 발화 시점까지 점심을 먹지 못했음을 말로 표현하는 발화 행위를 하는 것이다. 또한, 대선 후보 토론에서 "저는 국가가 유치원 취학 아동들의 무상교육을 책임지는 것은 당연하다고 봅니다"라고 말했다면 이는 그가 그런 당위성에 대해 말을 한 것이다. 물론 그 토론을 지켜보는 유권자들은 그 후보가 그런 말을 했다면 이는 단순히 발화에 드러난 유치원 무상교육의 당위성 표현 외에 그 후보의 의지나 의도가 발화에 수반되어 있다고 판단할 것이다. 발화 행위는 문자 그대로의 의미, 즉 축어적 의미 literal meaning를 표현하는 것이다. 그러나 우리는 이 발화에는 그런 문자 그대로의 의미만 있는 것이 아니라 다른 종류의 해석이 가능하다는 것을 알고 있다.

2) 발화수반 행위

화자가 무엇인가를 말하면서 동시에 행하는 다른 행위 the act in saying something 또는 what one does in saying it를 그 말의 발화수반 행위라고 부른다. 앞에서 들었던 대선 후보 토론에서 "저는 국가가 유치원 취학 아동들의 무상교육을 책임지는 것은 당연하다고 봅니다"라고 말한 것은 이런 정책을 하겠다는 취지의 공약 행위로 받아들일 것이다. 또한 "이 친구야, 나는 아직 점심도 못 먹었어"라는 말은 화자가 그 말을 함으로써 축어적 의미 외에 "그러니까 내게 부탁하지 마"라는 요청이나 거절을 한 것으로 볼 수 있다. 물론 이런 해석은 맥락이나 화자의 의도에 따라 달라질 수 있어서 "그렇지만 오늘은 자네가 정말 바쁜 모양이니 이번 한 번만 봐 줄게"라고 말하면서 수락할 수 있다. 발화수반 행위는 그 발화의 문장에 문자상으로 드러나 있지 않고 그 속에 들어 있는 화자의 의도, 즉 발화에 수반된 요점을 암시적으로 보여주는 행위이기 때문에 문장에 쓰인 단어들의 사전적 의미만으로는 알 수 없고 화용적 추론의 과정이 필요하다. 오스틴은 이런 발화수반 행위를 "발화로 수행되는 진짜 행위 the real action which is performed by the utterance"라고 했는데 우리가 흔히 '어떤 말의 숨겨진 뜻' 또는 '말귀'라고 하는 것이 바로 발화에 수반된 요점이라고 할 수 있다. 말귀를 못 알아듣는 것은 원활한 의사소통의 능력이 부족하다는 것으로서 사회 활동의 장애 요소로 작용할 수 있다.

3) 발화결과 행위

화자가 어떤 말을 할 경우 그 말은 청자에게 어떤 영향을 주어서 청자로 하여금 모종의 행위나 반응을 불러일으킬 수 있다. 예를 들어 앞서 본 예에서 회사 동료가 자기 대신 무언가 일 좀 해달라고 부탁을 한 것에 대해 "이 친구야, 나는 아직 점심도 못 먹었어"라는 말을 듣고 청자가 기분이 상해서 그 후로는 서로 눈도 마주치지 않는 사이가 되었다면 청자와 소원한 관계를 형성하게 된 것이 이 말의 발화결과 행위이다. 이는 어떤 말을 함으로써 결과적으로 생겨난 다른 행위 the act by saying something라고 할 수 있다. 즉 발화결과 행위는 발화가 있기 전까지의 기존 상황이 그 발화로 말미암아 바뀌게 된 것으로서 이는 청자의 반응 hearer's reaction으로 결정된다. 즉 "나는 아직 점심도 못 먹었어"라고 말한 화자는 그 말을 한 결과 청자와 소원한 관계를 형성하게 될 의도는 전혀 없었을 수 있지만, 그 발화를 들은 청자는 가슴에 상처를 입고 화자와 그런 관계를 갖게 되었다면 그 발화결과 행위는 화자의 의도와는 무관하게 결정되는 것이다. 이 점은 대화나 담화에서의 발화는 어디까지나 화자만의 것이 아니라 결과적인 측면은 청자의 해석에 달려 있다는 것을 보여준다.

이상 언어 행위의 세 측면을 표로 나타내면 다음과 같다.

[표 6] 언어 행위의 세 측면

층위 level	행위의 종류 kind of act	내용 content
발화 행위 locutionary act	무언가를 말하는 행위 the act of saying something	축어적 의미, 화자가 사용한 단어들의 실제 형태
발화수반 행위 illocutionary act	무언가를 말하면서 하는 행위 the act in saying something	화자의 의도, 화자의 말하기에 따라오는 행위
발화결과 행위 perlocutionary act	무언가를 말함으로써 하는 행위 the act by saying something	화자나 청자의 반응, 화자의 말로 인해 실제 일어난 결과

예를 들어 철수가 태호에게 "차 좀 빌려 줄 수 있지?"라고 말했다면 철수는 태호가 철수에게 차를 빌려 줄 수 있는지 물어보는 발화 행위를 했고, 동시에 철수는 태호가 자기에게 차를 빌려 달라는 요청이라는 발화수반 행위를 했다. 만약 그런 요청을 태호가 받아들였다면 철수의 발화결과 행위는 태호가 자기에게 차를 빌려 주도록 설득한 것이다. 한때 "산수유, 남자한테 참 좋은데, 남자한테 정말 좋은데… 어떻게 표현할 방법이 없네, 직접 말하기도 그렇구"라는 광고가 있었는데 이는 발화 행위를 모호하게 하면서도 동시에 산수유가 '남자에게 좋다'는 광고의 발화수반력은 잘 전달되고 있다. 물론 이 과정에서 남성에게 좋다는 것이 구체적으로 어떤 점에서 좋은가는 화용적 추론이 필요한 부분이지만 대부분의 소비자에게는 그 추론이 광고주가 의도한 대로 일어난 것으로 보인다. 그뿐만 아니라 그 결과 소비자들이 그 말에 신뢰를 갖게 되어 소비를 많이 했다면 설득의

발화결과 행위까지 일어난 것이다. 이처럼 언어 행위는 세 가지 다른 측면으로 구성되며 각각은 서로 다른 레벨에서 저마다의 기능이 있는데, 이 구분은 매우 중요한 의의를 지닌다. 예를 들어 요즘 우리 사회에서는 발화의 명예훼손성에 대해 논란이 많다. 그런데 어떤 발화가 명예훼손적인지 아닌지는 판단 기준이 쉽지 않다. 법적으로도 처음에는 화자의 의도를 중시하여 청자가 어떻게 받아들였든 간에 화자에게 그런 의도가 없다고 인정되면 그 발화는 명예훼손적이지 않다고 보았으나 최근 판례의 경우 문제의 발화가 그 대상자에게 미친 영향에 초점을 두는 것으로 옮아가고 있다. 아무리 화자의 의도가 그렇지 않다고 해도 그 대상자가 그 발화 결과 모욕감이나 수치심을 느낄 수 있는 객관적이고 타당한 충분한 근거가 인정된다면 그 발화는 발화결과 행위적 측면에서 명예훼손성 발화로 규정될 수 있다는 것이다. 예를 들어 장길산이란 60대 남자가 동년배인 홍길동이란 사람에 대해 여러 사람이 있는 공개석상에서 이들이 다 들을 수 있도록 "홍길동은 대머리잖아"라고 말할 경우 홍길동은 자신이 대머리인 사실이 밝혀지는 것을 원치 않는다면 장길산의 발화는 분명 홍길동의 입장에서는 모욕적인 발화로 볼 수 있다. 다만 그런 발화의 화자인 장길산은 그 발화를 함으로써 홍길동을 명예훼손할 의도가 없었을 수도 있다. 즉 장길산은 홍길동이 대머리라는 것은 다른 사람들도 다 알고 있는, 새로울 것이 없는 사실이고 60대 남자에게 대머리가 굳이 크게 굴욕적일 것이 아니라고 혼자 생각한 나머지 그것을 말하는 행위도 의도적인 명예훼손 행위는 아니라고 항변할 수 있다. 그러나 중요한 것은 그런 발화가 발화에서 지목된 당사자인 홍길동에게 끼치는 발화결과 행위는 타인들이 보기에도 충분한 모욕 가능성이 있다면 그 발화의 발화수반 행위와 무관하게 발화결과 행위만으로도 명예훼손적 발화로 인정될 수 있다.

언어 행위를 구성하는 세 가지 행위, 즉 발화 행위, 발화수반 행위 및 발화결과 행위 중에서 발화결과 행위는 가장 주목을 받지 못한 부분이다. 그러나 어떤 언어 행위가 성공적인 소통으로 귀결되기 위해서는 말한 것은 물론, 말해진 것에 들어있는 화자의 의도를 이해하는 것만으로는 충분하지 않으며 그 결과로 일어난 화자나 청자에서의 행위가 중요하다. 예를 들어 지난 대선에서 뜨거운 논란이 되었던 대학생 반값 등록금 문제는 그 주제 자체가 폭발적인 반응을 보였고 그것을 대선 공약으로 발표한 사례도 있었다. 그러나 실제로 이 공약이 빈틈없이 이행되어 모든 대학생이 등록금을 반값으로 납부한 일이 벌어지지는 못했다. 우리 사회가 말만 앞세우고 실제 그 결과에 대해서는 무관심하거나 무책임한 사회가 되지 않으려면 공적인 발화를 할 때 자신의 말을 협조의 원리나 격률에 맞도록 명확히 하고, 의도가 잘 전달이 되어 충분히 이해될 수 있도록 함은 물론 그로 인해 화자가 책임질 부분이 생긴다면 책임을 다하고 청자가 응해야 할 부분이 있다면 청자도 이에 적절히 대응할 때에 비로소 완전한 소통이 일어나는 것이다.

2.2 발화수반력 표시 장치

화자가 어떤 언어 행위를 통해 자신의 의도를 적절하게 전달하기 위해서는 이를 잘 표시할 수 있는 언어적 장치들이 필요하다. 이런 언어적 장치를 발화수반력 표시 장치illocutionary force indicating device, 줄여서 IFID라고 부른다. 가장 대표적인 IFID로는 화자가 어떤 언어 행위를 하고 있는지를 명시적으로 보여주는 수행 동사가 있고, 그 밖에도 자신의 발화 의도를 청자에게 전달하는 태도를 보여주는 부사 please와 같은 공손 표지polite marker와 제안을 할 때 관용적으로 쓰이는 Why not?과 수행 동사 없이도 약속을 나타내는 I'll…과 같은 관습화되어 고정된 표현들이 있다. 또한 문장의 끝을 올리거나 내리는 등의 억양intonation도 화자의 다른 의도를 표시할 수 있는 장치가 되며, 문장의 서법mood 역시 발화수반력 표시 장치로 기능할 수 있다. 이 중에서 가장 대표적인 수행 동사와 공손 표지에 대해 알아보자.

2.2.1 수행 동사

예를 들어 영어로 명령이란 언어 행위를 한다고 하자. 명령하기에는 여러 다양한 언어 표현이 가능하다. 그 중 한 가지 방법으로 명령을 나타내는 동사인 command나 order를 다음 예문에서처럼 직접 본동사로 사용해서 명령하기의 발화수반력을 명시적으로 보여줄 수 있다.

> I command you to make me a sandwich.
> I order you to leave early today.

이처럼 동사 자체가 발화수반력을 명시적으로 보여줄 때 이런 동사를 수행 동사라고 하고 그런 수행 동사가 쓰인 문장을 수행문performative sentence 또는 줄여서 performative이라고 한다.

오스틴은 모든 문장을 수행문과 진술문constative으로 양분하면서 수행문은 명령하기, 약속하기, 알려주기 등의 행동인 반면 진술문은 그런 행동이 아닌, 단지 말하기에 국한된 문장이라고 했다. 그에 의하면 수행문과 진술문의 큰 차이는 진술문만이 참 또는 거짓 중의 하나인 진리치를 가질 수 있는 반면, 수행문은 그런 진리치truth value를 논할 수 없고 대신 맥락에서 발화되었을 때 적정한 발화인지 아닌지 적정성felicity만을 따질 수 있다고 했다. 또한, hereby와 같은 부사가 자연스럽게 올 수 있으면 수행문이고 그렇지 못하면 진술문이라고 했다. 예를 들어 I hereby bequeath all my estate to my son이라는 문장은 적정하므로 I bequeath all my estate to my son은 수행 동사 bequeath를 가진 수행문이지만, I am hereby being watched는 부자연스럽기 때문에 be being watched는 수행 동사가 아니며 전체 문장도 수행문이 아닌 진술문이다. 하지만 엄밀히 말해 말하기도 일종의 행동으로 볼 수 있으며 "There is a spider in your soup"과 같은 경고하기에 속한 수행문은 참 또는 거짓을 논할 수 있다. 그뿐만 아니라 말하기 동사에 속하는 state와 같은 동사는 "I hereby state that he is my brother"라는 문장이 가능한 것처럼 hereby와도 같이 쓰일 수 있다. 썰(2002)도 지적하듯이 "I promise to come"처럼 수행 동사가 명시적으로 온 경우도 수행문이지만, "I intend to come"처럼 약속하기의 수행 동사 대신 화자의 의도를 진술하는 동사가 온 경우도 의미상으로 보면 약속이라는 발화수반력을 가진 수행문이라고 볼 수 있다. 수행 동사가 없는 수행문이 가능하다는 점은 오스틴의 수행문/진술문의 이분법적 분류 기준이 항상 성립하지 않는다는 점을 보여준다. 그 결과 썰은 말하기 문장을 포함한 모든 문장은 일단 발화되면 수행문이라고 볼 수 있으며 오스틴이 "수행문"이라고 부른 것은 수행문 중에서 수행 동사가 명시적으로 표시된 특정한 종류의 수행문, 즉 명시적 수행문 explicit performative 이라고 했다.

명시적 수행문은 일반적으로 화자를 나타내는 일인칭 대명사 I 또는 we로 시작하고 그다음에 hereby와 같은 부사가 올 수도 있으며 본동사는 수행 동사가 직설법 현재 시제로 쓰이며 그다음에는 언어 행위의 내용을 서술하는 that-절이나 to-부정사 등의 보문이 따라온다. 때에 따라서는 그런 조건을 갖춘 수동태의 문장도 수행문이 될 수 있다. 다음은 썰(2002:87)에서 인용한 명시적 수행문의 예이다.

    I order you to leave the room.
    I promise to come on Wednesday.
    We pledge our lives, our fortunes and our sacred honor.
    Passengers are hereby advised that all flights to Phoenix have been cancelled.

반면에 다음과 같은 문장들은 명시적 수행문이 아니다.

Will you leave the room?
I promise too many things to many people.
We pledged our lives, our fortunes and our sacred honor.
Passengers will be advised that all flights to Phoenix have been cancelled.

물론 수행 동사 없이 다음과 같이 말해도 청자는 적절한 맥락의 도움을 받아 그 발화에 수반된 화자의 명령이라는 발화의 힘을 알 수 있다.

Make me a sandwich.
Leave early today.

영어에서 '명령하기'라는 언어 행위의 대표적인 수행 동사는 command, order가 있고, '약속하기'라는 언어 행위의 수행 동사는 promise가 있다. '명명하기'의 수행 동사는 name 또는 christen이며, '선고하기'의 수행 동사는 sentence, '요청하기'의 수행 동사는 request가 대표적이다.

2.2.2 공손 표지

수행 동사 외에도 발화수반력을 보여주는 것으로 관습화된 표현들이 있는데 예를 들어 영어에서 please는 그 자체로 공손한 요청을 나타내는 발화수반력 표시 장치가 될 수 있다. please는 원래 '기쁘게 하다 cause someone to feel happy or satisfied'라는 뜻의 동사였지만 각종 언어행위에 수반된 발화자의 의도를 표시하는 화용적 표현으로도 쓰이게 되었다.

우선 영어의 please는 상대방에게 공손하게 요청을 할 때 사용된다. 한국어는 원래 경어나 존댓말이 따로 발달했고 화청자 사이의 적절한 어법을 규정하는 공손법이 문법의 차원에서 작동되기 때문에, 특수한 화용적 기능을 담당하는 영어의 please에 해당하는 말을 사용하지 않아도 크게 공손성이 부족하다고 느껴지지 않는다. 반면에 영어는 한국어의 공손법에 해당하는 문법 체계가 별도로 존재하지 않고 명사나 동사 등의 어휘적 수준에서 반말과 존댓말의 엄격한 구분이 한국어처럼 많이 발달하지 않았다. 그 대신 요청을 공손하게 표현하기 위한 발화수반력 표시 장치로 please가 널리 쓰이고 있다.

please는 요청뿐 아니라 다른 언어 행위에서도 발화수반력 표시 장치 역할을 한다. 예를 들어 질문할 때도 "What type of dog is this, please?"처럼 please를 붙이면 화자가 청자에게 무엇인가를 알기 위해 공손하게 문의를 하고 있다는 것까지 전달하게 된다. 이 의문문에서 please를 생략하면 화자가 청자를 취조하는 것도 될 수 있고, 청자에 대한 비난도 될 수 있으며, 학교 교실에서 교사가 학생에게 하는 확인 질문도 될 수 있다. 또한, please는 문장 내에 다른 발화수반력 표시 장치가 있어도 같이 사용됨으로써 발화수반력을 한층 더 강화해 주는 기능을 한다. 예를 들어 "When you come to my office, would you bring me the book, please?"라고 하면 이미 가정법의 조동사 would가 사용되어 그 자체만으로도 공손한 요청을 표시할 수 있지만, 문미에 please를 추가함으로써 그 효과를 높일 수 있다. 명령에서도 please를 쓰고 안 쓰고는 큰 차이를 가져온다. 따라서 명령이나 지시를 하는 상황에서 화자가 청자에게 공손하게 할 때 please는 선택적인 요소가 아니라 필수적인 표현이다. 한국어에서 경어법은 도로교통법만큼이나 우리의 삶에 직접적으로 간여하는 "법"이기 때문에 이것을 잘 익히지 않으면 사회적으로 인정을 받거나 출세를 하는 데 결정적인 지장을 초래한다. 따라서 한국의 어린아이들이 거의 매일 같이 부모들로부터 존댓말과 반말을 잘 구별해서 말하도록 교육을 받고, 의무 교육과 신체 성장이 거의 끝난 청년들도 군대 훈련소에 가면 적절한 어법을 사용하도록 새로 교육받는다. 매컬로우McCullough(1999)는 Say Please, Say Thank You라는 책에서 미국의 어린아이들은 말을 배울 때부터 "please"와 "thank you"라고 말하도록 부모나 주위 사람들에게 교육을 받지만, 그들이 사춘기에 접어들면 이런 말을 사용하는 빈도가 줄어드는 것을 발견하고 이것이 사춘기 청소년들의 정서적 불안 및 일탈과 관계가 있음을 지적하고 있다. 타인에게 공손하다는 것은 자신을 낮추는 것으로 비추어지기 때문에 유약하거나 비굴한 것처럼 보이지만, 오히려 정신적으로 성숙하고 사회적으로 적응되었다는 것을 의미할 때가 많은데 매컬로우는 please의 적절한 사용이 그 화자가 얼마나 정신적으로 성숙하고 사회화가 잘 이루어졌는지를 가늠하는 척도가 된다고 본다. 화자가 공손한 요청이나 명령을 할 때 please를 사용하지만, 청자 측에서 자신이 들은 요청이나 명령을 공손하게 받아들일 때에도 please를 사용한다. 예를 들어 "Can I come in?"이라는 말에 대해 "Yes you can"이란 답도 가능하지만, 이는 공손하게 들리지 않을 수 있으므로 매우 공손한 허락이나 동의를 표시하기 위해서는 "Yes, please do come in"이라고 한다. 그런데 요청이나 명령에 please를 사용하면 이는 공손함을 나타낼 수도 있지만, 때로는 요청이나 명령 내용의 긴박성과 상황의 심각성을 표시하거나 화자가 그 사건이나 상황에 대해 흥분하거나 주의를 기울이고 있음을 나타내기도 한다. 예를 들어 "Please, please release him! Please, please, please!"는 공손한 요청의 범위를 벗어나 화자의 감정이 극도로 표출된 간청의 행위라고 할 수 있다.

요청이나 명령이 아닌 제안offer을 공손하게 받아들일 때 또는 제안을 긍정적으로 받아들임을 강조할 때에도 please가 사용된다. 예를 들어 파티에서 잘 모르는 사람이 "Would you like a drink?"라고 말하면서 음료수를 권할 때 그냥 "Yes"나 "Yes, I would"라고 말하는 것보다 "Yes, please"라고 말하는 것이 보다 공손하게 그리고 즐거운 마음으로 받아들인다는 것을 표현하는 것이다. 한 걸음 더 나아가 만약 그런 제안을 하는 사람의 이름을 안다면 "Yes, please, David"라고 이름까지 붙여서 말하면 보다 친밀도가 높은 대답이 된다. please는 공손한 요청의 발화수반력을 표시하는 장치이지만 때로는 화자가 원하지 않는 것을 청자가 하지 않도록 요청할 때 please를 사용하는 것은 공손함이 아닌 짜증이나 당황함 등을 표현하는 것이 될 수 있다. 예를 들어 어린아이가 공공장소에서 함부로 옷을 벗으려 할 때 부모가 말리면서 "Johnny, please – people are looking"이라고 할 수 있다. 비슷한 어법으로 "Oh please, is that meant to be a serious argument?"처럼 누군가가 말한 것에 대해 받아들일 수 없거나 믿을 수 없다는 태도를 보일 때에도 please를 사용할 수 있다. 영어의 please는 그 의미화용적 어법이 단순하지 않기 때문에 배론Barron(2003)의 연구에서 보듯이 보다 긴 습득 과정이 필요하고 특히 외국어로서 영어를 배우는 사람들은 자칫하면 오해를 할 수 있다. 영어의 please에 해당하는 한국어 표현으로는 '좀', '쫌'과 '제발' 및 이들이 결합한 '제발 좀' 등이 있다. '좀'이나 '제발'은 공손한 요청이나 명령의 발화수반력 표지로 기능하지만 '쫌'은 짜증을 나타내는 말로 특화되고 있고, '제발 좀'은 '제발'이나 '좀'에 비해 화자의 감정적 측면이 더 많이 드러나는 표현으로 사용되고 있다.

2.3 언어 행위의 적정성

언어 행위에 사용되는 발화는 그것이 의사소통에서 제대로 된 발화로 인정받기 위해서는 충족되어야 할 조건들이 있는데 이를 언어 행위의 적정성 조건 felicity condition이라고 한다. 예를 들어 "나는 너에게 내일 태어날 것을 명령한다"라는 발화는 보통의 상황이라면 아주 어색하게 들리는데, 그 까닭은 사람이 태어나는 것은 명령의 대상이 될 수 없고, 청자가 이미 태어난 상황일 경우 내일 태어나라는 것은 실행 불가능한 일이기 때문이다. 물론 아내의 배 속에 있는 태아에게 예비 아빠가 하루 빨리 세상에 나오기를 바란다는 뜻에서 마치 그 태아가 자신의 말을 알아듣기나 한다는 듯이 장난조로 그런 식의 명령 아닌 명령을 할 수도 있겠지만, 그런 상황이 아니라면 이 언어 행위는 적정치 못한infelicitous 명령하기가 된다. 반면에 "나는 너에게 내일 떠날 것을 명령한다"라는 발화는 대개의 경우 적정한felicitous 발화이다. 명령하기라는 언어 행위는 1)명령의 내용이 앞으로 일어날 일이어야 하고, 2)화자는 그 일이 일어날 수 있고 일어나야 한다고 믿고 있으며, 3)화자가 명령하지 않으면 청자가 그 일을 하지 않을 수도 있고, 4)청자는 화자가 자신에게 명령하고 있다는 것을 알 수 있어야 비로소 적정한 명령하기가 성립한다. 이런 언어 행위로서 명령하기의 성립 조건을 명령하기의 적정성 조건이라고 한다.

2.3.1 적정성 조건

적정성 조건은 언어 행위의 종류에 따라 그 내용이 달라지며, 화자와 청자가 속한 사회의 제도나 법, 문화에 의해 영향을 받을 수 있다. 예를 들어 이슬람 문화권에서는 샤리아sharia라고 하는 이슬람 율법에 따라 남편이 '나는 너와 이혼한다는 뜻의 아랍어인 "Talaq"를 세 번 말하면 이혼이 성립한다. 물론 같은 이슬람이라도 종파에 따라 그 방법은 다른데 수니파에서는 증인이 있는 상황에서 말해야 하며 세 번을 한 자리에서 말해서는 안 되고 각기 한 달씩 일종의 숙려 기간을 두고 말해야 적정한 이혼 선언 행위가 된다. 시아파에서는 증인이 두 명 필요하고 반드시 공개적으로 발화해야 한다는 차이가 있지만, 어쨌든 말로써 부부가 헤어지는 것이 가능한 문화이다. 서양의 법문화에서는 "I sentence you to death"라는 선언 행위는 선고를 내릴 수 있는 권한과 자격이 있는 판사가 사형이라는 중형의 선고를 받을 정도로 중범죄를 저지른 피고인에게, 법정에서 그가 그런 선고를 받는다는 사실을 인지할 수 있도록 발화할 때에만 적정한 언어 행위가 된다. 반대로 판사가 아닌 법원의 다른 직원이나 한 마을의 종교 지도자가 이런 발화를 할 경우는 무효이며, 판사라고 하더라도 그 말을 피고인이 아닌 방청객이나 기자에게 한다면 이는 적정한 선언 행위가 될 수 없다. 또한, 사형이란 중형의 대상이 아니라고 생각되는 노상방뇨 죄로 즉심에 회부된 사람에게 이런 말을 하면 이 역시 논란을 불러일으킬 수 있기 때문에 적정한 선언 행위가 될 수 없으며, 피고인이 자기가 지은 죄의 대가로 사형을 받는다는 것을 인지하지 못하면 그런 선고 또한 적정한 선언 행위가 아니다.

적정성 조건을 잘 이해하기 위해 '경고하기 warning'라는 언어 행위를 보자. 한국이라는 사회에서 일반적으로 받아들여지는 '경고하기'의 적정성 조건은 다음과 같다. (예문 앞의 ??표시는 그 예문이 적정하게 들리지 않는다는 것을 의미함)

■ 경고하기의 적정성 조건

1) 명제 내용 조건 Propositional content condition
   화자가 말하는 내용이 앞으로 일어날 일이다.
   I warn you that it won't be easy.
   ??I warn you that it wasn't easy.

2) 예비적 조건 Preparatory condition
   경고하기의 예비적 조건에는 다음 a와 b의 두 가지 조건이 있다.
   a. 화자는 그 일이 일어날 것이라고 믿고 있다.
      I'm warning you because I believe that it is likely to occur.
      ??I'm warning you because I don't believe that it is likely to occur.
   b. 화자는 청자가 그 일이 일어날 것을 모르고 있거나 최소한 확신하지 않는다고 믿고 있다.
      I'm warning you because you don't know that it will occur.
      ??I'm warning you because you know it will occur.

3) 성실성 조건 Sincerity condition
화자는 그 일이 청자에게 해가 될 것이라는 것을 진심으로 믿고 있다.
I am warning you because it is my genuine belief that it will be detrimental to you.
??I am warning you because it is my genuine belief that it will be beneficial to you.

4) 근본적 조건 Essential condition
화자의 발화는 그 해로운 일이 일어날 것을 청자가 깨닫도록 화자가 노력하는 것으로 여겨진다.
I am saying this as an attempt to have you recognize that something detrimental will happen to you.
??I am saying this but I don't mean to have you recognize that something detrimental will happen to you.

이처럼 '경고하기'는 화자가 청자를 생각해서 청자에게 나쁜 일이 일어날 것을 미리 알려줌으로써 대비하도록 하는 언어 행위이다. 반면에 '협박하기 threatening'는 화자가 자신의 이익을 위해서 청자에게 그의 의사에 반해 어떤 일을 하거나 하지 못하게 하는 언어 행위라는 차이가 있다. 즉 경고하기와 협박하기는 서로 다른 적정성 조건을 갖고 있다.

마지막으로 대표적인 언어 행위인 '요청하기 requesting'의 적정성 조건을 보자. 예를 들어 '차를 좀 태워 달라'는 뜻의 "Can you give me a lift?"란 말은 발화 이후에 차를 태워달라는 뜻일 때만 유효하며 아마도 내가 그런 말을 하지 않으면 청자는 차를 태워주지 않을 거라고 화자가 믿고 있어야 적정한 발화가 된다. 그뿐만 아니라 차가 있는 청자가 차를 몰 수 있고 태워줄 의향이 있으며 화자는 그것을 바랄 때, 그리고 화자의 그런 말이 '차 좀 태워 달라'는 요청의 뜻으로 한 것임을 청자가 이해할 때에 비로소 적정한 발화가 될 수 있다. 이 조건 중 어느 하나가 충족되지 않아도 그 발화는 적정한 요청 행위가 될 수 없다. 요청하기란 화자가 청자에게 어떤 일을 하도록 요구하거나 부탁하는 발화 행위로서 썰(1969)은 요청 행위가 성립하기 위한 적정성 조건을 다음과 같이 설정한다.

- 요청하기의 적정성 조건 (Searle 1969:66)

1) 명제 내용 조건
   화자가 청자에게 요청한 일은 발화 시점 이후에 일어날 일이다.
   I request you to come early tomorrow morning.
   ??I request you to come early yesterday.

물론 같은 동사 request가 쓰이더라도 과거형으로 I requested you to come early yesterday morning (but you didn't listen to me)라는 문장은 어색하지 않은데 이렇게 과거형으로 쓴 문장은 더 이상 요청 행위의 발화가 아니라 과거에 내가 어떤 말을 했었다는 진술 행위의 발화이기 때문이다. 요청 행위의 예비적 조건에는 다음 a와 b의 두 가지가 있다.

2) 예비적 조건 - a
   청자는 그 행위를 할 능력이 있다. 또는 화자는 청자가 그 일을 할 수 있을 거라고 믿는다.
   I request you to clean up the kitchen.
   ??I request you to pick up the stars in the sky.

화자가 청자에게 무언가를 해 달라고 부탁을 할 경우 그 부탁의 내용은 청자가 할 수 있는 범위 안에 있어야 한다. 부엌을 잘 청소하라는 부탁은 청자가 할 수 있는 정도의 일이라면 예비적 조건을 충족하지만 (물론 이 청자가 아직 어린 갓난아기라면 이 요청은 예비적 단계에서 적정하지 못한 언어 행위가 된다), 하늘의 별을 따달라는 것은 연인들 사이에서 장난스럽게 하는 말로서 그 말을 하는 화자 자신도 청자가 하늘의 별을 딸 수는 없다는 것을 잘 알고 있다. 즉 이는 화자 자신이 예비적 조건의 충족 가능성이 없다는 것을 알고 하는 발화로서 요청이라기보다는 상대방이 자신을 얼마나 생각하고 있는지를 확인하고 싶은 마음에서 하는 발화이다. 그렇다고 해서 이 말을 듣는 청자가 정색하면서 "야 하늘에 있는 별을 어떻게 따?"라고 반문한다면 이는 정확한 대답일 수는 있어도 상대방이 바라는 답은 아닐 것이다. 이 경우는 아마도 "그래 내가 언제 달나라에 가면 따 갖고 올게"와 같이 누가 봐도 가능성이 없는 흰소리로 약속을 남발하는 것이 오히려 적절한 대응이 될 것이다. 이런 상황은 정상적인 대화가 아니라 친한 사이에서의 재미를 위한 농담prank 주고받기로 이런 경우의 발화는 적정성 조건의 적용이 유보된다. 요청 행위의 또 다른 예비적 조건은 다음과 같다.

2) 예비적 조건-b
   화자가 그 말을 하지 않으면 청자는 그 일을 하지 않을 것이라고 화자는 믿는다.
   I request you to stop smoking.
   ??I request you to breathe.

썰(1969)이 설정한 요청 행위의 두 번째 예비적 조건은 요청이란 어차피 일어날 일에 대해서는 할 이유가 없다는 논리에 근거한 것이다. 오늘이 가면 또 내일이 오는 것과 같은 자연적 원리나 질서에 대해 특별히 요청할 까닭이 없다. 물론 열심히 금연을 실행 중인 자식에게 부모가 "절대 담배 피우지 말아라"고 말하는 경우가 있는데 이는 어떻게 보면 요청의 예비적 조건을 망각한 발화처럼 보이지만 이 상황에서 부모의 말은 아직 실행되지 않은 일을 앞으로 하라는 요청이라기보다는 지금의 노력을 계속 이어가라는 격려나 경고의 발화수반력을 가진 언어 행위로 보아야 할 것이다.

그런데 이 예비적 조건-b가 썰(1969)에서는 요청 행위의 적정성 조건에 포함된다고 보았지만 썰(1975)에서는 예비적 조건에 빠져 있다. 썰이 설정한 요청의 예비적 조건과 관련해서 다음과 같은 질문을 던질 수 있다. 화자가 요청의 말을 해도 청자는 그 일을 하지 않을 거라고 화자가 믿는 경우 그 요청 행위는 성립하는가? 예를 들어 학교 당국에다가 주말에도 통학 버스를 운행해 달라고 학생회에서 요청한다고 하자. 학생들의 그런 움직임을 감지하고 학교 측에서는 이미 예산 부족 등의 이유로 주말 통학 버스 운행은 불가하며 앞으로 그런 요구가 정식으로 제기되어도 일체 응하지 않겠다는 입장을 수차례 표명했는데 그래도 학생회에서는 정식으로 학교에 요청하기로 했다면 이는 적정한 요청 행위가 될 수 있을까? 썰은 청자가 할 수 있다고 화자가 믿는 행위를 요청해야 한다고 했는데 청자의 능력 부재는 요청이 성립하지 않게 만드는 예비적 조건이 된다. 학생회가 그런 요구를 할 때 학교 당국이 정말로 예산 문제 등으로 도저히 할 수 없는 일이라는 것을 학생회가 믿고 말했다면 이는 적정한 요청 행위가 될 수 없다. 다만 청자의 능력의 문제가 아닌 의지의 문제는 예비적 조건에서 제외된다. 분명히 청자가 할 수 있는 일을 그가 하기 싫거나 할 생각이 없다는 이유로 요청해 봤자 하지 않을 게 뻔한 상황이라도 화자는 청자에게 그 일을 해 달라고 요청은 할 수 있다. 썰의 예비적 조건은 청자의 능력을 믿는 것이지 의지가 있고 없음을 따지는 것은 아니다. 학생회의 요청이 설령 계란으로 바위 치기와 같은 무모한 요청이라고 해도 학교 당국이 그런 능력이 있다고 학생회가 믿는 한 요청 자체는 성립한다.

3) 성실성 조건
화자는 청자가 그 행위를 하길 원한다.
I request you to clean up the kitchen because I want you to do the cleaning.
??I request you to leave early but I don't want you to leave early.

성실성 조건이란 요청을 하는 화자가 그 일을 진심으로 바라면서 그 발화를 해야 요청 행위가 성립한다는 것이다. 예를 들어 어떤 스타 연예인에게 싸인을 해 달라고 요청할 때 "나는 별로 원하지 않지만 그래도 한번 싸인해 주세요"라고 말한다면 화자의 성실성 조건에 어긋난 요청 행위가 된다. 대신 "나야 별로 상관도 없지만, 우리 애들이 엄청 좋아하니 한번 싸인해 주세요"란 발화는 요청 행위가 되는데 이는 '화자의 아이들이 좋아하는 것을 청자가 해주길 화자는 원한다'라는 암시적인 뜻이 들어 있기 때문이다. 따라서 성실성 조건 충족 여부는 겉으로 드러난 화자의 문장만으로 결정해서는 안 되며, 화자의 말에 함축된 뜻까지 포함하여 고려해야 한다.

4) 근본적 조건
화자의 발화는 청자가 그 행위를 하게끔 유도하는 것으로 여겨진다.
I request you to leave early and I am making a solemn request.
??I request you to do me a favor but I am not requesting it.

한때 시골에 있는 나이 든 부모가 집 밖에 나와 추위에 떨면서 "아들아, 날씨가 많이 추워졌다. 그렇다고 보일러 놔 달라는 건 아니다"라는 문구가 들어 있는 보일러 광고가 시선을 끈 적이 있었다. 시청자들은 이 부모가 겉으로는 보일러 놔 달라는 것이 아니라고 했지만 실제로는 그런 말을 함으로써 아들이 알아서 그 행위를 취할 것을 바라고 있고 부모는 야릇한 표정을 지으며 아들이 그렇게 해석하도록 유도하고 있다. 이것은 요청 행위의 근본적 조건을 위반했기 때문에 적정하지 못한 요청 발화라고 볼 수도 있다. 그러나 부모의 말의 톤이라든지 표정 등을 고려할 때 일종의 반어법 irony을 구사하여 겉으로는 요청이 아니라고 하면서 근본적 조건을 무시하고 있지만 속으로는 이것이 정말 바라는 것이라고 요청하는 화자의 발화수반적 의도를 간파할 수 있기 때문에 표면적인 적정성 조건의 위배에도 불구하고 적정한 요청 행위 발화로 볼 수 있다.

요청 화행은 위의 적정성 조건에서 보았듯이 화자가 청자에게 그의 능력을 믿고 무엇인가 해주길 바라는 것으로서 이때 화자는 청자에게 부담감을 느낄 수 있다. 따라서 인간의 사회성을 고려해 볼 때 화자는 보통 상대방이 느끼는 부담을 최소화시키려고 할 것이다. 따라서 요청 행위는 공손성과도 직결되는데 일반적인 가설은 요청을 나타내는 표현이 간접적일수록 공손하다는 것이다. 표현의 직접성과 공손성의 관계에 대해서는 이 책의 4장에서 다루도록 한다.

2.3.2 다른 언어적 조건

이상에서 본 적정성 조건은 성공적인 언어 행위를 가늠하는 중요한 조건이지만 이 밖에도 언어적 의사소통이 제대로 기능하기 위해서는 최소한 충족되어야 할 또 다른 언어적 조건들이 있다. 자신의 의사나 감정을 잘 전달하기 위해서는 메시지가 잘 만들어지고 발화되어야 하는데, 이런 조건을 '적형성 조건 well-formedness condition'이라고 한다. 앞에서 본 적정성 조건 felicity condition은 보다 넓은 수준의 적형성 조건 중 언어 행위에 적용되는 조건이라고 할 수 있다. 언어 표현의 수준이나 차원에 따른 문장이나 발화의 적형성은 다음과 같이 나누어 생각할 수 있다.

[표 7] 언어 표현의 적형성 조건

표현 수준	적형성 조건	예 적형 well-formed	예 부적형 ill-formed
phrase or clause	문법성 grammaticality	I am thirsty. What do you want? Jim was bitten by a dog. → 문법적 문장	I thirsty am. I thirsty. Want what you? Jim dog a bitten → 비문법적 문장
phrase or clause	유의미성 meaningfulness	thirsty dog John bought the book. Unemployed college grads often have violent nightmares. → 의미상 정상인 표현	thirsty desk The book bought John. Colorless green ideas sleep furiously. → 의미상 비정상인 표현
proposition	진리치 truth	메리의 강아지가 스파니엘일 때 Mary's puppy is a spaniel. → 참인 명제	Mary's puppy is a poodle. → 거짓인 명제
speech act	적정성 felicity	신병 훈련소에서 훈련병이 교관에게 "Sir, Trainee Jones reports as ordered!" → 적정한 언어 행위	"Hi there. Do you want me to report?" → 비적정한 언어 행위
utterance	적절성 appropriateness	법정에서 피고인 심문을 하는 장면에서 검사가 피고인에게 "You shot and killed her. Say it!" → 적절한 발화	"I want a hamburger for lunch." → 부적절한 발화

첫째로 통사적 적형성 조건인 문법성은 문장이 제대로 짜여 있는지에 대한 조건으로서 그 문장이 언제, 어디서, 누구에 의해, 무슨 목적으로 사용되는지에 관한 정보인 사용의 맥락과 무관하다. 즉 영어에서 '나는 목이 마르다'라는 뜻의 문장은 반드시 주어인 I 다음에 현재 시제를 나타내는 be 동사의 1인칭 단수 현재 시제형인 am이 뒤따라야 하며 그다음에 형용 술어인 thirsty가 와서 문장이 완성되어야 한다. 이런 문법성의 조건을 어기고 "I thirsty am"처럼 세 단어의 순서를 바꾸거나 "I thirsty"처럼 셋 중의 하나라도 빠뜨리면 문법적으로 부적형인 문장, 즉 비문법적인 문장이 된다.

둘째로 문장이 유의미한지 아닌지에 관한 기준인 의미적 적형성은 명제를 구성하는 요소들이 의미적으로 결합 가능한 것인지에 의해 결정될 수 있다. 예를 들어 사람이 스마트폰을 구입하는 것은 의미적으로 이상하지 않지만, 거꾸로 무생물인 스마트폰이 사람을 구입하는 것은 의미적으로 일탈한semantically anomalous 비적형 문장이다. 또한, 문장의 명제 내용은 그 명제가 가리키는 세계와의 일치 여부에 따라 참 또는 거짓이 결정된다. 예를 들어 태수가 한국에서 태어났을 경우 "태수는 한국에서 태어났다"는 참이지만 "태수는 일본에서 태어났다"는 참이 아니다. 그뿐만 아니라 Bob이 LA에 산다면 LA는 California에 있으므로 "Bob lives in California"는 참인 문장으로서 의미적으로 적형이지만 "Bob lives in LA and Bob does not live in California"는 참이 아닌 문장이다.

적정성 felicity과 적절성 appropriateness은 발화나 언어 행위의 적형성 well-formedness을 결정하는 조건으로서 문법성과는 달리 발화나 행위의 맥락이 반드시 고려되어야 한다. 위에서 본 적정성 조건과 구별되는 적절성 조건을 잘 보여주는 다음 예를 보자. 트윈폴리오가 어떤 행사에 초대를 받아 노래를 불렀는데 그때 이들이 부른 노래는 독일 민요 Zwei Kleine Sterne '두 개의 작은 별'을 번안한 것으로 그 가사 중에 "별이 지면 꿈도 지고 슬픔만 남아요." 라는 구절이 있다. 이 노래가 보통의 행사장에서 불렸다면 아무런 문제가 되지 않았을 텐데, 하필이면 트윈 폴리오가 이 노래를 부른 자리는 12.12사태가 지난 지 얼마 안 되어 기세등등한 신군부 별 72개가 모인 자리였다고 한다. 이들을 모아 놓고 "별이 진다"는 가사를 불러댄 것은 결코 적절치 못한 행위로 볼 수 있다. 실제로 윤형주 씨는 이 노래를 부를 때 분위기가 범상치 않게 변하는 것을 느끼면서 진땀을 흘렸다고 술회한 바 있다. 그런데 실제 일반 대화에서 '적절성'이란 말은 '정확성'과 종종 혼동되어 쓰인다. 예를 들어 2014년 여름을 뒤흔든 윤 일병 사망 사건에 대한 당시 국군 양주병원장 이모 대령의 발언이 "부적절한" 것이라고 국방부 대변인은 말한 바 있다. 그러나 이모 대령의 발언은 당시 사건과 직접 관련성이 있는 것이었기 때문에 우리가 말하는 적형성 조건 중의 하나로서 '적절성'에서는 의심의 여지가 없지만, 여러모로 실제 일어난 사건의 정황을 정확히 기술하고 있지 않다는 점에서 '적절하지만 부정확한' 발언이라고 보아야 한다. 국방부 대변인도 이모 대령의 발언을 "잘못된 이야기"라고 말했는데 이는 사실과 어긋난 발언이라는 점을 인정한 것이다. 2014년 8월 12일 [한수진의 SBS 전망대]에 나온 국방부 대변인은 '잘못되었다'는 것과 '부적절하다'는 두 개념을 혼동하는 듯한 발언을 하고 있다(굵은 글씨체는 저자가 강조한 것임).

▷ 사회자
국방부가 전군全軍을 대상으로 실시한 인권교육에서 '윤 일병 사건이 마녀사냥이다' 이렇게 비유했다는 보도가 있었습니다. 국군양주병원장인 이 모 대령의 발언인데요. 발언 경위, 확인해 보셨습니까?

▶ 국방부 대변인
네, 이것은 도대체 군 차원에서는 이런 이야기를 하면 안 된다고 이미 되어 있습니다. **부적절한**, 개인적으로 발언한 **부적절한** 내용으로 판단됩니다. 어떻게, 왜, 그런 이야기를 했는지는 경위를 파악하고 있습니다만, 어쨌건 이것은 **잘못된** 것입니다. 그래서 개인적으로 실수한 것으로 보기 때문에 이렇게 **부적절한** 발언을 하면, 더구나 병원장이 이렇게 하면, 도저히 용납되지 않는다. 그런 차원으로 우리 군에서는 하고 있고, 특히 지휘관이지 않습니까. 지휘관이 이런 실수를 하면 안 되죠.

▷ 사회자
국방부에서도 매우 부적절한 발언이라고 말씀하셨지만, 이 양주병원장이 윤 일병의 심폐소생술을 담당했던 담당의였다면서요. 그래서 더 충격적인데. 무슨 가해 병사의 폭력을 정당화하는 그런 발언도 했더라고요?

▶ 국방부 대변인

그런 것 같지는 않고요. 어쨌거나 마녀사냥이라든지 이런 것은 **잘못된** 이야기이고 또 선거와 관련된 이야기를 하는 것은, 정치적 발언은 군인은 하면 안 되는 내용입니다. 그런 것도 **부적절하고**

▷ 사회자

"사건이 불거진 데 정치적 의도가 있다" 이런 이야기를 한 걸 말씀하시는 거죠?

▶ 국방부 대변인

그렇죠. 그런 이야기를 하면 안 되죠. 군인은 정치적 중립을 항상 지킬 의무가 있습니다. 그래서 이건 **잘못된** 내용이고 저희들이 잘 조사해서 다시 이런 일이 발생하지 않도록 하겠습니다.

이상의 대화에서 보면 군인이 정치적 이야기를 하면 안 되는데 했기 때문에 잘못된 것과 사실을 정확하게 일어난 대로 말하지 않았기 때문에 잘못된 것은 두 개의 성격이 다른 '잘못됨'으로서 앞의 것은 '적절하지 않은' 발화인 반면 뒤의 것은 '정확하지 않은' 발화로 구별한다. 정확하지 않은 것은 진실이 아닌 거짓말을 하는 것이지만 부적절한 발화는 맥락에 어울리지 않는, 그러나 참일 수 있는, 발화를 하는 것으로서 화자의 의도가 전혀 다르기 때문에 그에 따른 책임 규명을 할 때 다른 결과를 가져오게 된다는 점에서 정밀하게 구별될 필요가 있다.

공적인 소통에서 난처한 입장에 처한 나머지 "이 일에 대해 언급하는 것은 부적절하다"란 식으로 회피하는 경우를 종종 볼 수 있다. 그런데 정작 사람들은 그 공인으로부터 무엇인가 답을 기다리고 있는데도 이에 대해 시원하게 말을 하는 것이 부적절하다는 것은 말이 궁하다는 것을 시인하는 것으로 해석된다. 말을 해야 하는 자리에서 하지 않는 것은 말을 아끼는 것이 아니라 말해야 하는 의무를 저버리는 것이다. 예를 들어 세월호 사건 실종자 가족들이 단식 농성을 하는 자리 옆에서 일부 반대자들이 이를 비아냥대는 이른바 "폭식 투쟁"을 벌여서 문제가 되었다. 이와 관련해서 기자들이 주무 장관인 해양수산부 장관에게 이에 대한 의견을 묻자 해당 장관은 "여기서 말하는 건 적절치 않다"고 말을 아꼈다고 보도되었다. 그러나 많은 사람에게 이는 말을 아낀 것이 아니라 곤혹스러운 주제에 대해 말을 안 하고 침묵으로 일관한 것으로 해석된다. 이 책의 앞 2장에서 본 그라이스의 격률을 적용할 때 장관이 말을 해야 할 때 하지 않는 것은 양의 격률을 어긴 것으로서 격률 회피에 해당하며 이는 공적 소통에서 권한을 가진 사람의 무책임한 자세로 보인다. 이에 대해 답변을 하는 것은 "적합한 말을 하라"는 관계의 격률을 준수하는 것인데 이를 전면 부인하는 것은 국민의 공복으로서 국민들에게 무례한 태도로 비추어진다.

'부적절하다'는 말로 해야 할 답변을 거부하는 사례는 고위 공직자 임명을 위한 인사청문회에서도 자주 볼 수 있다. 김종덕 문화체육관광부 후보자는 2014년 8월 19일 인사청문회에서 세월호 참사가 일종의 '교통사고'라는 황우여 교육부 장관의 주장에 대해 어떻게 생각하느냐는 청문위원의 질문에 대해 "제가 말씀드리기 적절치 않아 보인다"고 더 이상 답을 하지 않았다. 그뿐만 아니라 자니윤 씨의 한국관광공사 감사 임명을 둘러싼 논란에 대해 "자니윤 씨가 그 자리에 임명된 건 제 인사 사항이 아니라서 그 내용에 대해 말씀드리기는 (적절치 않다)"라고 했는데 임명권자로서 의견을 묻는 것이 아니라 관광공사의 주무 부서의 장으로서 의견을 묻는 것조차 답변이 부적절하다고 회피한 것은 지나친 몸사리기라는 지적이다. 이런 부적절함을 이용한 소통 거부 현상은 권한이 많은 사람일수록, 책임을 져야 할 사람일수록 민감한 사안에 빠져들기를 피하려고 하는 보신주의와 무사안일에 빠지기 쉽다는 것을 보여주는데 지난 아시안 게임에서 일어난 카메라 절도 사건에서도 볼 수 있다. 당시 카메라를 훔친 것으로 알려진 일본의 수영 선수는 한국 경찰 조사에서는 절도를 시인하였고 이에 대해 일본 선수단장은 기자회견을 열어 공식으로 사과하였다. 그런데 문제의 이 선수는 일본으로 추방당하면서 절도를 부인하는 듯한 발언을 했고 이에 대해 기자들이 당시 단장에게 진위를 물어보는 질문을 하자 "질문과 대답의 맥락이 명확지 않아서 그에 대해 논평하는 것은 적절치 않다"고 말하고 답변을 피하였다. 당시 상황을 누구보다 잘 알고 있고 사건 당사자인 수영 선수로부터 모든 진상을 보고받은 단장이 이에 대해 말하는 것을 적절치 않다고 얼버무리는 것은 원활한 공적 소통을 가로막는 불통의 자세로 볼 수밖에 없다.

2.4 언어 행위의 유형

우리가 말로써 할 수 있는 행위, 즉 언어 행위에는 어떤 것들이 있는가? "나는 너에게 떠날 것을 명령한다"란 말은 '명령하다'란 동사가 있어 명령 행위로 보는 데 어려움이 없고, "나는 네게 매일 아침밥을 지어줄 것을 약속한다"란 말은 "약속하다"라는 동사가 있어 약속 행위임을 알 수 있다. 이처럼 언어마다 인간의 행위를 표현하는 동사는 많이 있다. 그런데 언어 행위와 언어 행위 동사는 일대일 대응 관계를 갖지 않는다. 언어에 따라 특정한 언어 행위를 표현하는 언어 행위 동사가 발달되어 있는 언어도 있고 그렇지 못한 언어도 있다. 예를 들어 영어의 redeem이란 단어는 여러 뜻이 있지만 그중에 yourself와 같은 재귀대명사를 목적어로 취할 때는 "do something that makes people have a good opinion of you again after you have behaved or performed badly"라는 뜻이 되는데, 이를 온전히 한 단어의 한국어로 바꾸는 것은 불가능하다. 따라서 Shawshank Redemption이란 영화는 한국에서 "쇼생크 탈출"이라고 번역되었는데, 이 번역 제목만을 들으면 마치 이 영화가 주인공이 감옥에서 탈출하는 것에 초점을 맞춘 것 같은 느낌을 주지만, 정작 영화에서는 주인공이 억울한 누명을 쓰고 감옥에 들어왔음에도 불구하고 포기하지 않고 오랫동안 끊임없이 노력해서 마침내 자신의 명예와 부를 회복하는 데 초점을 두고 있다. 영화 제목에 "redeem"이란 단어가 있는 것을 보고, 주인공의 탈출 행위에 포커스를 두고 감상하기 보다는 자신의 명예를 회복하기 위해 노력하는 모습에 포커스를 두고 감상해야 진가를 느낄 수 있는데 이처럼 번역의 차이는 이해의 차이를 가져올 수도 있다.

이와 반대로 '억울하다'라는 말은 한국어에서 자주 쓰이는 말이지만 이 의미를 완전하게 옮겨줄 영어 표현은 없다. 이 점은 언어 행위의 숫자나 종류를 단순히 그 언어 행위의 발화에 쓰인 동사만으로 정할 수 없다는 것을 일깨워준다. 단어는 또 새로 생겨나기도 하고 없어지기도 한다. 새로운 문물이 생겨남으로써 이에 맞추어 새로운 단어가 만들어져 쓰이는 것은 자연스러운 현상이다. 이 점은 언어 행위의 분류를 언어 행위의 동사만으로 하는 것이 비효율적인 것을 넘어 불가능하다는 점을 시사한다. 학자마다 언어 행위의 분류 방식은 다른데 오스틴과 같은 학자는 가급적 포괄적인 적은 수의 범주만을 설정하여 이 안에 모든 언어 행위를 다 집어넣으려고 하는 예도 있고, 보다 세분해서 500~600개나 되는 언어 행위의 범주를 설정하는 사람도 있다. 앞서 1장에서 보았던 버슈어렌(1980:4)은 "언어는 물리적, 생물학적 현실보다 분명히 덜 복잡하다. 생물학자들에 의하면 3만 종의 거미와 25만 종의 딱정벌레가 있다고 한다. 언어학자들이 생물학자들처럼 끈기 있게 분류를 계속한다면 전체 동물 왕국에서 천문학적 숫자에 육박하는 언어 행위의 집합을 얻어낼 수 있을 것"이라고 다소 냉소적으로 말하고 있다. 언어학에서의 언어 행위 분류는 개념을 기반으로 하는 것이어서 실물을 직접적으로 분류하는 생물학에서의 분류와 차원을 달리한다. 수십억의 인류를 A-B-O 혈액형 분류로 4가지 유형으로 나눌 수 있는 데 비해, 그 수가 얼마나 될지는 모르지만 수많은 언어 행위를 몇 개의 유형으로 나눌 수 있을지는 쉬운 문제가 아니다. 한 가지 확실한 것은 어떤 언어든 그 어휘는 유한하고 다행인지 불행인지 몰라도 언어 행위를 표현하는 단어의 숫자는 천문학적이기는커녕 모국어 화자라면 충분히 마스터할 수 있을 정도로 적은 게 사실이다. 어찌 되었든 지금까지 언어학에서 언어 행위의 유형별 분류로 가장 대표적인 것으로는 언어 행위에 대한 오스틴의 다섯 범주의 분류와 발화수반 행위에 대한 썰의 또 다른 다섯 범주의 분류 및 리치의 의사소통 유형에 따른 언어 행위 분류가 있는데 이에 대해 차례로 검토하기로 하자.

2.4.1 오스틴의 분류

오스틴(1962)은 언어 행위를 다음과 같이 다섯 가지로 분류하고 있다.

1) 평결 행위

평결 행위 verdictive란 어떤 대상에 대해 평가하거나 판단하는 행위를 말한다. 오스틴은 이를 "판단의 행사 exercise of judgment"라고 말하는데 대표적인 평결 행위는 법정에서 배심원이 피고에 대해 유무죄를 가려내는 행위가 있고 운동 시합에서 심판이 선수들에 대해 판정을 내리는 것 등이 있다. 이런 평결 행위를 나타내는 평결 행위 동사 speech act verb of verdictives에는 다음과 같은 것들이 포함된다.

> *acquit, convict, find (as a matter of fact), hold (as a matter of law), call, interpret as, understand, read it as, rule, calculate, reckon, estimate, locate, place, date, measure, put it at, make it, take it, grade,*
> *판정하다, 의결하다, 논평하다, 감정하다, 평가하다, 심판하다*

예를 들어 다음 문장에서 진하게 표시한 것은 이런 평결 행위를 나타내는 술어이다.

I **find** him guilty.
I **reckon** that we would reach our destination by 11:00.
I **diagnose** ADHD after assessing the child thoroughly.

같은 find라고 하더라도 I can't **find** an answer to the question과 같은 예문에서 'discover, encounter'의 뜻으로 쓰일 경우는 평결 행위를 나타내는 술어가 아니다. 하나의 단어가 반드시 하나의 고정된 언어 행위를 표현하는 술어로 사용되는 것은 아니며, 때에 따라 여러 다른 언어 행위를 표현할 수도 있다.

2) 설명 행위

오스틴의 두 번째 언어행위 유형은 설명 행위expositive인데, 이에는 대답하기, 논쟁하기, 긍정하기, 부정하기 등과 같은 행위들이 속한다. 설명 행위는 누군가가 방금 한 말이나 논증에 대해 언어로 자기의 반응을 표현하는 것이라는 점에서 다른 유형의 언어 행위와 구별된다.

I finally **concede** that he was right.
I (=The fire marshall) **affirm** that nobody was killed in the fire.
We **object to** using surveillance cameras proposed by the police department.

설명 행위는 그 자체로 끝나는 것이 아니라 다른 언어 행위와 연결될 수 있다. 이를테면, "We object to the proposal"은 'We express our dislike or disapproval of the proposal'로 해석될 수 있다. '~에 반대하다'란 '~에 대해 좋아하지 않거나 동의할 수 없음을 말하는 것'으로서 앞서 본 평결 행위verdictive나 다음에 볼 처신 행위behavitive와 중첩된다. 오스틴에 의하면 이런 행위는 다음과 같은 술어들로 나타낼 수 있다.

affirm, deny, state, reply, argue, concede, ask, report, swear, remark, mention, inform, tell, answer, accept, withdraw, agree, object to,
긍정하다, 부인하다, 반대하다, 주장하다, 알려주다, 해설하다

3) 권한 행사 행위

권한 행사 행위exercitive란 권리나 영향력을 행사하는 행위이다. 이때 권리 또는 영향력은 화자 자신에게 법적으로나 제도적으로 또는 계약적으로 부여되었거나 대화상대방과의 관계에 의해 명시적 또는 암시적으로 인정된 것 등이 모두 포함된다. 대표적인 것으로 직장 상사가 부하 직원에게 명령하는 것, 대통령과 같은 임명권을 가진 사람이 공직자를 지명하는 것 등이 있고 어떤 사안에 대해 지식이나 경험이 많은 사람이 그렇지 못한 사람에게 권고하는 것과 어떤 책무를 담당하는 사람이 자신이 책임진 상황에 부정적인 결과를 초래할 수 있는 행위를 하려는 사람에 대해 경고하는 것 등이 포함된다.

I(=The US President) **appoint** Ms Kagan to the U.S. Court of Appeals.
I **name** you for the position.
I **warn** you to be on time.

권한 행사 행위가 앞서 본 평결 행위와 다른 점은 단순히 자신의 의견을 표명하는 것에서 그치는 것이 아니라 세상의 모습이 이러이러한 것이 되어야 한다고 영향력을 행사한다는 점이다. 권한 행사 행위를 나타내는 동사에는 다음과 같은 것들이 있다.

appoint, degrade, demote, dismiss, excommunicate, name, order, command, direct, sentence, fine, grant, levy, vote for, nominate, choose, claim, give, bequeath, pardon, resign, warn, advise, plead,

pray, entreat, beg, urge, press, recommend, proclaim, announce,
지명하다, 해고하다, 위임하다, 지휘하다, 거부하다, 선발하다

4) 처신 행위

처신 행위란 사과하기나 감사하기, 칭찬하기, 위로하기, 축하하기 등과 같은 대인 관계에서 상대방에 대한 나의 태도attitude를 나타내거나 사회적 처신social behavior과 관련된 다양한 모습들을 보여주는 행위를 의미한다. 우리가 흔히 사회적으로 출세하기 위해서는 처신을 잘 해야 한다는 말을 하는데, 어떤 상황에서 사회적으로 공인되거나 수용될 수 있는 적절한 방식으로 상대방에 대한 자신의 태도를 보여주는 것은 매우 중요하다. 사실 이 범주에는 거의 모든 사회적 행동들이 포함될 수 있기 때문에 오스틴의 언어 행위 분류에서 가장 느슨한 부분이라고 할 수 있는데 이를 표현하는 술어로는 다음과 같은 것들이 포함된다.

apologize, thank, deplore, commiserate, compliment, condole, congratulate, sympathize, resent, pay tribute, complain of, applaud,
칭찬하다, 위로하다, 축하하다, 불평하다, 감사하다, 분노하다

5) 언약 행위

언약 행위commissive는 어떤 일이나 책임을 떠맡거나 약속하는 행위이다. 언약 행위를 한 화자는 그 일을 실행할 것이 요구된다. 아빠가 아들에게 자전거를 사주겠다고 하는 것에서부터 선거에 나선 공직 후보가 유권자를 상대로 공약하는 것까지 모두 언약 행위이다. 한국어에서 언약 행위를 나타내는 수행 동사로는 '약속하다'라는 동사가 대표적이지만 많은 경우 그런 명시적 수행 동사를 사용하지 않고 단지 술어의 어미부에 '~할게'만을 써서 언약 행위를 표시할 수 있다. 예를 들어 "새해에는 꼭 금연할 것을

약속한다"라고 명시적 수행문으로 언약 행위를 해도 되지만 "약속하다"라는 동사 없이 그냥 "새해에는 꼭 금연할게"라고 해도 화자는 청자에게 언약의 행위를 한 것으로 볼 수 있다. 언약 행위의 수행 동사에는 다음과 같은 것이 있다.

> *promise, contract, undertake, bind myself, give my word, am determined to, intend, declare my intention, mean to, plan, purpose, propose to, contemplate, engage, swear, guarantee, pledge myself, bet,*
> 약속하다, 다짐하다, 서약하다, 편들다, 떠맡다, 계약하다

이상 오스틴의 분류는 언어 행위를 몇 가지 기본 범주로 나눈 최초의 시도라는 점에서 의의가 있지만 실제로 여러 문제점을 내포하고 있다. 우선 오스틴은 동사를 기준으로 언어 행위의 유형을 분류한다. 그런데 동사가 없어도 언어 행위는 발생할 수 있다. 예를 들어 동사 없이 "How about a trip to the zoo on Saturday?"라고만 해도 이 발화의 화자는 제안을 하는 것으로 추정할 수 있다. 한국어에서도 가령 아버지께서 아들의 성적표를 보시곤 "이 못난 놈"이라 하면 이는 동사가 쓰이지 않았지만, 이 상황에서 아버지께서 아들을 꾸짖는 것으로 볼 수 있다. 이럴 경우 "이 못난 놈이라고 나는 너를 꾸짖는다"라고 꾸짖음의 언어 행위 동사를 사용하는 것이 오히려 더 부자연스럽다는 점은 언어 행위를 하기 위해 언어 행위 동사가 명시적으로 표현될 필요는 없다는 것을 보여준다. 그뿐만 아니라 언어들을 비교해 보면 동사와 언어 행위 사이에 고정된 일대일 대응관계가 존재하지 않음을 알 수 있다. 일례로 영어에서 ask는 I ask you to remain seated와 I ask you a question about the accident에서는 둘 다 같은 동사 ask가 쓰였지만 앞의 것은 요청하는 것이고 뒤의 것은 질문하는 것으로서, 두 가지 다른 언어 행위를 표현하는 반면, 한국어에서 이 두 가지 다른 언어

행위는 '요구하다'와 '묻다'라는 각기 다른 동사로 표현된다.

영어만 국한해서 살펴보아도 오스틴의 언어 행위 분류는 문제점을 갖고 있다. 일단 이 분류는 모든 언어 행위를 다 포괄하지 못하기 때문에 영어의 모든 동사가 총망라되지 못하고 있다. 아울러 언어 행위는 매우 많이 있는데, 그것을 5개의 범주로 묶을 경우 그 분류의 기준이 일관성이 있어야 하며 모든 가능한 언어 행위를 다 포함할 수 있어야 한다. 그런데 '처신 행위'는 '권한 행사 행위' 또는 '평결 행위'와 상호 완전히 독립적인 범주라고 말할 수 없어서, resent나 complain of가 처신 행위에 속한다고 하지만 이는 다른 측면에서 볼 때는 자신의 판단이나 평가가 개입되는 것으로 볼 수 있어서 일종의 평결 행위로도 분류될 수 있고, 예를 들어 제값 내고 정당하게 물품을 구입한 소비자처럼 물건을 판 상인에게 불평할 수 있는 자격이나 권리가 있는 사람이 complain을 할 경우 이는 일종의 권한 행사 행위도 될 수 있다. 더 나아가 같은 동사라고 할지라도 맥락에 따라 다른 의도를 표현하기 위해 쓰일 수 있다. 가령 "그것 참 맛있게 생겼는데"라는 발화의 본동사는 '생겼다'로서 이는 사물의 형상을 기술하는 술어이다. 또한 누군가가 도서관 책상에 있는 책을 치우려고 하자 "That's my book"이라고 했다면 이 문장에 쓰인 be 동사는 계사로서의 역할을 하고 있다. 그런데 오스틴의 분석에서 이런 술어들이 쓰인 문장의 언어 행위 유형은 무엇인지 확실치 않다. 오스틴의 다섯 범주, 즉 평결 행위, 설명 행위, 권한 행사 행위, 처신 행위, 언약 행위 이외에도 많은 유형의 언어 행위를 설정할 필요가 있다. 가령 "그것 참 맛있게 생겼는데"라는 문장은 발화 맥락에 따라 청자의 요리 솜씨에 대한 칭찬도 될 수 있고, 화자인 내가 맛볼 수 있게 조금 줄 수 있느냐는 요청도 될 수 있으며, 그것을 주지 않으면 화자와 청자 사이에 좋지 않은 일이 벌어질 수 있다는 협박도 될 수 있다. 또한 "That's my book"은 단순 서술 행위act of stating일 수도 있고, 건드리지 말라는 경고 행위act of warning도 될 수 있다. 가령 대형 여객선사의 선주가 자기 직원에게 "우리 여객선에 예술 작품을 전시할 전시실을 만들어도 좋을 것 같군"이라고 한 것은 형식적으로 볼 때는 자신의 의견을 말한 평결 행위처럼 보이지만 이 말을 듣는 직원은 그 말의 의도는 단순히 의견을 개진한 것이 아니라 그렇게 되도록 하라는 일종의 지시 행위로 인식할 가능성이 높다. (그렇게 생각하지 못하면 오히려 눈치 없는 무능한 직원으로 낙인이 찍힐 수도 있다.) 따라서 중요한 것은 발화에 쓰인 동사 자체가 아니라 그 동사를 포함한 화자의 발화 전체가 구체적인 맥락에서 화자의 어떤 의도를 전달하기 위해 쓰인 것이냐는 점이다. 즉 언어 행위의 분류는 결국 화자의 발화수반 요점을 파악하는 데 초점을 맞출 필요가 있다. 이런 관점에서 썰(1977)은 A classification of illocutionary acts란 논문에서 오스틴의 언어 행위의 분류 대신 발화수반 행위의 분류를 다음과 같이 제안한다.

2.4.2 썰의 발화수반 행위 분류

썰(1977)은 언어 행위 중 가장 핵심적이라고 생각하는 발화수반 행위를 다음과 같이 5개 범주로 분류하였다.

1) 진술 행위

진술 행위assertive란 사실에 대해 서술하는 것statement of fact로서 그 말이 참인지 아니면 거짓인지를 따질 수 있는 단언 행위이다. 예를 들어 "Mary has a little lamb"이란 진술 행위는 메리가 어린 양을 갖고 있을 때 참이 된다. 반면에 "Does Mary have a little lamb?"이란 말은 사실에 대한 언급이 아니며 참이나 거짓을 따질 수 없기 때문에 진술 행위가 아니다. 어떤 진술 행위를 하는 화자는 자신이 말한 말의 내용이 발화가 일어난 세상에 부합한다고 말하는 것이 된다. 그런데 메이(1999)는 진술 행위에 속하는 문장들 중 참 또는 거짓의 기준이 적용되지 않는 문장들이 있다고 주장한다. 즉 누군가가 툴툴거리면서 "The service at this restaurant is horrible"이라고 말할 경우 이는 썰의 기준에 따르면 진술 행위로서 참 또는 거짓이 되어야 한다. 그런데 이 발화는 화자의 주관적 판단을 토로한 '불평'이라고 할 수 있는데 만약 정말로 그 레스토랑의 서비스가 끔찍하게 안 좋을 경우 그런 불평은 정당화될 수 있지만, 불평이 정당화될 수 있다는 말이 곧 불평이 참이라는 것과 같은 것은 아니다. 일반적으로 진술 행위는 1)참 또는 거짓의 값을 갖는 명제 내용 p에 대한 것이어야 하며(명제 내용 조건), 2)화자가 진술하는 말의 명제 내용 p에 대해 증거evidence나 타당한 이유reason가 있어야 하고, 청자가 p에 대해 이미 알고 있는지가 화자에게 분명하지 않아야 한다(예비적 조건). 그뿐만 아니라 3)진술을 하는 화자는 p를 믿고 있고(성실성 조건), 4)화자의 발화는 p가 실제 세계를 표상하는 것으로 받아들이게끔 하는 시도로 간주되어야 한다(근본적 조건). 썰의 진술 행위는 화자가 명제의 참에 대해 언급하는 것으로 말하기, 제안하기, 자랑하기, 불평하기, 주장하기, 보고하기 등이 속하는데 영어에서 claim, insist, predict와 같은 동사들은 진술 행위를 나타내는 대표적인 동사들이다.

2) 지령 행위

지령 행위directive는 화자가 청자에게 지시나 명령을 하는 의도로 말하는 행위이다. 지령 행위의 요점은 세상을 화자의 말에 맞추려는 것이라고 할 수 있다. 예를 들어 "Stop talking about the accident"라는 말은 청자가 사고에 대해 말하는 것을 그만두도록 화자가 명령하는 것이다. 영어에서 지령 행위를 나타내는 대표적인 방법은 명령문을 사용하는 것이지만, 그 외에도 command, order, ask, bid, forbid, instruct, request 등의 동사를 본동사로 사용해서 I order you to stop talking about the accident처럼 지령 행위를 수행할 수 있다. 썰의 발화수반 행위 분류가 오스틴과 가장 다른 점은 언어 행위 동사에 의존해서 언어 행위를 분류한 오스틴과 달리 썰은 화자의 발화수반적 요점과 발화 내용에 따라 분류한다는 점이다. 다음 예문들은 모두 다른 동사들을 사용하고 있지만 결국 "내 눈을 바라봐"라는 화자의 발화수반적 요점에서 같은 지령 행위로 볼 수 있다.

> Look into in my eyes.
> Why don't you look into in my eyes?
> I command you to look into in my eyes.
> You can't help but to look into in my eyes.

썰의 분류에 의하면 지령 행위에는 명령이나 지시만 있는 것은 아니고, 기원wish이나 소망desire을 나타내는 것도 속하는데 그 이유는 기원이나 소망 역시 그 말을 통해 세상이 조금이라도 변하기를 화자가 바라는 것이기 때문에 넓은 의미에서 이들도 지령 행위로 보고 있다.

3) 언약 행위

썰의 언약 행위는 오스틴의 언약 행위와 같은 유형의 언어 행위로서 화자가 청자에게 어떤 일이나 상태의 변화를 약속하는 것이다. 언약 행위가 앞서 본 지령 행위와 유사한 점은 그 행위의 결과 어떤 의무가 발생한다는 점이다. 다만 지령 행위의 경우는 그 말을 들은 청자가 화자에 대해 어떤 일을 해야 하는 의무를 지게 되지만 언약 행위는 그 말을 한 화자가 청자에게 그 말의 내용을 해야 하는 의무를 지게 된다. 또한, 지령 행위나 언약 행위의 내용은 청자가 원하는 일도 될 수 있고 원하지 않는 일도 될 수 있다. 썰(1975:71)은 언약 행위의 적정성 조건 중의 하나로 '화자가 어떤 행위를 할 능력이 있다'는 것을 예비적 조건으로 설정하고 있다. 이에 따르면 화자의 능력 범위를 벗어나는 것은 약속의 대상이 되지 못한다.

예를 들어 "내가 너에게 하늘의 별을 모두 다 따 줄게"라는 것은 명백히 불가능한 일이므로 진정한 언약 행위가 아니다. 그런데 이에 비해 "내가 나중에 돈 많이 벌면 세계 일주 시켜줄게"라는 것은 화자가 자신이 지금은 능력이 안 되지만 능력을 갖춘 상황이 되면 그런 일을 하겠다는 것이므로 언약 행위로 볼 수 있다. 즉 화자의 능력이란 것은 항상 발화 시점 당시의 능력을 말하는 것이 아니라 일정한 시간이 흐른 다음의 능력도 유효한 것이다. 그뿐만 아니라 현실적 가능성이 없는 순수한 가정의 상황에서 말하는 "이 몸이 새라면 지금이라도 당장 네게 날아갈 텐데"라는 것은 언약 행위라기보다는 불가능한 비현실적 소원을 말하는, 다음에서 볼 표현 행위 expressive로 받아들여진다.

언약 행위의 발화수반적 효력은 맥락마다, 문화마다 차이가 있어서, 한국에서는 가게에서 쇼핑하다가 점원에게 "다음에 살게요"라고 말하는 것이 반드시 문자 그대로 '다음번 방문에서 구매를 약속하는 것'은 아니라고 생각되며 이 말을 들은 점원 역시 그 손님이 다음에 와서 꼭 물건을 살 거라고 믿지 않는다. 영어의 어법에 관한 문의를 답해주는 인터넷 사이트인 http://english.stackexchange.com/questions/132695/에서는 "언제 'See you later'란 표현을 사용하는 것이 적절한가?(When is it appropriate to use "see you later"?)"라는 질문에 대해 다음과 같은 상황을 열거하고 설문 조사를 하고 있다.

Situation 1. 당신이 그 사람을 그날 중 언젠가 다시 만날 경우
    (When you will be seeing the person again later that day)
Situation 2. 당신이 그 사람을 (며칠 뒤처럼) 곧 다시 만날 경우
    (When you will be seeing the person soon, e.g., in a few days)
Situation 3. 당신이 그 사람을 (내년 크리스마스처럼) 미래 어느 시점에 다시 만날 경우

(When you will be seeing the person again at some point in the future, e.g., next year at Christmas)

Situation 4. 당신이 그와 다시 만날 일정을 구체적으로 정하길 원하는 것을 알리려고 할 경우
(When you are suggesting that you want schedule something specific)

Situation 5. 당신이 그 사람을 다시 보게 될지 아닐지는 모르지만, 그것과 상관없이 작별의 인사를 할 경우
(Whenever you say goodbye, regardless of whether or not you will ever see them again)

이에 대해 여러 영어 모국어 화자들의 답에 약간씩 차이는 있지만, 전체적으로 Situation 1에서 사용하는 것이 가장 적절하고 Situation 2로부터 Situation 5쪽으로 내려갈수록 적절성이 점차 감소한다는 대답이 대부분이었다. 전체적으로 종합해 보면 다음과 같다.

Situation 1. Appropriate all the time
Situation 2. Appropriate (almost) all the time
Situation 3. Appropriate very frequently
Situation 4. Surely, but it is usually turned into a question: "See you later?" being short for "Will I see you later?"
Situation 5. It can be awkward, specifically because it isn't correct and you're drawing attention to the permanence of the goodbye.

즉 오늘 중으로 다시 볼 것이 확실한 경우에는 "See you later"라고 쓰는 것이 가장 적절하지만 언제 다시 볼 것인지 확실성이 떨어지면 떨어질수록 이 말은 "나중에 다시 보자"라는 뜻보다는 "잘 가세요"라는 작별 인사의 뜻이 더 부각된다는 것이다. 즉 전자의 경우가 언약 행위라면 후자의 경우는 언약 행위라기보다는 다음 절에서 볼 표현 행위에 가깝다. 예를 들어 야구 시합에서 어떤 타자가 친 볼이 홈런이 되어 펜스를 넘어가는

것을 보고 중계방송 캐스터가 "See you (later)" 또는 "See ya!"라고 말하면 이는 문자 그대로 '다음에 또 보자'는 뜻이라기보다는 Situation 5에서처럼 공이 넘어가서 더 이상 볼 일이 없게 되어 작별의 뜻으로 쓴 것으로 보인다. 좀 더 구어적인 "See ya"나 "Seeya" 또는 "CU"는 "See you (later)"가 줄어든 것이지만 See you later보다 언약 행위의 느낌이 훨씬 적어서 "Peace out"이나 "Good bye"에 가까운 작별 인사로 들린다. 한국어에서도 인터넷에서 게임을 끝낼 때 하는 말인 "즐", "즐겜" 등에서 "즐"은 동사 '즐기다'가 축약된 것으로 원래는 상대방에 대해 '게임을 즐기라'는 뜻이지만 대개의 경우 게임이나 인터넷에서 나가면서 작별의 뜻으로 쓰거나 상대방을 빈정거릴 때 쓰는 표현으로 굳어진 것이다. 이처럼 축약된 표현들은 원래의 의미나 언어 행위와 다른 뜻으로 쓰이게 될 때가 있다.

4) 선언 행위

선언 행위declaration는 무엇인가를 천명함으로써 어떤 사실이나 상황을 공식화하거나 기정사실화 하는 의도를 지닌 언어 행위이다. 대표적으로는 결혼식이나 진수식ship launching 등에서 식을 주재하는 사람이 성혼을 선언하거나 배의 이름을 명명하는 등의 행위가 있다. 예를 들어 배를 도크dock에서 다 만들고 나서 처음으로 물에 띄우는 행사인 진수식은 영국에서는 성직자가 주관했지만, 빅토리아 여왕이 비성직자로는 처음 주관하면서 19세기 이후에는 여성 비성직자가 주관하는 것이 관례가 되었고 "I name this ship OOO"이라고 선언하고 샴페인이나 포도주를 뱃머리에 부딪쳐 깨뜨림으로써 정식으로 그 배는 OOO호가 된다. 이런 선언 행위는 해당 의례ritual나 의식ceremony의 가장 핵심적인 부분인데, 잘 알려진 비운의 타이타닉호는 이런 공식 선언 행위 없이 진수되어 화를 초래했다는 소문이 있을 정도로, 이런 정형화된 선언이 없는 경우 그 의례나 의식 자체의 유효성에 문제가 제기될 수 있다. 영미권 교회에서의 세례식에는 세례를 주관하는 성직자가 "I baptize you in the name of the Father and of the Son and of the Holy Spirit(내가 성부와 성자와 성령의 이름으로 너에게 세례를 주노라)"고 선언한다. 이런 선언이 없이 물을 끼얹거나 잠시 물에 들어가게 하는 행위는 완전한 세례라고 할 수 없다. 이것은 성경 마태복음 28장에 예수께서 직접 가르치고 명령한 말로서 그 후 2000년 넘게 세례라는 중요한 의식에서 반드시 사용되는 정형화된 문구가 되었다(Go ye therefore, and teach all nations, baptizing them in the name of the Father, and of the Son, and of the Holy Ghost: Teaching them to observe all things whatsoever I have commanded you: and, lo, I am with you always, even unto the end of the world. Amen. - Mt 28:19,20). 결혼식에서도 주례는 "I now pronounce you man and wife"라든지 "With the blessings of God, it is my pleasure to now pronounce you husband and wife"라고 말함으로써 신랑과 신부가 정식으로 부부가 되었음을 선언한다. 다만 세례 선언과 비교해서 성혼 선언은 문구에서 다음 예와 같이 약간의 차이가 있을 수 있지만, 이는 다음 절에서 볼 언어 행위의 발화수반력을 강화하거나 완화하는 내부 수식과는 무관하며 아래 예문들은 맥락만 맞다면 모두 적정한 성혼 선언이 될 수 있다.

- I now pronounce BRIDE and GROOM husband and wife.
- I pronounce that your wedding vows are sealed and you may henceforth be known to all as husband and wife.
- It is my legal right as a minister and my greatest joy and privilege to declare you husband and wife.
- By the authority vested in me by the State of California, I pronounce you to each other, husband and wife.
- Since you have consented to join together in the bond of matrimony, I

now pronounce you partners in marriage.
- In the presence of this good company, by the power of your love, because you have exchanged vows of commitment, we recognize you as married.
- In witness of your love and commitment, it is now my pleasure to introduce you to those present here as husband and wife.
- In the name of the Holy Spirit, I now solemnly declare you husband and wife.

이상의 말들은 약간씩 표현의 차이가 있기는 하지만 공통적인 요점은 성혼을 선언하는 것으로서 모두 선언 행위라고 할 수 있다. 때에 따라 선언 행위는 그 행위에 따라오는 적절한 동작이나 부수적 행위가 있어야 성립하는 경우가 있다. 예를 들어 국회에서 의장이 "법안이 가결되었음을 선포합니다"라는 선언 행위는 말 자체만으로는 유효하지 않고 의사봉을 두드리는 것이 따라와야 정식으로 법안 선포 행위가 완결된다. 그 결과 여야가 첨예하게 대처하는 상황에서는 의사봉을 확보하려는 전쟁이 벌어지기도 한다. 미국과 같은 곳에서는 의사봉을 한 번만 두드리지만, 한국에서는 보통 세 번을 땅땅땅 내리치는 것이 필요하다고 생각되며 심지어 손바닥으로 내리쳐도 선언 행위가 성립하는 것으로 보기도 한다. 또 다른 공공 의식인 세례식은 교회라는 특정 집단에서 경전에 표시된 대로 엄숙히 지켜야 할 의식이기 때문에 어느 곳에서 행해지든 문구의 차이가 거의 없지만, 결혼식은 각 집단과 문화, 국가에 따라 표현의 차이가 발생할 수 있다. 한국의 전통 혼례는 서양의 결혼식과 달리 혼례를 주재하는 주례가 따로 있지 않고 어디까지나 신랑과 신부가 도우미의 도움을 받아 진행한다. 따라서 현대 결혼식에서의 성혼 선언과 같은 별도의 언어 행위 없이 초례청에서 신부가 두 번, 신랑이 한 번 절을 교환하는 교배례를 통해 서로에게 백년해로를 서약하는 것으로 혼인이 인정된다. 즉 전통 혼례에서는 고천문告天文이라 하여 성스러운 혼례가 이루어졌음을 하늘에 알리고 그 종이를 불에 태우는 의식이 있긴 하지만 별도의 정형화된 성혼 선언의 언어 행위 대신 신랑 신부가 절을 교환하는 비언어적 행위가 핵심적인 부분이 된다. 요즘 한국에서는 결혼식이 주례 없이 진행되는 경우가 늘어나고 있다. 따라서 제도화되거나 관습화된 선언 행위일지라도 절대적인 것은 아니며 시간과 장소에 따라 항상 그 형식과 내용이 바뀔 가능성을 내포하고 있다.

선언 행위는 공적인 행위가 많지만, 개인들 사이에서도 절교를 선언한다든지, 커플임을 선언한다든지 등의 행위가 가능하다. 이런 개인 대 개인에서 일어나는 선언 행위는 공공 의례와는 달리 선언의 언어적 표현이 덜 정형화되어 있다. 그런 개인 대 개인 사이에서의 선언 행위를 제외하고 공적인 선언 행위에 사용되는 발화는 정형화되어 있을 뿐 아니라 다른 종류의 언어행위에서 발화 행위시 가능한 내부 수식 internal modification이 거의 없다는 점에서 구별된다. 예를 들어 형을 선고하는 판사는 항상 "I sentence you to death"라고 말하지 발화수반력을 낮추어서 "Could I sentence you to death?"라든지 발화수반력을 높여서 "I sentence you to horrifying DEATH, DEATH, DEATH!"라고 하지 않는다. 이처럼 발화수반력을 높이거나 낮추는 기능을 하는 장치들을 양상 표지 modality marker라고 하는데 이에 대해서는 이 장의 후반부에서 자세히 살펴보겠다. 발화수반력을 높이는 표현들을 강화사 upgrader라고 하고, 반대로 발화수반력을 낮추는 표현들을 완화사 downgrader라고 하는데 다음의 예에서 A는 강화사가 들어가 내부 수식이 일어난 경우이고 B는 완화사가 들어가 내부 수식이 일어난 예문으로서 어느 경우이든 선언 행위에서는 양상 표지가 어울리지 않는다는 것을 보여준다.

A. 발화수반력을 높이기 위해 강화사를 사용한 경우
   ??I **must** baptize you in the name of the father and of the son and of the holy spirit.
   sentence you, **piece of crap and bastard**, to be hanged to death.
   ??I **really and truly** pronounce you man and wife.
   ??I, **not you but I, the CEO of this company** name this ship Queen Elizabeth II.

B. 발화수반력을 낮추기 위해 완화사를 사용한 경우
   ??**Could** I baptize you in the name of the father and of the son and of the holy spirit?
   ??**I suppose** I sentence you to be hanged to death.
   ??**In my opinion**, I pronounce you man and wife, please.
   ??I name this ship Queen Elizabeth II, **okey**?

선언은 썰의 사회적 언어 행위 이론에서 규칙이나 제도와 같은 사회적 현실을 구성하는 대표적인 언어 행위이다. 그에 의하면 에베레스트 산의 높이나 동해의 평균 수심과 같은, 인간의 합의나 타협의 대상이 아닌 자연적으로 존재하는 사실인 무작정한 사실 brute facts과 구별되는 사회적 사실 social facts은 모두 선언에 의해 만들어지고 효력을 발생한다고 본다.

5) 표현 행위

썰의 발화수반 행위 분류에서 표현 행위란 정감 emotion을 표현하는 행위를 말한다. 사람의 정감은 심리적 상태를 나타내는 것으로 볼 수 있는데 이런 표현 행위를 나타내는 동사로는 apologize, thank, pardon, regret, congratulate 등이 있다. 정감의 표현은 정보의 전달과 함께 소통의 중요한 목적이라고 할 수 있다. 타인에게 자신의 정감을 적절하게 전하는 것은 원활한 사회생활을 수행하는 데 필수적이다. 공화당 대선 후보였던 미트

롬니Mitt Romney는 "America never apologizes"라고 외쳤지만, 모든 언어에서 대표적인 표현 행위로 사과 표현 행위가 있다. 사과 표현 행위도 진정한 사과 표현 행위와 의례적 사과 표현 행위로 구별된다. 영어에서는 I/We regret…이나 I am/We are sorry…로 시작하는 문장은 그 말을 하는 사람이 전하려는 좋지 않은 소식에 대해 진심으로 뉘우치거나 미안한 마음을 가진 경우에도 쓸 수 있지만, 그런 개인적 후회나 사과의 감정을 진솔하게 전하는 대신 다음 예문에서처럼 그저 청자에게 달갑지 않은 내용을 통고하기 위한 의례적, 절차적 문구로만 쓰인 경우도 많다.

> We regret to inform you that your application has been unsuccessful.
> We regret any inconvenience caused by the delay.
> I regret that I will not be with you on such an important occasion.
> I regret to inform you that I will not be able to attend the meeting.
> I am very sorry to inform you that your application for admission has been denied.

다만 같은 동사라고 할지라도 I regret moving to Detroit에서의 regret은 위에서 본 예문에서처럼 사과를 표현하기 위해 쓰인 게 아니라, 단순히 후회의 뜻을 표현하는 것이다. 한국어에서 사과를 나타내는 표현으로는 '미안하다, 사과하다, 사죄하다, 유감이다, 죄송하다' 등이 있는데 이 중 '유감이다'는 '화자가 미안한 마음을 갖고 있다'는 뜻과 아울러 '화자의 기분이 편치 않다'는 뜻도 있어서 자칫하면 오해하기 쉽다. 예를 들어 "사태가 이 지경까지 된 것이 심히 유감이다"라는 말은 한편으로는 자신의 책임을 인정하고 사과하는 것처럼 들리기도 하지만, 또 다른 한편으로는 그런 일이 벌어진 것에 대해 내 심기가 불편하다는 뜻으로 전달될 수 있다. 그 결과 많은 사과 표현 중에서 '유감이다'라는 말은 이런 이중적 해석을 노린 정치적 발화에 종종 사용되기도 하는데 이는 앞에서 본 하버마스

(1984)의 용어를 빌면 소통적 행위가 아니라 전략적 행위에 속하는 언어 사용이라고 할 수 있다.

개인의 정감을 배제한 채 나쁜 소식을 전할 때 의례적으로 쓰이는 regret이나 be sorry와 정반대로, 청자에게 좋은 소식을 전할 때 의례적으로 쓰이는 표현으로는 be pleased, be delighted, be glad, be happy 등이 있다.

> I am pleased to inform you that your application has been accepted.
> I am delighted to inform you that your submission has been accepted.
> We are pleased to place an order with your company.
> We are glad to offer you the position.
> We are happy to offer you employment.

위 예문에 나온 본동사 표현들 역시 청자의 개인적 감정을 표출하는 것이 아닌 의례적인 통지의 정형화된 표현으로 보아야 한다.

다음 절에서 더 자세히 보겠지만, 표현 행위라는 언어 행위의 양상은 역시 문화적인 차이가 크다. 출퇴근 시간에 승객들로 붐비는 러시아 모스크바의 지하철에서는 실수로 남의 발을 밟았을 때 "미안합니다"라는 말을 하지 않는 경우가 많으며, "미안합니다"라는 말을 거의 입에 달고 살다시피 하는 일본인들일지라도 메이(2001:121)의 지적대로 전철에서 남의 발을 밟았을 경우 "미안합니다"라고 말하는 것이 별로 관례적이지 않다. 오히려 그럴 경우 "미안합니다"라고 말하면 그 화자는 진짜로 나쁜 의도가 있었던 것으로 간주될 수 있다. 한국에서도 길을 가다 맞은편에서 오는 사람과 어깨가 살짝 부딪치는 경우에도 "미안합니다"라는 말을 거의 하지 않으며, 영미 문화권에서 "고맙습니다"라는 말이 기대되는 상황에서 "미안합니다"라고 말하는 경우도 있는데 이는 표현 행위 방식이 문화에 따라 달라질 수 있음을 보여주는 좋은 예들이다. 또한, 표현 행위 방식은 시대적으로 변할 수 있다. 한국에서 무엇인가 상대방에게 불편을 끼치는 일을 하기 전에 미리 양해를 구할 때 과거에는 대개 "실례합니다"라든지 "죄송합니다"라고 말했지만, 최근 들어서는 젊은 세대를 중심으로 이런 표현들보다는 "잠깐만요"와 같은 표현들이 더 자주 쓰이고 있다. 그러나 미국에서 같은 상황이 벌어지면 "Excuse me"라고 말하는 것이 보편적이며 한국어의 "잠깐만요"에 해당하는 "Just a second/minute/moment"와 같은 말은 "Excuse me"와 동일한 발화수반 의도를 보여주는 표현 행위의 어법이 아니라 오히려 '잠깐 기다려라'는 뜻의 지령 행위의 어법으로 이해된다. 특히 "Just a second/minute/ moment"는 "Just a second. You can't make accusations like that"처럼 상대방의 말을 끊고 그 말에 동의하지 않는다는 뜻을 강조하기 위해 쓰는 공손하지 못한 어법이 될 수 있다.

2.4.3 리치의 의사소통 유형

리치(1983)는 의사소통의 유형을 언어 행위의 발화수반적 기능과 공손politeness의 관점에서 분류하고 있다. 그에 의하면 공손은 발화의 의미sense와 힘force을 이어주는 연결 고리의 역할을 하는데, 언어 행위를 분석할 때는 화자의 발화수반적 목표illocutionary goal뿐 아니라 공손과 관련된 사회적 목표social goal까지도 고려해야 한다. 이 점이 오스틴의 고전적 언어 행위 이론과 차별화되는 부분이다. 발화수반적 목표와 사회적 목표를 요청 행위의 예를 들어 설명하면 발화수반적 목표는 어떤 요청 발화를 함으로써 발화 행위에 수반되는 요청이라는 발화수반력을 청자가 알아듣고 화자가 필요하다고 생각하는 것을 실행하는 것이며, 사회적 목표는 그런 요청 행위를 화자가 청자에게 함으로써 서로의 위치와 역할을 확인하고 서로 더 가까워지거나 현상을 유지하는 등 청자와의 적절한 관계 설정을 하려는 화자의 의도를 말한다. 모든 언어 행위에는 발화수반적 목표와 사회적 목표가 들어 있는데, 리치는 발화수반적 목표와 사회적 목표의 상호 관계에 따라 언어 행위를 다음과 같이 4가지 유형으로 나눈다.

1) 경쟁적 competitive 언어 행위
   발화수반적 목표가 사회적 목표와 경쟁 관계에 있는 경우
   예: 명령하기, 요구하기, 묻기, 간청하기
2) 우호적 convivial 언어 행위
   발화수반적 목표가 사회적 목표와 일치하는 경우
   예: 제공하기, 초대하기, 인사하기, 감사하기, 축하하기
3) 합작적 collaborative 언어 행위
   발화수반적 목표가 사회적 목표와 무관한 경우
   예: 단언하기, 보고하기, 발표하기, 가르치기
4) 갈등적 conflictive 언어 행위
   발화수반적 목표가 사회적 목표와 갈등 관계에 있는 경우
   예: 협박하기, 고소하기, 저주하기, 꾸중하기

첫째 범주인 경쟁적 언어 행위는 명령하기나 요구하기처럼 화자가 자기의 목적을 달성하기 위해 타인에게 잠재적으로 '실례가 되는 discourteous' 행위이다. 여기서 경쟁이란 화자가 얻기를 원하는 것과 보통 '좋은 매너'라고 부르는 것 사이의 경합을 말한다. 정상적인 상황에서 화자는 자신이 달성하고자 하는 것을 가급적 상대방이 불쾌하지 않은 방식으로 얻어내려고 노력할 것이다. 반면에 우호적 언어 행위는 감사하기나 사과하기처럼 화자가 다른 사람과의 조화로운 공존을 염두에 두고 하는 언어 행위로서 화자에게는 부담될 수도 있지만, 그 말을 듣는 청자의 입장에서 볼 때 적극적 공손함이 전해질 수 있는 '싹싹한 courteous' 행위이다. 셋째로 합작적 언어 행위는 리치에 의하면 행위 그 자체만으로는 공손을 논할 수 없는, 즉 공손과는 무관한 행위이며, 마지막으로 갈등적 언어 행위는 발화수반적 목표가 상대방을 공격하기 위한 것이기 때문에 공손이 불가능한 공격적인

성향의 언어 행위이다. 이 분류에서 가장 어려운 구분이 경쟁적 소통과 갈등적 소통의 차이인데 경쟁적 언어 행위는 기본적으로 청자가 해야 할 일을 언급하는 것이지만 갈등적 언어 행위는 청자에 대한 화자의 태도를 일방적으로 전달하는 것으로서, 영어에서 "May I~?"로 물어보는 형식을 취할 수 있으면 경쟁적 언어 행위이고 그렇지 못하면 갈등적 언어 행위가 된다.

경쟁적 언어 행위	갈등적 언어 행위
May I ask permission to leave?	?May I threaten permission to leave?
May I request a catalogue about your products?	?May I accuse him of being rude?
May I beg you to send the letter again?	?May I reprimand you for being late?

리치(1983:105)는 어린아이들이 커가면서 사회화되는 과정에서 갈등적 의사소통을 경쟁적 의사소통과 같은 다른 유형의 소통 방식으로 바꿔나가는 것을 배우게 되며, 그 때문에 갈등적 의사소통이 정상적인 환경의 인간 언어생활에서 "미미한marginal"한 것이라고 보고 있다. 이상 리치의 분류에서 생각해 볼 점은 어떤 언어 행위가 공격적이라면 이는 동시에 실례가 되는 행위라는 점이다. 물론 실례가 된다고 해서 반드시 공격적이지는 않기 때문에 이 둘은 같은 개념이 아니다. 따라서 갈등적 언어 행위는 경쟁적 언어 행위에 포함되는 부분 집합이라고 볼 수 있다. 그뿐만 아니라 리치의 분류는 언어 행위 또는 의사소통의 성격을 결정할 때 맥락의 역할을 철저히 배제하고 있다. 그러나 맥락이 달라지면 언어 행위도 발화수반적 기능이 달라질 수 있다. 예를 들어 다음 절에서도 보겠지만, 같은 사과행위라도 화자가 진심으로 자신의 잘못을 뉘우치고 청자에게 미안한 마음을 전하기 위해 하는 경우와 자신의 진심과는 달리 여론에 밀려서 마지못해 말로만

사과하는 경우가 같은 유형의 언어 행위 또는 의사소통이라고 볼 수 없다. 즉 전자의 경우는 우호적 언어 행위에 속하지만, 후자의 경우는 합작적이거나 경쟁적인 언어 행위로 볼 수 있다.

지금까지 리치의 언어 행위에 대한 분류를 썰의 분류와 비교하면 다음과 같다. 첫째로 썰의 분류 중 진술 행위는 화자가 명제의 참에 대해 언급하는 것으로 말하기, 제안하기, 자랑하기, 불평하기, 주장하기, 보고하기 등이 속하는데, 이는 공손에 입각한 리치의 분류에서는 공손에 중립적인 합작적 언어 행위로 보고 있다. 단, 리치(1983, 105) 자신도 인정했듯이 진술 행위 중 자랑하기는 어떤 문화에서는 무례한 것으로 간주될 수 있다. 특히 한국에서는 자기 자식이나 아내가 아무리 뛰어나다고 할지라도 이를 공개적으로 말하는 것은 진술 행위는 될지언정, 흔히 "팔불출"이라고 금기시하는 것에서도 알 수 있듯이 청자가 듣기에 무례한 것으로 비추어지기 때문에 공손과 무관한 합작적 언어 행위가 아닐 수 있다. 또한, 불평하기는 썰의 분류에 따르면 참 또는 거짓의 진리치를 갖는 문장을 시시비비를 가리는 목적으로 발화하는 것이기 때문에 진술 행위인데, 리치는 이를 공손과 무관한 합작적 언어 행위로 분류하고 있지만, 이 역시 청자로 하여금 부담을 주고 언어 행위의 사회적 목표가 발화수반적 목표와 갈등을 일으킬 수 있기 때문에 대개의 경우 갈등적 언어 행위가 될 가능성이 높다.

두 번째로 썰의 지령 행위는 명령하기, 지시하기, 요청하기, 권고하기, 추천하기 등이 포함되는데 이런 행위들은 청자에게 어떤 일을 하게끔 시키는 언어 행위로서 리치는 이를 경쟁적 언어 행위로 분류하고 있다. 그런데 같은 명령하기라도 순전히 화자가 자신의 이익을 위해 청자가 원하지 않는 일을 하도록 부담을 주는 경우도 있지만 때에 따라서는 화자의 의도가 자신의 이익을 위해서라기보다 청자를 위해 무슨 일을 하게 하는 경우도 있는데 이런 경우도 경쟁적 언어 행위로 보아야 하는지는 의문이다.

예를 들어 음식에 초대한 손님이 주인에게 미안한 마음이 들어 선뜻 젓가락질하지 못하는 것을 눈치챈 주인이 그 손님에게 고맙게도 "이 갈비찜이 부드럽게 잘 되었으니 한번 먹어보세요"라고 한다면 이는 화자의 발화수반적 목표와 사회적 목표가 갈등 관계에 있다기보다는 오히려 상호 일치하는 관계에 있다고 보는 게 합당할 것이므로 우호적 언어 행위 또는 의사소통이 될 것이다. 그뿐만 아니라 리치도 인정하듯이 초대하기inviting와 같은 지령 행위는 "못생긴 친구를 초대합니다"와 같은 경우를 제외하고는 대부분 본질적으로 공손한intrinsically polite 행위이기 때문에 이 역시 갈등적 행위라기보다는 우호적 행위로 보아야 한다. 그런 이유로 리치는 썰의 '지령 행위'란 용어 대신 '부과 행위impositives'라는 말을 사용할 것을 제안하고 있다. 다만 '본질적으로 공손한 행위'가 있는지, 그리고 어떤 행위도 언어 사용의 맥락에 따라 공손할 수도 있고 아닐 수도 있는지는 여전히 논란이 많은 부분으로 이에 대해서는 이 책의 뒷부분에서 언어적 공손을 다룰 때 다시 보기로 한다.

썰의 세 번째 범주인 언약 행위는 화자가 청자에게 어떤 일을 해 줄 것을 약속하는 행위로서 리치는 이를 우호적 언어 행위로 보고 있다. 약속의 경우 청자가 바라는 것을 화자가 해 주겠다는 의사 표시이므로 발화수반 목표와 사회적 목표가 일치한다고 볼 수 있다. 그런데 서약하기vowing의 경우 "성전을 서약하다vow a crusade"와 같은 표현에서 볼 수 있듯이 상대방에게 극도로 부담되거나 원하지 않는 일을 "약속"할 수도 있는 언어 행위인데 이는 리치의 분류에서는 우호적 행위라기보다는 협박하기나 저주하기 등과 같은 갈등적 행위로 간주되어야 할 것이다. 또한, 리치는 썰의 '표현 하기'가 "본질적으로 공손한 것"이어서 우호적 행위로 보고 있다. 그러나 표현하기 중에서도 비판하기blaming와 비난하기accusing는 리치도 인정하듯이 청자 측에서 볼 때 별로 공손한 행위가 될 수 없고 오히려 원치 않는 무례한 행위이기 때문에 우호적 행위라기보다는 갈등적 행위에 속한다고 보아야 할 것이다. 즉 썰의 분류와 리치의 분류는 어느 정도까지는 대응 관계에 있지만, 결코 완전한 일대일 대응관계에 있지 않다. 마지막으로 리치는 썰이 선언 행위로 분류한 명명하기naming, 선고하기sentencing, 사퇴하기resigning, 파문하기excommunicating 등은 그 성격이 특정 권한을 가진 사람만이 특정 상황에서만 할 수 있는 제도적이기 때문에 공손을 논할 수 없는 종류의 언어 행위라고 주장한다. 아무리 피고인에게 사형과 같은 극형을 선고하는 경우라도 그 판사가 피고인에게 무례한 행위를 했다고 말할 수 없고, 반대로 무죄를 선언했다고 해도 그 판사가 피고인에게 공손한 행위를 했다고 볼 수도 없다. 공손이나 무례를 따질 수 없는 언어 행위라는 점에서 선언 행위는 리치의 합작적 행위에 속한다고 볼 수 있다. 다만 단언하기나 보고하기와 같은 다른 합작적 행위와 선언 행위가 다른 점은 다른 합작적 행위는 선언 행위와 달리 법원이나 기업 이사회, 배 진수식, 결혼식, 세례식 등과 같은 의례와 절차가 정해진 제도적 맥락을 요구하지 않는다는 점이다. 다음 절에서는 가장 대표적인 언어 행위인 사과 행위에 대해 알아보기로 하자.

3. 사과 행위

불완전한 존재로서 인간은 자신이 의도했든 아니든 타인에게 해가 되거나 불쾌감을 일으키는 말이나 행위를 할 수 있다. 그러한 자신의 언어나 행동의 결과로 심적 또는 물적 피해를 입은 대상에 대해 미안함을 표시하는 언어 행위가 필요해진다. 이는 인간은 고립되어 혼자 살아갈 수 없는 사회적 존재이기 때문이다. 이처럼 화자가 의도했든 아니든 청자가 원치 않는 결과를 초래한 자신의 잘못을 인정하고 물질적, 정신적 피해를 입은 상대방의 이해와 용서를 구하며, 더 나아가 그런 잘못으로 인해 손상될 수도 있는 그들의 관계를 복원하거나 개선하길 원하는 자신의 뜻을 말로써 표현하는 언어 행위가 사과라고 할 수 있다.

3.1 사과의 정의

'사과謝過'라는 말은 거의 매일 접할 수 있을 정도로 흔히 듣는 말이다. 그러나 이 '사과'라는 단어의 사전적인 정의는 앞으로 실제 사례를 통해 보겠지만, 일반적으로 언중들이 머릿속에 갖고 있는 개념으로서의 '사과'나 일상생활에서 사람들이 적용하는 '사과'의 의미와 거리가 있을 때가 많다. 우선 '사과'에 대한 사전에 나온 정의부터 살펴보자.

'사과'란 국립국어원에서 발간한 표준국어대사전에 보면 "자기의 잘못을 인정하고 용서를 빎"이라고 나와 있다. 한국어의 '사과'에 해당하는 영어 단어인 'apology'는 Oxford English Dictionary(OED)에 "regretful acknowledgement of an offence or failure"으로 나와 있다. 이 두 정의는 공통적으로 사과하는 사람이 스스로 과거에 저지른 잘못에 대해 인정하거나 뉘우친다는 점을 포함하고 있다. 그러나 표준국어대사전의 경우 '사과'는 단순히 잘못을 인정하는 데에서 그치는 것이 아니라 그 잘못 때문에 피해나 고통을 받았거나 그럴 수 있었던 상대방에게 용서를 비는 것까지를 포함하고 있지만 영어 OED의 경우 '사과'는 용서를 구하는 것은 포함되지 않는다. OED가 영국 영어의 사전이기 때문에 미국 영어의 'apology'와 다를 수 있을 것으로 생각할 수 있지만, 대표적인 현대 미국 영어의 사전인 Merriam Webster Online Dictionary에서도 'apology'는 "an admission of error or discourtesy accompanied by an expression of regret"라고 나와 있다는 점에서 OED와 큰 차이가 없다. 쿨마스 Coulmas(1981:81)는 'apology'란 단어는 원래 서구문화에서 쓰이는 단어이며 사과라는 의미 범주를 비서구 문화에 동등하게 적용할 수 없다고 주장한다.

그렇지만 사과라는 언어 행위는 일반적으로 모든 언어권에서 동일하게 존재한다고 본다. 즉 사과 행위는 모든 언어에서 다 일어나지만, 그 사과 행위를 수행하는 화자가 모두 사과의 뜻을 공유하지는 않는다는 것이다. 그 결과 민족이나 문화마다 사과하는 방식과 사과를 대하는 태도가 달라질 수 있다.

실제 사과는 자신이 저지른 잘못을 인정하고 뉘우치는 것이 전형적인 경우이지만, 때로는 자신이 저지른 것이 아니더라도 사과를 하는 경우도 드물지 않다. 대표적인 것이 자신의 가족이 범한 잘못을 가족 중 다른 사람, 보통 부모들이, 대신해서 사과하는 것을 들 수 있다. 예를 들어 모델 겸 배우인 차승원 씨는 아들의 성폭행 혐의 피소와 관련하여 2013년 8월 사회관계망 서비스SNS 트위터에 다음과 같은 사과문을 올렸다(띄어쓰기 등은 모두 원문 그대로임).

"차승원입니다…배우 차승원이기 이전에 훌륭하지 못한 아버지로서 먼저 가슴깊이 사죄드립니다.모든 진위 여부를 떠나현재의 논란이 된 아들을 둔 아버지로서 도의적인 책임을 느끼며 통탄하고 슬픈 마음을 금할 수 없습니다..다시 한 번 머리 숙여 사과드립니다."

이에 대한 네티즌들의 반응도 아버지인 차승원 씨의 심정에 공감하며 안타까워하는 것이 주류를 이루었다. 그와 대조적으로 24살이나 된 아들의 행위에 대해 43살인 아버지가 머리 숙여 사과할 필요가 없다는 반응은 찾아볼 수 없었다. 또한 이른바 '땅콩 회항' 사건을 일으킨 조현아 전 대한항공 부사장의 행위에 대해 아버지인 고 조양호 회장이 생전에 "저의 여식의 어리석은 행동으로 큰 물의를 일으킨 데 대해 대한항공 회장으로서, 애비로서 국민께 진심으로 사과드립니다. …저를 나무라 주십시오. 저의 잘못입니다.…"라고 사과한 예도 있다. 이 예에서 보듯 성인인 자식의 잘못에 대한 부모의 대리 사과는 한국이나 일본과 같은 문화에서는 흔히 볼 수 있기 때문에 전 세계적으로 보편적인 것으로 착각하기 쉽다. 그러나 자식이 성인인 경우 그가 저지른 잘못에 대해 부모가 대신 사과하는 것은 서구 문화에서는 이해하기 힘들다. 예를 들어 호주의 대학교에 유학 중인 일본 학생의 경우 자기의 차를 호주 대학생이 빌려달라고 해서 빌려 주었다가 그만 호주 대학생의 실수로 차 사고가 나서 차가 망가진 적이 있었다. 사고 소식을 전해 듣고 일본 유학생은 호주 학생이 사는 집으로 갔는데 마침 그 집에는 문제의 호주 학생은 없고 그 부모님께서 맞아 주셨다. 일본 학생은 당연히 부모가 그 자동차 사고에 대해 자식을 대신해서 미안하다는 사과의 말을 할 것으로 기대했으나 호주 학생의 부모는 사고에 대해 미안하다는 말은 한마디도 하지 않았다. 나중에 일본 학생이 이 일을 다른 호주 친구에게 말하면서 섭섭한 마음을 토로하자 그 말을 들은 다른 호주 학생이 놀라면서 호주에서는 다 큰 성인 자식이 행한 잘못에 대해서는 그 부모가 사과하지 않는 것이 보통이라 했다고 한다 (스펜서-오티, 2000). 그러나 이런 상황이 한국이나 일본에서 벌어졌다면 아마도 대학생 자녀의 부모가 사과하지 않는다는 것은 무책임한 태도로 비난을 받을 수 있다. 이처럼 자식이라도 일단 성인이 되면 부모와 독립된 인간으로 생각하여 모든 법적, 사회적 권리와 책임을 주체적으로 떠맡는다고 생각하는 서구 문화와 '한번 자식은 영원한 자식'으로서 부모는 자기 자식에 대해 거의 무한책임을 지다시피 하는 한국 문화의 차이는 사과 행위에서도 잘 드러난다.

 위에서 본 차승원 씨의 사과와 고 조양호 회장의 사과에서 특수한 점은 그가 누구에게 사과했는지가 불분명하다는 점이다. 차승원씨의 경우 피해 여성에 대한 언급은 전혀 없으며, 무엇이 그로 하여금 그렇게까지 통탄하면서 사과를 하게 만들었는지 밝히지 않고 있다. 조양호 회장의 최초 사과문에서도 국민들에게 심려를 끼친 점만 언급할 뿐 해당 비행기의 승객이나 사무장에 대한 언급은 없었다. 이 둘 모두 자신의 "도의적 책임" 의식과 논란이 된 자식을 둔 아버지로서 괴로운 심정을 피력하는 데 주력하고 있는 인상이다. 또한, 차승원씨의 트위터상의 사과는 "모든 사실 여부를 떠나"라고 하여 문제가 된 성폭행 여부가 사실이라고 인정하는 데 유보적인 태도를 보이고 있다. 결국, 이 사과문은 제기된 문제를 완전히 인정하지 않고 다툼의 여지를 남겨두고 있다. 따라서 위에서 본 '사과'에 대한 사전적 정의에서는 '자신의 잘못을 인정하고.'라고 되어 있는데, 실제 이 사과의 예에서는 잘잘못을 떠나도 사과가 가능한 것처럼 되어 있다. 엄밀히 말해 잘못이 없으면 사과할 필요가 없음에도 불구하고 일단 그런 "논란"이 발생한 것만으로도 사과해야 하는 것이 과연 합당한 것인지 사과에 대한 사전적 정의만으로는 가늠할 수 없다. 즉 한국 사회는 사실의 진위가 확실히 판가름 나기 전이라도 일단 문제가 발생한 것 자체만으로 이른바 "도의적 책임"을 느껴야 하며 이에 대해 사과를 하는 것이 당연한 것으로 받아들여지고 있다. 이것이 바로 사과의 사전적 정의와 실제적 정의가 다르다는 것을 명확히 보여준다. 일단 애매하기 짝이 없는 "도의적 책임"을 인정하고 나면 여론의 방향이 덜 비판적인 것으로 바뀔 수 있어 일단 어려운 불길을 잠재우는 역할을 할 수 있다. 반면에 일본 국가대표 축구팀 감독이었던 아기레는 멕시코인으로서 스페인의 프리메라리가 축구시합 승부조작의 의혹에 휘말렸는데 자신은 결백하다면서 아무런 사과 발언도 하지 않았다. 이를 두고 일본의 요시자키 기자는 진위여부를 떠나 의혹에 연루된 것만으로도 사과를 하는 것이 일본인들에게는 당연한데 그렇지 않은 점을 이해할 수 없다고 했다.

 대리 사과의 경우 보통은 자식이 잘못 한 것에 대해 부모가 책임을 느끼고 사과하는 경우가 많지만 때로는 역으로 자기 부모나 조상이 잘못한 것에 대해 자식이나 후손이 대리 사과하는 경우도 있다. 예를 들어 [The Hollywood Reporter]란 잡지의 창간자이자 발행인이었던 빌리 윌커슨Billy

Wilkerson은 한때 영화 제작자로서의 꿈이 좌절된 데에 대한 복수로 2차 대전 이후 조셉 매카시가 주도하여 미국을 휩쓸었던 반공주의에 편승하여, 과거에 자신을 받아들여 주지 않았던 할리우드의 영화 관계자들을 공산주의자로 매도하였다. 그는 할리우드 영화 산업 종사자 중 자신을 배척했던 인사들의 명단을 블랙리스트로 작성하여 공표하게 함으로써 이들을 졸지에 실업자로 전락하게 하였다. 1946년부터 1950년까지 벌어진 이런 광란의 사태에 대해 그 후 아무도 사과하는 이가 없었다. 다만 그의 아들인 더블유 알 윌커슨 W. R. Wilkerson 3세는 이 불행한 사건을 "할리우드의 대학살 Hollywood's Holocaust"이라고 부르며 당시 그의 아버지가 작성한 블랙리스트에 올라 피해를 입은 사람들에게 60여 년이 지난 2012년 11월 30일 자 [The Hollywood Reporter]에서 다음과 같이 사과하였다.

> [N]o one has ever apologized to the victims of this holocaust. So on the eve of this dark 65th anniversary, I feel an apology is necessary. It's possible, had my father lived long enough, that he would have apologized for creating something that devastated so many careers. On behalf of my family, and particularly my late father, I wish to convey my sincerest apologies and deepest regrets to those who were victimized by this unfortunate incident.

일반적으로 사과는 잘못을 저지른 본인이 직접 피해 당사자에게 하는 것이 가장 효과적이지만 그렇지 못할 경우 대리로 하는 것도 하버마스가 말하는 타당성 주장이 검증되면 소통적 행위로 인정될 수 있을 것이다.

3.2 사과하기

사회학자인 고프만(1967)은 사회적 상호 작용에 참여하는 사람들이 자기 자신에 대해 갖는 긍정적 가치를 '체면 face'이라고 불렀다. 체면이란 다른 사람이 인정해 주길 바라는 자신의 사회적 이미지라고 할 수 있는데 이런 체면 개념으로 볼 때 제대로 된 사과 행위는 화자의 입장에서는 체면이 깎이는 행위지만, 청자의 체면을 올려주는 행위라는 점에서 언어적 공손의 한 형태로 볼 수 있다. 화자의 사과를 청자가 받아준다고 하더라도 이미 자신의 실수나 잘못을 인정한 것이기 때문에 화자의 체면은 완전한 회복이 가능하지 않고, 만약 화자의 사과를 청자가 받아주지 않는다면, 화자는 더 심각한 체면손상을 입을 수 있고 화자와 청자 사이의 관계는 더 악화될 것이다. 이 점이 많은 경우 사과를 주저하게 하는 주된 원인이다. 그러나 사과는 잘못을 용감하게 인정함으로써 자기 자신에 대한 불만과 수치심을 치유하게 해주며 보복의 가능성을 낮게 해주고, 단절된 관계의 회복을 모색하거나 새로운 출발을 기약할 수 있게 해주는 긍정적 효과가 높다. 이런 관점에서 리치(1983)는 사과 행위는 대화자들 간의 "조화 harmony"라는 사회적 목표를 위해 수행되는 것으로 보았다. 그런 점에서 사과 행위는 발화수반적 목표와 사회적 목표가 함께하는 우호적 소통의 표현 행위이다. 그렇게 좋은 측면이 있는데도 불구하고 실제로 사과가 쉽지 않은 것은 그만큼 사과 행위가 가진 부담이 만만치 않다는 것을 반증한다. 또한, 사과는 기본적으로 공손한 언어 행위로 보는데 그중에서도, 다음 4장에서 자세히 볼 리치의 공손의 원리 중 하나인 '공손한 믿음의 표현을 최대화하라 Maximize the expression of polite beliefs'는 적극적 공손 positive politeness 에 속하는 것이다. 또 다른 언어적 공손 연구인 브라운과 레빈슨(1978/1987)의 이론에서 사과 행위는 기본적으로 화자의 체면을 위협하는 "체면위협 행위"로 간주된다. 브라운과 레빈슨은 사과가 다음과 같은 여러 종류의 공손 전략으로 표현될 수 있다고 한다.

1) 완전 공개 전략으로 사과하기 apology as a bald on-record strategy

완전 공개 전략이란 명시적이고 직접적인 단어나 표현을 사용해서 언어 행위의 발화수반력이 분명하게 드러나도록 말하는 공손 전략이다. 이런 직접적이고 명시적인 말을 할 경우 청자는 자신의 체면이 손상당했다고 느낄 수도 있는데 그럼에도 불구하고 화자는 청자가 느낄 지도 모를 체면 위협을 최소화하기 위해서 별다른 노력을 화자가 하지 않는 전략이다. 영어에서 사과할 때 완전 공개 전략은 사과를 뜻하는 가장 명시적이고 직접적인 단어인 sorry나 excuse me를 쓰는 것이다. 이는 화자가 사과하는 것에 대해 오해의 위험은 없지만 잘 모르는 사이에서라면 이 말만 하는 것은 정중하거나 진실한 사과로 보이지 않을 수 있다. 따라서 종종 "I'm sorry, I was wrong, and I'll try really hard not to do that again"처럼 여러 직접적이고 공개적인 표현들이 결합하여 보다 분명하게 사과의 발화수반력을 표현하기도 한다.

2) 적극적 공손 전략으로 사과하기 apology as a positive politeness strategy

적극적 공손 전략이란 청자가 존경받고 싶어 하는 마음이나 주위 사람들과 친근하게 지내고 소속감이나 유대감을 갖고 싶어 하는 소망을 충족시켜주는 방향으로 말을 하는 것이다. 예를 들어 자기의 잘못으로 결혼 생활을 위기에 몰아넣은 남편이 아내에게 사과할 때 "You must be hurt by my behavior, but will do whatever I can do to salvage our marriage"라고 말하는 것은 적극적 공손 전략을 사용한 것으로 볼 수 있다.

3) 소극적 공손 전략으로 사과하기 apology as a negative politeness strategy

소극적 공손 전략은 방해받지 않고, 독립된 인격체로서 존중받고 싶은 청자의 소극적 체면을 인정하면서 말을 하는 것이다. 영어에서 "I don't want to bother you but…"이라든지 "I was wondering if…"와 같이 쉽게 자신의 의견을 꺼내지 못하고 삼가는 듯한 표현을 쓰는 것은 청자에게 조심스럽게 접근하겠다는 소극적 공손 전략의 표현이다. 사과 행위에서도 "I just want to ask you if you could forgive me"처럼 잘못을 용서하는 결정권을 상대방에게 줌으로써 그의 역할을 존중한다는 의사를 보이는 것은 소극적 공손 전략으로서 사과하기의 예이다.

4) 비공개 전략으로 사과하기 apology as an off-record strategy

마지막 공손 전략인 비공개 전략은 상대방의 체면이 손상되지 않도록 간접적인 방식으로 사과하는 것이다. 가장 두드러진 "비공개 전략으로 사과"하기는 전혀 말을 하지 않고 꽃을 준다든지, 평소에 상대방이 원했던 물건을 선물한다든지의 방식으로 화해와 사과의 뜻을 전달하는 것이다. 그런 비언어적 방식 외에 비공개 전략으로 사과하기는 "Hey, I'm not the best with people, but I'm learning, and it occurred to me that what I said was not exactly polite"라든지 "I think I was absolutely out of my mind when I said 'I hate you' last night."처럼 사과라는 발화수반력을 에둘러 표현하는 것이다. 따라서 완전 공개 전략으로 말할 경우 청자는 오해의 소지가 전혀 없는 반면 사과 행위의 진정성을 의심할 수 있지만, 비공개 전략으로 사과할 경우 청자는 일단 화자의 말에 대한 축어적 해석 이외의 추론이 필요할 때가 있다.

브라운과 레빈슨의 사과 행위 분석은 체면이란 개념을 핵심적으로 사용하고 있다. 다음 4장에서 더 자세히 볼 스펜서-오티(2000:18)는 체면을 좀 더 세분하고 있는데 그녀의 분석에 따르면 사과 행위는 화자의 '자긍심의 체면 quality face'을 위협할 수 있다고 본다. 자긍심의 체면이란 어떤 사람이 갖고 있는 능력이나 재주, 외모 등과 같은 개인적인 자질에 대해 긍정적으로 평가받기를 원하는 마음을 말한다. 즉 이것은 개인의 자존감 self-esteem이라고 할 수 있다. 이는 브라운과 레빈슨(1987)의 적극적 체면 positive face와 유사하다. 예를 들어 나는 보통 사람들보다 훨씬 노래를 잘한다고 생각하는데 누군가가 내 노래 소리를 듣더니 "정말 형편없군. 돼지 멱따는 소리에 박자도 엉망이고 그걸 노래라고 부르는 거냐"라고 원색적으로 비난했다면 그는 나의 자긍심의 체면을 무참히 짓밟은 것이라고 할 수 있다. 사과의 경우 나는 사회적 규범도 잘 지키고 남에게 손해되는 일을 일부러 하지 않는 괜찮은 사람이라고 생각했는데, 결과적으로 누군가에게 정신적 불쾌감이나 물리적으로 손해가 되는 잘못을 저지르게 되었다고 하자. 그럴 경우 머리 숙여 상대방에게 잘못을 시인하고 사과하는 것은 '내가 이 정도밖에 안 되나?' 하는 회의를 불러일으킬 수 있다. 그런 점에서 사과 행위는 자신의 자긍심의 체면을 위협할 수 있다. 특히 개인들 사이의 대화와 같은 사적인 맥락에서 사과하는 것이 아니라 사회적으로 개방된 맥락에서 공적으로 사과해야 한다면, 그런 사과를 하는 사람은 자긍심의 체면뿐 아니라 '정체성의 체면 identity face'까지도 위협받을 수 있다. 정체성의 체면이란 여러 사람 사이에서 무가치한 존재로 매몰되지 않고 자기 자신의 존재감을 인정받고 싶어 하는 것을 말한다. 이는 사회적 존재로서 우리 자신의 공적인 가치 public worth를 지키려는 마음을 말하는데, 예를 들어 자신의 실수로 자신이 속한 집단에 손해를 끼쳤을 경우 이에 대해 사과하는 사람은 단순히 개인적인 차원에서의 자긍심의 체면뿐 아니라 사회적인 차원에서의 정체성의 체면까지도 위협을 받게 된다. 이처럼 사과 행위는 화자의 자긍심의 체면이나 정체성의 체면을 위협하는 행위일 수 있다. 그러나 사과는 단순히 체면위협 행위에서 머물지 않는다. 보다 긍정적인 측면을 보면 사과는 내가 다른 사람과 조화롭게 공존하는 데 일조하는 전략이라고 볼 수 있다. 그런 점에서 스펜서-오티(2000)의 용어로 표현한다면 사과 행위는 조화관계를 유지하거나 회복하기 위한 수단으로 화자가 능동적으로 활용할 수 있다. 사과 행위는 그것이 적정하게 이루어질 경우 화자의 잘못으로 인해 틀어질 수도 있었던 관계를 조금이나마 회복하는 데 도움이 될 수 있다. 물론 이 과정에서 사과하는 사람은 자신의 체면에 금이 가는 것을 느낄 수밖에 없지만, 체면손상을 뛰어넘는 관계 회복이라는 보상을 얻을 수도 있기 때문에 사과의 긍정적 효과를 무시할 수 없다. 또한, 공적인 맥락에서 잘못을 저질러서 당연히 사과해야 할 상황인데도 개인의 체면 유지에만 급급한 나머지, 사람들이 기대하는 사과를 하지 않으면 그를 지켜보는 사람들은 그가 이기적이고 용기없는 소인배에 불과하다는 낙인을 찍게 되어 그는 사회적으로 매장될 위험에 처할 수도 있다.

물론 사과는 말이 아닌 다른 방식으로도 이루어질 수 있다. 예를 들어 엊그제 술을 마시고 늦게 들어온 남편이 오늘 꽃다발을 사 가지고 아내에게 말없이 주는 것은 암시적으로 자신의 엊그제 행동을 사과한 것으로 해석될 수 있다. 이런 비언어적 사과 외에도 남편의 셔츠를 다리미질하다 깜빡 실수로 태워버렸을 때 화가 난 남편에게 아내가 다가가 애교성 소리를 내는 것도 일종의 준언어적인 사과로 볼 수 있다. 그러나 대부분의 사과는 입말이나 글말과 같이 말, 즉 언어를 수단으로 하여 이루어진다. 언어적 사과는 그것이 사과라고 받아들여지기 위해서 갖추어야 할 조건, 즉 적정성 조건이 있다. 다음 절에서는 사과 행위의 적정성 조건에 대해 알아보자.

3.3 사과 행위의 적정성 조건

앞에서 본 것처럼 모든 언어 행위는 그것이 성공적으로 소통되기 위해서는 충족시켜야 할 일정한 조건, 즉 적정성 조건이 있다. 사과 행위의 적정성 조건으로는 다음과 같은 것을 생각할 수 있다. (다음 각 조건 다음에 나오는 예문 중 예문 a는 그 적정성 조건을 지키는 경우이고 예문 b는 그렇지 못한 경우이다. 예문 b의 ?? 표시는 그 예문이 적정하지 않다는 표시임.)

① 명제 내용 조건

화자는 과거에 발생했거나 발화 시점과 거의 같은 시간에 일어날 자신의 행위 A로 인해 청자에게 손해를 야기하였거나 야기할 수 있다.

  a. "어제 전화했어야 하는데 깜빡 잊고 전화하지 못해 미안해."
  b. ??"어제 전화하는 것 잊지 않고 잘한 것 미안해."

② 예비적 조건

화자와 청자는 화자가 청자에게 했거나 하게 될 행위 A가 바람직하지 못함을 알고 있다. 또한, 화자는 사과가 없을 경우 청자가 자신의 행위 A 때문에 감정이 상할 것을 알고 있다.

  a. "어제 내가 깜빡 잊고 전화 안 해서 실망했지? 미안해."
  b. ??"어제 내가 깜빡 잊고 전화 안 해서 신났지? 미안해."

  a. "이런 사죄의 말을 하는 게 엎질러진 일을 되돌릴 수는 없지만 그래도 조금이라도 위로가 되길 바랍니다."
  b. ??"뭐 이런 말 하는 게 꼭 필요할지 의문이지만 하여튼 미안합니다."

③ 성실성 조건

화자는 A라는 행위를 한 것을 유감으로 생각하고 책임을 느끼며 청자와의 이전 관계를 계속 유지하기를 바란다.

  a. "세상에 둘도 없는 너한테 그런 말을 하다니 내가 정말 미쳤나 봐."
  b. ??"세상에 둘도 없는 너한테 그런 말을 한 것도 내 잘못만은 아니야."

④ 근본적 조건

화자의 사과 행위는 상호작용적 조화를 재건하고 A가 일어나지 않도록 하려는 시도로 간주된다.

   a. "내가 지난번에 잘못한 것을 미안하게 생각하고 다시 안 그러도록 할게."
   b. ??"내가 지난번에 잘못한 것을 미안하게 생각하지만 언제든 또 할 수도 있어."

이상에서 보듯 사과 행위가 성립하기 위해서는 적어도 네 가지 조건이 충족되어야 하는데 그렇지 못한 발화는 비록 "사과한다"라든지 "미안하다"라는 말을 포함하고 있어도 무늬만 사과이고 진정한 사과는 될 수 없다. 우리 주위에서 날마다 일어나는 크고 작은 사과는 실제 네 가지 조건을 완벽하게 충족시키는 경우도 많지만, 이 중 어느 한두 개는 애매하게 표시되는 경우도 있다. 때로는 어떤 사람이 사과하는 것을 보고 피해 당사자나 제3자가 "미안하다면 다야?"라든지 "말은 번지르르하게 하네"라고 냉소적으로 반응하는 것을 볼 수 있다. 즉 사과가 완전한 것이 되기 위해서는 위에서 열거한 적정성 조건만으로는 충분하지 않고 그 발화결과 행위까지 적정한 것이 되어야 한다는 것이다. 이때 흔히 받아들여지는 사과에 대한 적정한 발화결과 행위는 피해 보상 약속이나 재발 방지 약속 등을 들 수 있다. 사실 이런 것들은 사과 자체라기보다는 사과에 따라오는 또 다른 종류의 언어 행위, 즉 약속 행위라고 볼 수 있다. 이처럼 사과 행위는 그저 단일하게 사과로만 끝나는 경우도 있지만, 사과에 덧붙여 약속이나 감사, 선언 등의 또 다른 언어 행위가 복합적으로 제시될 수 있다.

지금까지 언어 행위 이론의 적정성 조건을 통해 사과 행위의 성립 조건을 살펴보았는데 의사소통의 행동 이론적 측면에서도 사과 행위가 올바르게 성립하기 위해서는 다음과 같은 요소들에 대한 고려가 필요하다.

1) 사과의 주체

사과는 잘못을 한 사람이 바로 사과를 하는 것이 가장 효과적이다. 본인이 직접 사과할 수 없을 경우에는 그 이유가 설득력 있는 것이어야 하며 부득이 한 경우 법정 대리인이라든지 직장 내 상사나 부하가 대리로 간접적 사과를 할 경우는 진정성이 떨어지게 들릴 수 있다.

2) 사과의 내용

사과는 어디까지나 잘못을 저지른 사람의 행위나 과실을 명시적으로 밝히는 것이 중요하다. 이때 자신의 잘못이 설령 불가피한 것이었다 할지라도 이유나 설명을 장황하게 늘어놓는 것은 역효과를 가져올 수 있다. 때로는 본인과 관련된 가족들이나 친지의 잘못에 대해 사과를 할 수도 있으나 이 경우 사과해야 할 범위에 대한 견해 차이가 있을 수 있으므로 사과를 하더라도 효과에 의문이 제기될 가능성이 있다.

3) 사과를 받는 대상

기본적으로 사과는 화자의 잘못으로 정신적, 물질적 피해를 입은 사람에게 직접 사과를 하는 것이 바람직하다. 단 피해 당사자가 사과를 받을 수 없는 상황이라면 피해자의 보호자나 관계자에게 사과할 수 있다. 흔히 일반 대중을 상대로 자신의 심경을 토로하는 식의 대국민 사과는 이른바 언론 플레이로 비추어지거나 알맹이 없는 사과로 들릴 수 있고 피해자와의 관계 회복이라는 사과의 기본 목적에도 부합하지 않는다.

4) 사과의 형식

사과는 가해자와 피해자가 양측이 합의하여 일대일로 마주한 자리에서 구두나 서면으로 표현하는 것이 원칙이다. 그러나 때에 따라서는 피해자가 여럿일 때는 다중을 상대로 사과할 필요도 있으며, 이 경우에도 다수의 피해자를 하나의 그룹으로 취급하기보다는 가능한 한 일일이 개체로서 직접 대화하는 형식을 취하는 것이 더 효과적이다. 개인적이고 사적인 경우가 아닌 공적인 문제에 대한 사과는 공개적으로 하되, 일방적인 사과문 낭독으로 끝나서는 안 되며 필요한 경우 토론이나 질문을 허용하도록 해야 한다.

5) 사과 매체

사과는 구두로 할 수도 있고, 서면으로 할 수도 있으며 SNS나 개인 블로그를 통해 사과할 수도 있다. 이런 매체의 선택은 피해자가 원하거나 지정한 것을 우선적으로 따르도록 한다.

6) 사과의 의도

진정성이 없는 사과는 사과하지 않은 것보다 못한 결과를 가져올 수 있다. 진정성이 있는 사과는 자신의 잘못을 인정하기 위한 사과로서, 자신이 아닌 피해자를 우선시하는 사과이며 자기만족을 위한 동기에서 사과하는 것은 진정성이 없을 수 있다. 그밖에 자신의 이익이나 체면을 지키기 위한 사과라든지, 제3자를 의식하여 사건의 파장이 커지는 것을 막기 위한 사과 또는 여론에 떠밀려 마지못해 하는 사과나 소나기를 피하고 보자는 식의 치고 빠지는 사과, 그리고 "심려를 끼쳐드려서 송구하다"는 상투적인 문장으로만 이루어진 사과 등은 진정한 사과로 받아들여지지 않을 가능성이 높다.

3.4 사과 행위의 실현 방법

사과에는 어떤 내용이 들어가는지, 그리고 사과 행위를 언어적으로 어떻게 하는지에 대해서는 학자마다 분석이 다르다. 우선 가장 널리 인용되는 블룸-쿨카 등 Blum-Kulka et al.(1989)은 사과 행위의 의미적 컴포넌트를 다음과 같이 다섯 가지로 나누고 있다.

1) 사과의 명시적 표현: I'm sorry.
2) 책임 인정: I'm sorry, my mistake!
3) 설명이나 해명: I'm sorry I missed the meeting. I was off sick.
4) 보상이나 원상회복 제의: I'm very sorry. I'll buy you another one.
5) 자제나 재발 방지 약속: I promise you it won't happen again.

이것은 화자가 선택할 수 있는 사과 전략이라고도 할 수 있는데 하나의 사과 행위에는 이 다섯 가지 중 어느 하나만 사용될 수도 있고 몇 가지가 같이 결합되어 복합적으로 사용될 수도 있다. 하나의 발화에 이 다섯 가지가 모두 사용되면 사과의 발화수반력이 높아질 것으로 생각하기 쉽지만, 실제 라이터 Reiter(2000)의 연구를 보면 청자가 지각하는 사과 발화의 효과는 반드시 그 발화에서 사용된 전략의 수와 비례하지는 않는다. 대신 문화마다 선호하는 전략과 적절하다고 생각하는 결합은 다를 수 있다.

 블룸-쿨카의 사과 행위를 구성하는 다섯 가지 전략 중 첫째 전략으로서 사과의 명시적 표현이란 발화수반력 표시 장치를 사용하여 사과의 의도를 현시적으로 보여주는 것이다. 발화수반력 표시 장치란 어떤 발화 속에 들어 있는 화자의 의도를 보여주는 명시적이거나 관습적인 장치들을 말하는데 사과 행위의 경우 "사과한다"나 "미안하다", "용서를 빈다" 등과 같이 발화자가 지금 사과 행위를 수행하고 있음을 직접적으로 표현하는 수행 동사가 대표적인 사과의 발화수반력 표시 장치이다. 이 밖에도 '미안하게도', '유감스럽게도', '죄송하게도'와 같은 부사적 표현이나 '사과', '미안', '유감' 등의 명사적 표현도 사과의 발화수반력을 보여주는 장치들이라고 할 수 있다. 사과 행위를 나타내는 명시적 표현으로 영어에서 가장 널리 쓰이는 방법은 "be sorry", "apologize", "forgive me" 등과 같은 사과의 뜻을 가진 표현을 명시적으로 사용하는 것이다. 이런 표현들은 자체적으로 그것이 포함된 발화가 사과의 발화수반력을 갖고 있음을 표시할 수 있는 장치들이다. 이런 사과 발화수반력 표시 장치들은 고프만이 "의례적 사과ritual apology"라고 부르는 정형화된 상황에서 관습적으로 널리 사용되는 표현들이다. 이 중 가장 대표적인 영어 표현은 "excuse me"이다. 이 표현은 여러 용도로 쓰이는데, 특히 낯선 사람에게 말을 건넬 때 그 사람의 영역territory을 침범하는 것에 대해 사과하는 뜻으로 쓰인다. 즉 "excuse me"는 누군가를 방해하거나 약간 무례한 일을 해야 할 필요가 있을 때 미리 양해를 구하는 말로 사용되기도 한다. 대부분의 사과는 잘못이 일어난 후에 일어나는 것이지만, 어떤 경우에는 아주 가까운 미래에 곧 필연적으로 일어날 수 있는 잘못이나 불편함 등에 대해 미리 양해를 구하는, 이른바 예보적 사과도 있다. 영어에서 "excuse me"는 상대방의 영역을 어쩔 수 없이 침범하면서 지나가야 한다든지 상대방에게 어려운 요청을 하기 전에 그에게 내 말을 들어달라고 부탁을 할 때처럼 그렇게 심각한 잘못은 아니지만 그래도 상대방은 불편함이나 소극적 체면의 위협을 느낄 수 있는 상황에서 선제적으로 발화된다. 영어에서는 이런 예보적 사과의 표현으로 "excuse me"가 정형화되어 있지만, 한국어에서는 "저기요…"라든지 "있잖아요"와 같은 표현도 예보적 사과의 기능을 수행할 때가 있다.

주목할 점은 "excuse me"가 구문상으로는 명령형으로 쓰였지만 아무도 이에 대한 답으로 "Yes, I excuse you"라고 하지는 않으며, 이를 명령으로 인식하고 그를 용서하기 위한 행동을 취하지 않는다는 점에서 그 자체가 명령 행위를 구성하지는 않는다. 이는 대신 상대방 영역을 침범하는 것에 미안함을 전달하는 사과 행위의 표현인 동시에 "Excuse me, could you let me through?"라든지 "Excuse me, is this the way to the station?"과 같이 그다음에 나올 요청하기나 질문하기 등의 다른 언어 행위가 시작된다는 것을 알리는 기능도 하고 있다. 또 대화 중에 상대방이 말한 것을 잘 듣지 못했을 경우 다시 말해달라는 뜻으로 "excuse me"라고 말할 수 있고, 잠시 자리를 떠야 할 경우나 옆의 다른 사람과 말을 해야 할 경우에도 "Excuse me for a moment"처럼 말할 수 있다. 영어의 대표적인 사과 표현인 "excuse me"는 또 다른 사과 표현인 "I'm sorry"와 거의 같은 뜻과 기능을 갖고 있지만 대개의 경우 "excuse me"는 사건이 일어나기 전에 미리 양해를 구하는 것이지만 "I'm sorry"는 사건이 일어난 후 미안함을 표명하는 것이다. 즉 예를 들면 좁은 길에서 내가 가고자 하는 방향에 서 있는 사람에게 비켜달라고 말할 때는 "excuse me"가 더 적합하지만 다른 사람이 맞은편에서 오고 있는데 그 방향으로 내가 먼저 들어가서 잽싸게 지나가면서는 "I'm sorry"라고 말하는 게 더 적합하다. 또한 "Excuse me, but I don't think that's true"처럼 상대방과의 생각이 다를 경우 공손하게 비동의를 표시할 때도 "excuse me"가 사용되는데 "I'm sorry" 역시 "I'm sorry, I don't agree"처럼 "No"라는 말보다 공손하게 비동의를 표현할 때 사용된다. 단 "excuse me"는 "I'm sorry"와 달리 무언가를 질문하거나 요청하기 전에 청자에게 미리 신호를 보내어 주의를 끄는 기능을 갖고 있다. 그러나 이 두 표현의 차이를 조사한 보킨과 라인하트 Borkin and Reinhart (1978)는 "excuse me"는 사건이 일어난 후 얼마 지나지 않은 경우에도 사용될 수 있고 바로 곧 일어날 일로서 비교적 가벼운 에티켓이나 규칙을 어기는 것에 대해서도 사용될 수 있지만 "I'm sorry"는 보다 넓은 맥락에서 타인의 권리를 침해하거나 감정을 상하게 했을 경우, 또는 실망되는 일을 전할 경우 이에 대해 화자의 유감을 표시하는 데 사용된다고 한다. 예를 들어 누군가를 모르고 살짝 밀쳤는데 조금 지나서 그런 사실을 알았을 때는 비록 사후에 미안함을 표현하는 것이지만 "Oh, excuse me. I didn't see you there"처럼 말할 수 있지만 이보다 더 심각한 일로 청자에게 나쁜 소식을 전할 때는 "I'm sorry to have to tell you you've failed"처럼 정형화된 "I'm sorry"를 사용한다.

"excuse me"나 "I'm sorry"가 가장 흔하게 사용되는 명시적 사과 표현이지만, 명시적으로 표현하지 않아도 사과 행위가 될 수 있다. 즉 어떤 잘못을 저질렀을 때 "나는 이 일에 대해 사과합니다"라고 명시적 수행 동사를 써서 사과를 나타낼 수도 있지만 그런 명시적 수행 동사 없이 "내가 한 그 일에 대해서는 입이 열 개라도 할 말이 없습니다"라든지 "내가 왜 그런 어처구니없는 일을 했는지 잘 모르겠습니다"와 같이 자기를 비난하거나 의도가 없었다는 것을 표현하는 것, 또는 당혹스러움을 표현하거나 솔직히 책임을 인정하는 것도 또 다른 방식의 사과 행위라고 할 수 있다. 이와는 조금 다른 것으로 자신의 책임을 인정하기보다 상황적 논리를 동원하여 잘못의 불가피성을 피력하면서 상대방의 이해를 촉구하는 방향으로 사과할 수도 있다. 즉 "그러면 안 되는 줄은 알고 있지만, 아이들은 배고프다고 울고 아내는 돈 벌어오라고 성화라서 어쩔 수 없이 훔쳤습니다"와 같이 설명이나 해명을 하는 것이 그 예이다. 흔히 한국에서는 술에 의해 저지른 잘못에 대해서는 그럴 수도 있는 실수쯤으로 관대하게 보아주는 경향이 있었다. 과거에는 법원 판결에서도 술에 취해 심신이 미약한 상태로 저지른 범죄 행위에 대해서는 형량을 감경해주는 사례도 있었다. 그 결과 자신이 저지른 잘못을 정정당당하게 사과하고 법의 판결이나 상대방의 처분을 달게 받으려 하기보다는 어떤 식으로든 자기가 저지른 잘못의 불가피성을 찾아 때로는 감정에 호소하는 수단으로 장황한 설명을 하거나 견강부회식으로 해명하는 것은 정정당당한 소통 자세라고 볼 수 없다.

사과하는 사람은 때론 자신의 잘못에 대한 보상을 피해자에게 제의하기도 한다. 보상하겠다고 하는 것 자체는 사과 행위가 아니라 약속 행위로 보아야 하지만 그런 약속을 함으로써 은연중에 자신이 잘못했음을 인정하는 결과가 되므로 이 역시 사과를 표현하는 또 다른 의미 영역이라고 할 수 있다. 보상 제의는 잘못의 경중과 밀접한 관련이 있고 라이터(2000)의 분석에 의하면 문화적 차이도 있다. 예를 들어 영어를 모국어로 하는 영국인들은 아무리 자신이 잘못했어도 보상을 약속하는 경우는 드문 반면, 스페인어를 사용하는 우루과이인들은 같은 상황에서 영국인들보다 보상 약속이 비교적 흔하게 일어났다. 보상 약속보다 더 빈번하게 일어나는 사과 내용은 자신이 저지른 일에 대해 그런 일이 반복되지 않도록 자제하겠다든지 또는 재발을 방지하겠다는 말이다. 이런 말을 하는 것도 약속 행위이지만 넓은 의미의 사과 행위를 구성하는 한 부분으로 볼 수 있다.

3.5 문화적 측면

언어 행위는 언어를 기반으로 하되 그것을 사용하는 화자와 청자 등 대화 참여자와 그것이 이루어지는 맥락 등이 종합적으로 작용하여 행위를 구성하기 때문에, 한 언어에서의 언어 행위를 연구할 때 언어적 요소뿐 아니라 언어 외적인 요소를 고려하는 것이 필수적이다. 앞에서도 말했듯이 사과 행위를 포함한 모든 언어 행위에는 문화적 차이가 존재한다. 서양인들의 눈에는 일반적으로 일본인들은 사소하게 보이는 것에도 사과를 자주 하고, 아예 사과의 대상이 아닌 것에도 사과를 하는 민족으로 알려져 있다. 예를 들어 누군가가 문을 열고 난 후 그 뒤에 있던 사람을 위해 문을 계속 잡아주는 경우, 그 뒷사람은 영국이나 미국에서는 십중팔구 "Thank you"라고 고마움을 표시할 것이다. 반면에 같은 경우 일본에서는 "Arigato(고맙습니다)"라고도 하지만 일부 사람들은 "Sumimasen(미안합니다)"라고 말하기도 한다. 일본어의 "Sumimasen"이란 문자적 의미로는 'it never ends'란 뜻인데 오가와Ogawa(1993)의 분석에 따르면 일본어에서 "Sumimasen"은 사과 이외에 감사 표시라든지 감사를 겸한 사과 표시의 기능도 있고 그 밖에도 부르기call와 대화 연결 기능까지도 있다고 한다. 따라서 이를 액면 그대로 받아들이는 것은 실수를 저지를 우려가 있다. 다나카 등Tanaka et al.(2000:76)은 일본인들이 영국인이나 미국인에 비해 더 자주 사과를 하지만, 일본인이 사과했다고 해서 반드시 그가 잘못을 인정한다는 것은 아니라고 주장하는 것도 주목할 만하다. 앞 절에서도 보았듯이 사과를 잘 하는 것으로 알려진 일본인들이 지하철에서 발을 모르고 밟은 것에 대해 별로 사과하지 않는 것은 메이(2001)에 의하면 이런 상황에서 사과하는 것이 일본인들이 보기에 그 행위의 고의성이 있었다고 의심을 살 수 있기 때문이라고 한다. 즉 자신의 의도나 의사와는 무관하게 어쩔 수 없이 남에게 피해를 주는 행동을 할 경우 그것은 고의성이 없기 때문에 굳이 사과할 성질의 것이 아니며, 그런 것까지 사과하는 것은 체면의 부당한 손상이라고 본다는 것이다. 개인적인 문제에서는 사과를 쉽게 하는 일본인들도 국가 간의 문제에서는 좀처럼 사과를 하지 않는 것은 이런 국가적 위신에 대한 편집증적인 집착과 관련이 있다. 언어 행위의 의도성과 관련해서 천재지변과 같은 사태가 벌어져서 손해를 볼 경우 아무에게도 그 책임을 물을 수 없는 경우가 종종 있다. 그 결과 어떤 큰일이 일어났을 경우 하늘이 내린 불가항력적 재난인 "천재天災"냐 아니면 불필요한 인위적 간섭이 없었더라면 충분히 인간의 노력으로 미리 막을 수 있었던 재난인 "인재人災"냐를 놓고 격론이 벌어지기도 한다. 때로는 천재라고 인정되는 경우에도 사과하거나 사과받는 것이 당연하다고 생각하기도 한다. 예를 들어 태풍이 불어 비행기가 취소되는 것은 어쩔 수 없는 일임에도 불구하고 해당 비행기를 예약한 일부 승객들은 항공사에 격렬히 항의하거나 피해 보상까지 요구하기도 한다. 물론 기상 악화와 같은 이유로 원래 예정되었던 항공기가 운항되지 못할 경우 운임 약관에 정해진 대로 승객들에게 적절한 조치가 취해지며 여행객들은 안타깝지만, 불운을 받아들이고 규정에 따른 항공사의 조치를 따를 수밖에 없다. 이런 절차가 있음에도 불구하고 정도를 벗어난 폭언이나 시위를 한다든지, 무턱대고 책임자의 사과를 요구하는 것은 국제적 표준에 어긋나는 것이다. 물론 이런 경우 서구권 항공사도 "We're sorry…"로 시작하는 말을 하지만 이는 정식으로 자신들의 잘못을 인정하는 진정한 사과가 아니라 의례적인 통보에 지나지 않는다.

알렉산더 Alexander(2006:30)의 용어처럼 '사회적 수행 social performance'이라고 불릴 수 있는, 인간들 사이에서 일어날 수 있는 모든 종류의 행위는 '의례'와 '전략 strategy' 사이에 존재한다. 의례는 집단이 공유하고, 상징적이며, 공동체 정신을 반영한다. 반면에 전략은 개인적 의도에서 출발하고, 계산적이며, 이해관계를 반영한다. 의례는 절차에 초점을 맞추지만 전략은 결과에 초점을 맞춘다. "모로 가도 서울만 가면 된다"는 것은 전략적 사고인 반면, "목에 칼이 들어와도 지킬 것은 지켜야 한다"는 것은 의례적 사고라고 할 수 있다. 의례는 형식에 치중하며 전략은 내용을 우선시한다. 사과 행위를 비롯한 모든 언어 행위는 의례와 전략이 구비되어 일어나며 이 두 요소가 어떤 식으로 어디서 결합하느냐에 따라 언어 행위의 실현 양상이 달라진다.

일본인들이 "Sumimasen"을 의례적으로 입에 달고 사는 사람들이라고 한다면 흔히 한국인들은 "빨리 빨리"를 입에 달고 사는 사람이라고 한다. 해외여행을 하다 현지인에게 한국에서 왔다고 하면 뜬금없이 "빨리 빨리"를 서투른 한국어로 말하는 경우도 있다. 그럴 정도로 한국인들이 가장 빈번하게 하는 말이 "빨리 빨리"라는 것이다. 그냥 "빨리"를 한 번만 하는 것도 아니고 두 번 또는 그 이상 반복해서 하는 게 더 인상적일 수도 있을 것이다. 무엇이든 빠른 것을 강조하고 기대하는 문화에서 조금이라도 늦어지는 것은 용납하기 어려운 일이 된다. 예를 들어 출근길 지하철에 문제가 생겨 전동차가 역 구내에서 멈추어 섰다고 하자. 아마 5분도 채 못 되어 웅성대기 시작하고, 그래도 계속 차가 움직이지 못하면 10분 안에 여기저기서 고성이 들릴 것이다. 출근길이 급한 승객들은 전동차를 빠져나와 역무실에서 "지체확인서를 떼어 달라", "요금을 환불해 달라" 등등 항의가 빗발치고 역무원들은 사과 방송만으로는 진화할 수 없어 연신 "죄송합니다"를 연발하면서 진땀을 흘릴 것이다. 이것은 지하철에서만 볼 수 있는 광경이 아니라, 이해관계로 얽혀 있는 모든 사회적 접촉에서 볼 수 있는 일이다. 따라서 원활한 소통을 위해서는 최대한도의 인내심이 요구된다. 예를 들어 한국노동사회연구소가 2014년 은행이나 증권, 보험회사 등 금융권의 고객 상대 업무 직원 2456명을 상대로 감정노동실태조사를 벌인 결과 이들 대다수가 고객들의 독촉과 항의, 꾸중, 폭언, 성적 희롱 등을 참아내느라 심적 피로가 극심하며 일부는 우울증까지 겪고 있다고 대답했다. 그럼에도 불구하고 직원의 3분의 2가 폭언을 듣고도 실적을 위해 친절함을 강요당하는 '감성노동'에 시달리고 있는 것으로 나타났다. 이런 현상은 권위주의적인 문화의 소산이라는 측면도 있다. 기내에서 승무원을 상대로 폭언과 난동을 벌인 회사 임원이 최근 법적으로 처벌을 받은 사례는 서비스직에 종사하는 사람을 인격적으로 동등하게 여기지 않고 갑의 위치에서 을에게 명령하듯 대하는 그릇된 인식과 관습 때문일 것이다.

반면에 흔히 신사의 나라라고 불리는 영국의 경우는 어떨까? 저자가 경험한 바로는 런던에서 케임브리지로 가는 기차를 기다리는데 원래 예정된 출발 시간이 지났음에도 기차가 플랫폼으로 들어오지 않았다. 기차를 기다리던 사람들은 서로 얼굴을 쳐다보며 의아하게 생각하고 있었는데 그때 "케임브리지행 기차의 출발이 지연되고 있다"는 짤막한 안내방송만 나오고 열차는 역내로 여전히 들어오지 않았다. 얼마 지나 드디어 열차가 들어와 승객들이 올라타고 출발을 기다리고 있었는데 이번에도 또 "기차의 출발이 좀 더 늦어지고 있다"는 아무런 송구한 감정이 느껴지지 않는 무뚝뚝하기 그지없는 안내 방송이 나왔다. 저자는 당일 케임브리지에 기차 도착 시간에 맞추어 지인이 마중을 나오기로 했는데 그 지인이 휴대전화도 없었기 때문에 그에게 연락할 방법이 전혀 없었다. 따라서 출발이 지체될수록 마음이 불편해졌는데 그럼에도 불구하고 옆자리에 앉은 영국인 승객들은 거짓말처럼 누구 하나 불평을 하는 사람이 없었다. 빨리 빨리에 익숙한 저자는 참다못해 옆에 앉은 영국인에게 "영국인들이 젠틀하다는 말은 익히 들었지만 참으로 대단하다. 이렇게 기차가 계속 늦어지고 있는데도 아무도 불평하는 사람이 없다"고 말했더니 그 영국인은 어쩔 수 없다는 식으로 어깨만 살짝 들었다 놓을 뿐이었다. 그러나 내 말을 엿들은 뒷자리의 또 다른 젊은 영국인이 갑자기 끼어들면서 "그래서 영국이 발전이 없는 겁니다"라고 소리를 높였다. 아무리 점잖은 영국인들이라고 할지라도 이런 상황이 못마땅한 것은 한국인인 저자와 마찬가지였던 것인데 이런 문제에도 이젠 대놓고 소리를 높여야 한다는 젊은 영국인의 불평이 신구 세대 사이의 차이를 보여주는 듯했다. 아마도 한 세대가 지나면 영국도 그런 상황에서 승객들의 불평이 쏟아지고 역무원들이 고개를 숙이지는 않더라도 최소한 "미안하다"는 말을 하지 않을 수 없을 것이다.

미국에서 공적인 인물들이 잘못을 저질러서 사과할 경우 그 당사자는 흔히 자신의 가족들에 대해 언급한다. 예를 들어 미국 뉴욕주 하원의원이었던 앤서니 와이너 Anthony Weiner는 자신의 트위터 여성 팔로워 follwer들에게 음란한 사진을 보낸 사실이 드러나 2011년 6월에 뉴욕 연방하원 자리에서 물러났다. 와이너는 처음에는 자신이 고의로 그런 사진을 보낸 것이 아니라 누군가에 의해 자신의 트위터 계정이 해킹 hacking 당한 것이라고 주장했으나 집요한 추적이 시작되자 마침내 자신의 잘못을 시인하고 다음과 같은 사과문을 발표하였다.

> "I am here today to again apologize for the personal mistakes I have made and the embarrassment I have caused. I make this apology to my neighbors and my constituents, but I make it particularly to my wife, Huma."
> ("나는 내가 저지른 개인적인 실수와 그로 인한 당혹스러운 일에 대해 오늘 다시 한 번 사과하기 위해 여기에 나왔습니다. 나는 내 이웃들과 내 지역구 구민들에게 이 사과를 드리며, 특히 내 아내인 후마에게 사과하는 바입니다.")

이 사과문에는 자신의 아내에게 특히 사과한다는 말이 들어 있는데 이는 거의 공식화된 것으로 받아들여져서 이런 가족, 특히 배우자에게 사과한다는 언급이 없으면 진정한 사과로 들리지 않을 정도로 미국 공인의 정형적인 사과의 일부가 되었다.

반면에 한국의 과거 새누리당 심재철 의원의 경우 2013년 3월 22일 정부조직법을 처리하는 국회 본회의장에서 휴대전화로 여성의 음란 사진을 보는 모습이 국회 출입 기자에 의해 포착되어 논란이 되었다. 보도에 따르면 심의원 역시 와이너 의원의 경우처럼 처음에는 자신이 그런 음란 사진을 즐기기 위해 본 것이 아니라고 주장하면서 "지인이 카카오톡으로 보내준 것을 확인해 본 것"이라고 부인했으나 이 해명의 진실성에 논란이 있었다. 즉 심의원이 우연히 카카오톡에 들어가 메시지를 확인하는 과정에서 사진을 보게 된 것이 아니라 자신이 직접 인터넷 성인사이트에 들어가 누드 사진을 검색해 직접 열람하는 장면을 포착한 사진이 공개됐는데 이로 인해 비난 여론이 더 거세지자 심의원은 약 일주일 후인 28일 보도자료를 통해 다음과 같이 사과 성명을 발표했다.

"지난 22일 국회 본회의장에서 있었던 부적절한 처신으로 국민 여러분께 심려를 끼쳐드린 점 고개 숙여 사과드린다. 그동안 저의 잘못에 대한 반성과 자숙의 시간을 보냈다. 이유나 경위가 어떻든 잘못된 행동이었기에 국민의 비판과 질책을 겸허히 받아들이며 책임지는 도리를 다하기 위해 국회 윤리특위 위원직을 사퇴한다"

이런 공식 보도자료를 통한 사과 외에 심의원은 일부 라디오 프로그램에 출연해서 적극적으로 자신의 행동을 해명하였다. 특히 와이티엔YTN 라디오에 출연해서 "어쨌든 국회 본회의장에서 검색했던 것은 잘못된 행동이었다"고 말함으로써 문제의 핵심을 음란 사이트를 검색한 것으로부터 회의가 진행 중인 본회의장에서 검색한 것으로 옮기려는 시도를 보였다. 그는 "카카오톡을 하던 중 누군가 주소창을 보내와 눌러봤더니 곧바로 연결된 것"이라면서 "그렇지 않아도 청소년들이 스마트폰으로 아무런 제한 없이 검색한다는 민원을 듣고 있었던 참이었는데, '이것은 심각하다' 싶어 실태를 확인해 보겠다고 16초 정도 들여다보다 그렇게 됐다"고 당시 상황을 해명했는데 이는 보도자료에 나온 사과의 자세와는 매우 다른 적극적인 해명이었다. 그는 "진실만한 사죄가 없다"란 생각에 당시 스마트폰 인터넷 접속기록, 카톡 주소창 등 내용을 모두 언론에 공개했으며, 그동안 말로 표현 못 할 고통의 시간이었지만 자숙의 기회로 삼았다고 밝혔다. 그는 "(성인사이트 접속이) 일 욕심에서 저지른 실수지만 매서운 회초리로 질책해주시면 더 충실한 일꾼의 자세로 보답하겠다"고 했다. 문제의 심각성은 당사자인 심의원이 18대 국회에서 '장애인에 대한 성폭력 등 인권침해 방지대책 특별위원회' 위원장을 역임하였다는 것인데 그런 심의원의 계속된 사과는 일부 언론에는 사과라기보다 억울함을 해명하는 데 치우친 것으로 평가되었다. 일반적으로 한국의 공인들의 사과는 다음과 같은 특성을 띠고 있다.

1) 사건의 당사자가 직접 나타나서 본인의 입으로 사과하는 미국이나 일본의 경우와 달리 한국의 사과는 잘 알려진 사람일수록 당사자가 직접 나와서 사과하기보다는 보도 자료나 성명을 돌림으로써 간접적으로 사과하거나 소속 기관의 홍보 담당자나 직원이 대신하는 경우가 흔하다. 그러나 사건 당사자가 아닌 대변인이나 대독자가 하는 사과는 직접 당사자 본인의 사과에 비해 진정성이 감소하는 것으로 들릴 수 있다.
2) 기자회견을 하는 경우라도 자신의 입장만을 발표하고 기자들의 질문을 외면하거나 미리 질문을 받지 않겠다고 못 박음으로써 일방적인 사과가 되는 경우가 많다.
3) 흔히 "상처를 입었다면"이라든지 "기분이 나쁘셨다면"과 같은 조건이나 가정을 한 채 사과하거나 "어쨌든"과 같은 문제의 핵심을 흐리는 용어를 사용해서 사과를 서둘러 종결하려 한다.
4) 문제가 된 사안에 대해 해명이 붙는 경우가 많으며 그럴 때에도 불가항력이었다든지 내 의도는 그렇지 않았는데 억울하다든지 등의 변명이나 호소가 있는 경우가 많다.
5) 이미 벌어진 사건의 해결보다는 물의를 일으킨 것 자체에 대한 사과에 초점을 맞추며 잘못된 부분에 대한 구체적인 반성보다 추상적이고 포괄적인 다짐의 성격을 띠는 경우가 많다.
6) 사과를 하는 가족들, 특히 배우자에 대안 언급보다는 자신의 재기를 기약하는 말이 많다.
7) 피해자에 대한 언급을 최소화하려 하며 그에 대한 배려보다 여론 무마용으로 이루어지는 경우가 많다.

최근에는 어떤 문제가 발생해서 사과할 때에도 사과하는 이유를 명시하지 않고 그냥 "심려를 끼쳐드린 점 사과드립니다"처럼 구렁이 담 넘어가듯 사과를 하는 것을 자주 볼 수 있는데 이는 앞에서 본 진정한 사과가 되기 위한 적정성 조건을 충족하지 못한다고 보아야 한다. 반대로 또 과잉 사과의 경우도 있다. 예를 들어 미국으로 이민 간 한국인 가정에서 불이 났는데 그만 정신없이 대피하다 보니 집 안에 아이를 놓고 나와 결국 아이가 숨진 사건이 발생한 적이 있다. 이에 하늘이 무너지는 듯한 충격을 받은 어머니가 자책하는 뜻으로 울부짖으며 "I am sorry I killed the baby"라고 말했다. 이는 한국어로 번역하면 "내 탓이에요, 내가 아기를 죽였어요" 정도가 되겠지만, 그 상황에 대한 지식과 한국인 엄마의 모성애 표현에 대한 문화적 배경을 알고 있는 사람이라면 이는 진짜로 엄마가 아기를 죽인 것을 사과한다는 것이 아니라 그렇게 최선을 다해 아기를 구하지 못한 것을 자책한다는 뜻임을 이해할 수 있었을 것이다. 그러나 그런 맥락적 정보가 결여된 상태에서 그 발화 자체만으로 그 어머니는 친자 살해 혐의로 기소되기까지 했는데 이는 언어 행위 해석의 문화적 측면이 얼마나 중요한지를 보여주는 사례로서 다른 언어 사이에서 소통의 실패는 언어 간 화용론 interlanguage pragmatics의 중요한 연구 주제라고 볼 수 있다.

3.6 사과는 어려워

영국 출신의 팝 가수 엘튼 존Elton John의 노래 제목에도 있듯이 '미안해'란 말은 가장 어려운 말이다("'Sorry' seems to be the hardest word"). 대서양 반대편 미국의 록 그룹 시카고Chicago도 미안하다는 말은 하기 어려워("It's hard to say 'I'm sorry'")라고 화답한다. 서부 영화의 사나이 존 웨인John Wayne은 "절대로 사과하지 말게. 그건 약하다는 증표이니까(Never apologize, mister, it's a sign of weakness)라고까지 말했다. 또 다른 할리우드 스타인 스티브 마틴Steve Martin은 "사과라고? 안 돼! 역겹고 창피한 일이지! 아무리 잘못했어도 신사의 품위를 떨어뜨리는 짓이야(An apology? Bah! Disgusting! Cowardly! Beneath the dignity of any gentleman, however wrong he might be)"라고 말했다.

그런데 사과는 왜 이렇게 어려운 것일까? 사과한다는 것은 정말 약하다는 증표일까? 아니면 사과를 해야 할 때 하지 않고 머뭇거리는 것이야말로 정말 그가 용기없는 자라는 것을 보여주는 것이 아닐까? 개인뿐 아니라 국가도 여기서 자유로울 수 없다. 중국의 현대사에서 가장 큰 사건 중의 하나인 천안문 사태가 발발한 지 25년이 지났지만, 정확히 얼마나 많은 사람이 희생되었는지도 분명하지 않고 이에 대해 중국 정부를 포함해 누구도 사과를 하거나 자진해서 책임을 진 사람도 없으며, 명예 회복 등의 조치도 취해진 바 없다. 반면에 호주에서는 원주민들에 대한 호주 정착민들과 정부의 만행을 구체적으로 적시하고 이에 대해 깊이 사과하는 정부의 공식 성명이 케빈 러드Kevin Rudd 총리에 의해 2008년에서야 발표되었다. 특히 1800년대부터 호주에 정착한 이주민들이 1970년대까지 원주민 아이들을 문명화한다는 구실 하에 강제로 가족들로부터 떼어내 시설에 가둔 이른바 '빼앗긴 세대Stolen Generation' 등의 탄압을 숨김없이 나열하면서 반복적으로 사과한다는 말을 하였다. 러드 총리는 "우리의 호주 동포들에게 심대한 슬픔과 고통 및 손실을 끼친 호주의 과거 법과 정책에 대해 사과한다(We apologise for the laws and policies of successive Parliaments and governments that have inflicted profound grief, suffering and loss on these our fellow Australians.)"며 "자랑스러운 민족과 자랑스러운 문화를 모욕하고 경멸한 데 대해 우리는 사죄한다(And for the indignity and degradation thus inflicted on a proud people and a proud culture, we say sorry.)"고 매우 구체적이고도 공개적으로 사과했다. 이와 대조적으로 한국에서는 대통령의 미국 순방 중 일어난 청와대 대변인의 엽기적인 사건을 두고 처음에는 아무도 책임을 지거나 사과하는 모습을 보이지 않았다. 국격을 강조하는 대통령의 해외 순방 중에 일어난 전대미문의 사건에 대해 여론의 반대를 무릅쓰고 이 문제의 인물을 청와대 대변인으로 임명한 임명권자인 대통령은 일체 일언반구 공식적 언명이 없었고 여론이 비등하자 마지못해 허태열 비서실장이 대신 사과하기에 이르렀다. 그런데 비서실장이 대신 사과한 이 사과문에는 사건의 핵심은 빠진 채 그냥 "불미스러운 일로 심려를 끼친" 점에 대해 사과한다고 간략히 나와 있을 뿐 국제적 웃음거리가 된 것에 대한 진솔한 사과나 사건 당사자에 대한 조치와 인사 제도의 개선 방안, 재발 방지책 등은 하나도 거론되지 않은 채 국민에게 당부하는 말로 마무리하고 있다. 유권자의 51.55%가 지지한 최고 권력자 조차도 이런 사안으로 직접 사과를 하지 않고 비서실장에게 대신 사과하게 한 것으로 보아도 사과는 지위의 고하를 막론하고 어려운 것임을 알 수 있다. 그렇다면 보다 개방적이고, 수평적이며 덜 권위주의적이라는 미국의 경우는 어떤가? 미국의 대통령으로서는 최초로 재임 중 탄핵 위기에 몰려 사임한 리차드 닉슨 대통령의 워터게이트 스캔들을 파헤친 밥 우드워드Bob Woodward 기자는 닉슨의 가장 큰 실수는 워터게이트 사건을 지시하거나 은폐하려고 한 것이 아니라고 한다. 미국인들은 이미 그 사건의 진상을 속속들이 알고 있었고 이에 대해 자신들의 대통령이 사실을 인정하고 진솔하게 사과하기를 기다렸는데에도 닉슨은 용기 있게 이를 실행에 옮기지 못했다는 점이 가장 큰 실수라고 한다. 결국, 닉슨은 "나는 사기꾼이 아니다I'm not a crook"란 유명한 말을 호기롭게 남기고 백악관을 떠나야 했다. 대통령도 인간인지라 실수를 저지를 수 있고 이를 모든 국민이 알고 있기 때문에 닉슨이 자신의 잘못을 조금이라도 일찍 인정하고 국민에게 사과했더라면 대통령직에서 불명예스럽게 물러나는 비극만은 면했을 수 있었을 것이다. 사과란 배변과 같아서 하기 전까지는 전전긍긍하지만, 막상 하고 나면 시원함을 느낀다. 단 제대로 해야지만 상쾌하고 깨끗하지, 그렇지 못하면 오히려 스스로 불쾌해지고 악취가 진동하게 된다. 사과해야 한다는 것은 볼일을 보아야 한다는 것과 마찬가지이다. 안 하고 머뭇거릴수록 점점 더 속으로 괴롭고, 그렇다고 터뜨리자니 사람들이 비난할 것 같은 창피함과 두려움에 편치 않다. 배변이 신체적 카타르시스를 준다면 사과는 정신적 카타르시스를 준다. 사과해야 할 때 하지 않는 것은 자신에 대한 직무유기로서 고립과 사회적 관계의 악화를 초래할 수 있다. 미국의 노예 제도는 1616년에 시작되어 1865년 링컨의 노예 해방과 더불어 공식적으로는 종결되었지만 200년 넘게 노예를 착취한 것에 대한 사죄나 보상은 거의 찾아볼 수 없다. 2002년의 여론 조사에 따르면 미국 내 흑인 중 67%가 노예제에 대한 금전적 보상에 찬성했지만 백인들은 오직 4%만이 금전적 보상에 찬성했다. 보상 금액은 약 100조 달러에 달한다고 하는데 이런 천문학적 금액 때문인지 미국에서 노예제도에 대한 보상 문제를 거론하는 것은 사회적 금기사항처럼 되어 있다. 반면에 독일은 2차 대전 무렵 자행한 유대인 학살에 대한 보상으로 250억 불 상당의 금전적 보상을 홀로코스트 유가족들에게 이미 한 바 있어서 미국과 대조를 이룬다. 사과는 이처럼 자신의 잘못에 대한 처절한 반성과 진정한 용기 및 성숙한 책임 의식이 결합되어 일어나야 진정한 사과가 되기 때문에 개인이든 국가든 어려운 법이다. 다음 부분에서는 우리나라에서 최근에 일어난 대표적인 사과의 예를 보면서 사과 행위의 본질을 탐구하기로 하자.

지난 2013년 5월에는 남양유업의 한 영업사원이 대리점주에게 막말과 폭언을 한 통화녹음 파일이 유튜브 등에 확산되며 논란이 일었다. 다음은 남양유업 영업사원(34세)과 대리점주(56세)와의 대화 내용 중 일부를 전사한 것이다(전사 내용 중 XX로 표시한 것은 욕이나 금기어임).

> 영업사원: 진짜로 받아요.
> 대리점주: 상황이…
> 영업사원: 죽기 싫으면 받아요.
> 대리점주: 자리도 없고..
> 영업사원: 죽기 싫으면 받으라고요. 끊어 빨리. 받어. … 다 해줬으니까. 받어. 물건 못 들어간다. 이따위 소리 하지 말고… 잔인하게 해 줄 테니까… 알아서 해
> 대리점주: OO이나 OO한테 전화해 봤더니 그쪽도 창고가 꽉 차 가지고…

이걸 어떻게…

영업사원: 창고 늘리라고 한 지가 벌써 2년이야 2년. 당신이 책임져. 물건 받아.. ○○○○,에 한 번만 더 맡긴다고 이런 얘기 하면 죽여 버릴 거야… ○○○○한테 얘기해서 앞으로 받아주지 말라고 그랬어. 알아서 쓰고 이야기하세요. 물건 받으세요. 지사 힘들게 하지 말고

대리점주: 잠깐만. 나더러 시키기에는 대리점에 넘기라면서 지금 와서는 저기… 넘길 생각을 하고 있는 그걸 갖고 지금 와서 저장고를 증설하라고 하면..

영업사원: XX, 빨리 넘기던가. 아 넘기지도 못하면서 씨..

대리점주: 아무 .. 아니야?

영업사원: 우이 XX, 1년 동안 아니야?

대리점주: 무슨 1년이야 1년은?

영업사원: 당신 나한테 핑계 대지 마. 핑계 댈 이유가 있어? 핑계 댈 만큼 한 게 있어?

대리점주: 그럼 안 한 게 뭐가 있어? 저번 달도 그렇게 받았고 어? 이번 달에도

영업사원: 내가 해 준 거지. XX 그게 당신이 노력해서 된 거야? 그것도?

대리점주: 어떻게 됐건 간에 오바 된 건.. 오바 됐잖아 내 목표보다 더 오바 됐잖아..

영업사원: 당신 목표가 뭔데, XX. 작년 ○○○ 2700만 원이야. XX. 당신이 한 게 뭐 있어? 그냥 받어. 죽기 싫으면 받으라고 잔인하게 해 줄게… 핸드폰 꺼져 있거나 또 그러면 앞으로 알아서 하십쇼. 받아요.

대리점주: 받을 상황이 아니니까 지금 그러는 거 아니야 내가 지금..

영업사원: 버리던가 버려 그럼.

대리점주: 무슨 말을 그렇게 해. 제품을 버리다니? 나보고 망하라는거야?

영업사원: 버리라구요. 망해, 망해 그러면 망하라구요. 망해. 이 XXX아… 망하라구.

대리점주: 그게 영업관리소장으로서 할 말이야? 그게?

영업사원: 당신은 그럼 이 XXX아, 대리점장으로서 그게 할 얘기냐? 이 개XX야. XX, 당신이 이제 와서 한 게 뭐가 있어? 한 게 뭐 있나구요? ○○ ○○○사장님 XX놈아. 뭐하셨어요? 엥? 당신 얼굴 보면 아주! 나 죽여버릴 거 같으니까.

대리점주: 뭐라구요?
영업사원: 그렇게 대우받게 하잖아. XX아 니가. 자신 있으면 OO 들어오던가 이 개XX야. 나랑 맞짱뜨게.. OO 같은 XX야 받으라고 OO 놈아. 니가 뭔데 원당물류 OO 거따 왜 갖다 보내? XX, 사람이..

이 녹음 파일이 공개되면서 급속도로 여론이 악화되고 회사의 주가가 폭락하며 조직적인 불매운동의 조짐이 있는 등 문제가 하루가 다르게 커지자 회사 측은 대표이사 이름으로 다음과 같은 사과문을 홈페이지에 게시하였다.

남양유업

공식 사과문

남양유업 주식회사 대표이사입니다.
현재 인터넷에 회자되고 있는 당사 영업사원 통화녹취록과 관련해 회사의 대표로서 참담한 심정을 감출수가 없습니다.
실망을 안겨드린 모든 분들께 진심으로 고개 숙여 사과드립니다.
해당 영업사원은 사직서를 제출하였으며 당사는 사태의 엄중함을 감안, 이를 즉각 수리하였습니다.
아울러 이번 통화 녹취록은 3년 전 내용으로 확인되었으며, 철저한 진상조사를 통해 관리자를 문책하겠습니다.
또한 다시 한 번 회사 차원에서 해당 대리점주님께 진심어린 용서를 구하도록 하겠습니다.
이와 함께 임직원들의 인성교육시스템을 재편하고 대리점과 관련한 영업환경 전반에 대해 면밀히 조사해 이번과 같은 사례가 결코 재발하지 않도록 엄중한 조치를 취하겠습니다.
다시 한 번 심려를 끼쳐드린 것에 대해 깊이 사과드립니다.

남양유업 대표이사 배상
2013년 5월 4일

이 사과문에서 대표이사는 서두와 말미에 각각 "고개 숙여 사과드립니다"라든지 "깊이 사과드립니다"와 같은 사과 행위의 수행 동사를 사용해서 사과의 발화수반력을 직접적으로 표현하는 완전 공개 전략bald on-record을 택하고 있다. 이는 한 회사의 최고 책임자인 대표이사의 사과문으로는 다소 파격적인 것으로 볼 수 있다. 그런데 내용을 더 들여다보면 "인터넷에서 회자되고 있는 당사 영업사원 통화 녹취록과" 관련해서 심정이 참담하다는 개인적 감정 표시만 있을 뿐 구체적으로 무슨 잘못된 행위가 있어서 어떤 점을 사과하는지는 명확하지 않다. 사과를 받는 대상도 "실망을 안겨 드린 모든 분들"이라고 포괄적으로만 표시되어 있고 가장 큰 피해를 입은 대리점주는 사과문의 후반부에 "다시 한 번…. 해당 대리점주님께 진심 어린 용서를 구하도록 하겠다"고 해서 마치 사과문 서두의 "모든 분들"에 대리점주를 포함한 것처럼 보이게 했다. 이 사과문을 보면 통화 녹취록에서 드러난 문제점을 명백히 언급하는 대신 그 통화 녹취록이 "3년 전 내용으로 확인"되었다는 점을 사과문에 삽입함으로써 이 사건이 꽤 오래전 일이라는 점을 간접적으로 암시하고 있다. 사과문에는 대리점주의 용서를 구하는 것 외에 적절한 보상이나 명예 회복 등의 제의는 들어 있지 않지만, 영업사원을 문책 조치했다는 것과 유사 사건의 재발 방지를 위해 노력하겠다는 의지는 분명히 밝히고 있다. 또한, 사과문에는 단기간에 회사를 뒤흔들 정도로 크게 비화된 영업사원과 대리점 간의 문제가 어떻게 발생했는지에 대한 회사 측의 이유나 해명은 들어 있지 않은데 이 점은 사과문에 구구한 해명을 늘어놓을 경우 간신히 수습 중인 여론의 역풍을 맞을 것이 우려되었기 때문으로 보인다. 이 문제의 본질은 한 영업사원의 개인적인 일탈 행위가 아니라 남양유업이라는 대기업이 우월적 지위를 남용해서 대리점주라는 하청업자에 대해 부당한 압력과 영업 부조리를 자행한 소위 갑을 관계에 있는데도 본 사과문은 영업사원의 사직서를 수리하는 것만으로 회사 측에서 할 수 있는 조치는 다 한 것처럼 포장하고 있다. 해당 직원이 욕설과 폭언을 한 것은 결코 용서받을 수 없는 잘못이지만, 이는 그 개인에게만 책임을 물을 수 없고 또 다른 직원이 그 업무를 맞게 되더라도 그런 구조적 상황에서는 어쩔 수 없이 그런 관행을 따를 수밖에 없어 재발의 가능성이 높다. 문제가 일어난 것에 대해 대표이사가 낮은 자세로 반성하는 모습은 여러 번 보이지만, 결정적으로 영업사원과 대리점주 사이의 갈등을 일으키게 된 회사 측의 불합리한 관행 등 시민들이나 사회단체들이 시정을 요구한 근본적인 책임을 인정하는 구절은 보이지 않는다. 사과문의 마지막 문장에서는 심려를 누구에게 끼쳐드렸는지 대상을 적시하지 않음으로써 여전히 포괄적인 사과의 성격을 띠고 있다. 남양유업 대리점 피해자 협의회는 이미 2013년 1월에 회사 측을 상대로 자사제품 강매 및 명절 떡값 요구 등 불공정 관행 등의 이유로 남양유업을 공정거래 위원회에 신고한 바 있다. 당시 회사 측은 이를 사실 무근이라고 부인하고 허위사실 유포라는 이유로 협의회를 고발했고 이에 협의회 측은 참여연대와 함께 회사대표를 맞고소한 상태였다. 만약 회사가 문제의 심각성을 직시하고 이를 시정하려는 진정한 의지가 있다면 유사한 사유로 진행 중인 법정 다툼에 대해서도 이 사과문에서 일말의 언급이 있었더라면 사과의 진정성이 좀 더 확실하게 받아들여졌을 것이다. 이 공식 사과문이 발표되자 인터넷에는 이를 풍자하는 패러디parody 사과문이 등장하였는데 이 패러디 사과문은 일부 네티즌들이 회사 측의 사과를 어떻게 받아들이고 있는지 잘 보여주고 있다.

남양유업

공식 사과문

남양유업 주식회사 대표이사입니다.
홍보부 말단사원이 우리 팀장님께서 올리라는 공지 올려드립니다.

현재 인터넷에 회자되고 있는 당사 영업사원 통화녹취록과 관련해
회사의 대표로서 참담한 심정을 감출 수 없습니다.
실망을 안겨드린 모든 분들께 진심으로 고개 숙여 사과드립니다.
요새 짜증나는 네티즌들이 우리 관련 녹취파일 퍼뜨리고 있는데 솔까 좀
당황스럽습니다. 내 주위 사람들에게 좀 미안하네요.

해당 영업사원은 사직서를 제출하였으며 당시는 사태의 엄중함을 감안,
이를 즉각 수리하였습니다.
녹음하는 줄도 모르고 점주 협박하다 걸린 그놈아는 벌써 짤랐으니 가능하면
우리랑 엮지 마시고
아울러 이번 통화 녹취록은 3년 전 내용으로 확인되었으며, 철저한 진
상 조사를 통해 관리자를 문책하겠습니다.
음성파일은 조낸 옛날꺼니까 신경꺼 주시고, 점주들 괴롭힐 때 티 좀 내
지 말라고 영업부에 한번 주의 주겠습니다.

또한 다시 한 번 회사 차원에서 해당 대리점주님께 진심어린 용서를
구하도록 하겠습니다.
미안 점주야 앞으로 물건 좀 덜 내려보낼게

이와 함께 임직원들의 인성교육시스템을 재편하고 대리점과 관련한 영
업환경 전반에 대해 면밀히 조사해 이번과 같은 사례가 결코 재발하
지 않도록 엄중한 조치를 취하겠습니다.
임원들과 대책회의 해서 어떻게 하면 안 걸리고 물건 내려보낼지 생각 좀
해 보겠습니다.

다시 한 번 심려를 끼쳐 드린 것에 대해 깊이 사과드립니다.
다시 한 번 내 주위 사람들에게 미안합니다.

남양유업 대표이사 배상
2013년 5월 4일
홍보부 막내가 사장님 대신 씀
P.S 사장님이 이름 쓰면 혼날까봐 뺌

사과문 출처는 http://www.gobalnews.com/news/articleView.html?idxno=2642

이 패러디물을 올린 네티즌은, 남양유업 측의 사과문 원본 텍스트의 중간 중간에 자신의 해석을 재치있게 끼워 넣고 있다. 이는 사회적으로 민감한 문제에 대한 당사자 한쪽의 일방적인 소통에 새로운 시각을 부여함으로써 균형을 이루려는 시도로 볼 수 있다. 이와 같은 패러디가 사이버공간 등에서 자주 쓰이는 것은 패러디가 아이러니나 사회 풍자처럼 그 성역이 없고 모든 사람이 인지하는 소재를 사용한다는 점에서 친밀도가 높으며 그에 대해 기발한 반전inversion이 있을 경우 그 텍스트를 읽는 사람들로 하여금 미처 생각하지 못한 것에 대해 주의를 집중할 수 있는 장점이 있기 때문이다. 한때 북한의 김정일 전 국방위원장과 매우 닮은 사람이 나온 아이스크림 광고가 있었는데 그 광고를 본 사람들은 처음에는 매우 놀라게 되지만 이내 실제 김정일이 아닌 배우가 연기하는 것임을 쉽게 알아차리고 호전적이며 경직된 이미지의 김정일이 부드러운 아이스크림 앞에서 약해지는 모습을 보이는 것을 재미있게 감상할 수 있었다. 실제 이 광고는 동영상 광고를 심의하는 제1광고 심의위원회에서 김정일과 북한 뉴스 프로그램을 패러디한 화면 등이 공적 상징물의 부적절한 사용에 해당되는지 여부를 검토한 결과, 기존에 부시 대통령 등 다른 나라의 대통령을 패러디한 광고 사례에 비추어 볼 때, 코믹하고 풍자적인 광고 표현으로 보아 문제점이 없다는 심의 결과가 나왔다. 패러디는 허치언Hutcheon(1985)에 따르면 두 개의 텍스트를 통한 종합 행위bi-textual synthesis인데 하나의 원전으로부터 제대로 된 패러디를 할 경우 새로운 텍스트는 기존 텍스트의 단순한 모방이 아니며 패러디의 대상이 된 작품과 패러디를 한 작품이 모두 새로운 의미를 가지게 된다는 점에서 단순 모작이나 표절 행위와 구별된다. 인터넷에서 자주 볼 수 있는 패러디는 이 패러디를 감상하는 네티즌들에게 기발한 방식으로 자극을 주어 흥미를 느끼고 주의를 기울이게 하지만 네티즌들을 기만하거나 오도하려는 의도는 없고 네티즌 역시 잠시 일탈의 재미를 느끼지만 이를 현실로 오인할 가능성은 거의 없으므로 그런 패러디를 온라인에 올린 송신자가 그 가상적 상황에서 기술된 내용을 모두 실제로 입증해야 할 책임까지는 물을 수 없다.

3.7 사과인 듯 사과 아닌 사과 같은 행위

캐스퍼와 블룸-쿨카(1993: 59)는 사과하기는 감사하기와 마찬가지로 청자의 체면을 상승시켜 주는 우호적 언어 행위로서 그 발화수반력을 높이는 쪽으로 발화되는 것이 보통인 반면, 불평하기, 요구하기, 바로잡기 등은 청자의 체면을 손상시킬 위험이 큰 경쟁적 언어 행위로서 공손을 위해서 발화수반력을 낮추어 표현하는 것이 보통이라고 한다. 그러나 사과행위의 경우 진심으로 하는 우호적 언어 행위일 때에는 발화수반력을 강화하는 각종 표현이 사용되는 빈도가 높지만, 반대로 마지못해 상대방에게 통고하는 듯하는, 발표를 위한 발표용 사과행위일 경우에는 그런 발화수반력 강화 표현들이 별로 사용되지 않고 대신 다음과 같이 조건부적인 표현을 사용하기도 한다:

> I am sorry if you took offense at my comment.
> I am sorry if anything I have said might have offended you.
> I regret that you feel I have wronged you.
> 제 말이 거슬렸다면 사과합니다.
> 제 말로 조금이라도 기분 나쁘셨다면 미안합니다.
> 이번 일로 팬 여러분들의 마음에 상처를 입혔다면 사과드립니다.

이런 조건부적 사과를 흔히 '변호사의 사과 lawyer's apology'라고 부르는데 아무리 뻔한 경우라도 절대 포기하지 않는 변호사들처럼 이런 종류의 사과는 명시적으로 자신의 잘못을 인정하는 대신에 자신의 잘못이 아닐 수도 있는 조건을 언급함으로써 나중에 혹시라도 책임이 논란이 될 때 조금이라도 유리한 여지를 남겨놓겠다는 뜻이 포함되어 있다. 이런 사과 발화는 겉으로 보기에는 사과를 한 것 같지만, 조건절을 사용함으로써 상대방이 상처를 받을 경우에만 미안해하는 것으로, 마치 굳이 상처를 입지 않아도 되는데 그런 마음이 드는 것은 상대방의 문제인 것처럼 책임을 회피하는 뜻으로 해석되어 관계 개선은커녕 그 반대의 결과를 낳을 수 있다. 실제로 레빈슨(2000)은 다음 예문에서 보듯 if p, then q라는 문장을 발화하는 것은 그보다 더 정보량이 많은 이유를 나타내는 since p, q가 아니라는 것을 절-함축한다고 한다.

    If he comes to the party I will go to the party.
    +> It is not the case that since he comes to the party, I will go to the party.
    제 말에 문제가 있었다면 사과합니다.
    +> 제 말에 문제가 있었기 때문에 사과하는 것은 아닙니다.

조건부적 사과와 비슷한 또 다른 뻣뻣한 사과로 다음 예처럼 변명을 앞세우는 사과도 영어나 한국어에서 공히 볼 수 있다.

    진의는 아니었지만, 미안하게 생각해.
    그럴 의도는 없었지만, 결과적으로 그렇게 되었으니 사과한다.
    내가 잠시 돌았나 본데 어쨌든 미안하다.
    이유나 경위가 어떻든 간에 내 잘못이다.
    내가 늘 이 모양은 아닌데, 하여간 사과한다.
    I didn't mean to hurt you, but please accept my apology.
    I didn't mean to say those things.
    I was mad, but I shouldn't have called you a name.
    I'm not always like this, but I apologize anyway.

한국어의 변명성 사과에서 자주 쓰이는 '어쨌든'이나 '하여튼', '누구의 잘못이든', '누구의 잘잘못을 떠나서'와 같은 표현은 화자 자신의 체면을 조금이라도 유지하고 궁극적인 사건의 책임을 호도하는 기능을 할 수 있어서 진정한 사과 행위에 어울리지 않는 표현이다. 벤자민 프랭클린Benjamin Franklin은 "사과를 할 때 변명을 늘어놓아 사과를 망쳐서는 안 된다(Never ruin an apology with an excuse.)"고 했다. 사과는 대부분의 경우 화자의 체면을 손상시키고 자존심과 신뢰도에 악영향을 주는 잘못을 인정하는 행위이기 때문에 좀처럼 말로 표현하기 쉽지 않다. 그럴수록 사과는 상대방과의 관계에 중요한 요소이고 잘못을 저질러졌을 때 결코 생략할 수 없는 부분이다. 사과는 잘못을 한 주체가 책임을 지고 본인 스스로 해야 진정성을 인정받는 것이지, 대리인이나 아래 사람을 시켜 대신 사과하게 하는 것은 사과의 효과를 반감시킬 수 있다. 그런 의미에서 집권 초반 있는 인사 실패에 대해 임명권자인 대통령이 직접 사과하지 않고 비서실장을 시켜 대국민 사과를 한 것은 지도자다운 정정당당하고 솔직한 소통의 노력이라고 볼 수 없다. 영국의 작가였던 길버트 체스터튼Gilbert K. Chesterton은 "뻣뻣한 사과는 또 다른 모욕이다. 상처를 입은 사람은 자기가 잘못 대접받았기 때문에 보상을 원하는 것이 아니다. 그는 자신의 마음이 아프기 때문에 치유받기를 원할 뿐이다(A stiff apology is a second insult. The injured party does not want to be compensated because he has been wronged; he wants to be healed because he has been hurt.)"라고 했는데 이는 사과의 본질과 사과 행위의 발화수반적 기능과 사회적 목표를 정확히 꿰뚫은 말이다. 이 말이 의미하는 것과 유사한 현상은 앞에서 본 땅콩 회항의 형식적인 사과뿐 아니라 한국 역사상 유례없는 대형 참사인 세월호 사건을 둘러싼 담론에서도 볼 수 있다. 세월호 사건으로 피해를 입은 유가족들이 요구하는 것은 진정한 사과와 철저한 진상 규명임에도 불구하고 형식적으로 마지못해 하는 사과는 오히려 유가족들의 마음을 치유하기는커녕 더 아프게 했다는 것이 중론이다. 부스Booth(2008)는 불성실한 사과는 탓하거나 핑계 대기와 다를 바가 없다고 하면서 그 예로 창세기에서 아담이 선악과를 먹은 게 탄로 나자 다음처럼 이브의 탓을 하며 변명을 늘어놓는 "사과"를 하는 것을 들고 있다(http://www.thefaithfulword.org/insincere apologies.html).

"Lord, this woman that You created and that You put here in this garden with me, she gave me the fruit, so I am sorry if You were offended" (창세기 3:12).

성경 말씀까지 가지 않더라도 "사과는 항상 화자가 틀렸고 상대방이 맞았다는 것을 의미하는 것이 아니라 화자가 자신의 자존심보다 상대방과의 관계를 더 중요하게 여긴다는 것을 의미한다"는 전해 내려오는 금언은 학문적 지식이나 종교적 가르침 이전의 평범하지만 심오한 삶의 지혜를 보여준다.
  이처럼 뻣뻣한 사과와 대척점에 놓인 사과의 또 다른 종류로 비굴한 사과를 들 수 있다. 비굴한 사과는 필요 이상으로 자신을 낮추고 질타하면서 사과를 하는 것인데 상대방에 대한 미안한 마음을 전하고 혹시라도 보상이나 배상할 것이 있으면 보상/배상을 약속하며, 재발 방지를 약속하는 것이 골자가 되어야 할 사과행위의 본질을 망각하게 하고 화자 자신을 불쌍하고 애처로운 존재로 만들어 동정심을 유발하게 하는 기능만이 부각되게 한다. 그렇다고 해서 화자의 잘못이 없어지는 것은 아니며 청자의 아픈 마음이 치유되는 것도 아니고 오히려 양자의 관계는 회복 불가능의 나락으로 빠질 가능성이 높아진다. 그러므로 이런 종류의 사과는 화자 자신이 발화수반력을 스스로 무너뜨리는 결과를 초래하게 된다. 실제 이런 사과의 예로 2014년 서울시 교육감 선거전 초반에 지지율 1위를 달리다가 뜻밖에 불거진 딸과의 문제로 어려움에 몰린 고승덕 후보의 경우를 들 수 있다. 지지율 하락에 당황한 나머지 고 후보는 강남역 유세현장에서 자신을 "못난 아비"라고 말하면서 느닷없이 왼쪽 팔을 번쩍 들고 소리 높여 "미안하다"를 외친 것은 그 의도는 어디에 있었든 간에 사라지고 사과 발언 자체가 여론에 호의적으로 받아들여지지 못한 하나의 해프닝으로 끝나고 말았다.

이상의 예에서 알 수 있는 것은 사과에서 책임을 인정하는 것도 필요하고 자기비판을 하는 것도 필요하지만, 그 방식이 화자의 기분에 따라 자기 자신의 만족을 위해서 말하는 것은 진정한 사과로 받아들여지지 않는다는 것이다. 위 두 종류의 사과를 +와 -의 값을 갖는 [책임 유보]와 [자기 성토]라는 특성으로 파악하면 다음과 같다.

[표 8] 뻣뻣한 사과와 비굴한 사과

	[책임 유보]	[자기 성토]
뻣뻣한 사과 stiff apology	+	−
비굴한 사과 abject apology	−	+

자책이 심한 비굴성 사과는 그 표현 방식이 어떻든 간에 결국 화자가 자신의 책임을 인정하는 것으로 비춰진다. 이상에서 본 거짓된 사과의 특징을 요약하면 다음과 같다.

- 피해자가 겪은 일이나 느낀 감정을 언급하지 않거나 인정하지 않는다.
- 자신에 대한 변명을 앞세운다.
- 잘못이나 실수의 책임을 자기 자신이 아닌 피해자나 제3자에게 일부 또는 전부 전가하려 한다.
- 자기 자신뿐 아니라 피해자도 공동 책임이 있다고 주장하거나 암시한다.
- "유감이다"라는 말을 써서 누가 잘못했다는 것인지 확실치 않게 표현한다.
- "그렇지만"이나 이와 유사한 말을 자주 사용한다. (예: I'm sorry that.. 대신에 I'm sorry but…)
- "어쨌든"과 같은 말을 사용함으로써 문제를 불분명하게 얼버무리려 한다.
- 지나치게 자신의 감정을 드러내거나 동정심을 얻으려는 태도를 보인다.
- "심려를 끼쳐드린 점 죄송하다"처럼 사안의 핵심을 외면하고 여론 무마에만 힘쓴다.

4. 언어 행위 발화의 구조

언어 행위의 발화는 일정한 형식적 구조를 갖고 있다. 이 형식적 구조는 각 언어의 어휘적, 통사적, 의미적 특성에 따라 조금씩 다르게 나타날 수 있지만, 기본적으로 언어 행위의 핵심을 이루는 주요부와 이를 꾸며주는 수의적 요소인 주변부로 나눌 수 있고, 또 핵심적 주요부가 지닌 발화수반력을 효과적으로 드러내기 위해 추가될 수 있는 보조 언어 행위부가 올 수도 있다. 이런 언어 행위 발화의 구조에 대해 알아보자.

4.1 주요부와 주변부

다음의 세 가지 다른 언어 행위를 나타내는 발화를 보자.

(1) 요청 행위
  a. 볼륨을 좀 줄여 주실 수 있어요?
  b. 미안하지만 볼륨을 좀 줄여 줄 수 있어요?
  c. 미안하지만 볼륨을 좀 줄여 줄 수 있어요? 책 읽는 데 집중할 수가 없어서요.

(2) 사과 행위
  a. 이번 일은 모두 다 제 불찰입니다.
  b. 이런 말을 하는 게 너무 늦은 줄 잘 알지만, 이번 일은 모두 다 제 불찰입니다.
  c. 이런 말을 하는 게 너무 늦은 줄 잘 알지만, 이번 일은 모두 다 제 불찰입니다. 다시는 이런 일이 없도록 하겠습니다.

(3) 거절 행위
  a. 지금은 그 물건이 별로 필요가 없어요.
  b. 도와 드리고 싶은데 지금은 그 물건이 별로 필요가 없어요.

c. 도와 드리고 싶은데 지금은 그 물건이 별로 필요가 없어요. 다음에 다시 오시면 생각해 볼게요.

위 표현들은 언어 행위 발화의 몇 가지 다른 구조를 보여주고 있다. 일반적으로 언어 행위 발화는 그 언어 행위의 내용적 핵심을 이루는 부분, 즉 주요부head와 이 핵심적인 부분을 꾸미는 부분, 즉 주변부periphery로 나눌 수 있다. 예를 들어 위의 (1a), (2a), (3a) 발화는 각기 요청, 사과, 거절이라는 언어 행위의 핵심적인 내용을 아무런 꾸밈 없이 단도직입적으로 표현하고 있다. 반면에 요청 행위의 발화인 (1b)와 (1c) 예에서 언어 행위의 핵심을 이루는 주요부는 화자가 청자에 대한 요청의 의도를 드러내는 "볼륨을 좀 줄여 줄 수 있어요"이고 이 앞에 쓰인 "미안하지만"이나 뒤에 "책 읽는 데 집중할 수가 없어서요"와 같은 말은 그 자체가 요청을 나타내는 것은 아니며 요청 행위에 대한 화자의 심정적 태도나 요청의 이유 등을 설명하는 보조적인 부분, 즉 주변부이다. 이는 요청 행위가 성립하기 위해 필수적인 것은 아니지만 그래도 중요한 기능을 담당하는 부분으로서 그것이 쓰이고 안 쓰이고의 차이에 따라 소통의 결과는 달라질 수 있다. 마찬가지로 사과 행위의 예에서는 "이번 일은 모두 다 제 불찰입니다"가 사과 행위 발화의 주요부이고 (2b)와 (2c)에 볼 수 있는 "이런 말을 하는 게 너무 늦은 줄 잘 알지만"이나 "다시는 이런 일이 없도록 하겠습니다"는 주요부에서 표시한 사과의 의도가 보다 적절하게 들리도록 조절하는 부분이라고 할 수 있다. 또한, 거절 행위의 예에서 핵심적인 부분은 "지금은 별로 필요가 없어요"인 반면 (3b)나 (3c)에서 주요부 앞 또는 뒤에 온 말들은 사실상 거절 행위를 잘 포장하기 위해 동원된 것들이라 할 수 있다. 이처럼 언어 행위를 표현하는 발화는 필수적인 부분인 주요부와 선택적인 부분인 주변부로 이루어진다. 언어 행위 발화의 주요부는 해당 언어 행위의 핵심 내용을 포함하는 부분으로서 엄밀히 말해 그 부분만 말해도 언어 행위는 성립될 수 있으며 이 부분이 생략될 경우 언어 행위가 모호해진다. 이처럼 핵심부가 언어 행위의 정보적 내용을 주로 전달하는 반면 주변부는 화자의 정감적 태도와 청자와의 관계에 대한 고려를 보여주는 부분이다. 주변부는 언어 행위의 핵심은 아닐지 몰라도 화자가 청자와의 상호 관계를 고려하여 전략적으로 선택되고 그 세부 구조가 결정된다. 다음 절에서는 주요부 및 주변부의 세부 구조와 표현 방식을 대표적인 언어 행위인 요청 행위의 발화를 중심으로 알아보자.

4.2 수식

언어 행위에서 '수식 modification'이란 한 언어 행위 발화가 가진 힘, 즉 발화수반력을 조금 더 강화하거나 또는 약화하기 위해 적절하다고 생각되는 언어적 자원을 동원하여 포장하는 것을 말한다. 수식은 언어 행위의 주요부 안에서 일어날 수도 있고 주요부 바깥에서 일어날 수도 있는데 전자의 경우를 '내부 수식'이라 하고, 후자의 경우를 '외부 수식 external modification'이라고 한다.

4.2.1 외부 수식

외부 수식이란 어떤 언어 행위를 구현하는 발화의 주요부가 아닌 주요부의 외곽에서 그 언어 행위의 발화수반력을 강화하거나 완화하기 위해 여러 가지 표현들을 사용하는 것을 말한다. 외부 수식은 언어 행위 발화의 필수적인 요소는 아니고 선택적인 요소이지만 그 행위가 적절하게 수행되는지를 결정하는 데 중요한 역할을 한다. 외부 수식은 언어마다 그리고 언어 행위마다 조금씩 다른 양상으로 나타나는데 예를 들어 요청 행위의 경우 다음과 같은 외부 수식이 있다. 외부 수식에는 다음과 같은 이유 표현 reason, 준비 표현 preparator, 무장해제 표현 disarmer 등이 있다.

1) 이유 표현

외부 수식의 가장 흔한 방법으로는 그 언어 행위가 일어나는 이유를 대는 이유 표현이 있다. 예를 들어 청자에게 어려운 부탁이나 요청을 할 경우 화자는 단순히 부탁이나 요청을 나타내는 주요부만 말하는 데 그치지 않고 그런 말을 하는 이유를 다음 (4)와 (5)처럼 말머리에 넣거나 (6)과 (7)처럼 말꼬리에 붙일 수 있다.

(4) 내일까지 숙제를 해야 하는데 지금 내 노트북이 고장이 났어. 혹시 네 노트북 좀 빌려줄 수 있니?
(5) 다들 아프다 하니 민수 네가 할 수밖에 없구나.
(6) 네가 먼저 해, 네가 제일 잘하잖아.
(7) 그냥 깨끗이 포기하자, 우린 이제 더 이상 버틸 수가 없어.

요청 화행에서 외부 수식으로서 이유 표현을 사용하는 것은 화자가 청자에게 자신의 요청에 대한 이해를 높이고 협조해 주길 바라는 마음을 전달하기 위해서이다. 다음 장에서 더 자세히 보겠지만, 브라운과 레빈슨(1987)은 요청과 같은 언어 행위에서 이유 표현을 사용하는 것은 청자가 화자를 도와줄 수도 있다는 것을 암시하기 때문에 청자와 화자의 유대감을 높일 수 있는 '적극적 공손 전략positive politeness strategy'이라고 본다.

적절한 이유 표현은 언어 행위의 발화수반력을 높일 수 있기 때문에 빈번하게 사용된다. 그러나 이유는 종종 변명으로 받아들여질 수 있어 역효과를 가져오는 경우도 많다. 대표적인 경우가 사과 행위에서 외부 수식으로서 이유 표현은 자칫하면 사과의 본질을 훼손하고 자기변명이나 항변으로 비추어질 수 있어서 사용하지 않은 것만도 못한 결과를 초래할 수 있다. 예를 들어 미국의 프로골퍼인 퍼지 죌러Fuzzy Urban Zoeller Jr.는 1997년 마스터스 토너먼트에서 우승이 확정된 타이거 우즈Tiger Woods에 대해 인종

비하적인 말을 해서 구설수에 올랐다. 그는 경기가 마무리될 무렵 클럽하우스에서 우승자인 우즈를 기다리면서 문제의 발화를 했다. 마스터스 토너먼트는 대회 우승자가 이듬해 마스터스 챔피언스 디너 Champion's Dinner의 메뉴를 정하는 관례가 있는데 이에 따라 타이거 우즈가 메뉴를 정하는 것에 대해 말하기를 "그 어린 소년 that little boy이 드라이버도 잘 치고 퍼팅도 꽤 잘하던데… 그 친구가 이제 여기에 들어오면 다 같이 등도 두드려주고 축하도 해야겠지. 그리고 다음 해에 프라이드 치킨을 메뉴로 하지 말라고 말해야지…. 또는 (케일의 일종인) 콜라드 채소나 뭐 그따위 거 말이야" 라고 했다. 미국에서 프라이드 치킨은 흑인들이 가난한 노예 시절부터 즐겨 먹어온 음식으로 이 음식을 메뉴로 하지 말라는 것은 흑인들이 좋아하는 것에 대한 거부감을 표시하는 것으로 받아들여질 수 있다. (한국 프로 골퍼인 최경주 선수는 마스터스에서 우승하면 청국장을 다음 해 챔피언스 디너의 메뉴로 하겠다고 공언한 바 있고, 양용은 프로는 흑돼지 김치찌개와 보쌈 수육을, 배상문 프로는 닭볶음탕을 메뉴로 할 거라고 말한 바 있다.) 죌러의 말이 인종 비하적 발언으로 받아들여지자 그를 후원했던 케이마트 K-Mart와 던롭 Dunlop사는 후원을 취소했고 여론의 집중포화를 받은 죌러는 다음과 같이 사과 성명을 발표했다.

"I've been on the tour for 23 years and anybody who knows me knows that I am a jokester,.. It's too bad that something I said in jest was turned into something it's not.
But I didn't mean anything by it and I'm sorry if I offend anybody. If Tiger is offended by it, I apologize to him, too. I have nothing but the utmost respect for Tiger as a person and an athlete."
(나는 23년째 투어 프로인데 누구나 나를 아는 사람이라면 내가 농담하기를 좋아하는 사람이란 걸 알고 있습니다. 내가 장난으로 해 본 말이 원래 의도와 다르게 받아들여진 것은 참으로 유감입니다. 하지만

나는 그런 뜻으로 말한 게 아니고 만약 내가 누구라도 기분 나쁘게 했다면 미안합니다. 타이거가 기분이 나쁘다면 그에게도 사과합니다. 나는 타이거에 대해 한 인간으로서 그리고 한 운동선수로서 최상의 존경심을 갖고 있을 뿐입니다.)

그런데 이 사과 발화는 후일 타이거 우즈가 수락했지만, 일반 대중들에게는 그다지 잘 받아들여지지 않았는데 문제는 이 사과 발화에 진정성이 별로 느껴지지 않았다는 것이다. 라자르Lazare(2004)도 지적했듯이 쵤러는 타이거 우즈를 지칭할 때 사용한 "그 어린 소년"이란 말이 미국 흑인들에게는 모멸적인 표현이라는 점을 깨닫지 못했고 이에 대해서 사과하지 않았다. 또한, 한국 사람들이 좋아하는 삼겹살이나 김치를 비하하는 것은 곧 한국인들에게 대한 모욕이 될 수 있는데 마찬가지로 흑인들이 좋아하는 음식을 노골적으로 싫어하는 말을 했으면서도 이에 대해서는 일언반구 사과가 없었다. 무엇보다도 쵤러의 사과는 조건을 붙인 사과로서 이는 "자신이 100% 잘못했다는 것을 인정하지 않는다"는 함축을 갖고 있다. 아울러 그의 사과 행위의 핵심인 주요부는 몇 마디밖에 안 되고 이에 대한 이유나 변명이 주요부 앞뒤로 너무나 많이 배열되어 있는 등 수식이 과해서 오히려 진정성이 부족한 언어 행위로 받아들여질 수밖에 없었다. 특히 자신의 말실수를 농담으로 연결시키려는 시도는 그가 진심으로 뉘우치지 않는다는 인상을 주기에 충분했다. 흔히 말실수한 뒤에 이를 만회하기 위해 농담이었다고 반론하는 경우가 있는데 이런 반론이나 해명은 성공하기보다 실패할 확률이 높다. 예를 들어 한국에서 저출산이 점점 더 심각한 문제로 대두되자 보건복지부 고위 관리가 일간 신문 기자와의 인터뷰에서 저출산 대책으로 일정한 나이가 넘도록 결혼을 하지 않은 사람이나 아이를 낳지 않는 사람들에게 "페널티penalty를 줘야 할지도 모르겠다"라고 말한 것이 일파만파로 퍼져나가 반발을 일으켰다. 그러자 급히 이는 "농담이

와전된 것"이라는 해명을 냈지만, 이런 해명에는 "웃자고 한 농담을 죽자고 달려드는 시민들이 속 좁은 것"이라는 함축이 유발될 수 있기 때문에 결코 유쾌한 해명으로 받아들이기 어려웠다. 또한, 한 나라의 고급 공무원이 사적인 자리도 아니고 공적인 언론과의 인터뷰에서 심각한 문제의 대책으로 농담조의 말을 했다는 것 자체가 격에 맞지 않는 언어 행위였다. 만에 하나 이 발언에 대한 반응으로 싱글세를 찬성하는 여론이 높으면 그 관리의 말은 더 이상 농담이 아닐 수도 있었다는 복선이 성립하므로 정책 결정과 공개의 투명성을 저해하는 행위라고 볼 수 있다. 자신의 경솔한 발언이 문제가 될 경우 메시지를 만들어 송신한 화자 자신의 책임이라고 인정하기보다 메시지 전달 과정에서의 잘못이 일어난 "와전"이라고 변명하는 것은 수신자들에게도 책임의 일부를 넘기려고 하는 의도로 해석된다. 요청 행위든 사과 행위든 또는 해명 행위든 외부 수식으로서 이유 표현은 진정성이 결여될 경우 오히려 역효과를 낼 수 있다.

2) 준비 표현

외부 수식으로서 준비 표현을 사용하는 것은 화자가 앞으로 할 언어 행위에 대해 청자가 대비할 수 있게 배려하는 의도에서 비롯된다. 이런 준비 표현으로는 비교적 정형화된 표현 formulaic expression도 있고 또는 그때그때 맥락에 맞게 사용되는 것도 있다. 다음 예에서 이탤릭체로 표시한 부분은 외부 수식으로서 준비 표현이다.

(8) *Excuse me, but* may I borrow your pen?
(9) *I need to ask you a really big favor.* My car has just broken down and I am in desperate need to get to the airport by 11.
(10) *I am sorry to bother you, but* can you get the books for me, please?
(11) *I don't mean to be a pain, but* suddenly there's a client asking for this.

(12) *I would appreciate your expertise.* I don't know what to choose among these.
(13) *There is a task I need to ask you to do…*
(14) *I have a new assignment that I would be grateful for your help with…*
(15) *I wonder if you can do this for me.*
(16) *I am writing to you to ask for your help.* I and those from my organization feel that we need to stop the demolition of the old stadium complex of our city. Such a historical landmark should not be torn down only to be replaced with a cluster of apartments or houses.
(17) *Do you remember you've got, no you won't remember, I mean, over there in Tacuarembo a little house. Um, I don't know I'd imagine this time of year you won't go.* I've been wanting to take a week off there. (Reiter 2000:130)

위의 예 (8)~(17)은 화자가 청자에게 무언가를 해 줄 것을 부탁하는 요청 행위인데 그런 요청의 뜻을 바로 말하지 않고 대신 변죽을 울리면서 청자에게 얼마간 준비를 할 수 있도록 뜸을 들이고 있다. 이런 준비 표현을 사용하지 않고 바로 본론으로 들어가 요청의 발화를 하는 것은 청자로 하여금 당황하거나 불쾌하게 만들 수 있다. 그러나 지나치게 장황한 준비 표현은 본 언어 행위의 초점을 흐리게 하거나 가식적으로 들릴 수 있어 그 언어 행위의 효력을 약화시킬 수 있다. 영국영어 화자와 우루과이 스페인어 화자의 언어 행위를 비교한 라이터(2000)의 분석에 따르면 두 언어에서 준비 표현의 사용은 이유 표현 다음으로 가장 빈도가 높았고 남녀의 성차도 별로 없었으며 요청의 내용이 어려운 것일수록, 그리고 사회적 권한에서 차이가 많이 날수록 준비 표현이 길어지거나 많이 사용되는 경향을 보였다.

3) 무장해제 표현

무장해제 표현이란 어떤 언어 행위를 할 때 그 행위의 내용을 청자가 부인하거나 거절하지 못하도록 미리 못을 박는 표현들을 말한다.

(18) 그래도 일말의 양심이라도 있다면,…
(19) 인간의 탈을 쓰고 태어났다면,…
(20) 자신도 애기를 낳아본 적이 있는 에미라면,…
(21) 우리가 비록 오래 사귄 사이는 아니지. 그건 나도 알아. 그렇지만…
(22) 네가 나를 어떻게 생각할지 모르겠지만 나는 너를 아직도 좋은 친구라고 생각하는데…
(23) 자네가 요즘 돈을 많이 벌었다는 걸 다 알고 왔거든, 그러니까…

이런 표현들은 앞에서 본 준비 표현과 유사하다고 볼 수 있지만, 다음에 올 언어 행위의 핵심 내용을 청자가 거스르지 못하게 청자의 답을 미리 제한하려는 의도가 있다. 예를 들어 요청 행위의 주요부에 앞에 나오는 외부 수식으로서 "Excuse me"와 같은 단순 준비 표현은 그다음에 나올 요청의 행위의 발화를 대비하라는 신호에 불과하지만 "네가 이건 제일 잘 하잖아. 너밖에 할 사람이 없어"라고 말머리를 꺼내는 무장해제 표현은 '잘 들어보아라'는 식의 준비가 아니라 더 나아가 '그러니 거절하지 마라'까지를 함의한다.

4.2.2 내부 수식

언어 행위 발화의 주요부 내에서 해당 언어 행위의 효력을 강하게 만들거나 약하게 누그러뜨리는 효과를 위해 여러 표현을 사용하는 것을 내부 수식이라고 한다. 언어 행위가 적절한 것이 되기 위해서는 화자가 자신의 언어 행위의 목적을 인식하고 그 행위가 상대방과의 관계에 어떤 영향을 줄 것인지에 대한 고려가 필수적이다. 그 결과 화자는 자신의 언어 행위의 힘인 발화수반력을 높일 수도 있고 낮출 수도 있다. 이처럼 발화수반력을 내적으로 조절하는 것을 내부 수식이라고 하며 내부 수식을 위해 사용되는 각종 언어 장치들을 하우스와 캐스퍼 House and Kasper(1987)는 '양상 표지'라고 불렀다. 이런 양상 표지에는 두 가지 종류가 있는데 발화수반력을 누그러뜨리기 위해 쓰이는 양상 표지를 완화사 또는 완화 표현 downgrader이라고 하고 반대로 발화수반력을 높이기 위해 쓰이는 양상 표지를 강화사 또는 강화 표현 upgrader이라고 한다. 완화사와 강화사는 서로 반대의 성격을 갖고 있지만 동일한 발화에서 화자의 의도를 보여주기 위해 함께 나올 수 있다. 예를 들어 아이들이 방을 잔뜩 어질러 놓은 것을 보고 엄마가 깜짝 놀라서 아이들보고 치우라는 뜻으로 다음과 같이 말했다고 하자.

> 애들아, 조금 있으면 손님들이 오실 건데, 이놈의 돼지우리 같은 난장판을 좀 치워줄 수 있겠니?

여기서 엄마는 '방을 치우라'는 명령하기의 언어 행위를 하고 있으며 그 언어 행위의 발화수반력을 분명하게 강조하기 위해 '이놈의'라든지 '돼지우리 같은', '난장판' 등의 강력한 어휘들을 구사하고 있다. 단 엄마는 그러면서도 '좀'이라는 약간 물러서는 듯한 표현을 사용하고 있고, '치워'라는 가장 직접적인 형태의 명령법을 사용하는 대신 '치워줄 수 있겠니'와 같은 상대방의 능력이나 의지를 물어보는 가정적 형식의, 질문 아닌 질문을 던짐으로써 자신의 발화수반력이 부드럽게 들리도록 하는 노력도 동시에 하고 있다. 이 발화에서 '이놈의', '돼지우리 같은', '난장판' 등은 강화사인 반면, '좀'이나 '줄 수 있겠니'와 같은 표현은 완화사의 예로서 이 둘은 각각의 목적을 수행하기 위해 하나의 발화에서 동시에 사용되고 있다.

배론(2003)이나 올쉬테인과 코헨Olshtain and Cohen(1983)의 연구에 따르면 발화수반력의 내부 수식은 유아들이 언어를 습득하는 첫 단계에서는 별로 나타나지 않고, 어느 정도 사회화가 일어나면서 그 사용이 증가한다고 한다. 이 점은 양상 표지와 같은 장치가 원활한 대인관계의 형성과 유지를 추구하는 것에서 기인한다는 점을 시사한다. 한국어에서도 예를 들어 어린이가 엄마한테 집으로 돌아가자는 요청 행위를 할 때 문장 맨 마지막에 '-요'를 붙이지 않고 그냥 "집에 가"라고 말하면 때로 엄마로부터 "'집에 가요'라고 해야지"라고 지적을 받는 것처럼 영어를 배우는 어린이도 부모로부터 공손 표지인 'please'를 붙이지 않는다고 꾸중을 듣는 경우가 자주 있다.

1) 강화 표현

한국어에서 '진짜로'나 '되게', '너무 (너무)' 등과 같은 강조 표현 및 비어나 속어를 사용하는 것은 어떤 언어 행위의 발화수반력을 크게 해 준다. 그뿐만 아니라 특정 표현이나 구문을 반복한다든지, 문장을 발화하는 동안 과도할 정도로 음성의 변화를 주는 것과 비정상적인 말의 속도, 비유, 과장 등의 사용 역시 발화수반력을 강화하는 효과가 있다. 예를 들어 자신이 잘못한 것에 대해 시인하는 언어 행위에서 가장 일반적인 것은 아마도 '이것은 제 잘못입니다'라고 말하는 것이다. 그런데 때에 따라 이런 표준적인 표현 대신 다음과 같은 표현들을 사용할 수 있다.

(24) 죄송합니다. 이 일은 다 이 벌레만도 못한 놈의 잘못입니다.
(25) 죄송합니다. 이 모든 일은 저, 홍길동, 이놈, 이 못난 놈의 잘못입니다.
(26) 잘못했습니다. 제가 그때 잠깐 정신이 나가서 귀신에 씌었나 봅니다. 제가 죽일 놈입니다.
(27) 죽을 죄를 졌습니다. 제 일생에서 이런 어처구니없는 실수를 한 적이 없는데 입이 열 개라도 할 말이 없습니다.

위의 예에서 '이것은 제 잘못입니다'라는 기본적인 내용에 첨가된 표현들은 상대방에게 자신의 잘못을 시인하는 화자의 발화에 수반된 요점을 보다 강력하게 각인시키기 위해 동원된 표현들이라고 할 수 있다. 강화사의 사용은 발화수반력을 강화시켜주는 역할을 해서 청자에게 화자의 의도를 보다 분명하게 알아차릴 수 있도록 하는 효과를 낼 수 있지만, 필요 이상으로 지나친 강화사의 사용은 언어 행위의 진정성을 의심하게 하거나 무례하다는 인상을 줄 수 있는 부작용도 있다. 예를 들어 상대방이 어떤 물건을 산 것에 대해 영어로 비난하는 언어 행위를 할 때 가장 쉽게 예상되는 것은 약간의 질책하는 표정을 지으면서 Why did you buy that?이라고 말하는 것이지만, 이보다 더 강하게 발화수반력을 표시할 경우 why를 반복해서 "Why did you buy that, why, why?"라고 한다든지 사회적 금기어를 사용해서 "Why the hell did you buy that goddamn thing?"이라고 할 수 있다. 그렇게 되면 화자의 청자에 대한 비난이라는 발화수반력은 훨씬 강력하게 전달될 수 있겠지만, 청자와의 조화로운 관계 유지라는 측면은 손상될 수 있다. 그런 위험성에도 불구하고 화자는 청자에게 자신의 발화 의도를 강력하게 천명하여 청자가 발화수반력을 인식하게 함으로써 그에 대한 자신의 상대적 지위를 높이거나 자신의 입장을 강화할 수도 있으며, 반대로 화자의 언어 행위가 청자에게 이로운 일일 경우에는 청자를 배려하는 마음을 보다 강하게 전할 수 있다. 앞에서 본 라이터의 연구는 강화사를 사용하는 데 있어 영국영어 화자와 우루과이 스페인어 화자 사이에 주목할 만한 차이점을 발견했는데 영국인들은 요청 행위에서 좀처럼 강화사를 사용하지 않았고 이는 우루과이인들도 비슷했지만 사과 행위에서는 영국인들이 강화 표현을 우루과이인들보다 훨씬 더 많이 사용하였다. 이는 아마도 문화의 차이에서 기인하는 것으로 보이지만 보다 더 심층적인 분석이 필요한 부분이다.

2) 완화 표현

완화 표현이 쓰이는 이유는 강화 표현과 마찬가지로 대화 상대와의 관계에 대한 화자의 태도 때문인데, 화자는 필요할 경우보다 부드럽게 자신의 말을 포장해서 요구하기나 명령하기와 같은 자신이 하는 언어 행위의 부정적 측면을 완화시킴으로써 대화 상대방과의 관계를 원만하게 유지하려 하거나 자신이 의도한 것을 청자가 쉽게 받아들일 수 있도록 도모할 수 있다(배론 2003:147). 반면에 완화사는 사과하기와 같은 언어 행위에 쓰일 경우 화자의 입장에서 과도하게 체면을 손상할 수 있는 측면을 미리 희석하는 효과를 얻을 수 있다. 완화사에는 특정 어휘로써 발화수반력을 낮추는 어휘적 완화사와 특정 구문으로써 발화수반력을 낮추는 통사적 완화사가 있는데, 영어나 한국어에서 가장 자주 쓰이는 완화 표현에는 다음과 같은 것들이 있다.

A. 어휘직 완화 표현

1. **공손 표지**politeness marker: 'please'나 'kindly'처럼 상대방의 체면을 존중하며 협조를 구하는 표현. 'please'는 앞서 본 것처럼 발화수반력 표시 장치로 기능하기도 하지만, 동시에 지령 행위나 요청 행위와 같은 일부 언어 행위에서 발화수반력을 누그러뜨리는 완화 표현으로도 기능한다. 영어에서 '기도하다'라는 뜻의 동사인 'pray'는 때로 'please'나 'I beg you'의 의미를 가진 감탄사로 쓰인다.

    I missed yesterday's class. Can you lend me your notes, *please*?
    Will you *kindly* do as you are told?
    Pray, leave us alone.

2. **축소사**understater: 'a bit'이나 'a little', 'a minute' 등처럼 명제 내용에 제시된 양을 축소하기 위해 사용되는 표현

   It's *a bit* warm today.
   Can you give me *a little* help?
   Can you come here for *a minute*?

3. **울타리 표현**hedge: 정확한 세부 내용을 직접적으로 말하지 않고 에둘러 말하는 표현

   Can you help me out *in any way*?
   As far as I know, you can drive me to school tomorrow.
   To the best of my knowledge, all the flights are one time today.

4. **주관화 표현**subjectivizer: 'I wonder if'나 'I suppose', 'I believe', 'in my opinion' 등처럼 명제에 제시된 상황에 대한 자신의 주관적 생각을 나타내는 표현

   I wonder if I could borrow some money.
   I suppose you could lend me your notes.
   In my opinion, this is the best Chinese restaurant in town.

반대로 마치 상대방의 의견을 묻는 것처럼 포장하지만 실제로는 화자의 발화수반력을 높이기 위해 사용되는 표현으로 'don't you think (so)?'나 '안 그래?', '안 그러냐?' "그렇지?", "그치?" 등이 있는데 이는 주관화 표현이 아니라 아래에서 볼 확인사에 해당하는 표현이다.

   That announcement came at a bad time for us. *Don't you think so*?
   It's a wonderful idea, *don't you think*?
   저런 스캔들에 휘말리다니 저 배우는 이젠 끝장이군, 안 그래?
   이젠 대한민국도 핵무기를 가져야 해. 안 그러냐?

이는 상대방의 생각을 물어보는 데 주된 의도가 있는 것이 아니라 내가 한 말에 대해 상대방도 동의하도록 재촉하는 마음을 표현하는 것으로 보인다. 즉 이런 말을 할 때 화자는 청자가 "Yes" 또는 "그래"라고 맞장구쳐줄 것을 기대한다. 반대로 "Do you think so?"는 화자가 청자에게 자신의 말을 동의해 달라는 뜻을 전하는 것이 아니라 순수하게 상대방의 의견을 묻는 중립적인 질문으로 청자는 화자로부터 아무런 압박을 느끼지 않는다. 따라서 청자는 "Yes" 또는 "No" 중 어느 쪽으로든 자유롭게 답할 수 있다. 가끔 이런 화자의 발화수반적 의도를 모르고 청자가 자신의 의견을 또박또박 말하는 경우가 있는데 그렇게 되면 그는 눈치 없는 사회생활 부적응자라는 소리를 들을 위험이 있다. 'Don't you think so'는 앞 문장과 별도의 새로운 문장으로 간주되는 반면 'don't you think'는 종종 부가적인 표현으로 앞 문장의 끝에 새로운 문장 경계 없이 추가될 수 있다고 생각된다.

5. **약화사** downtoner: 요청하기나 지령하기 등의 언어 행위에서 'maybe', 'perhaps'나 'simply', 'just'처럼 요청 또는 명령의 힘을 누그러뜨리기 위해 사용되는 표현

    Can you *maybe* give your book to me?
    Could you *perhaps* give me a lift home?

한국어에서 '~인 것 같아요'라는 표현은 일부 언어 행위에서 일종의 약화사의 역할을 한다. 이것은 화자가 자신이 말하는 문장의 내용에 대해 확실치 않고 추정하는 것이라는 뜻을 지니고 있지만 때로는 자신이 분명히 잘 알고 있는 내용에 대해서 말할 때에도 사용된다. 예를 들어 누가 봐도 날씨가 매우 좋은 날에 "오늘은 날씨가 참 좋아요"란 말 대신에 "오늘은 날씨가 참 좋은 것 같아요"라고 말하는 것을 흔히 들을 수 있다. 이는 1장에서 보았듯이 메시지를 보내는 사람이 그 말을 마치 자기가 직접 만들어

낸 것이 아닌 것처럼 들리도록 표현하는 것인데 일부에서는 이런 표현이 청소년들의 발화에 자주 쓰이는 것을 보고 유약함이나 자신감 결여의 표상이라고 규범적으로 판단하기도 한다. (2010년 교육방송에서 발행한 4학년 겨울 방학생활에 보면 '~인 것 같아요'의 문제점에 대해 글짓기를 하는 과제가 있다.) 그러나 언어 행위 이론의 관점에서 볼 때 이 표현을 사용하는 화용적 동기는 자신의 발화가 지나치게 강한 단언assertion 행위로 비추어지는 것을 경계하기 위한 것으로 보이며 확신이 떨어지는 이 표현을 사용함으로써 단언의 발화수반력을 누그러뜨리는 효과를 가져온다. 그 결과 발화 전체가 보다 공손하게 들리는 부수 효과를 얻을 수 있다. 이 표현이 나이가 어린 사람이 자기보다 나이가 많은 사람에게 쓸 때 더 자주 나오며, 권한이 적은 사람이 상대적으로 권한이 더 많은 사람에게 말할 때 자주 쓰는 것은 이 표현이 가진 약화사로서의 화용적 기능 때문으로 볼 수 있다.

6. **유인사**cajoler: 명제 내용과 상관없이 쓰이는 'I mean'이나 'you know'처럼 화자가 자신이 말한 것을 수정하거나 청자와의 관계를 확인하기 위해 사용되는 표현

   I really admire the man – as a teacher, *I mean*.
   [펜을 빌려달라는 뜻으로] *You know* I don't have a pen.

이런 기능으로 사용되는 한국어 표현으로는 '알잖아' 외에도 "말하자면"이나 "그러니까" 또는 "긍까" 등이 있는데 자신의 생각에 대해 타인과 대화하고 설득하기를 즐겼던 김대중 전 대통령은 생각을 가다듬거나 표현을 수정할 때 '말하자면'이라는 표현을 종종 사용했다.

"우리가 더 크게 보면 북한을 통해서 유라시아 대륙으로 길이 뚫려야 철도가 가고 자동차가 가고 그래야 우리는 유라시아 대륙으로 광대한 말하자면 노다지 시장이 거기 있는데 거기 들어가서 할 수 있고, 그리고 기차가 부산에서 출발하면 파리, 런던까지 그대로 가게 된단 말이에요. … 남북관계는 우리는 어차피 같이 살 수밖에 없는, 한반도에서 살 수밖에 없지만 말하자면 원수지고 언제 서로 죽일지 모르는 그런 긴장 속에서 사느냐, 통일은 장차 하더라도 우선 서로 안심하고 화해 협력하고 서로 도와주고 공동으로 투자해서 이익 보고 이렇게 사느냐, 둘 중 하나예요… 우리는 또 반드시 말하자면 우리 주변에 중국, 러시아, 일본 같은 강대국이 있어서 조선왕조 말엽에도 그 세 나라가 다 우리나라 병탄하기 위해서 전쟁했어요. 그런 걸 생각하더라도 미국을 붙들고 있어야 돼요. 미국이 말하자면 안전자 역할을 해줘야 해요."
(김대중 전 대통령, 2007년 2월 3일, [손석희의 시선 집중] 인터뷰에서)

'말하자면'은 명제적 의미 내용에는 아무런 변화를 가져오지 않는 잉여적 표현으로 볼 수 있지만, 화자 자신이 적당한 표현이 바로 떠오르지 않을 때 시간적 여유를 가지면서 자신의 발언 차례기 아직 끝나지 않았음을 청자에게 암시하는 화용적 기능을 수행하기 때문에 단순히 불필요한 표현으로 단정할 수는 없다.

7. **확인사appealer**: 청자로 하여금 동의하거나 이해했다는 반응을 이끌어내기 위해 사용되는 표현으로, 영어에선 문장의 끝에 사용되는 okay라든지 yes, right, huh 등이 있고 한국어에서는 "그렇지?", "그치?" 또는 일부 방언에서 "그쟈?"가 이에 속한다.

　　Could I maybe go with you, *yes*?
　　I clean the kitchen and you clean the attic, *ok*?
　　야, 참 잘 놀았다, 그렇지?
　　저 옷은 좀 칙칙해 보인다, 그치?

이상에서 본 어휘적 완화표현 외에도 다음과 같은 특정 구문은 통사적으로 발화수반력을 완화시킬 수 있다.

B. 통사적 완화 표현

1. **의문문** interrogative: 질문하기의 언어 행위를 제외한 언어 행위에서 평서문 대신 의문문의 형식을 사용하는 것. 예를 들어 손님들이 오기 전에 방을 치우라는 지령을 할 때 "Clean the room before the guests come"이란 직접적인 명령형의 발화를 하는 것보다 의문문의 형식을 지닌 발화를 하는 것이 발화수반력을 완화시켜준다.
   Will you clean the room before the guests come?

2. **조건절** conditional clause: 명제 내용을 조건절의 형식 속에 표현하는 것
   How would it be so nice if you could clean the mess in your room.

3. **부가의문문** tag question: 문장의 끝에 부가해서 의문문처럼 표현하는 것
   [차를 태워달라는 부탁의 뜻으로] You are going home, aren't you?

4. **부정** negation: 긍정 대신 부정으로 표현하는 것
   Is it not possible that you lend me your car tomorrow?
   Do you not think that it's about time to leave?

5. **과거 시제** past tense: 현재 상황임에도 과거형의 동사를 사용하는 것
   I wanted to make sure that you have received my e-mail.
   I just hoped you would be able to help me.

이상과 같은 강화사나 완화사 양상 표지는 모국어 습득 과정뿐 아니라 외국어를 배울 때에도 쉽지 않은 요소이다. 배론(2003)은 이런 양상 표지

가 문장의 핵심적 뜻, 즉 명제 내용propositional content에는 별로 영향을 주지 않기 때문에 외국어 학습자는 이를 정보 전달에서 별로 관계가 없는 것쯤으로 인식할 수 있다고 지적한다. 또한, 양상 표지의 사용은 언어적 의미 외에도 그것이 사용되는 맥락에서 비롯되는 사회적 함의까지 이해해야 적절하게 사용할 수 있기 때문에 높은 수준의 의사소통을 위한 화용적 능력이라고 볼 수 있다. 괴이, 제이렉 및 오트쿠Göy, Zeyrek and Otcu(2012)의 연구에서는 터키어를 모국어로 사용하는 영어 학습자의 경우를 미국인 영어 모국어 화자와 비교해 보았을 때, 발화수반력을 조절하는 양상 표지의 사용은 영어를 외국어로 학습하는 초기 단계에서는 빈도가 낮았고 특히 통사적 완화 표현의 사용은 현저히 낮았다. 터키의 영어 학습자들 가운데 중급 또는 상급의 상당한 영어 능력을 지닌 학생들조차 미국인 모국어 화자들에 비해 영어로 요청하는 언어 행위에서 내부 수식이 흔하게 보이지 않았다. 이에 대해 괴이, 제이렉 및 오트쿠(2012)는 요청하기와 같은 언어 행위에서 자신의 발화수반력을 적절하게 올리거나 낮추는 내부 수식은 형태와 구문에서의 자동적 반응automaticity이라는 높은 수준의 화용적 능력의 일부이며 이런 조절 능력은 외국어를 학습할 때 가장 어려운 부분이라고 결론짓고 있다. 바이트, 하르덴, 헨첼, 및 뢰슬러Weydt et al.(1983) 역시 이런 양상 표지를 적절하게 사용하는 것은 표현 자체를 보다 유창하고 '진짜real'처럼 보이게 할 뿐 아니라 화자의 감정을 세밀하게 전달해서 이해하는 데 도움이 되어 효과적인 의사소통이 되게 한다고 주장한다. 따라서 언어 행위에서의 이 부분은 외국어 학습에서 장식적인 부분이 아니라 중요한 부분이 되어야 한다.

5. 간접 언어 행위

5.1 언어 행위의 직접성

 방 안에 있는 화자가 막 방문을 열고 나가려고 하는 누군가에게 "Is it cold outside?"라고 물었다고 하자. 만약 이 발화를 한 화자의 의도가 바깥이 추운지를 묻는 것이라면 이 발화는 질문이라는 그 발화수반적 의도를 직접적으로 표현한 '직접 언어 행위 direct speech act'이다. 직접 언어 행위는 발화에 동원된 단어들이 사전에 수록된 문자 그대로의 의미 literal meaning들로만 해석되는 언어 행위이다. 다시 말해 어떤 언어 행위에 쓰인 표현들의 사전적 의미를 다 더한 것만으로 전체 발화의 의미가 결정되면 그 언어 행위는 '직접 언어 행위'라고 한다. 반대로 같은 상황에서 같은 문장 "Is it cold outside?"를 발화했다고 하더라도 그 화자의 의도가 바깥이 추운지 아닌지를 묻는 것에 그치지 않고, "너는 너무 옷을 두껍게 껴입고 나가는 것 같다"고 걱정을 하는 데 있다고 하자. 그런 화자의 의도는 그 발화에 쓰인 단어들의 사전적 의미의 합으로는 얻어질 수 없고, 오직 그 맥락에서 숨어 있는 화자의 발화수반적 의도를 꿰뚫어야만 얻어낼 수 있다. 이처럼 한 발화에 동원된 단어들의 문자적 의미의 합만으로는 그 뜻을 알 수 없는, 맥락적으로 추론되어야 하는 발화 행위를 '간접 언어 행위 indirect speech act'라고 한다. 직접 언어 행위는 단순히 단어들의 고정적인 의미만으로 그 뜻이 계산 가능한 것이기 때문에 예측 가능하지만 간접 언어 행위는 단어들의 고정적 의미만으로는 충분하지 않고, 그것들이 특정 맥락에서 사용될 때 화자가 의도한 의미까지 추론해 내야 한다. 같은 "Is it cold outside?"라고 하더라도 그것이 문자 그대로 질문이라는 직접 언어 행위라면 청자는 "Yes" 또는 "No"라고만 답해도 되지만, 만약 그것이 청자를 걱정하거나 꾸중하는 발화수반적 의도를 지닌 간접 언어 행위라면 청자는 "Yes, it's very cold and that's why I bundle myself up"라든지 "No, but the weatherwoman said it will be bitterly cold later tonight"등의 적절하다고 생각되는 이유나 변명을 해야 할 것이다.

간접 언어 행위 발화에서 화자의 의도된 의미는 어떻게 찾아낼 수 있을까? 간접 언어 행위는 썰(1975:61)의 정의에 따르면 "화자가 청자와 상호 공유하는 배경 정보 및 청자의 합리적 추론 능력에 의지하여 화자가 실제 입으로 말한 것 이상을 청자에게 전달하는 것"이라고 한다. 예를 들어 부모가 컴퓨터 게임을 하고 있는 아이를 보고 "Have your finished your homework?"라고 말하는 것은 청자가 숙제를 마쳤는지 물어보는 것일 수도 있지만 '숙제를 안 마쳤으면 다른 일을 하지 말고 먼저 숙제부터 마쳐라'는 뜻의 명령일 수 있다. 또한, 같은 테이블에서 식사하고 있는 상황에서 화자가 "Can you pass the salt?"란 문장을 발화하면 이 문장은 표면적으로는 상대방에게 소금을 건네줄 수 있는지를 물어보는 것처럼 되어 있지만 이에 그치지 않고 청자가 화자에게 소금을 건네줄 수 있다면 건네 달라는 요청의 언어 행위를 간접적으로 하고 있다. 따라서 간접 언어 행위는 때때로 그 맥락에서의 화자의 의도를 이해하지 못하거나 화자와 청자가 배경 지식을 공유하지 못하면 그 의미가 적정하게 전달되지 못할 수 있다.

썰(1975:61)은 아래 예에서 학생 Y의 "내일 시험공부를 해야 한다"는 표면적인 진술 행위는 내면적으로는 학생 X의 제안에 대한 거절 행위로서 이것이 Y 발화의 핵심적인 내용이라고 한다.

학생 X: Let's go to the movies tonight.
학생 Y: I have to study for an exam.

이런 Y의 진술 발화로부터 X가 거절 행위의 발화수반력을 찾아내는 과정을 썰은 이 책의 2장에서 보았던 그라이스의 협조의 원리를 이용해서 다음과 같이 설명하고 있다.

Step 1: X는 Y에게 오늘 밤에 영화 보러 가자는 제안을 했는데 이에 대해 Y는 그가 내일 시험공부를 해야 한다는 진술을 했다. (대화의 사실)
Step 2: X는 Y가 대화에 협조하고 있다고 생각하며 그의 발화는 대화의 목적이나 흐름에 적합한 말을 하라는 격률을 지킬 것이기 때문에 X가 말한 것에 관련이 있는 내용일 것이라고 추정한다. (협조의 원리 및 격률)
Step 3: X의 제안 행위에 대한 적합한 말은 수락이나 거절, 역제안, 토론과 같은 것 중의 하나일 것이다. (언어 행위 이론)
Step 4: Y가 한 말의 축어적인 뜻은 Step 3의 적합한 대답 중의 하나가 아니므로 적합한 말이라고 볼 수 없다. (Step 1과 Step 3으로부터의 추론)
Step 5: 따라서 Y는 자신이 말한 것 이상의 의미를 전달하고 있다. 그의 대답이 적합하다면 그의 핵심적인 발화수반 요지는 축어적인 뜻과는 다를 것이다. (Step 2와 Step 4로부터의 추론)
Step 6: X는 내일 시험공부를 한다는 것은 많은 시간이 필요로 한다는 것을 알고 있고, 영화 보러 가는 것도 상당히 많은 시간이 소비된다는 것을 알고 있다. (배경 정보)
Step 7: 따라서 Y는 아마도 영화를 보러 가는 것과 내일 시험공부 하는 것을 동시에 할 수는 없을 것이다. (Step 6으로부터의 추론)
Step 8: 제안을 수락하는 데 있어 예비적 조건은 명제 내용 조건에 명시된 행위를 수행할 능력이 있어야 한다는 것이다. (언어 행위 이론)
Step 9: 따라서 X는 Y가 X의 제안을 모순 없이 받아들일 수 없다는 내용의 발화를 한 것을 알게 된다. (Step 1, Step 7, Step 8로부터의 추론)
Step 10: 따라서 Y의 핵심적인 발화수반 요점은 아마도 X의 제안을 거절하는 것일 것이다. (Step 5와 Step 9로부터의 추론)

물론 이 과정은 언어 행위 이론에서 성실성 조건이나 근본 조건과 같은 다른 적정성 조건은 언급하지 않았고 취소가 가능한 함축이 중간 단계에 끼어 있어서 전체 과정에 가변성이 생긴다는 점 등 아직 형식적으로 완전성을 갖추지는 못하고 있다. 또한, 실제로 모든 발화에서 축어적 해석을 먼저 생각하고 발화의 맥락적 적합성에 비추어 본 후 적합성이 떨어진다고 생각하면 그때부터 핵심적인 해석이 있는지 찾아볼 거라는 주장은 의미 처리의 관점에서 지나치게 비용이 많이 드는 것으로 보인다. 이성범과 홍승진 Lee and Hong(2015)은 "Can you pass me the salt?"에 해당하는 한국어 요청 행위 문장의 처리 실험에서 그 말을 들은 청자가 발화의 축어적 의미를 먼저 생각한 후 나중에 복잡한 단계를 거쳐 요청이라는 의도된 의미를 찾아내지 않고 처음부터 이 발화를 요청의 뜻으로 이해한다는 것을 실험적으로 찾아냈다. 이 점은 간접 언어 행위가 함축적인 뜻만을 전달할 뿐 문자적으로는 해석되지 않으므로 중의적인 언어 행위가 아니라고 보는 다스칼 Dascal(1991)의 주장을 지지해 주는 결과이다. 그러나 썰은 간접 언어 행위가 아무리 관용화되었더라도 그 발화는 문자적 의미와 함축적 의미의 두 가지 언어 행위를 하는 것이라고 반론을 제기한다. 예를 들어서 사람들이 가득 찬 버스에서 옆에 서 있는 여자가 내 발을 밟고 있을 때 나는 다음과 같이 말할 수 있다 (예문은 썰(1992:143)로부터 인용).

Madam, you are standing on my foot

그런데 썰(1992)은 이 발화가 다음 두 가지 언어 행위를 구성하는 것으로 본다.

1) 축어적 단언 literal assertion: She is standing on the speaker's foot.
2) 비축어적 요청 nonliteral request: Get off my foot.

이런 간접 언어 행위에 대해 다스칼은 1)의 문자적 해석은 형식으로만 남고 실제로는 처리가 되지 않는다고 다시 반박한다. 그러나 썰은 그 상황에서 여자가 "That's false! I am not."라고 대꾸할 수 있는데 이는 원래 화자의 발화에서 1)의 해석이 그 여자에게 전달될 수 있기 때문이라는 것이다. 만약 1)의 문자적 해석이 처리되지 않는다면, 그 여자의 발화는 적절한 대답이 아니어야 하는데, 그런 답이 가능하다는 것은 1)의 의미 역시 청자에게 전달되었다는 것을 보여준다. 따라서 썰(1992:143)은 다음과 같이 주장한다.

> In any indirect speech act the literal secondary act is always performed because responses which are appropriate to it but not to the primary nonliteral act are appropriate.
> (모든 간접 언어 행위에서 축어적이고 2차적인 행위는 항상 수행되어야 하는데 그 이유는 이 행위에는 적절하지만 1차적인 비축어적 행위에는 적절하지 못한 반응도 적절할 때가 있기 때문이다.)

이러한 아직 미해결로 남아 있는 논쟁에도 불구하고 간접 언어 행위의 추론에 대한 썰의 이 시도는 최초로 발화의 축어적인 해석에서 벗어나 핵심적인 발화수반 의도를 파악하는 과정을 알고리즘algorithm처럼 준형식화했다는 의의를 가진다.

5.2 간접 언어 행위의 종류

썰은 간접 언어 행위는 반드시 다른 언어 행위의 존재하에 가능하다고 본다. 즉 간접 언어 행위란 어떤 A라는 언어 행위를 함으로써 간접적으로 수행되는 B라는 또 다른 언어 행위이기 때문에 A에 기생해서 전달되는 것이라고 할 수 있다. 예를 들어 "It's cold in here"란 발화는 일단 '지금 이 안이 춥다'라는 진술의 언어 행위를 하는 동시에 화자가 추운 것을 원치 않는다는 것을 청자가 알고 있다면 이는 화자가 청자에 대해 '난방 장치를 가동하라'는 지령 행위의 간접 언어 행위를 한 것으로 이해된다(리치 1983:39). 물론 B라는 간접 언어 행위는 문자적 의미의 토대 위에 맥락에 의해 결정되는 함축적 의미를 전달하는 것이기 때문에 의미가 예측 가능한 A에 비해 B의 의미는 맥락을 모르고서는 가늠할 수 없다. 즉 "It's cold in here, isn't it?"이란 발화는 화자가 평소 난방비를 아끼는 인색한 사람으로서 주변 사람들에게 추운 것을 참으라고 말해온 사람이라면 이 발화는 '난방 장치를 가동하라'는 명령의 간접 행위가 아니라 '대견하게 난방비를 아끼고 있어 대견하군'이라는 칭찬의 표현 행위라고 볼 수 있다. 그런데 어떤 B라는 간접 행위 발화는 너무나 빈번하게 관습적으로 사용되어서 결국 원래의 A라는 언어 행위의 문자적 의미는 거의 전달되지 않고 바로 B라는 언어 행위의 의미가 전달되는 경우도 있다. 예를 들어 영어에서 'Why don't you~?'라는 구문은 문자적으로는 '너는 왜 ~을 하지 않느냐?'라는 의미의 질문이지만 보통 '~을 해라'라는 지령적 의미의 간접 행위를 구성한다. 즉 공공장소에서 떠들고 있는 친구에게 "Why don't you be quiet?"이라고 하면 '너는 왜 조용히 하지 않니?'라는 이유를 물어보는 질문인 것처럼 보이지만 실은 '제발 좀 조용히 해'라는 지령의 발화수반력을 간접적으로 전달하고 있다. 그런데 이런 'Why don't you~' 표현이 자주 쓰이다 보니 원래의 질문의 뜻은 형식으로만 남게 되고 간접적으로 전달되던 지령의 뜻이 오히려 더 부각되어 이제는 그런 구문을 들으면 바로 그 간접 행위의 뜻으로 이해하게 되었다. 세이덕Sadock(1970)은 이처럼 형식상으로는 wh-의문문이지만 발화수반적 내용으로는 지령 행위인 경우를 whimperative라고 불렀다.

이와 유사한 것으로서 의문문question의 형식을 취했지만, 명령문이 아닌 서술문declarative의 내용을 갖는 경우를 세이덕(1970)은 queclarative라고 불렀다. 예를 들어 "Did you really have to do that?"이란 문장은 의문문의 형식을 취하기는 했지만, 실제 의도된 핵심적 내용은 'You didn't really have to do that'이라는 화자의 의견을 개진하는 것이라고 볼 수 있다는 점에서 queclarative이다. 세이덕에 따르면 이런 종류의 발화에서 실제 의도된 의미는 다음 예문들에서 보듯 원래 문장이면 긍정이면 부정으로, 부정이면 긍정으로, 각기 반대쪽 극성polarity을 갖는 서술적 의미이다. (아래 예에서 "A" +> 'B'라는 기호는 'A라는 문장의 발화는 B라는 의도된 의미를 함축한다'는 뜻이다.)

"Haven't I been good to you?"
+> 'I have been good to you'
"Does anyone study Aristotle anymore?"
+> 'No one studies Aristotle anymore'
"이런 더운 날 밍크코트를 입는 사람도 있나?"
+> '이런 더운 날 밍크코트를 입는 사람은 없다.'
"내가 태수를 좋아했다고?"
+> '나는 태수를 좋아하지 않았다'

성경 창세기 4장에 카인이 동생 아벨을 살해한 후 아벨이 어디 있는지 하나님께서 묻는 물음에 "Am I my brother's keeper?"라고 대꾸를 하는 장면이 나오는데 이는 'I am not my brother's keeper'라는 강력한 부정을 전달한다. 이처럼 누군가의 질문에 대한 답으로 서술문 대신 또 다른 의문문의 형식을 써서 강력하게 자신의 주장이나 생각을 표현하는 것을 수사학에서는 '반문erotesis'이라고 한다. 그런데 한 가지 주목할 점은 세이덕이 주장한 것처럼 모든 종류의 의문문이 반대쪽 극성의 서술문으로 해석되지는 않는다는 점이다. 반문이 아닌 "Can't you do anything right?"라는 부정 의문문은 'You can do something right'이라는 긍정 서술문으로 해석되지 않는데 이는 화자의 의견을 단순히 서술하는 것이라기보다 청자를 강하게 비판하려는 의도가 더 강하기 때문이다. 이처럼 의문문 해석에서 중요한 것은 화자의 발화수반적 의도인데 대부분의 의문문처럼 그 의도가 순수하게 물어보는 데 있는 정보추구형 의문문information-seeking question이라면 위의 예와는 다르게 queclarative로 해석이 불가능하다. (아래 예에서 "A" +/> 'B'라는 기호는 'A라는 문장의 발화는 B라는 의도된 의미를 함축하지 않는다'는 뜻이다.)

[화자가 Tim에게 전화했는지 기억이 나지 않아서 물어볼 경우]
"Have I talked to Tim on the phone?"
+/> 'I haven't talked to Tim on the phone'

[청자가 그 남자를 어제 만났는지 알고 싶어서 물어볼 경우]
"Did you see him last night?"
+/> 'You didn't see him last night'

[청자가 짬뽕을 안 좋아하는지 알고 싶어서 물어볼 경우]
"너 짬뽕 안 좋아하지?"
+/> '너 짬뽕 좋아한다'

[화자가 태수를 그날 만났는지 확인하기 위해 물어볼 경우]
"내가 태수를 그날 만났나?"
+/> '나는 태수를 그날 만나지 않았다'

이런 종류의 의문문은 화자가 그 답을 몰라서 청자에게 확인하거나 물어보는 것이기 때문에 다른 함축적 의미를 유발하지 않는다. 반면에 queclarative란 이미 답을 화자가 정해 놓고도 마치 상대방에게 질문을 던지는 듯한 수사를 구사하는 것으로서 수사적 의문문rhetorical question의 일종이다. 위의 예문 외에도 wh-question의 경우 "Who cares?"나 "Who knows?", "누가 그래?", "국가가 내게 해준 게 뭐야?"는 각각 '아무도 관심이 없다'와 '아무도 모른다', '아무도 그러지 않는다', '국가가 내게 해준

게 없다'라는 뜻으로 굳어진 수사적 의문문이다. 수사적 의문문은 일반적인 정보추구형 의문문과는 달리 특정한 억양으로 발음되며, 청자로부터 답을 꼭 원하지 않고 대신 화자의 의도를 청자가 잘 파악하고 더 나아가 필요한 경우 동의하도록 특별한 방식으로 전달하는 것이다. 한국어 일부 방언에서 "어데예?"라는 말은 특정한 억양으로 발음될 경우 장소를 물어보는 정보추구형 의문문이 아니라 강한 부정을 나타내는 수사적 의문문이다. 또한 "그가 돌아온다면 얼마나 좋을까?"라는 말은 문형으로는 의문문의 형식을 취하고 있지만, 화자가 청자에게 답을 구하는 질문의 발화수반력을 가진 것이 아니라, 화자 스스로가 그런 상황을 가정하고 그렇게 되었으면 하는 바람을 나타내는 기원문이다.

영어에서는 다양한 문장 형식을 통해 감탄exclamation이라는 발화수반 요점을 보여줄 수 있다. 허들스톤Huddleston(1984)은 감탄이란 "정감적 의미 요소emotive element of meaning"로서 평서문이나 의문문, 명령문에 "얹혀 쓰일overlaid" 수 있는 의미 범주라고 한다. 예를 들어 다음 발화들은 모두 감탄의 기능을 수행한다:

a) What a rogue he was!
b) How on earth did you do it so quickly?
c) Isn't she a big girl?
d) Take that bloody grin off your face!

허들스톤은 위의 예에서 a)는 평서문의 형식으로 감탄을 표현한 '감탄적 진술문exclamatory statement'이고, b)와 c)는 의문문의 형식으로 감탄을 표현한 '감탄적 의문문'이며, d)는 명령문의 형식으로 감탄을 표현한 '감탄적 명령문exclamatory imperative'라고 부른다. 물론 통사적으로는 a)만이 감탄문이고 b)와 c)는 의문문, d)는 명령문이지만 의미화용적 관점에서 이들은 모두 혼성적

hybrid 성격을 띠고 있다. 따라서 앞서 본 'whimperative'나 'queclarative'처럼 형식을 나타내는 부분을 먼저 쓰고 내용을 나타내는 부분을 나중에 써서 혼성어를 만드는 세이덕의 명명법을 흉내 낸다면, a)의 감탄적 진술문은 'declamatory', b)와 c)의 감탄적 의문문은 'queclamatory', d)의 감탄적 명령문은 'imperamatory'라고 해도 될 것 같다. 또한, 한 가지 추정할 수 있는 것은 현대 영어에서 What이나 How로 시작하는 감탄문은 b)와 같은 감탄적 의문문에서 주어와 술어의 어순이 바뀐 것으로서 "How beautiful the flower is!"는 '어떻게 그 꽃은 이렇게 아름다울 수 있을까?'라고 스스로에게 물어보던 "How beautiful is the flower?"라는 의문문에서 감탄문으로 옮아간 것으로 추정할 수 있고, "What wonderful news that is!"는 "What wonderful news is that?", 즉 '무슨 이런 대단한 뉴스가 다 있지?'라는 감탄이 섞인 의문문에서 감탄문화한 것으로 생각해 볼 수 있다. 한국어에서도 "사람이 어떻게 그렇게 악할 수 있을까?"라는 질문에서 이 문장은 '그는 정말 악한 사람이다'라는 감탄의 뜻이 얻어진 것으로 생각해 볼 수 있다. 다만 이는 역사적으로 그 과정을 세밀히 추적해서 입증할 필요가 있다. 감탄문이 처음부터 별도의 문법 범주가 아니라 다른 범주에서 특화되었다고 볼 수 있는 또 다른 힌트는 많은 언어에서 감탄문은 동사의 특별한 활용에 의존하지 않고 기존의 서술문이나 의문문에 감탄사와 같은 강화 표현을 넣어서 구별해 쓰이던 것에서도 추정할 수 있다. '감탄'을 뜻하는 영어 단어인 exclamation이 'cry out loud'라는 뜻의 라틴어 exclamare에서 유래한 것으로 감탄문은 화자의 감정이나 놀라움을 소리 높여 외치던 것이 특정한 어순을 지닌 문형으로 굳어진 것이 아닐까 하는 추측을 불러일으킨다. 그런 연유에서 감탄문 부호인 느낌표는 한때 "비명부호 shriek-mark"라고 불리기도 했다.

3장 참고문헌

Alexander, J. C. 2006. Cultural pragmatics: a social performance between ritual and strategy. In J. C. Alexander, B. Giesen and J. L. Mast (Eds.), *Social Performance: Symbolic Action, Cultural Pragmatics and Ritual*. Cambridge: Cambridge University Press, pp. 29-90.

Austin, J. L. 1962. *How to Do Things with Words*, edited by J. O. Urmson and M. Sbisà. New York: Oxford University Press. (2nd ed., 1975, Oxford: Oxford University Press).

Barron, A. 2003. *Acquisition in Interlanguage Pragmatics. Learning How to do Things with Words in a Study Abroad Context*. Philadelphia, PA: John Benjamins Publishing Company.

Blum-Kulka S., House J. and Kasper G. 1989. *Cross-cultural Pragmatics: Requests and Apologies*. Norwood, NJ: Ablex.

Booth, C. W. 2008. "I am sorry you were offended" and other insincere apologies. An article posted on http://www.thefaithfulword.org.

Borkin, A. and Reinhart, S. M. 1978. Excuse Me and I'm Sorry. *TESOL Quarterly* 12.1: 57-69.

Brown, P. and Levinson, S. 1978. Universals in language usage: Politeness phenomena. In E. Goody (Ed.), *Questions and Politeness: Strategies in Social Interaction*. Cambridge: Cambridge University Press.

Brown, P. and Levinson, S. 1987. *Politeness: Some Universals in Language Usage*. Cambridge: Cambridge University Press.

Dascal, M. 1991. *Cultural Relativism and Philosophy: North and Latin American Perspectives*. New York: E. J. Brill.

Göy, E., Zeyrek, D. and Otcu, B. 2012. A quantitative study on Turkish learners of English. In H. Woodfied and M. Economidou-Kogetsidis (Eds.), *Interlanguage Request Modification*. Philadelphia, PA: John Benjamins Publishing Company.

Grice, H. P. 1989. *Studies in the Way of Words*. Cambridge, MA: Harvard

University Press.
House, J. and G. Kasper. 1987. Interlanguage pragmatics: Requesting in a foreign language. In W. Lörscher and R. Schulze (Eds.), *Perspectives on Language in Performance: Studies in Linguistics, Literary Criticism, and Language Teaching and Learning.* Tubingen, Germany: Narr, pp. 1250-1288.
Huddleston, R. D. 1984. *Introduction to the Grammar of English.* Cambridge: Cambridge Univ. Press.
Kasper, G. and Blum-Kulka, S. 1993. *Interlanguage Pragmatics.* New York: Oxford University Press.
Lazare, A. 2004. *On Apology.* Oxford: Oxford University Press.
Leech, G. 1983. *Principles of Pragmatics.* Essex: Longman.
Lee, S. and S. Hong. 2015. An experimental study of neg-raising inferences in Korean. In P. Larrivée and C. Lee (Eds.), *Negation & Polarity: Experimental Perspectives.* Cham: Springer, pp. 257-277.
McCullough, D. 1999. *Say Please, Say Thank You: The Respect We Owe One Another.* New York: The Berkley Publishing Group.
Mey, J. 2001. *Pragmatics* (2nd ed.). Oxford: Blackwell.
Ogawa, H. 1993. A sociolinguistic study of Sumimasen. *Language Culture and Japanese Education, vol 6.* Ochanomizu Women's College. [Originally, 小川治子(1993). 「すみませんの 社會言語學 的考察」『言語文化と日本語教育』第6号. お茶の水女子大學 日本言語文化學研究會.]
Olshtain, E. and Cohen, A. 1983. Apology: a speech act set. In N. Wolfson and E. Judd (Eds.), *Sociolinguistics and Language Acquisition.* Rowley, MA: Newbury House.
Reiter, R. M. 2000. *Linguistic Politeness in Britain and Uruguay.* Amsterdam: John Benjamins.
Sadock, J. M. 1970. Whimperatives. In J. M. Sadock and A. L. Vanek (Eds.), *Studies Presented to Robert B. Lees by His Students.* Edmonton: Linguistic Research, pp. 223-239.
Searle, J. R. 1969. *Speech Acts: An Essay in the Philosophy of Language.* Cambridge: Cambridge University Press.
Searle, J. R. 1975. Indirect speech acts. In P. Cole and J. L. Morgan (Eds.), *Syntax and Semantics, Vol. 3, Speech Acts.* New York: Academic Press, pp. 59-82.

Searle, J. R. 1992. Conversation reconsidered. In J. R. Searle, J. Vershueren and H. Parret (Eds.), (*On*) *Searle on Conversation*. Amsterdam. John Benjamins.
Searle, J. R. 2002. *Consciousness and Language*. Cambridge: Cambridge University Press.
Spencer-Oatey, H. 2000. Rapport management: a framework for analysis. In H. Spencer-Oatey (Ed.), *Culturally Speaking: Managing Rapport through Talk Across Cultures*. London: Continuum, pp. 11-46.
Weydt, H., Harden, T., Hentschel, E. and Rösler, D. 1983. *Kleine deutsche Partikellehre: ein Lehr- und Übungsbuch für Deutsch als Fremdsprache*. Stuttgart: Klett.

http://www.CNBNews.com
http://www.thefaithfulword.org/insincereapologies.html

제4장 언어적 공손 현상

> People may hear your words,
> but they feel your attitude.
> —John C. Maxwell
>
> 이 넓은 세상 위를 하루하루
> 비바람을 맞고 걸어요
> 혼자서 가는 걸까 외쳐봐요
> 누가 있나요
> 아주 멀리서 나의 외침이
> 메아리가 되어 작게 들려오네요
> 나만 있는 게 아니다
> 모두 이렇게 홀로 걷는다
> 스스로 위로도 해보지만
> 대체 언제나 나는 목적지에 닿을까
> —이적, 「누가 있나요」 중에서
>
> You have your way. I have my way.
> As for the right way, the correct way, and the only way, it does not exist.
> —Friedrich Nietzsche

1. 언어적 공손

1.1 우리를 둘러싼 공손과 예의

우리는 하루도 예의나 공손에서 벗어나 자유로울 수 없다. 사람들과 만나 어울릴 때, 몸을 움직이며 말을 하는 매 순간순간마다 거의 조건반사적으로 그 상황에 가장 적절한 방식으로 언행을 하려고 한다. 말과 행동을 사람들에게 잘 받아들이도록 예의 바르고 공손하게 하는 것은 그가 교육을 잘 받았으며, 사회 규범이나 관습을 잘 이해하고 실천하는 사람이라는 인상을 주어 원활한 사회생활을 가능케 하는 기본이 된다. 따라서 아무리 사소한 것처럼 보여도 공손과 예의의 기준이 되는 각종 사회적 에티켓이나 관례 등을 잘 알고 따르는 것이 중요하다. 특히 이런 기준은 사회마다 문화마다 다르므로 문화간 접촉이나 언어 간 소통에서 실수를 저지를 때가 많다. 예를 들어 모르는 사람 앞에서 요란한 소리를 내면서 코를 푸는 것은 한국에서는 실례이지만, 서양에서는 용인되는 경우가 많다. 외국에서 낯선 현지인이 식당의 맞은 편 테이블에서 큰 소리로 코를 푸는 것을 못마땅하게 생각해서 그 식당에서 나왔다고 하는 한국인 사례도 있다. 또한, 한국에서는 동년배끼리는 괜찮지만 연장자와 맞담배 피우는 것은 버릇이 없다고 생각되며 술을 마실 때에도 윗사람 앞에서는 몸을 약간 돌려서 술을 마시는 모습이 잘 보이지 않도록 하는 것이 예의라고 생각한다. 이런 사회적 관습으로서 예의범절은 그 사회를 구성하는 사람들이 생각하는 바람직한 행동 양식과 가치관의 반영이라고 할 수 있다. 한국에서는 조선 시대만 해도 여러 사람 앞에서 안경을 쓰는 것이 예의에 어긋난 것으로 간주하였다. 조선왕조실록에 보면 정조 임금은 대신들과 정사를 논하는 자리에서 안경을 써야 할까, 말아야 할까를 고민했다고 하는데 그 당시만 해도 임금이 백성들이 모인 자리나 신하들과 함께 정사를 살피는 공식적인 자리에서는 안경을 쓰는 것은 예법에 어긋난다고 생각했기 때문이라고 한다. 아무리 지엄한 임금이라도 예외가 아닐 정도로 예의의 구속력은 엄청나다. 고종 황제는 우리나라에서 선글라스를 낀 최초의 군주로서 선글라스를 낀 채 어가를 타고 행차하는 사진이 전해지고 있다. 그런데 고종은 선글라스는 착용했지만, 시력 교정용 안경은 부모로부터 물려받은 신체를 훼손하는 물건으로 여겨 금기시했기 때문에, 시력이 매우 나빴던 세자, 즉 후일 순종 황제가 고종을 만날 때 안경을 벗고 가느라 종종 실수했다는 이야기가 전해진다.

　행동뿐 아니라 말에서도 예의나 공손은 나라마다 문화마다 차이가 있고. 시대와 장소에 따라 달라진다. 필리핀 일부 부족들은 누가 음식 같은 것을 권하면 적어도 한두 번은 사양하는 것이 미덕이라고 생각하기 때문에 진정으로 그에게 음식을 권하고 싶을 때는 반드시 세 번은 권해야 한다는 불문율이 있고 음식 대접을 받으면 맛있게 잘 먹었다는 신호로 트림하는 것이 예의라고 생각한다. 한국에서는 사람들을 식사에 초대할 때 상다리가 부러질 정도로 한상 푸짐하게 차려놓고도 안주인은 "차린 게 별로 없지만, 많이 드세요"라는 거짓말 같은 모순어법을 구사하는 게 적절한 어법이라고 생각된다. 또한, 한국에서는 초면에 결혼했는지를 묻는 것과 나이를 묻는 것이 그다지 실례라고 생각하지 않지만, 영국에서는 아직 잘 모르는 사람에게 이런 사적인 질문을 하는 것은 공손하지 못한 어법이라고 생각한다. 같은 유교문화권이라고 생각되는 중국이나 싱가포르에서도 한국과 달리 초면에 상대방의 나이나 결혼 여부 등을 묻는 것은 공손한 어법으로 생각되지 않는다고 한다. 또한, 한국에서는 흔히 어른들께 "진지 잡수셨어요?"라고 묻는 것이 안부를 여쭈는 공손한 인사말로서 의례적인 친교적 소통 phatic communication에 속하지만, 영어에서는 이것은 진짜 밥을 먹었는지 아닌지를 알고 싶어 묻는 정보적 소통 informative communication에 속하는 것으로 들린다. 그뿐만 아니라 중국에서는 "저녁 뭐 먹으러 갈래?", "내일 뭐 할 거니?"라고 물을 경우 '편할 대로'나 '아무거나'의 뜻인 "隨便"이라고 대답하는 등 많은 질문이나 제안에 대해 다소 줏대가 없어 보이는 "隨便"이라고 답하는 비율이 높다. 중국의 신랑망新浪网과 생명시보生命時報가 조사한 중국인들이 가장 흔히 사용하는 말의 1위가 "수변"일 정도로 이는 보편화되었는데 이는 다음 절에서 볼 레이코프(1973)의 공손의 규칙 중 하나인 '상대방에게 선택권을 주라'는 공손의 규칙이 '명확하게 답하라'는 것보다 우선하기 때문이라고 생각된다. 옆의 사람이 재채기 할 때 영어권 문화에서는 그 사람의 영혼이 신과 접촉하는 순간이라고 생각하여 잘 모르는 사람이라도 "Bless you"라고 하는 게 친절한 어법이지만, 한국어에서는 그런 말조차 없다. 남태평양 일부 부족들은 손님이 자기 집을 방문했을 때 자기 집 물건을 보고 "예쁘다", "멋있다"고 하면 기꺼이 그 물건을 내주는 풍습이 있기 때문에 남의 집을 방문할 경우 아무리 물건이 좋아 보여도 그런 칭찬은 하지 않는 것이 관례인 곳도 있다. 한국의 종합상사에 해당하는 일본의 총합상사 직원들은 외국인과 비즈니스 상담을 할 때 "신중히 검토해보겠다"고 답하는 경우가 많은데 이는 실제로 '관심을 두고 검토하겠다'는 것보다는 '지금은 생각이 없다'는 완곡한 거절로 해석해야 하는 경우가 대부분이다. 마찬가지로 멕시코에서 무역 상품 설명을 할 때 영어의 "Yes"에 해당하는 스페인어 "Si"라는 말을 여러 번 하는 것을 들을 수 있는데 이는 완전한 합의나 만족을 표시하는 게 아니라 '당신의 이야기를 내가 지금 경청하고 있다'는 뜻의 공손한 어법이라고 한다. 또한, 현재 동서양을 막론하고 젊은 여자에게 몸무게를 묻는 것은 실례지만 남자들에게 묻는 것은 비교적 덜 실례라고 생각하는 경향이 있다. 이런 현상은 공손 또는 예의의 개념과 이에 따라 굳어진 공손한 어법의 차이에서 비롯되는데 다음 절에서는 동양과 서양의 공손 및 예의에 대한 개념을 먼저 살펴보도록 하자.

1.2 동양적 공손과 예의 개념

'공손恭遜'이란 '공손하다'의 어근으로서 국립국어원의 [표준국어대사전]에 따르면 '공손하다'는 "말이나 행동이 겸손하고 예의 바르다"로 되어 있다. 이때 '예의禮儀'란 "존경의 뜻을 표하기 위하여 예로써 나타내는 말투나 몸가짐"이라고 한다. 또한 '예禮'란 "사람이 마땅히 지켜야 할 도리"로 예식, 예법, 예절 등의 준말로도 쓰인다. 이런 사전적 정의만을 보면 언어상의 예의나 공손은 마치 나이가 어린 사람이 자기보다 연배가 높은 사람을 대할 때나 지위가 낮은 사람이 지위가 높은 사람을 대할 때 취해야 할 바람직한 말과 행동을 뜻하는 것처럼 보인다. 그러나 이 장에서 우리가 함께 볼 언어적 공손함은 아랫사람이 윗사람을 대할 때 응당 갖추어야 할 겸손함과 예의 바름 뿐 아니라 대등한 연령이나 지위에 있는 사람들 사이에서도 바람직하다고 생각되는 어법이나 말씨를 포함하며, 더 나아가 윗사람이 아랫사람을 배려하여 조화로운 관계를 유지하기 위해 효과적이라고 생각되는 말의 사용을 모두 포함하는 개념이다.

일본어에서 '공손'은 주로 '丁寧(ていねい)'로 표현하는데 이는 '공손' 외에도 '친절함'이나 '정중함'의 뜻도 있다. 'ていねいな 人'란 '예의 바르고 공손한 사람'이란 뜻이다. 일본에서는 '공손하다'는 것은 '주의 깊고 신중하다'는 뜻으로 통용된다. 이는 이 장의 후반부에서 볼 브라운과 레빈슨(1978, 1987)의 공손 분류에서 소극적 공손negative politeness에 해당한다. 즉, 타인으로부터 방해받지 않고 독립심을 유지하고 싶은 마음을 충족시켜 주려는 것이 소극적 공손을 행하는 것인데 일본인들은 전통적으로 타인에게 폐가 되거나 평정심을 해치지 않도록 교육을 받는 데에서 이런 방향으로 공손의 개념이 발전한 것으로 보인다. 또한 '공손하다'든지 '공손하게 처신하다'는 '下手でに出る'라고 하는데 공손하다는 것을 지위나 능력 등이 낮은 사람의 행동 특성으로 보았다는 점이 주목할 만하다. 이는 서양에서 예의가 없는 사람을 상류층의 어법이나 에티켓을 배우지 못한 사람이라고 본 것과 유사하다. 일본어에도 한국어와 마찬가지로 '예의가 바르다' 란 표현으로 '禮儀正しい'가 있는데 이는 예의를 사회적으로 받아들여지는 정확하고 올바른 언행의 형식으로 본 것이다. '공중도덕公衆道德'이란 말을 애용하는 일본인들은, 예의나 예절을 주로 개인들 사이의 윤리의 문제로 보려는 한국인들과 달리 개인보다는 공공의 이익이나 도덕을 해치는 행위를 반사회적으로 보고 이를 엄격히 규제하는 사회적 압력이 강하다.

한국에서 예절 교육이란 예를 들어 큰절을 올릴 때 어느 손이 위로 올라가는지 등의 바른 자세를 가르치는 것과 명절 때 한복을 어떻게 바르게 입는지 등을 가르치는 것을 연상케 하는데, 일본에서의 예절 교육이란 사람들이 많이 모여 있는 식당이나 공원, 엘레베이터 등에서 타인에게 피해를 주지 않도록 행동하는 법을 교육하는 것을 먼저 떠오르게 한다. 일본의 대도시 거리에는 마스크를 하고 다니는 사람을 자주 볼 수 있는데, 황사나 미세먼지로부터 자신을 보호하려는 것이 아니라 자기가 감기 기운이 있는데 남에게 감기를 옮기지 않으려고 마스크를 하는 경우가 대부분이라고 한다. 요즘 한국에서는 가정마다 부모가 "금쪽같은" 아이의 기를 죽이지 않으려고 노력하다 보니 만약 자기 아이가 누구한테 맞고 들어오면 "왜 바보같이 맞고 다니느냐"고 야단을 치지만, 일본에서는 만약 자기 집 아이가 누구를 때리고 들어오면 사회적으로 "용서받지 못할 놈"이라고 야단을 친다고 한다. 일본은 개인과 사회에 대한 우선순위에서 차이가 있고 이는 공손이나 예의의 실현에서 차이를 보일 수밖에 없다.

중국어에는 영어의 politeness에 해당하는 단어로 '예모禮貌'가 있는데 이는 타인을 예禮로써 대하는 모양을 가리키는 것이다. 한국어에서는 '예모'란 단어보다 '예의' 또는 '공손'이란 단어를 더 많이 사용하는데, '공손'은 타인을 높이는 '공경恭敬'과 자신을 낮추는 '겸손謙遜'의 합성어로 볼 수 있다. 중국인들이 생각하는 공손함이란 상대방의 체면, 즉 면자面子와 얼굴臉을 고려해서 상황에 맞게 행동하거나 말하는 것을 의미한다. 마오 Mao(1992)에 의하면 중국어에서 '예'는 원래 서양의 politeness와는 다른 개념으로서 기원전 10세기 경 주周 나라의 봉건적 서열구조인 종법宗法제도와 신분질서인 노예제도를 가리키는 말이었다고 한다. 엄격한 위계질서의 근간이 되는 주나라의 예, 즉 주례周禮는 당시 사람들의 행동과 언어를 제약하는 강력한 생활 규범이 되었다. 이런 '예'의 개념은 현대 중국어에서 자신의 사회적 지위나 신분에 걸맞는 예의와 격식을 의미하는 '예수禮數'란 단어에서 볼 수 있다. 주나라 사회를 모든 사회의 이상적인 모델이라고 생각한 공자는 서주의 예악제도禮樂制度를 칭송하고 '예'를 그의 사상에서 주요 개념으로 사용했다. 공자 사후 '예'는 점차 오늘날과 같은 politeness를 뜻하는 단어로 쓰이게 되었는데, 괴이Göy(1990)에 의하면 존경과 겸양, 배려 및 거슬리지 않음이 현대 중국 사회의 예의 기본 개념이라고 한다. '예'의 개념이 집대성된 중국의 고전으로서 오경의 하나인 [예기禮記]는 예의 이론과 실제를 기술한 책이다. 이는 당시 사회 지도층이 꿈꾸는 이상적인 사회와 원활한 인간관계를 위하여 마땅히 지켜야 할 일상적인 규범이나 형식을 모은 것이다. 예는 관례, 혼례, 제례, 상례 등 일상생활의 중요한 사건들을 집행하는 형식적 개념으로 받아들여졌고, 이를 기술한 [주자가례朱子家禮]는 중국에서보다 오히려 조선에서 미풍양속과 사회질서 유지를 위해 반드시 지켜야 할 형식적 규범으로 널리 정착하게 되었다. 그러나 예를 지나치게 강조하는 것은 형식주의의 함정에 빠지는 것이며 조선 중기 이후 거듭된 당쟁과 사화는 예에 대한 이념적 다툼과 무관하지 않다. 즉, 유교에서 예란 인仁을 실현하려는 방법으로서 인은 본질적 내용에 관한 덕목이고 예는 종속적인 형식에 관한 덕목인데 인을 담는 그릇으로서 예의 본질은 망각되고 예의 형식적 측면만 두드러져 예를 위한 예로 전락하게 되었다. 예를 실현함으로써 인을 성취할 수 있으며 예가 없으면 인도 사라지게 된다. 형식이 없는 내용은 무력하며, 내용이 없는 형식은 공허하기 때문이다. 공자는 나라를 다스리는 데 있어 형벌이나 법률에 의한 통치보다는 교화와 예치를 강조함으로써 예의 사회적 기능을 중요시하였는데 이 장에서 우리가 보고자 하는 언어적 공손함은 이런 예의 사회적 기능과 연결된다. 구체적으로 예는 자율적으로 삼가는 기능과 사회 구성원들 사이의 유대감을 고양하는 기능, 그리고 사회적으로 유익한 행동을 유도하고 국가 간에 질서 있는 관계를 만드는 기능을 가지는데 언어적 공손의 원리나 법칙은 이런 기능이 언어적으로 잘 구현되고 작동될 수 있는 체계가 된다.

1.3 서양적 공손과 예의 개념

서양에서의 '예의'나 '공손'의 개념은 앞에서 본 한국이나 중국에서의 '공손'이나 '예', 또는 '예의'의 개념과는 차이가 있다. '예의 바름'을 뜻하는 영어 단어 'politeness'는 'polite'의 명사형으로서 'polite'는 어말의 '-t'가 시사하듯이 라틴어의 동사 'polire'의 과거 분사형에서 유래했는데 그 원래 뜻은 '윤이 나는polished', '매끄럽게 된smoothed'의 뜻이었다. 서양에서 'polite'는 개인적인 언행과 외모 등에서 세련되고 우아하며 무난함을 의미한다는 점에서 한국이나 중국에서 '예의'가 갖고 있는 관념적, 윤리적 개념과는 거리가 있다. 한때 우리가 한국어의 표준말을 '교양 있는 사람들이 쓰는 현대 서울말'이라고 정의했던 것과 유사하게, Oxford English Dictionary에서는 'polite'를 'social conduct of the upper classes'로 정의해서 이것이 모든 사람에게 보편적인 생득적 가치나 능력이 아님을 밝히고 있다. 우리말의 '공손'에 가까운 영어 단어 'courtesy'는 어근에서도 알 수 있듯이 '궁정court'에서 적절한 예의 바른 행동을 말하는 것이었다. 즉 'courteous'는 과거 왕정시대에만 해도 'marked by polished manners, gallantry, or ceremonial usage of a court'의 뜻이었던 것이 민주주의 시대로 접어들면서 'marked by respect for and consideration of others'의 뜻으로 변화한 것이다. 유럽에서는 중세 때부터 기사들을 중심으로 상위 계층에 속한 사람들의 언행, 태도, 법도를 구별하기 시작했는데 이들 계층이 따라야 할 행동 양식으로서 에티켓은 공적인 영역에서뿐 아니라 사적인 영역에서도 사회 규범화되어 모든 계층이 지켜야 할 행동 모델이 되었다. 이처럼 서양에서 '예의 바름'이나 '공손'은 '효孝'나 '충忠'처럼 '인仁'을 실현하기 위한 형식으로서의 '예'라기보다는, 사회적으로 성공하기 위해 습득해야 할 실용적, 개인적 가치라고 생각되었으며 이는 종종 전략적인 뜻으로도 쓰였다. 예를 들어 철혈재상으로 알려진 비스마르크Bismarck는 "예의를 갖추어라; 외교적으로 글을 써라; 선전 포고문조차도 공손의 규칙을 지킨다("Be polite; write diplomatically; even in a declaration of war one observes the rules of politeness.)"라고 말했는데 이 말을 보면 'polite'를 'diplomatic'과 비슷한 뜻으로 사용하고 있음을 알 수 있다. 즉 예의나 공손을 사람이라면 갖추어야 할 기본적 품성이라기보다는 필요할 경우 전략적으로 택할 수 있는 도구 정도로 생각하는 것이다. 왓츠(2003:34)는 서양에서 'politeness'는 '원만한 사회적 상호 작용을 형성하고 지켜나가기 위한 전략들strategies'이었는데 더 나아가 '사회적 관계에서 어떤 특혜를 염두에 두고 이를 얻기 위해 존경이나 복종을 표시하는 전략적 행동'과 동일시했다는 점을 지적하고 있다. 한편으로는 '예의'나 '공손'은 기득권층의 시각으로는 사회적으로 정확하고 올바른 것으로 정의된다. Merriam-Webster 사전에는 'polite behavior'를 'behavior characterized by correct social usage'라고 하여 예의 바른 행동은 정해진 관습에 부합하는 정확한 행동이라고 보고 있다. 그런 전통이 이어져 예의나 공손을 연구하거나 가르칠 때는 교양 있는 상류층의 말이나 행동을 배우고 이를 정확하게 표현하는 기술을 익히는 데 주력했다. 다음의 논의에서 보겠지만, 학문적 관점에서 언어적 공손을 연구할 때도 공손은 사회적 상호 작용에서 자신의 목표를 달성하기 위한 전략으로 실현된다고 보는 견해들이 많다. 특히 화용론에서는 소통의 원리를 논할 때 2장에서 본 협조의 원리와 더불어 공손의 원리가 조화로운 언어적 소통을 지배하는 양대 축이라고 생각할 정도이다.

공손이나 예의는 동서양을 떠나 개인적인 것만도 아니며 사회적인 것만도 아니다. 이는 사회적 상호 작용의 한 형태로서 개인과 사회를 연결해주는 것이다. 3장에서 본 라이트(2000:2)는 공손의 목적이 사회에서 개인들 사이의 관계에 평형을 유지하기 위한 것이라고 한다. 또한, 공손은 어떤 행위 자체에 내재된 특성이 아니라 한 사회 집단을 구성하는 개인들 사이에서 공유된 기준에 근거한 상호 관계에 의해 결정되는 것이다. 각 개인은 자신이 속한 집단에서 받아들여질 수 있는 방식으로 언어적 공손을 실현하려고 하며 이런 개인적 노력이 모여서 비교되고 논의되며 타협을 이루어 사회적 합의에 이르게 된 것이 공손의 규칙과 원리이다. 이는 앞 장에서 보았던 상호주관적 맥락에서 각자의 주관적 판단을 사회화한 결과물이라고 볼 수 있다. 이렇게 사회적 합의에 도달한 공손의 원리나 규칙은 사회적 통용 가치를 가지게 되고 규범적 역할을 수행하게 된다. 이 규범은 집단이나 문화에 따라 다르게 나타날 수 있는데 때로는 매우 강력한 것이 되어 언어 공동체에 속한 개인들의 언어 형식을 지배하고, 바람직한 사회적 소통을 규정하는 강력한 역할까지 하게 된다. 사회학자인 고프만(1967)이 모든 사회적 상호 작용에서 중요한 역할을 하는 사회적 '체면'의 개념을 소개한 후, 언어학에서도 레이코프(1973), 리치(1983), 브라운과 레빈슨(1978, 1987) 등을 거치면서 언어적 공손성의 이론이 정립되었고 무례함을 포함한 많은 유형의 발화와 언어 행위가 이 공손성 이론에서 다루어지고 있다.

2. 공손의 규칙과 원리

2.1 레이코프의 공손 규칙

2장에서 보았던 그라이스는 화용론의 기초를 확립한 이론으로서 대화의 원리와 소통에서 전달되는 메시지의 종류 및 그 전달 과정을 보편적인 원리로 설명하고 있다. 그의 체계에서 핵심적 역할을 하는 것은 협조의 원리와 격률들인데 이것들은 합리적인 대화 참여자가 원활한 소통을 위해 지킬 것으로 생각되는 최소의 원리들이라고 할 수 있다. 이때 원활한 소통이란 정보의 효과적인 교환을 말하는데 이 과정에서 공손의 문제는 논외로 취급되었다. 그라이스의 대화의 원리는 개인적인 합리성에 바탕을 둔 체계로서 이 합리적인 개인들이 서로 만나 상호 작용할 때 계속 합리적으로 남아 있을 거라고 가정한다. 그러나 우리는 일상생활에서 합리적이라고 생각하던 사람도 때로는 감정에 지배를 당해 비이성적이 되거나 심지어 공격적이고 무례하기 짝이 없는 야수와 같은 존재로 돌변할 때도 있다. 그라이스가 상정한 것처럼 소통의 목적이 반드시 효과적인 정보 교환에만 있는 것이 아니라 때로는 자기주장을 일방적으로 관철하려 하고, 상대방을 이용하거나 제압하거나 모욕을 주려고 하는 등 반사회적인 목적을 염두에 두는 경우도 있다. 이런 사례들은 외면할 수 없는 인간 소통의 실상인데도 그라이스의 이론에서는 제대로 다루어지지 않았다.

이와 같은 인식에서 비롯되어 1970년대 중반부터는 협조의 원리를 보완하여 소통의 모든 측면을 파헤치려는 노력이 확산하였는데, 그 노력의 중심에는 언어적 협조에 필적하는 언어적 공손의 개념에 대한 연구가 있었다. 이런 연구의 첫 주자로 로빈 레이코프R. Lakoff(1973)는 그라이스의 이론적 틀을 유지하면서 공손 현상을 언어학적으로 설명하기 위해 새로운 규칙들을 제안한다. 그녀가 말한 바로는 공손과 관련된 인간의 화용적 능력 pragmatic competence도 문법의 일부이며 우리 마음속에 보편적으로 존재하는 화용적 규칙은 어떤 발화가 적형적인 발화인지 아닌지를 판별해 준다고 주장한다. 이런 화용적 능력의 규칙으로 레이코프(1973:297)는 1)'명확하게 말하라be clear'와 2)'공손하게 말하라be polite'의 두 보편적 규칙을 제안했다. 이 중 '명확하게 말하라'에는 그라이스의 원리와 격률들이 포함되고, '공손하게 말하라'에는 새롭게 '강요하지 말아라do not impose', '선택지를 주어라 give options' 및 '청자가 기분 좋게 말하라 – 다정하게 말하라 make addressee feel good – be friendly'가 포함되었다. 레이코프는 1)과 2)의 두 규칙이 때로는 상호 충돌하는 경우가 있는데 그럴 경우에는 공손하게 말하라는 규칙이 명확하게 말하라는 규칙에 우선한다고 주장한다. 한국에서도 누군가와 말할 때 일단 적절한 존대법이 구사되지 않으면 대화 자체가 더는 성립하지 않고 끝날 수 있다. "머리에 피도 안 마른 녀석이 어따 대고 반말이야"라고 하면 이후 모든 대화는 불가능해질 만큼 공손하게 말하라는 것은 말하기의 예법과 공손을 중시하는 사회에서 대화의 가장 상위 원칙이라고 할 수 있다.

그런데 레이코프가 '명확하게 말하라'에 그라이스의 격률들이 모두 포함된다고 본 이유는 그 격률들이 모두 '명확성 clarity'에 관한 규칙들이기 때문이라고 주장했지만, 실제 명확성은 그라이스의 격률 체계에서는 말하는 방식에 관련된 양태의 격률 중 하나에 불과하고 양이나 질, 관계 격률은 말하는 방식이 아닌 말하는 내용에 관한 격률이란 점에서 '명확하게 말하라'라는 규칙에 그라이스의 모든 격률을 다 포함하는 것은 적어도 명칭 면에서 잘못된 선택으로 보인다. 나중에 레이코프(1975)는 원래의 규칙을 수정하여 다음과 같은 공손의 규칙을 새로 설정한다.

규칙 1. 격식 Formality: 강요하지 마라. 거리를 유지하라.
규칙 2. 존중 Deference: 몰아붙이지 마라. 선택지를 주어라.
규칙 3. 우애 Camaraderie: 친근감 있게 대하라. 공감의 태도를 보여라.

첫째로 거리를 유지하라는 말은 상대방의 영역을 함부로 침범하는 발화를 하지 말라는 뜻이다. 이는 앞에서도 잠시 본 소극적 공손에 해당하는 것이다. 예를 들어 서양 문화에서 잘 모르는 사람에게 다가가 다짜고짜 "당신 나이가 몇입니까?"라고 묻는 것은 예의에 어긋난 불손한 질문으로 생각될 가능성이 높다. 대신 같은 서양 문화에서 잘 모르는 사람일지라도 눈이 마주칠 경우 "안녕하세요?"라고 예의적 인사를 던지는 것은 공손한 발화로 받아들여질 가능성이 높다. 즉, 이런 문화적 배경을 잘 아는 사람이라면 어떤 발화는 받아들여지는 발화이고 어떤 발화는 아닌지를 아는 화용적 능력이 그의 언어 능력 일부로 자리한다. 둘째로 존중의 규칙은 상대방을 일방적으로 몰아붙이지 말고 그에게 선택할 수 있는 여지를 주어야 한다는 것이다. 예를 들어 "나는 뚝배기 불고기 먹으려고 하는데 너도 그걸 먹어"라고 하면 이는 상대방의 생각을 무시한 공손하지 못한 발화가 된다. 대신 "나는 뚝배기 불고기 먹으려고 하는데, 너는 무얼 먹을 거니?"라고 한다든지 아예 그냥 "너는 무얼 먹을거니"라고만 물어서 상대방이 자유롭게 말할 수 있도록 하는 것이 더 공손한 발화가 된다. 마지막으로 우애의 규칙은 첫 번째 격식의 규칙과 상반되는 내용이라고 할 수 있다. 이는 잘 아는 사람에게는 필요 이상으로 거리감을 두는 것이 오히려 공손하지 못하다는 것이다. 예를 들어 가장 친한 친구라는 것을 서로 잘 아는 사이에서는 "시간을 뺏는 것 같아서 정말 미안하지만 내일모레 내 생일 파티에 와 줄 수 있겠니?"라고 말하는 것보다 직접적으로 "내일모레 내 생일 파티 있는 거 알지?"라고 말하는 게 더 친근감을 준다. 또는 집에 도둑이 들어 물건을 훔쳐가서 낙담하고 있는 친구에게 "그 도둑 정말 나쁜 놈이다. 이 자식 내 앞에 나타나기만 해봐. 모가지를 비틀어 버릴 거야."라고 마치 제 일인 것처럼 흥분하면서 말하는 것이 "그러길래 항상 문 조심해야지"라고 점잖게 가르치려고 드는 것보다 그런 상황에서 더 유대감을 높이는 발화가 된다. 이처럼 레이코프의 공손 규칙들은 상호 충돌 가능성이 있는데, 불어에서도 2인칭 단수 대명사로 존칭인 vous형 대신 tu형을 사용하는 것은 친근감 있게 대하라는 규칙 3에는 부합하지만, 주제넘게 나서거나 강요하지 말라는 규칙 1에는 위배되는 것이며, 반대로 tu형 대신 vous형을 사용하는 것은 예의바른 것으로 규칙 1을 만족시킬지는 몰라도, 때에 따라서는 필요 이상으로 거리감을 느끼게 한다는 점에서 규칙 3과는 합치하지 않는 것이다. 또한 규칙 2는 별도의 규칙이라기보다 어떤 면에서는 규칙 1이나 규칙 3으로부터 파생될 수 있는 성격의 규칙이라고 볼 수 있어서 규칙 체계의 잉여성이 문제로 지적된다. 레이코프는 소통의 목적은 가능한 한 빨리 상대방에게 부담을 주지 않고 메시지를 전달하는 데 있다고 보고 그라이스의 격률을 모두 자신의 화용적 공손 규칙에 포함하려 했다. 즉, 그녀는 그라이스의 대화의 원리를 공손 규칙의 한 유형으로 보았다. 그러나 프랭크Frank(1980)도 지적하듯이 레이코프의 이런 시도는 공손이라는 화용적 규칙을, 성격이 다른 언어적 규칙과 같은 레벨에 놓음으로써 문장의 의미와 발화의 소통적 기능의 차이를 구별하기 어렵게 했다. 또한, 공손의 규칙은 어떤 기준으로 설정되었고 몇 개나 필요한지에 대해서도 확실치 않아서 자의적인 나열에 그쳤다. 그뿐만 아니라 이 규칙들은 공격성 발화와 같은 무례한 발화를 설명하는 데 한계가 있다.

2.2 리치의 공손 원리

2.2.1 공손의 원리와 격률

리치(1983)의 공손에 관한 연구도 위에서 본 레이코프(1973, 1975)와 마찬가지로 그라이스에서 출발한다. 그는 왜 사람들이 종종 직접적이지 않고 간접적으로 의미를 전달하는지에 주목했다. 이에 대한 그의 답은 공손이 간접적 표현의 이유라는 것이다. 사람들은 공손을 위해서라면 때로 그라이스의 협조의 원리나 격률들을 위반해서라도 간접적으로 발화하는 것을 선택한다. 그는 직접적인 발화는 상대방이 가질 수 있는 선택의 폭을 줄이고 화자의 발화수반력은 크게 만들기 때문에 본유적으로 공손하지 못한 특성이 있다고 주장한다. 따라서 화자는 청자와의 관계를 고려하여 적절한 수준의 공손을 유지해야 하는데 이를 조절하는 원리가 공손의 원리이다. 리치는 협조의 원리CP에 상응하는 공손의 원리Politeness Principle: PP를 다음과 같이 제안한다.

공손의 원리
(소극적 원리) 다른 조건이 다 같을 경우 무례하다고 믿는 표현은 최소화하라.
(적극적 원리) 다른 조건이 다 같을 경우 공손하다고 믿는 표현은 최대화하라.
(negative) Minimize (other things being equal) the expression of impolite beliefs.
(positive) Maximize (other things being equal) the expression of polite beliefs.

다시 말해서 소극적 공손은 '불화를 피하는 것avoidance of discord'이라고 할 수 있고 적극적 공손은 '일치를 추구하는 것seeking concord'이라고 할 수 있는데, 리치는 무슨 이유에서인지 소극적 공손이 적극적 공손보다 더 중요하다고 주장한다. 그라이스의 협조의 원리가 그 밑에 여러 하위원리로 격률이 있듯이 리치의 공손의 원리도 그 밑에 다음과 같은 하위원리로서 1)배려tact의 격률, 2)관용generosity의 격률, 3)인정approbation의 격률, 4)겸손modesty의 격률, 5)동의agreement의 격률 및 6)공감sympathy의 격률이 있다. 이 공손의 격률들은 대화에서 자기self와 남other 사이에 공손이 어떻게 실현되는지를 설명해주는 원리들인데, 각 격률은 특정한 언어 행위에만 적용되며 두 가지 상반된 경우를 위해 두 부분으로 되어 있다. 이 중 대괄호로 표시된 부분은 리치의 설명에 의하면 상대적으로 중요성이 덜한 경우라고 한다.

1) 배려의 격률 tact maxim

남에게 돌아갈 비용은 최소화하라.
[남에게 돌아갈 이득은 최대화하라.]
Minimize cost to other;
[Maximize benefit to other]

배려의 격률은 일종의 경제적 원리로서 소통에 참여하는 상대방, 즉 남이 들여야 할 노력은 최대한 작으면 작을수록, 그리고 그에게 돌아갈 이득은 크면 클수록, 공손한 발화가 된다는 것이다. 이 격률은 명령하기 ordering, 지휘하기 commanding, 요청하기 requesting, 권고하기 advising, 추천하기 recommending와 같은 지령 행위와 약속하기 promising, 맹세하기 vowing, 제의하기 offering와 같은 언약 행위에 적용되는 격률이다. 예를 들어 다음 (1)의 발화에서 a는 배려의 격률을 지키고 있어서 공손한 발화지만, b는 그렇지 못한 발화이다.

(1) a. You MUST have another sandwich!
    b. ??You can have another sandwich!

(1a)는 상대방을 위한 행위를 화자가 must란 강한 조동사를 강세까지 붙여서 사용하고 있다. 그 결과 "꼭 먹어야 한다"고 말함으로써 상대의 이득을 크게 하고 있지만 (1b)는 must보다 훨씬 약한 can이란 조동사를 사용해서 '먹을 수도 있고 먹지 않을 수도 있다'는 뜻이 전달되고 있어서 상대방을 위하는 정도가 크지 않다. 따라서 이런 상황에서 상대를 고려한다면 공손성에 있어 (1a)는 적절한 발화가 되지만 (1b)는 적절하지 못한 발화가 된다.

2) 관용의 격률 generosity maxim

   자기에게 돌아갈 이득은 최소화하라.
   [자기에게 돌아갈 비용은 최대화하라.]
   Minimize benefit to self;
   [Maximize cost to self]

관용의 격률은 한 마디로 자기에게 엄격하게 하면 할수록 공손한 발화가 된다는 것인데 이 격률도 지령 행위와 언약 행위에 적용된다.

   (2) a. I can lend you my car.
       b. ??You can lend me your car.

차를 빌려주는 것은 비용이 발생하는 것인데 이를 자기에 대해 표현하면 공손하지만 남에게 그렇게 말하는 것은 공손하지 못한 발화가 된다.

3) 인정의 격률 approbation maxim

   남에 대한 험담은 최소화하라.
   [남에 대한 칭찬은 최대화하라.]
   Minimize dispraise of other;
   [Maximize praise of other]

이 격률은 '아첨의 격률 Flattery Maxim'이라고도 하는데 감사하기 thanking, 축하하기 congratulating, 용서하기 forgiving, 비난하기 accusing, 칭찬하기 praising 등의 표현 행위 expressive와 말하기 stating, 제안하기 suggesting, 자랑하기 boasting, 불평하기 complaining, 주장하기 claiming, 및 보고하기 reporting 등의 단언 행위 assertive에 적용된다.

(3) a. What a marvellous meal you cooked!
　　b. ??What an awful meal you cooked!
(4) a: Her performance was magnificent, wasn't it!
　　b: Was it?

(3a)와 같이 남이 들어서 좋은 말은 공손한 발화가 되지만 (3b)는 험담이 되므로 할 필요가 있다면 최대한 간접적으로 다른 완화 표현들을 써서 해야지 그나마 덜 무례하게 들릴 것이다. (3b)와 같은 비난의 발화수반력을 가진 표현이라도 "I'm sure that you could have cooked better. This is not one of your best meals."라고 하면 상대방의 체면이 덜 손상되어 (3b)보다 공손한 표현에 된다. 마찬가지로 (4)의 대화에서 A는 그 연주를 즐겁게 보았고 이에 B가 같은 의견일 거라 생각하는데 B가 적극적으로 칭찬에 가담하지는 못할망정 반대 의견을 제시하는 듯한 말을 하는 것은 A를 무안하게 만드는 공손하지 못한 발화가 된다.

4) 겸손의 격률 modesty maxim

자기에 대한 칭찬은 최소화하라.
[자기에 대한 험담은 최대화하라.]
Minimize praise of self;
[Maximize dispraise of self]

이 격률도 표현 행위와 단언 행위에 적용된다.

(5) a. How stupid of me!
　　b. ??How clever of me!
(6) a. ??How stupid of you!
　　b. How clever of you!
(7) a. Please accept this small gift as a token of our esteem.
　　b. ??Please accept this large gift as a token of our esteem.

자신이나 자신과 관련된 것을 나무라는 경우에는 감탄문의 형식까지 쓴다든지 약화 표현을 써서 확실하게 낮추는 것이 공손한 발화가 되지만 자기를 칭찬할 때는 칭찬 자체가 상대방을 거북하게 만드는 것이 될 수 있기 때문에 아예 하지 않는 것이 상책이겠지만 그래도 해야 한다면 직접적인 방식이 아닌 다른 암시적이고 간접적인 방식으로 하는 것이 덜 무례한 발화가 된다. 한국 사회에서는 자기의 자식이나 배우자를 과도하게 칭찬하는 것을 "팔불출"이란 말로 경계하는데 이는 상대방과의 관계를 고려해서 칭찬도 자제해야 한다는 것을 말하는 것이다.

5) 동의의 격률 agreement maxim

자기와 남 사이의 불일치를 최소화하라.
[자기와 남 사이의 일치를 최대화하라.]
Minimize disagreement between self and other;
[Maximize agreement between self and other]

이 격률은 의견의 일치 – 불일치에 관한 것이기 때문에 단언 행위에만 적용된다.

(8) A: It was an interesting movie, wasn't it?
    B: Yes, definitely.
(9) C: It was an interesting movie, wasn't it?
    D: ??No, it was very uninteresting.

상대방이 생각한 것에 대해 가능한 한 최대한도로 동의한다고 말하는 것이 공손한 발화 행위가 되며 반대로 상대방과 일치하지 않는 부분이 생길 경우 이를 (9)의 D처럼 직접적으로 표현하는 것보다 될 수 있는 대로 간접적으로 표현하는 것이 공손한 발화가 된다.

6) 공감의 격률 sympathy maxim

자기와 남 사이의 반감은 최소화하라.
[자기와 남 사이의 공감은 최대화하라.]
Minimize antipathy between self and other;
[Maximize sympathy between self and other]

마지막으로 공감의 격률은 동의의 격률과 달리 의견이 아닌 감정의 영역에 적용되는 것인데 동의의 격률과 마찬가지로 단언 행위에만 적용된다.

(10) a. I'm terribly sorry to hear about your cat. (as a condolence)
b. %I'm terribly sorry to hear that your cat died.
c. ??I'm terribly pleased to hear that your cat died.
d. I'm delighted to hear about your cat. (as a congratulation)

예문 (10a)는 상대방이 슬프게 생각하는 일에 대해 금기어를 드러내지 않고 적절한 방식으로 위로하고 있어서 공손한 표현이지만 (10b)는 굳이 원하지 않는 단어를 끄집어내어 표현했기 때문에 별로 적절한 발화라는 느낌을 주지 않는다. 반면 (10c)는 원하지 않는 단어를 언급하고 이를 청자와 함께 슬퍼하기는커녕 반대의 감정을 강력하게 나타냈기 때문에 공감의 격률을 어긴 발화이다. 다만 이는 화자의 의도가 전혀 달라서 상대방에게 모욕을 주는 공격적 발화로 의도된 것이라면 성공적인 발화가 될 수 있다. 마지막으로 (10d)는 상대방이 좋아하는 일에 대해 비교적 담담히 공감의 뜻을 전하고 있어서 공감의 격률을 어긴 것은 아니지만 (10c)에 비해서는 보다 거리감이 느껴지는 발화로 볼 수 있다. 일반적으로 상대방이 어려운 일을 당했을 때 그가 겪고 있는 심적 고통을 공유하는 표현을 금기 어휘를 사용하지 않고 가능한 한 강하게 사용하면 할수록 공손한 표현이 되지만 반대로 이를 부정하거나 즐기는 듯한 표현을 사용할 경우 그 발화는 공손하지 못한 발화가 된다.

그런데 리치는 이상 여섯 개의 공손의 격률이 다 동등하게 중요하지는 않다고 한다. 우리가 말할 때 배려의 격률이 관용의 격률보다 영향력이 더 강력하다고 하며 인정의 격률이 겸손의 격률보다 더 중요하다고 한다. 그러나 이런 주장을 뒷받침할 아무런 논증이나 실험적 결과를 제시하지 않고 있어서 이것은 단순한 주장에 머무르고 있다. 공손 격률들 사이에 과연 우선순위가 존재한다고 볼 이유가 있는지부터 검토해야 하며 만약 그렇다면 이는 어떤 요인에 의해 결정되는지를 조사해야 하지만 리치는 이에 대해서는 자세한 언급은 하지 않고 있다. 격률의 중요성에 차이가 있다면 이는 언어 행위가 일어나는 곳의 문화와 관련이 있을 것으로 보인다. 처음 보는 사람이라도 마치 친근한 사람인 것처럼 반갑게 인사를 건네는 문화와 낯선 사람과는 아무리 오래 같이 있어도 의례적인 인사조차도 하지 않는 문화 사이에 여러 격률의 우선순위는 다를 것으로 추정할 수 있다. 같은 문화라고 하더라도 겸손을 미덕으로 생각하는 사람과 겸손을 별로 미덕으로 보지 않는 사람이 있을 수 있으며, 대화 맥락에 따라 어떤 때는 칭찬하는 것이 눈치가 보이는 경우가 있고 어떤 때는 마음껏 칭찬해도 부족하다고 느껴지는 경우가 있다는 점에서 이런 것들을 고려하지 않고 일률적으로 격률의 상대적 중요성을 논하는 것은 큰 의미가 없다고 생각한다.

2.2.2 화용적 척도

공손의 원리에 쓰인 공손한 믿음이나 무례한 믿음은 청자나 제3자에게 호의적이거나 호의적이지 않은 생각인데 여기서 호의적이거나 비호의적이란 것은 매우 그런 것에서부터 조금 그런 것, 조금 그렇지 않은 것 그리고 매우 그렇지 않은 것까지 정도적 개념으로서, 일정한 척도 scale 위에 양으로 표시할 수 있다. 예를 들어서 다음 (11)부터 (16)의 발화를 보자.

(11) Peel these potatoes.
(12) Hand me the newspaper.
(13) Sit down.
(14) Look at that.
(15) Enjoy your holiday.
(16) Have another sandwich.

이 발화는 모두 명령하기에 속하는데 예문 (11)은 명령의 내용을 볼 때 청자에게 비용을 비교적 많이 부과하는 어려운 명령이라고 볼 수 있지만 (12)는 (11)보다는 덜 비용이 들지만 그래도 어느 정도 비용이 요구되며, (13)은 (12)보다는 청자의 입장에서 비용이랄 게 없어 수월한 명령으로 들리며, (14)는 그전의 명령에 비해 아마도 청자에게 무엇인가 도움이 되는 것 때문에 화자가 그런 명령을 하는 것으로 생각된다. (15)는 (14)에 비해 더 듣는 사람을 위한 발화이고, (16)은 청자가 샌드위치 먹는 것을 싫어하지 않는 한, 명령한 화자는 아무런 이득이 없지만, 청자에게는 이득이 큰 명령 행위라고 할 것이다. 따라서 발화 (11)부터 (16)을 청자 입장에서의 비용/이득의 척도에 올리면 다음과 같다. 이 척도는 발화의 비용/이득을 하나의 선에 표시한 것으로서 왼쪽 끝에 위치할수록 청자에게 비용이 많이 드는 발화이고 오른쪽 끝으로 향할수록 청자에게 이득이 높은 발화이다.

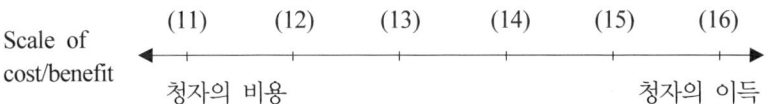

발화의 비용/이득의 척도는 그 발화의 공손성의 척도와 비례한다. 즉 청자에게 비용이 많이 요구되면 될수록 그 발화는 공손하지 못한 발화이며, 이득이 많이 돌아가면 갈수록 공손한 발화로 간주한다. 따라서 (11)~(16)

발화는 비용/이득 척도에서 상대적 위치가 공손성의 척도에서도 동일하다. 다음 공손성의 척도는 가장 공손하다고 생각되면 오른쪽 끝에 위치하고 가장 공손하지 못하다고 생각되면 왼쪽 끝에 위치하며, 가운데 부분은 상대적으로 공손성/비공손성에 차이가 있는 부분들이다.

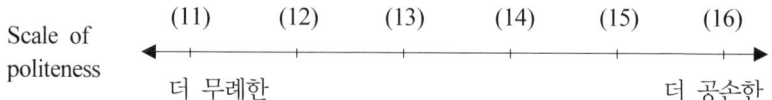

리치가 공손의 원리를 제안하게 된 주된 이유 중 하나는 그라이스의 대화의 원리 체계에서 볼 때 '명료하게 말하라'는 격률에 따라서 직접적으로 말할 것이 기대됨에도 불구하고 많은 경우 직접적 표현 대신 격률에 어긋나는 간접적 표현이 쓰인다는 것을 발견했기 때문이다. 리치는 직접적 발화가 가능한 곳에서도 간접적 발화가 쓰이는 이유는 공손성에 대한 고려 때문이라고 보고 발화의 간접성/직접성은 발화의 공손성/무례함과 비례 관계에 있다고 생각하여 이를 척도로 나타냈다. 예를 들어 다음 발화 (17)부터 (22)를 보자.

(17) Answer the phone.
(18) I want you to answer the phone.
(19) Will you answer the phone?
(20) Can you answer the phone?
(21) Would you mind answering the phone?
(22) Could you possibly answer the phone?

위 발화 (17)~(22)는 모두 청자에게 전화를 받으라는 명령의 발화이다. 이들은 모두 발화수반적 요지는 같지만, 이를 표현하는 방식에서 가장 직접적인 형태의 명령문을 쓴 (7)에서부터 (12)로 내려갈수록 단계적으로 표현의 직접성은 낮아지고 간접성이 증가한다. 이를 척도로 나타내면 다음과 같다.

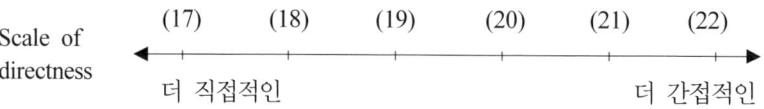

마찬가지로 (17)~(22)의 공손성/무례함은 간접성/직접성에 비례하므로 다음과 같은 공손성/무례함의 척도를 생각할 수 있다.

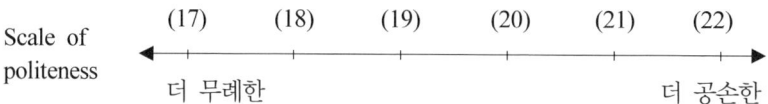

명령과 같은 지령 행위는 간접적으로 표현할수록 공손하다. 그렇다면, 약속과 같은 언약 행위는 어떨까? 청자가 바라는, 현실적으로 가능한 것을 그런 의지와 능력이 있는 화자가 언젠가 해 주겠다고 청자에게 말하는 약속은 직접적으로 말하면 할수록 공손하고 간접적으로 돌려 말할수록 덜 공손하게 들린다. 따라서 약속에서 간접성/직접성 척도는 명령에서와 달리 공손함/덜 공손함의 척도와 반비례한다고 볼 수 있다.

공손성이나 직접성의 척도 외에도 대화에 참여한 화자와 청자 사이의 권한을 +와 -로 차이를 표시하는 '권위의 척도scale of authority'도 있고 화자와 청자 사이의 유대감solidarity을 양적으로 표시하는 '사회적 거리감의 척도scale of social distance'도 있는데 이런 개념은 언어 행위 발화의 산출과 지각에 영향을 주는 중요한 사회적 변수social variable 역할을 할 수 있다. 이 점에 대해서는 이 장 후반부에서 다시 보기로 한다.

이상의 논의를 요약해 보면, 리치는 그라이스가 대화의 원리로 제안한 협조의 원리와 격률들이 1)사람들은 제 뜻을 자주 간접적으로 전달하는 이유를 설명하지 못하며 2)평서문이 아닌 문장의 뜻과 발화수반력 사이의 관계를 제대로 다루고 있지 못한다는 점에서 충분하지 못하다고 주장한다. 이를 해결하기 위해서는 협조의 원리CP를 보완할 공손의 원리PP가 필요한데 이 CP와 PP는 사회마다 문화마다 상호 작용하는 방식이 다를 수 있어서 어느 사회에서는 CP를 PP보다 거의 항상 더 우선시할 수도 있고 또 다른 사회는 PP가 CP보다 우선순위가 높은 경우도 있으며 또한 CP에 속한 어떤 격률과 PP에 속한 어떤 격률들 사이의 상호 작용이 어떻게 일어나는가에 따라 언어 행위의 양상이나 공손성, 직접성 등이 다르게 전개될 수 있다. 예를 들어 다음 대화를 보자(리치 1983:80의 예문).

    A: We'll all miss Bill and Agatha, won't we?
    B: Well, we'll all miss BILL.

이 대화에서 B는 겉으로 보기에 그라이스의 양의 격률을 위반하고 있는 것처럼 보이며, 따라서 'B does not think that we will all miss Agatha.'라는 함축이 가능하다. 그런데 B는 이처럼 더 정보량이 많은 발화를 명시적으로 할 수 있었는데 그럴 경우 그는 Agatha란 여자에 대해 무례한 발화를 하는 결과가 된다. 따라서 B는 '타인에 대한 험담을 최소화하라'는 PP 중의 인정의 격률을 지키기 위해 '충분한 내용을 전달하라'는 양quantity의 격률을 보류한 것이다. 리치는 이 예를 PP가 CP를 구한 것이라고 말하고 있다. 리치에 따르면 대화상에서 공손함이란 자신과 청자 및 제3자까지 포함한 남 사이의 관계를 생각하는 것으로서, 공손하게 말하는 것은 예양禮讓, comity을 갖추는 행위로 조화로운 관계에서 상호 작용할 수 있는 능력이라고 본다. 리치의 공손 원리 체계는 그 이론을 만들게 된 가장 큰 이유였던 발화의 간접성이 공손성과 항상 공변조co-vary

하는 것은 아니라는 것이 여러 언어에서 밝혀짐에 따라 이론의 경직성이 지적되었고, 그라이스의 격률들처럼 리치의 격률도 언어보편성을 가진다고 보았지만, 실제 횡단적 언어 연구를 통해 공손의 격률도 상당히 문화적 배경이 다른 지역에서 쓰이는 언어마다 상당한 차이를 보이고 있다는 것이 밝혀지고 있다. 또한, 리치는 공손성의 개념이 화자보다는 청자에게 더 초점이 맞추어져야 하며, '불화를 피하라'는 소극적 공손이 '일치를 추구하라'는 적극적 공손보다 더 중요하다고 주장하고 PP 밑에 속한 격률들의 중요성이 같지 않다고 하지만 이에 대한 범언어적 입증은 앞으로의 연구 과제로 남아 있다.

2.2.3 요청 행위의 공손성과 간접성

이번에는 요청 행위의 다양한 표현 방식을 통해 언어 행위의 공손성과 직접성의 관계에 대해 좀 더 알아보자. 1980년대 미국에서는 모국어 화자와 비모국어 화자를 포함하는 다언어적, 다문화적 상황에서 요청 행위와 사과 행위 등 주요 언어 행위가 어떻게 실현되고 받아들여지는지 그 모습을 기술하는 '언어 행위 실현의 횡단문화적 연구 프로젝트 Cross-Cultural Study of Speech Act Realization Patterns 줄여서 CCSARP'가 진행되었다. 이 연구의 대상 언어는 히브리어, 덴마크어, 미국 영어, 영국 영어, 독일어, 캐나다 프랑스어, 호주 영어, 러시아어 등이었는데 이들 언어에서 주요 언어 행위의 실현 양상을 관찰하고 다른 문화적 배경하에서 언어 행위가 일어나는 데 영향을 주는 변인들을 조사하는 데 초점이 맞추어졌다. 이 CCSARP에 참여한 블룸-쿨카와 올쉬테인 Blum-Kulka and Olshtain(1984), 블룸-쿨카, 하우스, 캐스퍼 Blum-Kulka, House and Kasper(1989)는 영어와 히브리어에서 요청 행위의 직접성과 공손성에 관해 연구하였는데 이들은 요청 화행을 우선 간접성 정도에 따라 1)직접적인 단계, 2)관습적으로 간접적인 단계, 3)비관습적으로 간접적인 단계의 3단계로 나누고, 각 단계에서 어떤 언어적, 화용적 장치들을 사용해서 표현하느냐에 따라 더 세분하여 다음과 같은 코드 체제(coding scheme)를 제안하였다.

A. 직접적인 단계 Direct Level

직접적 단계란 요청이라는 발화수반적 의도(illouctionary intent)를 명시적으로 표현하는 단계로서 화자가 요청의 내용과 목적을 청자가 별다른 추론 없이도 바로 알 수 있도록 직접적인 방식으로 나타내는 단계이다. 이 단계에도 직접성에 약간의 차이가 있어서 가장 직접적인 것부터 상대적으로 직접성이 약간 덜한 것의 순서로 다음과 같은 세 가지 표현 방식이 있다.

1) Mood Derivable(법에 의한 도출)
   화자가 요청하는 행위에 해당하는 동사가 명령형의 형태로 나타나고 문장의 서법이 명령법인 경우로서 직접적인 단계 중에서도 가장 직접성이 강한 경우
   예: 'Clean up that mess.', 'Leave me alone.'

2) Explicit Performative(명시적 수행문)
   화자의 발화수반적 의도를 명확히 드러내기 위해 발화수반력 표시 장치 IFID인 요청의 수행 동사가 직접적으로 언급되고 수행문의 형식으로 표현되는 경우
   예: 'I ask you to clean up the mess.' 'I request you to leave me alone.'

3) Hedged Performative(약화된 수행문)
   수행 동사가 언급되기는 하지만 조동사와 함께 회피 표현들을 써서 발화수반력을 다소 누그러뜨린 상태로 나타내는 경우
   예: 'I would like to ask you to leave me alone', 'I ask you to kindly move your car.'

B. 관습적으로 간접적인 단계 Conventionally Indirect Level

요청이라는 발화수반적 의도를 발화 의미로부터 직접 추론할 수 있도록 정형화된 문형을 사용하는 단계인 관습적으로 간접적인 단계에는 다음 네 가지 표현 방식이 있다.

1) Obligation Statement(의무 진술)
청자의 의무를 언급함으로써 요청의 화행을 전달하는 경우
예: 'You'll have to move that car.' 'You should leave by noon.'

2) Want Statement(소망의 표시)
화자가 요청하고자 하는 것에 대한 화자의 소망이나 감정을 나타내는 표현을 사용하는 경우
예: 'I hope you will come to see us as early as possible',
'I really want you to stop bothering me.'

3) Suggestory Formula(제안성 어구)
제안의 의미를 지니는 어구를 사용하는 경우
예: 'What do you say to leaning up the kitchen today?'
'How about moving your car before going to school?'

4) Query Preparatory(예비적 조건 질의)
청자의 능력을 묻거나 그 행위가 이루어질 가능성이 있는지 등 요청 언어 행위의 예비적 조건을 언급하는 경우
예: 'Could you clean up the kitchen, please?',
'Would you mind moving your car?'

C. 비관습적으로 간접적인 단계 Non-conventionally Indirect Level

비관습적으로 간접적인 단계란 그 상황에 정형화된 문형의 사용이 없으므로 발화 자체만으로는 화자의 발화수반적 의도를 파악할 수 없고 발화 상황에 비추어 그때마다 화용적으로 추론해야 하는 경우로서 보다 추정이

강한 경우와 덜 강한 경우로 나뉜다.

1) Strong Hint(강한 암시)
   발화수반적 의도가 발화에 직접적으로 드러나지 않고 요청의 의도나 행위와 관련된 내용 일부만을 비정형화된 문형으로 표시하는 경우로서 주로 요청의 실행 가능성에 대한 전제 조건에 대해 언급하는 경우
   예: 'You have left the kitchen in a right mess.',
   'Did your doctor say it's OK to smoke after a meal?'

2) Mild Hint(약한 암시)
   발화 자체에 요청과 관련된 요소에 대한 언급이 없어서 청자가 상황맥락을 통해 그 의미를 추론해야 하는 경우로서 모든 요청 발화 중에서 가장 간접성이 높은 경우
   예: 'No one in this town would dare park their car there.'
   'I didn't know you don't care about your health.'

이상의 코드 체제를 실제 예문과 함께 표로 나타내면 다음 [표 9]와 같다.

[표 9] 요청 행위 발화의 코드 체제(Blum-Kulka, House and Kasper, 1989:18)

직접성 수준 Level	표현 범주 Descriptive Category	예 Examples
직접적인 단계 Direct Level	1. Mood Derivable	Clean up the kitchen.
	2. Performative	I'm asking you to clean up the kitchen.
	3. Hedged Performative	I would like to ask you to clean up the kitchen.
관습적으로 간접적인 단계 Conventionally Indirect Level	4. Obligation Statement	You'll have to clean up the kitchen.
	5. Want Statement	I want you to clean up the kitchen.
	6. Suggestory Formula	How about cleaning up the kitchen?
	7. Query Preparatory	Could you clean up the kitchen?
비관습적으로 간접적인 단계 Nonconventionally Indirect Level	8. Strong Hint	You've left the kitchen in a right mess.
	9. Mild Hint	We don't want any mess in the kitchen.

블룸-쿨카 등이 택한 자료 수집 방법은 피험자들에게 다음 예에서처럼 간단하게 담화 맥락을 제시하고 각 맥락에서 빈칸에 들어갈 적절한 발화를 적게 하는 담화완성테스트Discourse Completion Test였다.

1. *At a student's apartment*
Larry, John's room-mate, had a party the night before and left the kitchen in a mess.
John: Larry, Ellen and Tom are coming for dinner tonight and I'll have to start cooking soon; _____
Larry: OK, I'll have a go at it right away.

2. *At the professor's office*
A student has borrowed a book from her teacher, which she promised to return today. When meeting her teacher, however, she realizes that she forgot to bring it along.
Teacher: Miriam, I hope you brought the book I lent you.
Miriam: _____
Teacher: OK, but please remember it next week.

이런 자료 수집 과정을 거쳐 영어와 히브리어의 요청 발화에서 간접성과 공손성 사이의 관계를 연구한 결과 영어 및 히브리어 모두 화자들은 간접성과 공손성의 개념을 구별하는 것으로 나타났다. 물론 이렇게 얻어진 자료는 설문지를 통한 것이기 때문에 완전히 자연스러운 발화는 아니다. 그런 점을 고려하더라도 주목할 만한 것은 위의 표에서 가장 직접적인 요청으로 본 1. Mood Derivable이 예상대로 가장 공손하지 않은 것으로 나타났지만, 가장 간접적인 8. Strong Hint와 9. Mild Hint가 항상 가장 공손하다고는 지각되지 않았다는 점이다. 오히려 4부터 7의 관습적으로 간접적인 단계에 속한 표현들이 더욱 더 공손한 것으로 인식되었다. 결국, 언어적 공손성이란 두 가지 욕구, 즉 화용적 명료성pragmatic clarity을 추구하려는 욕구와 청자에게 부당하다고 생각되는 강압적 인상을 피하려는 욕구need to avoid coerciveness가 상호작용하면서 균형을 취하는 데에서 그 표현 방식이 결정된다. 또한, 블룸-쿨카와 올쉬테인(1984)은 나이라든지 사회적 지위, 권한, 친밀도, 성별 등 상황적 변인이 공손 전략의 선택에 영향을 주는 것을 밝힌 바 있는데, 이 변인들의 개별적 영향력은 언어마다 차이가 있었다. 또한, 문화마다 독특한 규범이 있고 상호 다른 가치를 지닌 행동 양식과 덕목이 있는데 이는 공손 표현의 선택에 영향을 준다. 예를 들어 블룸-쿨카 등에 의하면 이스라엘 사회에서는 '정직'이라는 가치가 중요한데, '정직, 결속, 단결' 등의 개념은 직접적이고 직선적인 발화와 긍정적으로 연결되기 때문에 이스라엘에서는 직접적인 표현이 상대적으로 많이 사용된다고 주장한다. 반면, 미국 사회에서는 화용적 명료성이 다소 떨어지더라도 '체면'을 유지하는 것이 더 중요하므로 간접적인 발화의 빈도가 높다고 보았다. 이런 사회적 규범의 차이로 블룸-쿨카 등은 영어와 히브리어 사이의 요청 행위의 차이를 설명하였다.

CCASARP 프로젝트는 주로 서양 언어의 언어 행위를 대조하여 연구했는데 이를 토대로 다른 비서양 언어에 대한 연구도 뒤를 이었다. 몇 가지 대표적인 예를 들면, 인도네시아어의 요청 발화를 연구한 하쌀Hassall(1999)과 중국어에서 요청 행위를 연구한 리-웡Lee-Wong(1994), 홍Hong(1996), 장Zhang(1995), 류와 장Rue and Zhang(2008)이 있고, 일본어에서는 미야가와Miyagawa(1982), 후쿠시마Fukushima(1996), 다카노Takano(2005)가 있으며 한국어에서도 요청 화행을 연구한 변상필Byon(2001), 전정미(2007), 류와 장(2008), 윤시온(2008), 김선영(2013) 등이 있다. 이 중 한국어에서 요청 발화의 공손성과 직접성에 대한 연구로서 윤시온(2008)은 청자의 지각도를 묻는 실험을 통해 한국어에서 적절하다고 생각되는 요청 행위 발화를 연구하였다.

이 연구에서는 '룸메이트에게 부엌을 청소해 달라고 부탁하는 상황'(상황1) 과 '모르는 사람에게 차를 이동시켜 달라고 부탁하는 상황'(상황 2)의 두 상황을 설정하고 요청 발화의 공손성과 간접성을 조사해 보았다. 이를 위해 간접성 수준 및 각 수준에서의 표현 방식은 앞에서 본 블룸-쿨카 등의 분류 방식을 그대로 받아들여 다음 [표 10]에서와 같이 아홉 가지로 구별하고 있다(이 표에서 왼쪽에 나온 A, B, C는 각각 직접적인 단계, 관습적으로 간접적인 단계, 비관습적으로 간접적인 단계를 가리킴).

[표 10] 한국어 요청 발화의 코드 체제

A	1. 법에 의한 도출 Mood Derivable	부엌 청소 해.
	2. 명시적 수행문 Performative	부엌 청소 하는 거 부탁할게.
	3. 약화된 수행문 Hedged Performative	부엌 청소 하는 걸 부탁했으면 해.
B	4. 의무 진술 Obligation Statement	부엌 청소 해야만 해.
	5. 소망 진술 Want Statement	부엌 청소 했으면 좋겠다.
	6. 제안성 어구 Suggestory Formula	부엌 청소 하는 게 어때?
	7. 예비적 조건 질의 Query Preparatory	부엌 청소 해줄 수 있어?
C	8. 강한 암시 Strong Hint	너 부엌 어질러 놨더라.
	9. 약한 암시 Mild HInt	난 부엌은 항상 깨끗했으면 좋겠어.

물론 이 표에 나와 있지는 않지만 같은 상황에서 요청을 표현하는 방법으로 "부엌 청소 어때?"라든지 "우리 부엌 청소 같이하자". "부엌 청소 좀…" 등이 있고, 같은 법에 의한 도출이라도 어미에 따라 "청소해" 뿐 아니라 "해라", "하게(나)", "하세요", "하십시오" 등으로 더 나뉠 수 있다. 다만 기존 연구와 비교의 편의를 위해 한국어에서도 아홉 가지의 요청 행위 표현을 국한해서 본다면 블룸-쿨카 등의 연구 결과와 달리 한국어에서는 공손성과 간접성에서 고정적인 연관성이 없고 대신 상황에 따라 공손성의 순위와 간접성의 순위가 다르게 나왔다. 즉 룸메이트에게 부엌을 청소하라

고 요청하는 상황 1에서는 "부엌 청소해줄 수 있어?"라는 요청 행위의 적정성 조건 중 예비적 조건 질의Query Preparatory 유형이 가장 공손한 것으로 생각되고 그 뒤를 이어 "부엌 청소 하는 거 부탁할게"Performative와 "부엌 청소 했으면 좋겠다" Want Statement, "부엌 청소하는 걸 부탁했으면 해"Hedged Performative의 순으로 공손하다는 반응이 나왔다. Query Preparatory는 블룸-쿨카 등의 체제에서는 원래 관습적으로 간접적인 단계에 속하면서도 가장 간접적인 요청 행위 발화였는데 영어에서와 마찬가지로 한국어 청자들에게도 가장 공손한 발화로 지각되었다. 그뿐만 아니라 우루과이 스페인어 화자와 영국 영어 화자를 비교 조사한 라이터(2000)의 연구와 인도네시아 화자들을 조사한 하쌀(1999)에서도 Query Preparatory가 가장 공손한 것으로 지각되었다. 반면에 명시적 수행문의 형식을 띤 요청은 영어에서 공손성이 크게 높지는 않았지만, 한국어에서는 두 번째로 공손한 발화라는 반응이었다는 점이 특기할 만하다. 상황 1에서 요청 발화별로 공손성이 낮은 것부터 높은 것으로 순위는 다음과 같다(괄호 안의 숫자는 해당 표현의 공손성 순위 평균값으로 수치가 높을수록 공손하지 않고 낮을수록 공손함).

상황 1에서 요청 발화별 비공손성 순위
1)Mood Derivable (7.4) > 2)Obligation Statement (7.2) > 3)Strong Hint (7.0) > 4)Mild Hint (6.1) > 5)Suggestory Formula (4.2) > 6)Hedged Performative (4.0) > 7)Want Statement (3.5) > 8)Performative (2.8) > 9)Query Preparatory (2.3)

요청 발화의 간접성에 대한 조사 결과는 한국어 상황 1에서 Suggestory Formula, Mild Hint, Strong Hint 등은 간접성은 높은 편이었지만 이들에 대한 청자의 공손성 지각은 생각보다 낮은 쪽에 속했다. 상황 1에서 요청 발화들의 간접성은 공손성과 그 순위가 대체로 일치하지 않았는데, 9개 유형 중 오직 6번째밖에 공손하지 않은 "난 부엌은 항상 깨끗했으면 좋겠어" Mild Hint가 간접성에서는 1위로 나타났고, 그다음 Hedged Performative, Strong Hint, Want Statement가 왔으며, 가장 공손하다고 생각되는 Query Preparatory는 간접성 순위에서는 9개 중 5위에 머물렀다. 그다음으로 Performative, Suggestory Formula 등의 순으로 직접성이 증가했고, Obligation Statement와 Mood Derivable은 공손성과 마찬가지로 간접성에서도 최하위를 기록하였다. 상황 1에서 요청 발화의 유형별 간접성의 순서는 다음과 같다(괄호 안의 숫자는 해당 표현의 간접성 순위 평균값으로 수치가 낮을수록 간접적임).

상황 1에서 요청 발화별 간접성 순위
1)Mild Hint (7.2) > 2)Hedged Performative (6.2) > 3)Strong Hint (5.6) > 4)Want Statement (5.4) > 5)Query Preparatory (5.0) > 6)Performative (4.9) > 7)Suggestory Formula (4.3) > 8)Obligation Statement (4.0) > 9)Mood Derivable (2.3)

여기서 알 수 있는 것은 블룸-쿨카 등이 제시한 요청 발화의 공손성과 간접성은 항상 일치하는 것이 아니며, 발화 상황에 따라 공손하지만 비교적 직접적으로 느껴질 수도 있고, 공손하지 않게 들리지만 간접성은 높게 들릴 수도 있다는 것을 알 수 있다. 이 점은 뒤에서 볼 브라운과 레빈슨(1987)이 제안한 공손성의 4가지 전략과 표현의 직접성 사이의 고정적인 관계가 이 실험에서는 입증되지 않았음을 알 수 있다.

상황에 따라 요청 발화의 공손성과 간접성이 다르게 지각될 수 있다는 점은 상황 1과 상황 2의 결과를 비교해 보면 잘 알 수 있다. 상황 1은 잘 아는 사람에게 요청하는 것이었지만 상황 2는 모르는 사람에게 차를 이동시켜 달라고 부탁하는 것으로서 요청 행위의 내용이 청자에게 어느 정도 부담이 되는지는 서로 비교할 수 없다. 또한, 화자와 청자 사이의 친밀도는 상황 1과 상황 2에서 차이가 있지만 상호 권한의 차이는 알 수 없다. 따라서 이 조사에서는 일반적으로 언어 행위의 발화수반력을 분석할 때 고려되는 사회적 변수인 화청자 사이의 친밀도와 권한 및 행위 내용의 부담 정도imposition level에서 친밀도에만 초점을 맞추었다. 상황 2에서 사용될 수 있는 요청 발화는 다음과 같다(예문 자체는 윤시온(2008)에서 사용된 것과 다소 차이가 있음).

(23) 차 좀 빼 주시면 어떨까요? (Suggestory Formula)
(24) 차 좀 빼 주실 수 있습니까? (Query Preparatory)
(25) 차 좀 빼 주셔야 하겠는데요. (Obligation Statement)
(26) 다른 데 주차하셨더라면 좋았을 걸 번거롭게 되었군요. (Mild Hint)
(27) 차 좀 빼 주시는 걸 부탁합니다. (Performative)
(28) 차 좀 빼세요. (Mood Derivable)
(29) 차 좀 빼 주시기 바랍니다. (Want Statement)
(30) 그쪽 차 때문에 우리 차가 못 나가고 있습니다. (Strong Hint)
(31) 차 좀 빼 주시는 것 부탁할까 하는데요. (Hedged Performative)

우선 상황 2에서 요청 발화의 공손성은 상황 1에서와 달리 명시적 수행문이 가장 공손했고 그다음으로 예비적 조건에 대한 물음, 약화된 수행문Hedged Performative 및 소망 진술Want Statement이 순서대로 공손한 요청화행으로 인식되었다. Strong Hint의 경우 상황 1에서는 비교적 공손성이 낮은 전략으로 생각되었으나 상황 2에서는 공손성이 그보다는 높게 나타났다. 상황 2에서 발화별 비공손성의 순위는 다음과 같다 (괄호 안의 숫자는 해당 표현의 공손성 순위 평균값으로 수치가 높을수록 공손하지 않고 낮을수록 공손함):

상황 2에서 요청 발화별 비공손성 순위
1)Mood derivable (8.2) > 2)Obligation Statement (6.9) > 3)Mild Hint (6.4) > 4)Suggestory Formula (5.6) > 5)Strong Hint (4.5) > 6)Want Statement (3.6) > 7)Hedged Performative (3.5) > 8)Query Preparatory (3.4) > 9)Performative (3.3)

상황 1과 비교할 때 공손성/비공손성 지각에서 상황 2의 두드러진 차이점은 Strong Hint에서 볼 수 있다. Strong Hint는 요청할 때 명시적으로 하지 않고 화자의 발화수반적 의도를 청자가 추론을 통해서 알아차릴 수 있도록 암시를 하는 간접적 언어 행위 발화이다. 그런데 상황 1에서는 Strong Hint로 요청하는 것이 전체 9개의 유형 중 세 번째로 공손하지 못한 발화로 지각됐지만 상황 2에서는 다섯 번째로 비공손성에서 비교적 많이 내려갔다. 이는 상황 1이 잘 아는 사이에서의 대화로서 이럴 때에는 Strong Hint를 사용하는 것이 간접적일 수는 있지만, 화자가 털어놓고 자기 마음을 표현하지 않는 것 같다는 인상을 줄 수 있고 더 쉽게 직접적으로 말할 수도 있는 사이에서 이렇게 에둘러서 표현하는 것은 마치 비아냥대는 것 같은 느낌을 받기 때문으로 생각된다. 이와 달리 잘 모르는 사람에게 요청 발화를 할 때는 직접적으로 명령조의 요청을 하는 Mood Derivable과 같은 표현은 매우 공손하지 못했지만 에둘러서 간접적으로 표현하는 Strong Hint는 비교적 공손한 쪽으로 들릴 수 있다. 다만 이런 해석은 상황 2에서 Mild Hint는 세 번째로 공손하지 못한 표현으로 지각되는 이유를 설명하기 어렵다. 전반적으로 약한 암시로서 Mild Hint는 가장 간접적인 표현이지만 한국어에서는 공손성에서 그리 높은 점수를 받지 못하고 있다는 점은 더 깊은 연구가 필요한 부분이다.

간접성에서도 상황 2는 상황 1과 다른 점을 보여주고 있다. 예상했던 대로 Mild Hint가 두 상황에서 모두 가장 간접성이 높은 전략이라고 인식되었고 Strong Hint나 Hedged Performative도 상황 1과 거의 비슷한 수준의 간접적 발화로 판정되었지만, Want Statement는 상황 1에서는 간접성이 높은 전략이지만 상황 2에서는 아홉 개 발화 유형 중 여덟 번째로 간접적인 전략으로 받아들여졌다는 점이 특기할 만하다. 상황 2에서 발화별 간접성의 순서는 다음과 같다 (괄호 안의 숫자는 해당 표현의 간접성 순위 평균값으로 수치가 낮을수록 간접적임).

상황 2에서 요청 발화별 간접성 순위
1)Mild Hint (7.2) > 2)Hedged Performative (6.2) > 3)Strong Hint (5.6) > 4)Want Statement (5.4) > 5)Query Preparatory (5.0) > 6)Performative (4.9) > 7)Suggestory Formula (4.3) > 8)Obligation Statement (4.0) > 9)Mood Derivable (2.3)

이상에서 볼 수 있듯이 동일한 형식의 요청 행위 발화라고 할지라도 하나의 상황에서 공손성과 직접성은 일치하지 않았으며, 또한 상황이 바뀌면 공손한 발화와 그렇지 못한 발화의 순위도 달라지고, 직접성 역시 달라졌다. 이 사실은 공손성이 발화의 간접성에 항상 고정적인 값을 갖는 종속변수가 아니라는 점을 강력히 시사한다. 어떤 발화가 공손한지 아닌지는 발화 표현 자체만으로는 예단할 수 없고 그 발화가 일어난 상황의 변수들과 사회적 변수들을 종합해서 접근해야 한다고 생각된다. 또한, 블룸-쿨카 등은 요청 행위의 코드 체제를 제안할 때 유형별 표현 방식을 폭넓게 고려하지 않았다. 반면에 어빈-트립 Ervin-Tripp(1976)은 명령문 하나만을 놓고 볼 때 미국 영어에서 6가지의 지령문directive 형식을 제안한 바 있다. 그 여섯 가지 형식이란 need statements, imperatives, embedded imperatives, permission directives, non-explicit question directives 및 hints이다. 그녀의 분석을 따르면 이 여섯 가지 형식은 공손성이나 사회적 지위, 사회적 거리감 등의 다양한 맥락적 요인들에 의해 다르게 선택될 수 있다고 보았다(1976:58~59). 특히 언어적으로는 공손하게 하게 표현된 경우라 할지라도 때로는 그 발화의 발화수반력이 반드시 공손한 것은 아니며 그 효과는 공손하지 않게 받아들여질 수 있다는 점을 지적하고 있다(1976:63~64). 또한, 3장에서 보았듯이 모든 언어 행위 발화에는 발화수반력을 강화하거나 약화하는 조절 표현들이 선택적으로 추가될 수 있는데 이런 표현들의 사용 여부에 따라 청자가 느끼는 발화의 공손성은 차이가 날 수 있다. 예를 들어 아무런 호칭이나 예비 표현 없이 그냥 "Clean the room"이라고 말하는 경우와 상대방의 이름을 붙여서 "Bob, clean the room"이라고 한 경우는 둘 다 위의 표에서 본 블룸-쿨카 등의 코드 체제에 따르면 직접적인 단계 중에서 Mood derivable의 예이지만 이 두 표현은 청자가 지각하는 공손성에서 약간의 차이를 가져올 수 있다. 블룸-쿨카의 연구는 언어 행위 발화의 주요부만 따로 떼어 내어 분석하고 주변부나 내부 수식과 외부 수식 internal, external modification 장치 등은 제외하였기 때문에 그 결과 역시 제한적일 수밖에 없다.

이런 점에서 류와 장(2008)의 한국어 및 중국어 요청 행위 발화에 대한 연구는 이전 연구를 보완할 만한 연구 방법을 채택하고 있으며 의미 있는 연구 결과를 제시하고 있다. 이들은 요청 행위의 주요 행위부 head act만 따로 떼어 놓고 연구하는 대신 주변부와 내부 수식/외부 수식도 포함하고 있으며, CCSARP에서 채택한 DCT로부터 얻어진 사변적 자료 speculative data가 아닌, 역할극 role-play을 통해 얻은 자연적 자료를 조사하거나, 연출되지 않은 실제 대화에서 자료를 수집하여 이들 자료에서의 요청 행위 전략을 조사하고 있다. 다음은 이들이 사용한 role-play 시나리오 중 하나이다 (Rue and Zhang 2008:61).

Situation 2 scenario
Imagine that: You are talking with your department head at work. S/he has only been with the company for a few months, so at this stage you do not know each other very well. You would like to change jobs within the same company, because you feel that you cannot cope with the responsibilities that your present position entails. However, if you change jobs, it would put your boss in a difficult situation, because several of your team members are on leave and nobody is

available to take over your current duties. Nonetheless, you ask your boss to consider your request.

이 시나리오를 보면 알 수 있듯이 실험에 참가한 사람들은 자신이 처한 상황에서 대화 상대방과 나의 상대적 권한의 차이나 친밀도, 대화의 배경, 직접 맥락의 성격 등을 이해하고 자신이 그 상황에 처해 있다면 어떻게 할 것인지 역할을 부여받아 마치 실제 대화를 하듯 능동적으로 답하게 되어 있다. 따라서 이 연구는 요청 발화의 쓰임에서 영향을 줄 수 있는 사회적 변수들을 충분히 고려하여 분석하고 있다는 장점을 갖고 있다. 다만 이들 연구도 블룸-쿨카 등이 코드 체제에서 제안한 아홉 가지 요청 발화 유형 중 약간의 변형을 거쳐 여덟 개를 선택했다는 점에서 어빈-트립식의 더 자세한 분류는 이루어지지 않고 있지만, 같은 상황에서 중국어 화자와 한국어 화자의 요청 발화를 주요부와 내부 수식/외부 수식 장치에 이르기까지 상세히 비교 검토하고 있으며 여러 변수의 조합을 통해 다양한 상황에서의 요청 행위를 조사하고 그 결과가 가진 범문화적 의미에 대해서도 통찰력 있는 분석을 보여주고 있다.

마지막으로 김선영(2013)은 한국어와 영어 원어민 화자들의 요청 전략들을 라이터(2000)의 방식을 채택하여 대조 분석하였다. 그 결과 첫째로 한국인과 영국인 모두 요청 행위에서 예비적 조건에 대한 질의와 같은 관습적으로 간접적인 conventionally indirect 전략을 가장 많이 사용하는 것으로 나타났다. 이 표현은 청자에게 직접적인 언급을 피하면서 요청의 발화수반력을 전달하기 때문에 만약 청자에 의해 요청이 거부될 경우라도 화자 자신에게 돌아올 부담이 최소화될 수 있기 때문에 가장 선호되는 전략으로 보인다. 또한, 각 요청 전략과 화·청자 사이의 친밀도, 사회적 지위, 부담의 정도 등의 관계를 살펴본 결과 직접적인 단계에 속하는 전략의 경우 한국인은 대화자들의 친밀도에 관계없이 화자가 청자보다 높은 사회적 지위를 갖고 있고 요청 내용의 부담 정도가 낮을 때 더 직접적인 전략을 사용하는 반면, 영국인은 요청 내용의 부담 정도에 관계없이 대화자들의 친밀도가 높고 화자가 청자보다 높은 사회적 지위를 갖고 있을 때 더 직접적인 전략을 사용하는 것으로 조사되었다. 또한, 관습적으로 간접적인 전략의 경우 한국인들은 대화자들의 사회적 지위와 친밀도에 관계없이 요청 내용의 부담 정도가 높을 경우 이 전략을 선호하는 반면, 영국인들은 요청 내용의 부담 정도와 관계없이 대화자들의 친밀도와 사회적 지위를 고려해 이 요청 전략을 사용하는 것으로 나타났다. 비관습적으로 간접적인non-conventionally indirect 전략의 경우 한국인은 관습적으로 간접적인 전략의 경우와 마찬가지로 요청 내용의 부담 정도가 높을 때 강한 암시나 약한 암시와 같은 비관습적으로 간접적인 전략을 사용하는 것으로 나타났다. 특기할 만한 것은 한국인보다 영국인이 대체로 이 전략을 사용하는 비율이 높았는데 영국인의 경우 요청 내용의 부담이 큰 경우 화자는 최대한 완곡하게 요청을 하려는 경향이 있는 것으로 해석된다. 이 결과는 관습적으로 간접적인 경우와 다른 경향이라는 점에서 주목된다. 영국인은 외부 수식 보다 내부 수식을 좀 더 많이 사용하는 경향을 보였다. 한국인은 요청할 때 미리 사과한다든지, 요청 발화 다음에 약속한다든지 해서 영국인보다 다양한 종류의 보조 화행을 많이 사용하였는데 이는 한국인들이 보조 화행의 사용으로 요청 발화를 더 주저하는 것처럼 만들어 청자의 체면을 위협하는 행위의 부담감을 최소화하려는 소극적 공손 전략을 더 고려하는 것이라 할 수 있다.

2.3 브라운과 레빈슨의 공손 이론

2.3.1 체면과 공손 전략

브라운과 레빈슨(1978, 1987, 이하 B&L로 표기)은 사회학자 고프만의 '체면' 개념을 도입하여 언어적 공손성을 공손 전략politeness strategy에 기반을 둔 화용적 체계로 정립했다. 이들은 영어와 타밀어Tamil, 첼탈어Tzetal라는 친족 관계에 있지 않은 세 언어를 분석하였는데 공손 표현이 개인이나 집단, 발화 상황 등에 따라 물론 다르게 나타나지만, 대화를 규제하는 요인으로서 그 원리는 언어 보편적인 현상이라고 주장하였다(B&L 1978:100). B&L은 언어적 상호작용에 있어 사람들의 대화의 목적은 체면 유지에 있다고 보고 언어의 공손 현상을 체면의 개념으로 설명하였다. 여기서 체면이란 고프만(1967:5)이 정의한 '모든 사람이 스스로 내세우려 하는 공적인 자기 모습(public self-image that every member (of society) wants to claim for him/herself)'을 말한다. 고프만은 어떤 개인이든 체면에 대한 생각이 있고 사회의 다른 사람들로부터 인정받고 싶은 마음은 문화나 언어를 막론하고 인류 보편적이라고 생각한다. 긍정적인 사회적 가치로서 체면은 화자 자신의 사회적 정체성social identity에 대한 의식으로서의 체면은 대화 중 올라가거나 유지되거나 내려가거나 심지어 잃어버릴 수 있다. 이처럼 체면의 상승이나 유지, 몰락 등은 대화 참여자들 사이에서 상호작용으로 결정되기 때문에 대화 참여자들은 서로의 체면을 고려해서 체면작업facework을 하며 이에는 적절한 공손 전략의 선택이 핵심을 이룬다. 물론 이런 고전적인 '체면'의 개념은 비판을 받고 있다. 예를 들어 괴이(1990)는 중국어에서 '체면'은 개인 각자가 갖는 긍정적 가치라기보다는 "사회 수준에 속한 현상으로서 각 개인에게 규범적으로 적용된다"고 주장한다(Gu 1990:242). 예를 들어 중국에서는 누구를 초대하는 것은 개인적 차원을 떠나 사회적 규범으로서 공손한 행위로 인정되기 때문에 그 초대를 누군가가 사양했다고 해서 초대한 사람의 체면이 손상되지는 않는다고 한다. 더 나아가 개인보다는 집단을 더 중시하는 중국 문화에서는 개인적 차원에서 작동하는 B&L의 소극적 체면과 적극적 체면의 이분법이 적절하지 않다고 지적한다. B&L은 앞 2장에서 보았던 그라이스의 격률이 가끔 적용되지 않는 이유는 대화 참여자가 서로 공손함을 유지하기 위한 언어적 노력을 하기 때문이라고 보았다. 이들에 의하면 소통은 잠재적으로 위험하고 적대적인antagonistic 것이고 체면을 위협하는 행위이다. 따라서 이를 그대로 방치할 경우 원활한 소통이 불가능하고 인간관계가 파국으로 치달을 수 있기 때문에 이를 막기 위한 최소의 장치로 언어적 공손성이 필요해진다. B&L이 모든 언어적 소통 행위를 잠재적 체면위협 행위로 본 것은 리치가 공손성의 척도 위에서 청자에게 이득이 되는 것과 같은 행위는 본질적으로 공손한 행위이고 청자에게 비용이 되는 것과 같은 행위는 본질적으로 무례한 행위로 본 것과 차이가 있다.

 B&L에 따르면 체면은 1)소극적 체면negative face과 2)적극적 체면의 두 측면이 있는데, 이는 대화를 하는 사람이라면 누구나 갖고 있는 두 가지의 기본 욕구라고 주장한다. 소극적 체면이란 자신의 영역에 대한 권리 주장, 행동의 자유 및 강압에서 벗어나는 자유, 자기의 행동이 다른 사람에 의해 구속되거나 방해받지 않기를 바라는 마음 등을 말한다. 반면에 적극적 체면이란 사람들이 자신에 관해 갖는 긍정적 이미지와 다른 사람들로부터 인정받거나 존중받기를 원하는 마음을 말한다. 합리적인 사람이라면 누구나 사회생활을 영위하면서 이 두 가지 체면이 손상되거나 이 중 어느 하나도 잃어버리지 않으려고 노력하는데 이런 노력이 소통 과정에서 언어적으로 표현되는 것이 바로 언어적 공손이다. 단 B&L은 대화 참여자 모두가 자신의 체면뿐 아니라 상대방의 체면도 세워주려고 노력한다고 주장함으

로써 하버마스가 말하는 전략적 행위가 아닌 소통적 행위로서 대화의 관점을 택하고 있다. 체면이라는 것은 고정된 것이 아니라서 상황에 따라 달라질 수 있다. 같은 사람이라도 그가 누구와 어떤 맥락에서 말하느냐에 따라 자신이 기대하는 상대방의 공손성은 달라진다. 예를 들어 막역한 친구들과 대화할 때 격식을 차리는 것은 공손하기보다는 어색하거나 거리감을 주어 적극적 체면을 떨어뜨리게 할 수 있다. 따라서 이럴 경우에는 "야, 그 접시 좀 갖다 줘!"라든지 '고만 좀 떠들어!'라고 직접적이고 덜 격식을 차린 말을 하게 된다. 이런 말은 상대방에 부담을 주는 행위이기 때문에 잠재적으로 체면을 위협하는 것이지만 이런 발화 맥락에서는 오히려 기대되는 발화이다. 반면에 잘 모르는 사람들과 있을 때에는 "그 접시 좀 제게 건네주실 수 있겠습니까?"라든지 "말씀하시는데 미안하지만, 지금 저 연사께서 막 연설을 시작하셨거든요"와 같이 더 복잡하고 간접적인 말을 사용하는 게 공손하다고 여겨진다. B&L의 이론에서 언어적으로 공손한 것은 발화가 가진 잠재적인 체면위협 행위를 보정해주는 행위redressive action로 본다. FTA에 적절하게 대처하기 위해 개발된 것이 바로 공손 전략이다. 앞서 3장에서 사과행위를 분석할 때 잠시 보았지만 B&L은 인간 대화에서의 공손성 전략을 다음과 같이 4가지로 구별한다.

1) 완전 공개 전략

완전 공개 전략은 화자가 청자의 체면을 위협하는 것 따위에는 신경을 쓰지 않고 이를 줄이려는 노력을 하나도 하지 않는 것이다. 그 결과 거리낌 없이 말을 하는 것으로 이는 화자의 말이나 행동이 청자에게 절대적인 도움이 되는 경우나 청자가 바라거나 필요한 것을 의도할 경우, 또는 화자가 절체절명의 상황에 처할 경우 선택되는 전략이다. 예를 들어 다음과 같은 각 상황에서 예문처럼 말하는 것은 완전 공개 전략에 해당된다(예문은 브라운과 레빈슨 1978에서 인용한 것).

(32) 긴급 상황에서: Help!, Fire!
(33) 과제 지향적인 경우(Task oriented): Pass me the hammer!
(34) 청자를 위한 직접적 요구: Put your jacket away.
(35) 경각심 불러일으키기: (자동차 운전 중인 사람에게) Turn your lights on!

예문 (32)는 화자가 물에 빠진 것과 같은 긴급 상황에서 구조를 요청하는 것으로서 이때는 가장 명시적이고 직접적이며 간결한 표현이 적절하다고 생각된다. 그 상황을 알고 있는 사람이라면 누구나 이 말을 듣고 화자가 공손하지 못하다고 생각하거나 청자 자신의 체면이 깎였다고 생각하지 않을 것이다. 영국인들의 특성을 보여주는 잘 알려진 만화에 보면 한 외국인이 강물에 빠져 살려 달라고 "Help!"라고 외치고 있다. 그래도 그 강둑을 지나가는 영국인은 그 외국인이 처음 보는 자기에게 무례하게 반말로 살려달라고 한 것을 못마땅하게 생각하고 모른 척하면서 그냥 지나치려고 한다. 그러자 그 외국인이 "Excuse me, Sir. I'm terribly sorry to bother you, but I wonder if you mind helping me a moment, as long as it's no trouble, of course"라고 길고도 장황하지만 매우 정중하고 공손하게 말하자 비로소 구조용 튜브를 던져주는 장면이 나온다. 이는 물론 영국인이 공손에 매우 민감한 민족이라는 것을 보여주기 위해 과장한 것으로서 실제 긴급 상황에서 이렇게 격식을 갖추어 말할 수도 없고 그렇게 할 것으로 기대하지도 않는다.

또한, 예문 (33)은 화자와 청자가 처한 상황에서 특정한 일을 성취해야 할 필요가 있을 때 불필요한 수식어를 남발하지 않고 핵심이 되는 말만 함으로써 화자의 발화수반력을 높이는 효과를 갖게 된다. (34)에서도 화자가 청자에게 요구하는 행위가 그 상황에서 꼭 필요하다는 전제를 청자가 이해함으로써 청자의 체면에 문제를 주지 않는 발화로 인식되게 된다. 예문 (35) 역시 사고를 피하고자 화자가 청자를 위해 가장 확실히 알아들을 수 있는 말로 자신의 발화수반적 의도를 완전히 공개한 표현을 사용한 것이다. 물론 이런 때에도 청자가 자신의 자동차 라이트를 막 켜려고 하는데 화자가 그 순간에 지적했다든지, 또는 청자 자신도 충분히 안전하게 운전하는 법을 알고 있는데 화자가 노파심에서 지나치게 간섭한다는 인상을 받으면 이런 발화도 체면을 손상하게 하는 발화가 될 수 있다. 흔히 친한 사이에서 자동차 운전하는 것을 가르쳐 주다 보면 말다툼이 나기 쉽다는 것은 초보 운전자를 위한 화자의 공손 전략이나 규칙이 청자가 기대하는 공손 전략이나 규칙과 달라서 발화수반적 의도를 오해하거나 청자의 체면을 무시하는 것으로 받아들여지기 때문이다.

2) 적극적 공손 전략

적극적 공손 전략은 청자의 존중받고 싶어 하는 마음을 화자가 잘 알고 있고 이를 발화로써 보여주는 것이다. 이 전략은 화자와 청자 사이의 관계가 우호적임을 확인한다. 여기에는 1)비동의를 피하라 Avoid disagreement, 2)동의하는 시늉이라도 하라 Assume agreement, 3)의견을 에둘러 표시하라 Hedge opinion, 4)청자에 주의를 기울여라 Attend to the hearer 등의 세부 전략들이 포함된다. 각 세부 전략의 예를 보면 다음과 같다.

(36) A: What is she, small?
B: Yes, yes, she's small, smallish, um, not really small but certainly not very big.
(37) So when are you coming to see us?
(38) You really should sort of try harder.
(39) You must be hungry, it's a long time since breakfast. How about some lunch?

예문 (36)에서 A는 그 여자의 체구가 작다고 단정하면서 B의 의견을 묻고 있다. 이에 대해 B는 A의 의견에 완전히 동의하지는 않지만 그렇다고 A의 말을 아니라고 정면으로 부정하는 것은 A의 인정을 받고 싶은 마음을 저버리고 우호적이지 못한 답을 하는 것이기 때문에 동의하지 않더라도 완곡하게 표현하려고 노력한다. small이란 명시적인 형용사에 비해 경계가 애매한 smallish란 표현을 사용한 것이라든지 not very big이라고 완서법 litotes이란 수사법을 사용한 것 등이 화자의 그러한 노력을 보여준다. 예를 들어 어떤 여자가 친절하지 않다고 이야기할 때 "She's not unkind."라고 완서법으로 말하는 것은 그녀가 특별히 무례하지도 않지만 그렇다고 딱히 배려심이 있는 것은 아니라고 말하는 것이 된다. 예문 (37)은 누군가가 우리 집을 방문하고 이별할 때 언제 다시 올 건지를 묻는 경우에 사용된다. 물론 "When will you come to see us?"라고 물어도 되지만 정해지지 않은 미래에 일어날 사건을 의미하는 조동사 will을 사용하지 않고 보다 확실성이 있고 현재의 상황이 이어지면 분명히 일어날 일이라는 뜻을 가진 be going to를 사용함으로써 청자는 당연히 또 화자의 집에 올 것임을 기정사실화로 있어서 청자를 초대하는 뜻이 강하게 전달된다. 이런 말을 들은 청자는 화자가 자신을 매우 가깝게 느끼고 있다는 것을 알게 되어 적극적 체면이 상승하게 되는 효과를 갖는다. 반면에 예문 (38)은 청자가 잘못을 저질렀을 때 이를 대놓고 책망하지 않고 sort of와 같은 완화 표현을 사용하고 should try harder란 표현을 사용함으로써 꾸중을 받는 청자의 적극적 체면을 어느 정도 지켜주려고 노력하고 있다. 또한, (39)는 청자가 필요하다고 생각하는 것을 화자가 붙임성 있게 말하고 있다. 같은 상황에서 만약 화자가 "You must be hungry." 대신 "Are you hungry?"라고 말하면 이는 화자는 청자인 네가 어떤 상태인지 알지 못한다는 것이 전제되므로 청자로서는 서운하게 생각할 수 있다. 또한 아침 식사를 한 지 오래되었다는 것을 이미 알고 있음을 말하고 이를 강조함으로써 바로 점심을 먹으러 가자는 뜻을 강하게 전달함으로써 매우 친밀감 있는 발화가 되고 있다. 이 밖에도 다음과 같은 표현들이 적극적 공손 전략을 실현하는 데 자주 쓰이는 표현들이다(예문은 브라운과 레빈슨 1987에서 인용).

　a. 청자에게 관심을 보임: You look sad. Can I do anything?
　b. 은어를 사용함: Heh, mate, can you lend me a dollar?
　c. 이미 받아들여지고 있는 것처럼 말함: I'll just come along, if you don't mind.
　d. 활동에 끌어들이는 자세를 보임: If we help each other, I guess, we'll both sink or swim in this course.
　e. 제의나 약속을 함: If you wash the dishes, I'll vacuum the floor.
　f. 청자에 대해 과장하여 말함: That's a nice haircut you got; where did you get it?
　g. 비동의를 피함: Yes, it's rather long; not short certainly.
　h. 농담조로 말함: Wow, that's a whopper!

3) 소극적 공손 전략

　소극적 공손 전략 역시 적극적 공손 전략처럼 청자의 체면을 감안하는 공손 전략이다. 단, 소극적 공손 전략은 청자에게 어떤 부담을 주는 행위를 하고 있음을 화자가 인식하고 이를 누그러뜨리기 위해 노력하는 모습을 보이는 것이다. 이 전략에는 1)간접적으로 말하라Be indirect, 2)용서를 청하라Request forgiveness, 3)부담을 최소화하라Minimize imposition 등의 세부 전략이 속한다.

　(40) I'm looking for a pen.
　(41) You must forgive me, but I need to borrow your phone.
　(42) I just want to ask you if I could use your pen?

예문 (40)은 화자가 펜이 필요한 상황에서 청자에게 "Borrow me your

pen"이라든지 "Let me use your pen"이라고 직접적으로 말하는 대신 펜이 필요하다는 것만 말함으로써 청자가 이 상황을 알았으면 화자에게 펜을 빌려 줄 것인지 아닌지는 스스로 결정하라는 뜻을 함축하고 있다. 물론 청자가 그 상황을 잘 알고 있다면 화자에게 펜을 빌려 주는 것이 화자가 바라는 것이라는 것쯤은 알 수 있다. 따라서 화자는 그런 자신의 의도를 이해한 청자에게 결정권을 넘겨주는 듯한 표현을 사용함으로써 청자가 강요되지 않았다는 인상을 주게 된다. 이 전략은 앞에서 보았던 레이코프의 "강요하지 마라"나 "선택지를 주어라"는 공손의 규칙과 일맥상통한다. 또한 바로 위에서 본 B&L의 적극적 공손 전략에서의 '의견을 에둘러 표시하라'와 '청자에게 주의를 기울여라'라는 세부 전략과도 일부 겹치는 내용이라고 볼 수 있다. 예문 (41) 역시 화자가 의도하는 발화수반력은 요청하기인데 이를 위해 보조 행위로 선-사과pre-apology의 뜻이 표현되고 있어 청자에게 덜 강요하는 듯한 인상을 준다. (42)는 앞에서 본 요청 행위의 표현 방식 중 소망을 말하는 Want Statement에 해당한다. 이런 말을 들으면 최소한 형식적으로 볼 때 청자는 화자가 자신이 바라는 것까지만 말했을 뿐이기 때문에 그다음 부분은 자신이 결정할 수 있다는 느낌을 받는다. 즉 청자는 특별한 부담 없이 화자가 원하는 것을 들어줄 것인지를 결정할 권한을 자신이 계속 갖고 있음을 확인하게 된다. 따라서 전화를 빌려 쓰고자 하는 화자는 자신의 요청이 가져올 수 있는 잠재적 체면위협을 보상하는 차원에서 이런 간접적인 방식으로 청자의 소극적 체면을 지켜주는 공손 전략을 택하는 것이다. 이 밖에도 다음과 같은 표현들은 소극적 공손 전략을 실현하는 데 흔히 쓰이는 표현들이다(예문은 브라운과 레빈슨 1987에서 인용).

    a. 주저하는 듯한 표현을 사용함:
       Er, could you, er, perhaps, close the, um, window?

b. 일단 부정하고 말함:
   I don't suppose you could close the window, could you?
c. 공경심을 드러냄:
   Excuse me, sir, would you mind if I asked you to close?
d. 사과부터 하고 봄:
   I'm terribly sorry to put you out, but could you close the window?
e. 비인칭 주어를 사용함:
   The management requires all windows to be closed.

4) 비공개 Off-record 전략

공손 전략 중 비공개 전략은 직접적인 체면위협 행위를 피해 간접적인 방식으로 자신의 메시지를 전달하려는 것이다. 이에는 1)힌트를 주어라 Give hints, 2)모호하게 말하라 Be vague, 3)야유나 농담조로 말하라 Be sarcastic or joking 등의 하위 전략이 속한다.

(43) It's a bit cold in here.
(44) Perhaps someone should have been more responsible.
(45) Yeah, he's a real Einstein (Stephen Hawking, genius, etc.)

예문 (43)은 대화상의 함축을 이용해서 청자에게 다른 뜻을 전달하고 있다. 이곳이 약간 춥다는 것만을 말해도 그 발화 상황이나 화·청자 관계 등을 알고 있는 청자라면 그 말이 가진 발화수반적 의도를 이해하고, 그에 맞는 적절한 대응을 할 것이다. 화자는 그런 요구를 명시적 표현을 써서 직접적으로 하지 않음으로써 있을 수도 있는 청자의 체면손상 가능성을 완화하려는 노력을 한 것으로 평가된다. 마찬가지로 (44) 역시 청자를 직접적으로 지목하는 대신 모호하게 말함으로써 청자 역시 책임감을 느끼고 일하라는 함축적 메시지를 전달하는 것으로 보이며 (45)는 전혀 뛰어나지 않은 사람을 칭찬하는 것에 대한 응답으로서 화자는 누가 봐도 사실이 아닌 과장적인 말을 함으로써 그가 그렇게 뛰어난 인물은 아니라는 뜻을 반어적으로 전달하고 있다. 그럴 경우 청자는 자신이 생각하거나 방금 말한 것에 화자가 동의하지 않는다는 것을 알게 된다.

앞에서 본 레이코프(1975)의 공손 규칙과 브라운과 레빈슨(1987)의 공손 전략은 대응하는 부분이 있다. 이를 대비하여 살펴보자.

[표 11] 레이코프와 브라운과 레빈슨의 비교

레이코프(1975)		브라운과 레빈슨(1978)
1. Formality(Don't impose) 2. Deference(Give options)	⟶	Negative politeness: Respect negative face −freedom from imposition and freedom from action
3. Camaraderie(Be friendly)	⟶	Positive politeness: Respect positive face −positive self-image, approval or appreciation by others

레이코프에서의 규칙 1은 '지나치게 부담을 주지 말라'는 취지로 청자의 자유와 자립심을 배려한 브라운과 레빈슨의 소극적 공손 전략과 대응하고, 규칙 3은 '친근감이 들게 대화에 임하라'는 취지로서 연결되고 싶은 마음과 유대감을 중요시하는 적극적 공손 전략에 해당한다. 다만 레이코프의 규칙 2는 규칙 1의 특수한 경우이거나 규칙 1과 규칙 3으로부터 도출되는 것으로 보이기 때문에 소극적 공손의 측면과 적극적 공손의 측면이 섞여 있는 것으로 본다.

이상과 같은 B&L의 네 가지 전략은 화자와 청자의 상호 관계 및 대화 맥락 등에 따라 화자에 의해 선택적으로 채택될 수 있다. B&L에 의하면 이들 공손 전략은 모든 언어에 두루 적용되지 않으며 같은 상황일지라도 문화가 다르면 선택의 차이가 발생할 수 있고 특정 전략은 다른 전략보다 더 자주 선택될 수 있다고 한다. 이 점은 공손의 규칙이나 공손 원리의 언어 보편성을 주장한 레이코프나 리치와 구별된다. 그런데 B&L의 공손 전략 체계는 위의 논의에서도 지적했듯이 중복되는 부분들이 있고 4개의 전략의 분류 기준이 다르다는 문제점이 있다. 예를 들어 비공개 전략은 앞에서 본 적극적 공손 전략에서 의견을 에둘러 표시하라는 하위 전략이나 소극적 공손 전략에서 간접적으로 말하라는 전략과 중첩되는 부분이 있고 엄밀히 말하면 간접적으로 말하라는 것은 완전 공개 전략이 아닌 모든 다른 공손 전략에 적용되는 전략이라고 볼 수 있으며 비공개로 전략으로 말하는 것은 때로는 청자의 적극적 공손을 감안한 것이고 또 때로는 청자의 소극적 공손을 감안한 것일 수도 있다. 완전 공개 전략과 비공개 전략은 화자의 발화수반력을 표현하는 명시성의 공개 여부가 분류 기준인 반면, 소극적 공손 전략과 적극적 공손 전략은 청자의 체면의 종류가 분류 기준이라는 점에서 4개의 전략이 하나의 일관된 기준으로 나누어졌다고 볼 수 없다. 따라서 이후에 출판된 브라운과 레빈슨(1987:69)에서는 위의 4가지 전략을 동일 선상에 놓지 않고 다음과 같이 구별한다.

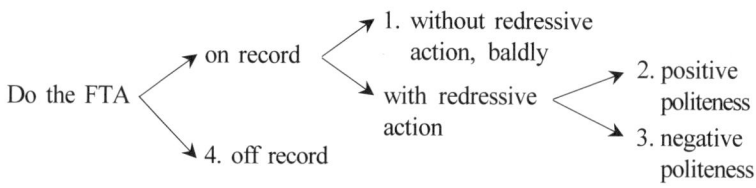

[그림 14] 브라운과 레빈슨(1987)의 공손 전략

우선 이 체계에서 화자는 청자에게 잠재적으로 체면위협 행위를 할 것인지 Do the FTA 하지 않을 것인지 Don't do the FTA를 선택한다. 그가 청자의 체면위협을 우려해서 아무 말도 하지 않는다면 일단 언어적 소통은 일어나지 않는다. 그 경우 화자는 자기가 발화를 했다면 청자에게 체면위협을 무릅쓰고 전달될 수 있었던 자신의 의도를 포기해야 하지만 최소한 청자와의 관계에 치명적인 결과를 가져오지는 않을 것이다. 낯선 곳에서 낯선 사람과 함께 있게 되었을 때 그에게 말을 건넬 것인지 아닌지 고민하다가 아무 말도 하지 않고 헤어지게 되는 경우 아무런 체면위협 행위는 일어나지 않았지만, 또 한편으로는 아무런 관계도 만들어지지 않은 것이다. 그런 경우를 제외하고 소통의 의도가 너무 강해서 청자에게 메시지를 전달할 필요가 있을 때 화자는 우선 자신의 메시지를 공개적으로 할 것인지 아니면 비공개적으로 할 것인지를 선택하게 된다. 그가 공개적 전략을 택하면 화자는 청자가 느낄 수도 있는 체면위협을 전혀 고려하지 않고 완전 공개적으로 말을 할 수도 있고, 반대로 청자의 입장을 고려해서 체면위협을 보정하는 차원의 행위를 할 수 있다. 전자의 경우가 바로 공개 전략 On record 중 보정이 없는 완전 공개 전략이고, 보정 노력이 있는 후자의 경우 중 청자의 적극적 체면을 고려한 것이 적극적 공손 전략이며 소극적 체면을 고려한 것이 소극적 공손 전략이다. B&L에 의하면 이 전략 중 가장 위쪽의 완전 공개 전략이 가장 덜 공손하고 그 아래로 내려갈수록 더 공손해져서 적극적 공손 전략이 두 번째로 덜 공손하며 소극적 공손 전략은 적극적 공손 전략보다 더 공손하고, 비공개 전략은 더 공손하다고 한다. 이런 공손성의 증가는 체면위협 가능성에 비례한다고 본다.

  B&L(1987)은 공손 전략을 이렇게 나눔으로써 이전에 보았던 것처럼 4개의 전략을 공개/비공개와 적극/소극이라는 다른 두 개의 기준으로 분류했던 비일관성은 해소하게 되었으나, 여전히 비공개 전략의 내용이 적극적 공손 전략이나 소극적 공손 전략과 겹치는 문제는 남아 있다. 물론 B&L 공손 전략 체계의 핵심은 적극적 공손과 소극적 공손이며 완전 공개 전략이나 비공개 전략은 그 중요성에 비해 상대적으로 초점을 덜 받고 있다. 이런 문제점에도 불구하고 그들이 설정한 '체면위협 행위'의 개념과 '소극적 체면' 대 '적극적 체면'의 구분은 언어적 공손 현상의 다양성을

설명하는 데 유용하고 효과적이었다. 그러나 이들 이론의 핵심을 이루는 '체면'의 보편성에 대한 회의적 분석이 대두하면서 밀즈Mills(2003:61)나 시피아누Sifianou(2010:28)의 지적처럼 이 개념만으로는 다양한 공손 발화는 물론 무례한 발화까지 포괄적으로 설명할 수 없다는 인식이 확산되었다. 특히 B&L의 '체면'이란 개인의 심리적 욕구나 바람에 초점을 맞추고 있어서 개인 대 개인의 사교적 소맥락의 대화에는 적합한 개념일지 몰라도 개인 대 사회 또는 개인 대 제도, 집단 대 집단과 같은 사회적 대맥락의 소통에는 충분하지 않다.

언어적 공손 이론을 체계화했다는 평을 받는 B&L의 이론에서 중요한 부분 중의 하나는 각종 체면위협 행위에 영향을 미치는 사회적 요인들을 변수variable로 처리하여 마치 수학 공식처럼 구체적인 체면위협의 정도를 예측할 수 있는 공식을 제안하고 있다는 것이다. 우선 FTA에 영향을 미치는 요인은 다음과 같이 3가지가 있다(B&L 1987:77).

1) 사회적 거리social distance, D
화자와 청자 사이의 친숙함familiarity의 정도를 말한다. 일반적으로 가족이나 친구는 거리 D가 거의 없다시피 하고, 낯선 사람일수록 D가 커진다. 이 거리는 물리적, 공간적 거리가 아니라 심리적, 사회적 거리로서 이 거리에 따라 다른 공손 전략이 선택될 수 있다.
2) 상대적 권한relative power, P
화자와 청자가 서로에게 행사할 수 있는 권한의 차이나 지위에서 오는 위력의 차이를 말한다. 화자는 청자와의 상대적 권한에 따라 적절하다고 생각하는 공손 전략을 선택할 것이다.
3) 행위의 부담 정도absolute ranking, R
화자의 언어 행위 속에 포함된 청자가 부담해야 할 요청이나 명령 등의 내용이 얼마나 어려운 것인지 사회적으로 인정되는 순위를 말한다. 화자는 자신의 발화에 내포된 청자가 수행해야 할 행위의 어려움을 고려해서 알맞은 공손 전략을 구사할 것이다. 즉 화자가 생각하기에 매우 어려운 일을 부탁하거나 요청하거나 제안할 때에는 더 많은 보정 장치redressive measure들을 사용해서 청자의 체면위협에 대한 의식을 감소시키려 노력할 것이다.

B&L은 이 세 요인이 체면위협 행위를 판단할 때 고려해야 할 중요한 변수들로서 이들은 모두 독립적이라고 한다. 이들을 이용해서 브라운과 레빈슨은 어떤 체면위협 행위의 위협도를 측정할 수 있는 다음 체면위협도 공식을 제안한다.

$$Wx = D(S, H) + P(H, S) + Rx$$

이 공식에서 Wx란 어떤 x라는 잠재적 체면위협 행위의 위협도weight를 가리키며, D(S, H)란 화자 S와 청자 H 사이의 사회적 거리를 말하고, P(H, S)는 청자 H의 화자 S에 대한 상대적 권한을 말한다. 또한 Rx는 x란 언어 행위에 수반된 행위의 어려운 정도, 즉 청자가 느끼는 부담도를 말한다. 예를 들어 남편이 부인에게 옷을 다리미로 다려 달라고 부탁하는 상황 1을 생각해 보자 이 상황에서 화자와 청자는 부부 사이이기 때문에 거리는 매우 낮은 0이라고 할 수 있고, 권한 역시 대등하다고 볼 수 있기 때문에 0이라고 할 수 있다. 다리미질을 부탁하는 행위는 부인의 소극적 체면을 약간 위협할 수는 있지만 그렇게까지 큰 부담이 되지는 않는 행위이기 때문에 부담의 순위는 2라고 할 수 있다. 그렇다면 이 상황에서 남편의 요청 행위의 체면위협도 W는 W = 0 + 0 + 2로서 2가 될 것이다. 물론 이 수치는 청자마다 다르게 감지될 수 있기 때문에 절대적인 값으로 볼 수 없다. 아무튼 화자는 이런 변수를 고려해서 자신이 생각하는 위협도에 따라 그에 맞는 공손 전략을 사용하게 된다. 즉 상황 1에서도 다음과 같이 공손성에서 차이가 있는 여러 발화가 가능하다.

a. 와이셔츠 다려.
b. 와이셔츠 좀 다려줘
c. 사랑하는 마누라님, 와이셔츠 다려주면 쌩유 베리 감사!
d. 와이셔츠 좀 다려줄 수 있어?
e. 와이셔츠 좀 다려주면 좋겠는데.
f. 이 와이셔츠 내가 다리면 잘 안 다려지던데.
g. 오늘 소인이 꼭 이 와이셔츠 입고 가야 하는데 어떡하지요?

위 예문 a는 완전 공개 전략의 발화로서 화자가 자신의 말이 청자에게 체면위협을 가하지 않는다고 생각해서 별다른 보정 장치 없이 명령조로 요청한 것이다. 이에 비해 예문 b는 '좀'이라든지 '주어'라는 발화수반력 완화 표현을 사용했지만, 여전히 청자의 체면위협도를 낮게 보고 화자가 선택한 완전 공개 전략에 속하는 발화이다. 예문 c는 '사랑하는'이라든지 '마누라님'과 같은 친밀도를 강하게 시사하는 표현들을 사용하고 있고 '쌩유 베리 감사'라는 젊은 세대끼리 자주 쓰는 다소 코믹한 표현을 사용하여 유쾌한 느낌을 만들어냄으로써 요청을 할 때 청자의 기분을 상하지 않게 하려는 적극적 공손 전략을 구사하고 있다. 이 예문 c의 화자는 예문 a나 b의 화자에 비해 요청 행위를 함에 있어 청자인 아내의 체면을 조금은 고려해서 가볍게 이를 보상하려는 최소한의 노력을 보인 것으로 볼 수 있다. 반면 예문 d는 앞에서 본 요청 행위의 적정성 조건 중 하나인 예비적 조건을 질의하는 형식의 발화로서 a나 b보다는 간접성이 높고 형식적으로나마 청자에게 선택지를 주는 듯한 표현이다. 이는 청자의 방해를 받고 싶지 않은 마음인 소극적 체면을 고려한 공손 발화이다. 이와 유사하게 예문 e는 블룸-쿨카의 코드 체제에서 화자의 소망을 표명하여 요청하는 발화인 Want Statement에 해당하는 예로서 관습적으로 간접적인 발화이다. 이 발화를 선택한 화자 역시 청자의 잠재적 체면위협을 약간 보상함으로써 공손성을 보이려고 노력한 것이다. 예문 f와 g는 모두 관습적으로 정형화되지 않고 발화 상황에 맞추어 추론이 필요한 간접적 발화로서 브라운과 레빈슨의 비공개 전략에 속한다고 볼 수 있다. 화자는 만약 자신이 말한 말의 요청이라는 발화수반적 요점을 청자가 지각하고 이에 맞게 행동해주길 원하지만, 만에 하나 청자가 이를 못 알아차리거나 알면서도 거부할 경우에도 대비하는 듯한 느낌을 준다. 이런 발화는 청자에 대한 체면위협이 어느 정도 있다고 판단한 화자가 상대적으로 높은 공손 수준을 유지하기 위해 선택하는 공손 전략이다.

　브라운과 레빈슨의 체면위협도 공식을 더 잘 이해하기 위해 이번에는 좀 심각한 상황을 생각해 보자. 밤길에 전혀 모르는 낯선 사람이 험악한 표정을 지으며 연약한 여중생에게 다가와 돈을 내놓으라고 협박하는 끔찍한 상황인 상황 2를 생각해 보자. 이 경우는 단순한 체면이 위협을 받는 게 아니라 거의 생명이 위협을 받는 상황이라고 할 수 있는데 이때 W는 우선 화·청자 사이의 거리감이 최대치라고 할 수 있는 10, 협박자와 피협박자 사이의 상대적 권한도 비대칭적으로 매우 크기 때문에 10, 체면위협의 정도도 극히 크기 때문에 10으로 생각해 볼 수 있다. (물론 이 10이란 값은 상황 1과 비교해서 상대적으로 정해진 것이며 미리 존재하는 값은 아니다.) 그 결과 이 상황 2에서 화자의 협박이라는 청자 체면위협 행위가 갖는 위협도는 10 + 10 + 10 = 30이 될 것이다. 반면에 회사에서 그다지 친하지는 않지만 안면은 있는 상사가 어느 날 갑자기 내게 오더니 미안해하는 표정으로 자동차를 빌려 달라고 하는 상황 3을 생각해 보자. 이 경우 화자인 직장 상사와 나의 거리감은 상황 1의 아주 가까운 부부 사이나 상황 2의 아주 먼 사이의 중간 정도이므로 4라고 하자. 권한에서는 협박을 하는 강도보다는 약하지만 그래도 청자에게는 어려운 직장 상사이므로 화자가 7인 우월한 지위를 가진다고 보고, 부탁한 내용도 상당히 부담되는 내용이므로 6이라고 보면, 전체적으로 상황 3에서 직장 상사의 발화에서 청자가 감지할 수 있는 체면위협도는 4 + 7 + 6 = 17 정도로 생각할 수 있다. 이 값은 상황 1의 위협도 2보다는 높지만, 극단적인 상황 2의 위협도 30보다는 현저히 낮다. 이처럼 각 언어 행위의 잠재적 체면위협도를 상대적으로 비교할 수 있다.

그런데 이 공식은 발화의 체면위협도를 수치화하여 보여줌으로써 공손 전략의 선택을 설명하는 데 도움을 주는 획기적인 발상이라고 할 수 있지만, 이 공식의 타당성에 대해서는 의문이 제기되고 있다. 일본어의 공손 현상을 연구한 이데Ide(1989, 2006), 마쓰모토Matsumoto(1988, 2003) 등은 화자가 여러 변수를 선택적으로 활용해서 공손 전략을 구사한다는 B&L의 생각은 경어법이 문법 일부로 고정된 일본어에는 잘 맞지 않는다고 주장한다. 즉, 일본인들은 전략의 선택에 앞서 경어 수준의 선택이 정해지기 때문에 자유롭게 전략 선택을 할 기회가 별로 없다는 것이다. 아울러 B&L의 위협도 공식에서는 D와 P, R을 대등하게 평면적으로 더해서 수치를 산출해내는데 이 세 가지 변수가 위협도에 미치는 영향은, B&L도 인정했듯이, 발화 상황이나 문화마다 다를 수 있다. 예를 들어 앞에서 본 한국어와 중국어의 요청 행위를 연구한 류와 장(2008)이나 일본어의 요청 행위를 연구한 기야마 등Kiyama et al.(2012)에 의하면 한국과 일본에서는 친밀도나 거리감보다 요청 행위 내용의 부담도(R)가 상대적으로 더 중요한 요인이라고 한다. 특히 기야마 등은 브라운과 레빈슨의 체면위협 개념과 공식이 비서구권 문화인 일본에서는 잘 작동될 수 없음을 지적하고 일반적인 사회적 요인 social factor이 아닌 세분화된 상황적 요인situational factor을 공식에 변수로 추가해야 한다고 주장한다. 물론 발화의 체면위협도는 D, P, R의 세 사회적 변수가 큰 영향을 주지만, 이 변수만으로는 정확히 발화 선택을 예측할 수 없다. 예를 들어 위에서 본 상황 1에서 같은 부부끼리 남편이 아내에게 옷을 다려달라고 부탁하는 요청 행위도 아내가 어떤 상황에 있느냐에 따라 체면위협도는 달라질 수 있다. 만일 아내도 바빠 출근해야 하는데 외출할 옷을 다 차려입고 현관을 나서려는 아내에게 뒤늦게 남편이 이런 부탁의 말을 하면 체면위협도는 증가할 것이다. 마땅히 아내는 "아니 어제 저녁에 말하지. 지금 나 나가야 하는데 왜 이제서야 그런 말을 해?"라고 짜증을 낼 수 있다. 또는 그동안 묵묵히 다리미질을 해 주던 아내도 어느 날은 약간 감정을 드러내 보이면서 "매번 그런 걸 나한테 부탁해? 좀 배워서 해 봐."라든지 정말 언짢은 일이 있을 때 눈치 없는 남편이 이런 부탁을 하면 "당신은 손이 없어 발이 없어?"라면서 화를 낼 수도 있다. 어느 경우에든 이 화자와 청자는 부부이기 때문에 친숙도는 달라지지 않고 권한 역시 일정하다고 보아야 한다. 다만 다리미질을 부탁하는 것이 어떤 상황에서 하느냐에 달라진다고 보아서 행위의 순위를 상대화시키든지, 아니면 다리미질하는 것은 같은 행위이므로 그것은 고정되었다고 보고 대신 별도의 세부 상황적 조건들을 변수로 추가하는 것이 필요하다. 기야마 등은 언어 행위의 부담도 순위인 R을 내적인 요인 intrinsic factor으로서 상황의 차이에 의해 발생하는 R인 Ri와 맥락적 요인 contextual factor으로 대화 참여자 사이의 태도의 차이로 발생하는 결과인 Rc로 나눌 것을 제안한다. 이들은 110명의 일본어 화자들을 대상으로 어떤 잘못된 일의 책임이 화자에게 있는 경우와 화자 및 청자에게 같이 있는 경우, 그리고 화자와 청자 모두 책임이 없는 세 가지 다른 상황을 제시하고 이 상황에서 화자가 자신을 인정하는 발화와 자신을 부정하는 발화를 했을 때 동의 또는 비동의, 무응답 셋 중에 하나를 선택하도록 했다. 그 결과 이들이 발견한 것은 일본어에서는 사회적으로 주어진 변수인 거리감(D), 권한(P) 및 성(Gender, 줄여서 G)이라는 변수보다 Ri와 Rc가 더 강력한 변수로 작용한다는 것을 알았다. 즉 앞시 본 한국어의 예를 들어 설명하면 아무리 친숙한 부부 사이라고 하더라도 출근하려고 나서는 아내에게 다리미질을 해달라고 부탁하는 것과 비교적 여유가 있는 저녁 시간에 아내에게 부탁하는 것은 전혀 다른 상황인데 이런 상황적 차이인 Ri가 매우 중요한 요인이 되기 때문에 D, P, G에 비길 수 없을 정도로 Rc가 체면위협도에 결정적인 역할을 한다는 것이다. 또한 같은 일이라도 그 일을 보는 화자와 청자의 견해가 완전히 다를 경우 Rc의 값이 커지면 이 역시 D, P, G와 같은 고정적인 변수에 비해 훨씬 강력한 영향을 준다. 이 결과는 기존의 B&L의 위협도 공식이 틀렸다는 것을 주장하는 것이 아니라 변수 R을 보다 세분해서 보아야 한다는 점에서 위협도 공식을 보완하는 성격을 가진다. 그런데 이 연구에서는 원래 화·청자의 상호 권한의 차이를 뜻하는 P를 연령의 차이로만 국한해서 보았고 내적인 요인과 맥락적 요인의 차이를 분명하게 제시하지 않았으며, 공식을 어떻게 수정할 것인지에 대해서도 명확하게 밝히지 않는 등의 문제점이 남아 있다.

 B&L이 제안한 위협도 공식은 요청하기와 같은 일부 사적인 차원에서 벌어지는 언어 행위의 분석에 유용하게 사용됐으나, 더 공적인 차원의 선언 행위와 같은 유형의 발화에서 공손성을 논하기에는 부족하며 기본적으로 협조와 공손을 전제하지 않는 비난하기, 불평하기, 비동의하기 등과 같은 무례한 공격성 발화의 분석은 이들이 제시한 요인만으로는 충분하지 않다. 왓츠(1992)와 같은 사회언어학자는 B&L이 사적private이고 사교적social 대화를 염두에 두고 설정한 체면 개념 이전에 원래 고프만(1967)이 규정한 공적public이고도 사회적societal인 체면 개념으로 돌아갈 것을 주장하고 있다. 아울러 B&L의 체면위협도는 발화자의 관점에서 청자가 느낄 수도 있는 체면위협의 정도를 형식화한 것인데 언어 행위는 화자와 청자의 상호 작용이며 화자의 발화에 대한 청자의 반응까지 고려해야 하며 개별 문장으로 이루어진 단편적인 발화보다 화자와 청자가 말을 주고받으면서 체면에 대한 화·청자가 원래 가졌던 태도가 지속하거나 변화되는 역동적인 과정을 보다 큰 담화의 수준에서 살펴볼 필요가 있다.

2.3.2 공손 전략과 사과 행위

언어적 공손 연구인 브라운과 레빈슨(1978, 1987)의 이론에서 사과 행위는 기본적으로 화자의 체면을 위협하는 체면위협 행위로 간주된다. 앞에서 본 공손 전략 체계에 맞추어 브라운과 레빈슨은 사과가 다음과 같은 여러 종류의 공손 전략으로 표현될 수 있다고 한다.

1) 완전 공개 전략으로 사과하기

완전 공개 전략이란 명시적이고 직접적인 단어나 표현을 사용해서 언어 행위의 발화수반력이 분명하게 드러나도록 말하는 공손 전략이다. 이런 직접적이고 명시적인 말을 할 경우 청자는 자신의 체면이 손상당했다고 느낄 수도 있는데 그럼에도 불구하고 화자는 청자가 느낄 지도 모를 체면 위협을 최소화하기 위해서 별다른 보상 노력을 화자가 하지 않는 전략이다. 영어에서 사과를 할 때 완전 공개 전략은 사과를 뜻하는 가장 명시적이고 직접적인 단어인 sorry나 excuse me를 쓰는 것이다. 이는 화자가 사과하는 것에 대해 오해의 위험은 없지만 잘 모르는 사이에서라면 이 말만 하는 것은 정중하거나 진실한 사과로 보이지 않을 수 있다. 따라서 종종 "I'm sorry, I was wrong, and I'll try really hard not to do that again"처럼 여러 직접적이고 공개적인 표현들이 결합하여 더 분명하게 사과의 발화수반력을 표현하기도 한다.

2) 적극적 공손 전략으로 사과하기

적극적 공손 전략이란 청자가 존경받고 싶어 하는 마음이나 주위 사람들과 친근하게 지내고 소속감이나 유대감을 갖고 싶어 하는 소망을 충족시켜주는 방향으로 말을 하는 것이다. 예를 들어 자기의 잘못으로 결혼

생활을 위기에 몰아넣은 남편이 아내에게 사과할 때 "You must be hurt by my behavior, but will do whatever I can do to salvage our marriage"라고 말하는 것은 적극적 공손 전략을 사용한 것으로 볼 수 있다.

3) 소극적 공손 전략으로 사과하기

소극적 공손 전략은 방해받지 않고, 독립된 인격체로서 존중받고 싶은 청자의 소극적 체면을 인정하면서 말을 하는 것이다. 영어에서 "I don't want to bother you but…"이라든지 "I was wondering if…"와 같이 쉽게 자신의 의견을 꺼내지 못하고 삼가는 듯한 표현을 쓰는 것은 청자에게 조심스럽게 접근하겠다는 소극적 공손 전략의 표현이다. 사과 행위에서도 "I just want to ask you if you could forgive me"처럼 잘못을 용서하는 결정권을 상대방에게 줌으로써 그의 역할을 존중한다는 의사를 보이는 것은 소극적 공손 전략으로서 사과하기의 예이다.

4) 비공개 전략으로 사과하기

체면위협 행위인 발화를 굳이 감행하기로 할 경우 화자의 비공개 전략은 청자의 체면이 손상되지 않도록 암시적이고 간접적인 방식으로 사과하는 것이다. 물론 비공개 전략으로 사과하기는 말을 하지 않고 그냥 꽃만 준다든지, 평소에 상대방이 원했던 물건을 선물한다든지의 방식으로 화해와 사과의 뜻을 전달하는 것이다. 그런 비언어적 방식이 아닌 언어적 수단을 통한 비공개 전략으로 사과하기는 "Hey, I'm not the best with people, but I'm learning, and it occurred to me that what I said was not exactly polite"라든지 "I think I was absolutely out of my mind when I said 'I hate you' last night."처럼 사과의 발화수반력을 에둘러 표현하는 것이다. 따라서 완전 공개 전략으로 말할 경우 청자는 오해의 소지가 전혀 없는 반면 사과 행위의 진정성을 의심할 수 있지만, 비공개 전략으로 사과할 경우 청자는 일단 화자의 말에 대한 축어적 해석 이외의 추론을 통해 화자의 발화수반적 의도를 충분히 확인할 수 있다.

3. 스펜서-오티의 조화관계 이론

3.1 체면 다시 보기

스펜서-오티(2002)는 사람이 언어를 사용하는 것은 정보 전달information transfer의 목적도 있지만, 사회적 관계의 관리social relations management라는 목적도 중요하다고 본다. 그녀는 사회적 관계와 관련된 언어 사용의 면면을 대화 참여자들 사이의 조화관계 관리의 개념으로 설명하려고 한다. 이를 위해 우선 스펜서-오티는 브라운과 레빈슨의 공손 이론을 받아들이되 보다 사회적 관점에서 확장한 공손의 '조화관계 이론rapport theory'을 제안한다. 조화관계란 "사람들 관계에서 상대적인 원만함과 부드러움(the relative harmony and smoothness of relations between people)"으로 정의되며 조화관계 관리는 "사람들 사이의 관계를 관리하는 것"인데(Spencer-Oatey 2005:96), 스펜서-오티에게 레이코프나 리치, 브라운과 레빈슨 등의 공손 이론의 주요 개념들이나 규칙 및 원리들은 넓은 의미의 조화관계 관리의 일부분을 구성하는 것이다. 조화관계 이론을 수립하기 위해서 제일 먼저 그녀는 체면의 개념을 다른 각도에서 접근한다. 브라운과 레빈슨에서 사용한 체면의 개념은 한 개인이 다른 사람들 앞에서 주장하고 싶은 자신의 이미지로서 이에는 소극적 체면과 적극적 체면의 두 가지가 있었다. 그런데 스펜서-오티(2005:102)는 체면은 상황에 따라 달라질 수 있는 상황-특정적situation-specific 체면과 개별 상황과 무관하게 유지되는 범상황적pan-situational

체면으로 나눌 것을 주장한다. 어떤 사람의 체면은 그가 순전히 개인으로서 갖는 체면, 즉 개인적 체면 individual face이 있고 반대로 그 사람이 속한 집단, 즉 국가나 인종이나 성이나 학교, 직장 등에 의해 생기는 체면이 있는데 이를 집단적 체면 group face이라고 한다. 예를 들어 조용히 식사하고 있는 사람에게 다가가 구걸을 하는 행위는 식사하는 사람이 남자이든 여자이든 한국인이든 외국인이든 대학생이든 고등학생이든 상관없이 그 상황에서 방해받고 싶지 않은 그 사람의 체면을 빼앗는 행위가 된다. 또한, 명동 한복판에서 "Free Hug"라고 쓴 큰 광고판을 들고, 오가는 행인에게 다가가 허그를 하려고 해도 아무도 본 척 만 척하고 그냥 지나치기만 한다면 그 사람은 어디 출신, 어디 소속을 떠나 순전히 개인으로서 인정받으며 함께 잘 지내고 싶은 적극적 체면이 그 특정 상황에서 여지없이 깎인 것으로 볼 수 있다. 그러나 체면은 이렇게 순전히 상황에 따른 개인적인 측면도 있지만, 때로는 그 개인이 속한 집단에 의해 평가될 수도 있다. 예를 들어 남편이 벽에 못을 박아달라는 아내의 부탁을 받고 망치질을 하는데 벽이 너무 단단해서 못이 잘 들어가지 않을 때 "어떻게 남자가 못도 하나 못 박아?"라는 아내의 말은 남자라면 응당 갖추어야 한다고 생각되는 특질 quality이 없음을 나무라는 것으로 이는 그가 남자이기 때문에 감수해야 하는 체면손상이라고 할 수 있다. 이때 남자가 "이 아파트 벽은 워낙 단단해서 못이 잘 안 들어가"라고 상황에 따른 항변을 해서 이미 떨어진 체면을 만회하려고 시도할 수 있지만 대개 그런 상황적 변명은 "그래도 남자라면..."으로 시작하는 거대한 담론에 맥을 못 추게 된다. 반대로 밥솥에 밥을 까맣게 태운 아내에게 "여자가 밥도 하나 할 줄 몰라?"라는 말은 일반적으로 통용되는 한국 여성의 특질 기준을 사용한 남편의 공격적 발화로 볼 수 있다. 때로는 밥솥이 고장 나서 정상적으로 작동하지 않는 바람에 밥을 태운 것일 수도 있어서 이런 상황에서는 "여자가 어떻고 저떻고"를 들먹이는 것 자체가 부당할 것 같지만, 가정주부의 역할과 능력에 대해 그렇게 교육받은 이 남편의 아내에 대한 무례한 체면 공격은 쉽사리 끝나지 않는다. 남자 또는 여자의 문제 외에도 어떤 집단에 대해 사회적으로 받아들여지는 정체성identity이나 특질 등은 그 집단에 속한 개인들의 체면에 항상 꼬리표처럼 따라다니며 이를 충족시키거나 잘 발휘하지 못할 경우 그의 상황 논리적 변명은 묻히게 되고 개인으로서는 어찌할 수 없는 체면손상을 받아들여야 하는 경우가 많다. 예를 들어 "그래, 대한민국 최고의 대학을 나왔다는 친구가 기안서를 이렇게밖에 작성 못하다니?"라든지 "일본 사람들은 다 예의가 바르다던데 그 친구는 왜 그 모양이야?", "흑인들은 달리기를 다 잘하는 줄 알았는데 그 애는 아니더군"과 같은 공손하지 못한 발화들은 그 사람이 불행히도 그런 집단에 속했다는 죄 아닌 죄 때문에 사회적으로 통용되는 판단이나 때로는 근거 없는 선입견 등에 의해 어쩔 수 없이 감수해야 할 체면위협 내지는 체면손상이다. 이런 공손하지 못한 발화를 한 사람은 그 대상자에게 기대하는 것이 충족되지 못했을 때 실망하거나 화가 나서 그런 무례한 말을 함으로써 일종의 카타르시스를 얻을 수 있지만, 그런 공손하지 못한 발화를 듣는 사람은 체면손상과 함께 그 발화자와 조화로운 관계에 금이 갈 수도 있다.

3.2 조화관계의 요인

개인적이든 집단적이든 체면은 공손과 조화관계에 영향을 주지만, 체면에 대한 고민 외에도 여러 요인이 소통에서의 조화관계에 영향을 줄 수 있는데, 스펜서-오티(2000)는 인간의 언어적 상호작용에서 조화관계에 영향을 주는 요인들로 다음과 같은 것들을 들고 있다.

조화관계에 영향을 주는 요인
1) 체면에 대한 우려(concerns about face)
2) 사교성 권리에 대한 우려(concerns about sociality rights)
3) 개인 간 지향에 대한 우려(concerns about interpersonal orientations)
4) 집단 간 고려 사항들에 대한 우려
   (concerns about intergroup considerations)

우선 체면에 대한 우려 중 한 가지 유형은 어떤 사람이 갖고 있거나, 갖고 있다고 생각하는 개인적 특질 qualities로서 그 사람의 가치 worth, 신뢰성 credibility, 존엄 dignity, 명예 honor, 명성 reputation, 능력 competence 등에 대해 그가 지키고자 하는 바람이나 소망 desire or want을 가리킨다. 이것은 앞에서 본 고프만이나 브라운과 레빈슨의 체면의 개념과 유사하다. 그런데 스펜서-오티의 체면은 위의 예에서 보듯 단순히 한 개인의 자긍심 혹은 성취감에만 머무는 개념이 아니라 그러한 개인들이 속한 집단에서도 존재할 수 있는 개념이다. 예를 들어 해병대 출신들은 너나 할 것 없이 그들 특유의 자긍심이 있고 어떤 학교 출신은 자신의 모교에 따라다니는 특질을 자랑스럽게 생각하는 것 등이 그런 집단적 체면이다. 스펜서-오티는 브라운과 레빈슨의 적극적 체면에 해당하는 개인적 수준에서의 체면을 '자긍심 체면'이라 부르고, 집단적 수준에서의 체면을 '사회적 정체성 체면 social identity face'으로 불러 구분하며 이에 따른 각종 공손하지 못한 발화의 유형을 재분류하고 있다.

두 번째로 조화관계에 영향을 주는 요인으로서 체면과 구별되는 "사교성 권리 sociality rights"란 개인적으로나 사회적으로 차별받지 않고 당연히 누릴 수 있는 자격이나 권한을 포함한다. 이에는 첫째로, 다른 사람들과 동등하게 대접받을 수 있으며 부당한 지시나 명령을 받지 않고, 이용당하지 않을 권리인 평등권 equity rights이 있다. 이는 브라운과 레빈슨의 소극적 체면에 해당하는데 평등권을 침해하는 발화는 당연히 조화관계에 악영향을 주며 반대로 조화관계를 유지하거나 키워나가길 원한다면 평등권을 존중하는 것이 필요하다. 이런 평등권은 스펜서-오티에 의하면 비용과 이득 cost-benefit의 개념과 자립과 강제 autonomy-imposition의 개념으로 분석되는데 상대방에게 과도한 비용을 강요하는 발화수반적 의도를 가진 행위나 상대방에게 부당한 일을 강제하는 행위는 평등권을 침해하는 결과를 낳게 된다. 반면에 상대방의 이득을 도모하는 행위나 상대방의 자립을 보장하는 발화수반적 의도를 가진 행위는 평등권을 신장하여 조화관계 형성에 도움이 된다. 두 번째 종류의 권리는 다른 사람들로부터 배제되지 않고 잘 어울려 지낼 수 있는 권리인 교제권 association rights이 있다. 스펜서-오티에 의하면 자율성에 관한 우려나 교제권에 대한 우려는 체면에 대한 우려 못지않게 공손 전략뿐 아니라 조화관계의 형성이나 유지에 영향을 줄 수 있다고 한다. 이상에서 본 조화관계에 영향을 주는 체면과 권리를 표로 정리하면 다음과 같다(스펜서-오티 2000:15 및 2002:541).

[표 12] 조화관계 관리의 요소

	조화관계 관리	
	체면 관리	사교성 권리 관리
개인적/독립적 관점	자긍심 체면	평등권
사회적/상호의존적 관점	사회적 정체성 체면	교제권

이 요소들이 어떻게 상호 작용하여 조화관계에 영향을 주는지 스펜서-오티(2002)의 예를 먼저 살펴보자.

1) 사례 1

중국인 교수가 영국 대학에 한 달 동안 연구 자료 수집의 목적으로 체류하다가 떠날 시점이 되었다. 영국인 학과장은 중국인 교수에게 "교수님께서 우리 학과에 계셔서 좋았습니다. 그동안의 시간이 유용하셨기를 바라고 앞으로도 계속 연락하길 희망합니다."라고 정중히 말했다. 이에 대해 중국인 교수 역시 예의바르게 대답을 했지만 내심으로는 그 학과에서 자신에게 초청 강연 guest lecture을 할 기회를 주지 않은 것에 대해 실망스러웠다. 그는 자신이 연구하는 것에 대해 학과에서 대수롭지 않게 생각하는 것으로 보고 더 이상의 연락을 하지 않았다. 그러나 실은 영국인 학과장은 중국인 교수를 배려해서 그에게 부당한 부담을 지우지 않으려고 강연을 요청하지 않았던 것이다. 즉, 비용-이득의 측면에서 상대방에게 과도한 부담이 될 수 있다고 생각한 나머지 그의 평등권을 보장하기 위해 그런 부탁을 하지 않았다. 그러나 중국인 교수는 이런 강연 요청이 없었던 것을 자신의 자긍심 체면에 금이 가는 것으로 해석했다. 그가 중국에 돌아와 동료 중국인 교수들이 그에게 "영국에서 몇 차례나 강연했느냐"고 묻자 "한번도 못했다"라고 답할 수가 없었는데 그렇게 답할 경우 그는 중국 대학에서 자신의 명성과 지위가 퇴색할 것을 우려한 것이다. 즉 중국인 교수는 자신의 사회적 정체성 체면의 유지를 위해 정확한 답을 회피하고 말았다.

2) 사례 2

중국의 비즈니스 사절단이 물건 구매차 영국 회사를 방문했다. 영국에 도착한 며칠 동안 중국인들은 많은 문제점에 봉착해서 자신들과 그전에 접촉했던 영국인 담당자와 만나 이야기를 나누고 싶어 했다. 그러나 이 영국인 담당자는 중국인들이 영국에 왔을 때 이미 6주간의 해외 출장 중이었다. 중국인들이 본국으로 돌아가는 날은 다음 주 화요일인데 영국인 담당자는 그전 목요일에야 영국으로 돌아왔다. 이 사실을 안 중국인들은 영국인 담당자가 즉시 그들을 찾아와서 자신들과 이야기를 할 수 있을 거라고 기대했는데 아무리 기다려도 영국인 담당자는 오질 않았다. 중국인들은 이에 크게 화가 나서 통역에게 항의했다. 그들은 영국인 담당자를 친구처럼 생각했고 그렇다면 마땅히 그가 즉시 자신들을 찾아와 자신들의 문제점을 들어줘야 한다고 보았다. 반대로 영국인들은 그 담당자가 오랜 해외 출장에서 돌아왔기 때문에 남들처럼 며칠은 푹 쉴 수 있도록 아무 일도 맡기지 않는 게 당연하다고 생각했다. 즉, 중국인들은 자신들의 사교성 권리인 교제권이 영국인에 의해 무시당했다고 생각했지만, 영국인들은 그 담당자의 개인적인 평등권을 보장해 주어야 한다고 생각했다.

이처럼 조화관계를 이루는 여러 요소에 대해서는 개인은 물론 사회 문화마다 중요성에서 차이가 있고 우선순위도 다르다. 한국에서는 휴일에도 회사에 일이 생기면 쉬다가도 나와서 평등권을 포기하고 일을 해야 하는 게 성실한 직장인이라고 생각하는 경향이 있다. 업무가 다 끝난 후 회식에 빠지는 사람은 사회적 정체성 체면을 난타당할 준비가 되어 있어야 하며 아무리 높은 성과를 낸 사람도 남들 앞에서 대놓고 자랑하는 것은 바람직하지 않다고 생각한다. 그만큼 자신의 자긍심 체면을 강하게 내세울 수 없다. 만약 이를 무시하고 너무 잘난 척하는 인상을 주면 주위의 사람들이 그를 속칭 "왕따"를 놓고 교제권을 박탈할 수 있다. 한국에서 직장인으로서 주위 사람들과 조화관계를 원한다면 이런 요소들을 잘 이해하고 그것에 맞게 말하고 행동해야 한다. 마쓰모토(1988:405)는 일본인에게 무엇보다 중요한 것은 자신의 영역이 아니라 자신이 속한 집단에서 타인과의 관계로 규정되는 자신의 상대적 위치가 중요하며 그 타인들로부터 받아들여지는 것이 중요하다고 주장한다. 한 개인의 체면손상은 그가 자신이 속한 집단의 구조와 서열 관계를 이해하지 못하거나 인정하지 않는다는 다른 사람들의 평가로 발생한다. 일본인들은 자신이 다른 사람들과 어떤 관계에 있는지를 알아야 하며 그들과 형성되는 종속 관계를 인정해야만 한다. 따라서 마쓰모토는 모든 사회 활동을 지배하는 것은 개인의 고유 영역을 지키려는 것이 아닌 집단 내 자신의 상대적 위치에 대한 인정과 관리라고 말하며 그런 점에서 브라운과 레빈슨은 개인적 자유와 자율을 지나치게 강조한 나머지 체면의 사회적 측면을 충분히 고려하지 않았다고 주장한다. 이와 같은 맥락에서 마오(1994)는 '이상적인 사회 정체성ideal social identity'과 '이상적인 개인 자율성ideal individual autonomy'이라는 사람들 사이의 행동에 영향을 주는 두 가지 상반된 힘을 제안한다. 이상적인 사회 정체성은 한 집단의 구성원이 다른 구성원들과 잘 어울려서 동질감을 키워나갈 수 있게 해주는 힘이고, 이상적인 개인 자율성은 각 구성원이 행동의 자유를 유지하고 침범할 수 없는 공간을 표시하게 하는 힘을 말한다. 마오는 이 두 가지 힘 중에 어느 하나를 선호하는 것을 '상대적인 체면 지향relative face orientation'이라고 부르는데 이는 때로는 독립적인independent 상태를 원하는 것과 또 때로는 상호의존적인interdependent 것을 원하는 마음 사이에서 상황에 따라 우선순위가 다르게 나올 수 있음을 말한다. 개인들 사이의 지향점에 관한 우려는 체면이나 권리에 관한 우려로 이어질 수 있고 이는 조화관계에 영향을 줄 수 있다. 또한, 개인뿐 아니라 그런 개인들이 속한 집단의 특성이나 추구하는 가치, 문화 등에 따른 의견 불일치나 의도적인 외면과 오해 등은 조화관계에 영향을 미칠 수 있다.

3.3 조화관계 지향

스펜서-오티의 연구에서는 인간의 상호작용에서 화자가 추구하고자 하는 조화관계 지향rapport orientation에 따라 대화자들의 상대적인 조화관계가 성립될 수 있는데 화자가 추구할 수 있는 조화관계 지향점은 다음과 같이 네 가지가 있다.

- **4가지 조화관계 지향점(Spencer-Oatey 2000)**
  1) 조화관계 상승 지향점(Rapport-enhancement orientation)
     대화 참여자들 사이의 조화로운 관계를 보다 두텁게 하기를 원하고 노력하는 것
  2) 조화관계 유지 지향점(Rapport-maintenance orientation)
     대화 참여자들 사이의 조화로운 관계를 유지하거나 최소한 보존하기를 원하고 노력하는 것
  3) 조화관계 무시 지향점(Rapport-neglect orientation)
     대화 참여자들 사이의 관계의 질에 관심을 두거나 걱정하지 않는 것
  4) 조화관계 도전 지향점(Rapport-challenge orientation)
     대화 참여자들 사이의 조화로운 관계를 무너뜨리기를 원하고 노력하는 것

이러한 네 가지 조화관계 지향점은 다양한 언어 행위를 수행하면서 화자가 선택하는 언어전략에 영향을 줄 수 있는 주요 변인이 된다. 단순히 생각해 볼 때, 만일 화자가 1) 혹은 2)와 같은 지향점을 갖고 상호작용에 참여한다면 화자는 청자와의 관계에서 불통 혹은 오해를 유발하고자 하는 의도가 없다고 볼 수 있지만 3) 혹은 4)와 같은 지향점을 가진 화자라면 그의 상호작용의 의도는 불통을 유발하고자 하는 것으로 추측해 볼 수 있을 것이다. 그런데 스펜서-오티는 조화관계 지향을 전적으로 화자의 입장에서 설정하고 있는데 대부분의 대화는 화자와 청자가 함께 시시각각으로 상호작용하면서 만들어 나가는 것이기 때문에 대화의 양방향성 및 역동성을 적절하게 이해하려면 화자의 입장과 더불어 청자의 입장 및 지위도 고려해야 할 것이다. 조화관계를 어떤 방향으로 지향할 것인가는 전적으로 화자만의 선택에 달린 것이 아니다. 예를 들어 대화에 참여하는 두 사람이 상호 지향하는 것이 다를 경우는 어떻게 설명할 것인가? 가령, 화자는 1)의 조화관계 상승 지향을 택하고 대화에 참여했지만 청자는 3)의 조화관계 무시 지향을 갖고 대화에 참여했을 수도 있다. 이는 위 4가지 유형화에

포함되지 않는 경우이다. 결국, 스펜서-오티의 조화관계 지향의 4가지 유형화는 화자가 추구하고자 하는 지향점을 청자는 수동적으로 수용한다는 불균형적 전제가 내포되어 있다고 볼 수 있는데 어떤 경우이든 조화관계의 지향점은 궁극적으로 화자와 청자의 상호작용에서 결정된다고 보아야 한다. 이런 점에서 이성범과 한승훈(2014)은 조화관계 지향에 따라 달라질 수 있는 한국 부부들의 대화에서 발생하는 불통이나 오해를 분석하면서 화자의 입장과 청자의 입장을 종합적으로 고려하여 전체 대화의 조화관계 지향을 설명하고 있다. 브래트만Bratman(1984, 1993)은 인간의 행위를 구성하는 4가지 핵심 요소로서 의도, 믿음, 태도 및 계획을 들면서 이 요소 중 의도가 모든 행동의 가장 기저에 존재하며 이는 다른 요소들과 상호작용을 하여 그 결과가 인간의 행동으로 표상된다고 본다. 한승훈Han(2014)은 이런 브래트만의 행동이론과 그라이스의 협조 원리 개념을 결합하여 화자와 청자의 대화행위를 구성하는 4가지 요소에 각각 긍정, 중립, 부정의 자질을 부여하고 이들 간 상호작용의 결과로 예견되는 행위의 유형을 6가지로 구분하는데, 여기서는 이 6가지 상호작용 유형 중에서 '형식적인 (가장된) 협조 행위Pretended Cooperative Action: PCA'와 반목의 의도가 명백한 '비공유-비협조 행위Non-shared and Uncooperative Action: NUA'의 사례를 통합적 관점에서 살펴보기로 하자. 우선 '형식적인 (가장된) 협조 행위'란 화자와 청자가 특정한 목적에 대해 수렴하는 의도를 형성한 상태에서 주체들 간의 믿음, 태도, 계획이 모두 부정적인 마이너스(－)의 자질 값을 갖게 될 때 예견되는 행위를 가리킨다. 이 행위의 특징은 주체가 상대방과의 조화를 추구하고자 하는 진실됨이 없는 상태에서 갈등 혹은 부조화를 피하기 위한 가장된 협조적 행위를 한다는 점이다. 즉, 이러한 관계를 형성한 부부는 상대방과의 관계에서 형식적으로만 협조하려는 목적을 갖게 된다고 할 수 있다. 반면에 '비협조 행위'란 화자와 청자가 특정한 목적에 대해 수렴

하지 못하는 의도를 형성하는 상태에서 중립적 자질 값을 갖는 믿음을 제외하고 태도와 계획이 부정적인 마이너스(-)의 값을 갖게 될 때 예견되는 행위를 가리킨다. 이 행위의 특징은 대화 참여자가 상대방과의 관계에서 부조화를 추구하는 자신의 의도를 명시화하기 위해 공격적 언어전략을 사용하여 상대방과의 관계에서 비협조적인 모습을 보인다는 점이다. 예를 들어 다음 대화의 예 1은 2011년 8월 12일에 EBS의 "부부가 달라졌어요"에서 방송되었던 결혼 8년 차 부부의 대화 중 일부를 전사한 것이다. 이 대화는 남편이 운전하는 자동차 안에서 벌어지고 있다.

- **부부 대화의 예 1 (남편: 36세, 부인: 34세)**
  - [1] 아내: 근데, 자기는 왜 요즘은 이렇게 한 숨을 많이 쉬어?
  - [2] 남편: 일이 안되니까.
  - [3] 아내: 아니 일이 안되는 거 아니라도 내가 무슨 말 하더라도 한숨 쉬고, 들어와도 한숨 쉬고…
  - [4] 남편: 몰라. 그냥 싸우기 싫어. 싸울 거란 걸 분명히 아니까.
  - [5] 아내: 피하려고만 하고.
  - [6] 남편: …
  - [7] 아내: 말 좀 해봐라.
  - [8] 남편: 무슨 말을 해?
  - [9] 아내: 이러다 자기 집 가면은 얘기만 잘하잖아.
    그런 것도 꼴 보기 싫어 죽겠어. 가식적인 것.
  - [10] 남편: 그렇게 얘기하면 내가 얘기 하겠냐?
    얘기해, 얘기해, 얘기해, 하면 그럼 내가 얘기해?
    분위기 험악하게 만들어 놓고 말해, 말해, 그러면 내가 뭔 말을 하냐고?
  - [11] 아내: 아무 말이라도 해보라고 제발.
  - [12] 남편: 뭔 말을 하냐, 내가! 아무 말이나.
  - [13] 아내: 하고 싶은 말!
  - [14] 남편: 그만해!

이 대화의 남편은 아내의 요청과 질문에 일일이 답변을 하는 것을 귀찮아 한다. 한편 아내는 이러한 남편의 행동이 자신을 무시하는 것으로 강하게 믿고 있다. 이들 부부의 갈등은 집에서 편히 쉬기를 원하는 남편의 바람과 남편과 많은 이야기를 나누기를 원하는 아내의 바람이 각각 추구하고자 하는 방향이 상호 일치되지 않음에서부터 시작된다. 남편은 아내에 대해 조화관계 무시 지향을 보이고 있는 반면 아내는 조화관계 유지 지향을 보이고 있다. 즉, 서로 다른 조화관계 지향점을 갖고 대화에 임하고 있는데 대화 자체의 목적에 대해선 수렴하는 의도를 형성하고 있지만, 남편은 아내와의 갈등을 피하고자 하는 바람을 바탕으로 [2]와 [4]의 발화에서 보듯 다만 형식적인 협조만을 추구하고 있는 것으로 보인다. 반면 아내는 [5]와 [7]에서 보듯 남편의 말이 진실되지 않다고 생각하지만 그래도 남편과의 관계를 고려해서 실질적인 협조를 하려고 노력하는 것으로 보인다. 하지만 남편은 [6]과 [8]에서처럼 아내의 반복되는 요청에 직접 반박을 한다. [9]에서 아내는 "꼴 보기 싫어 죽겠어" 그리고 "가식적인 것"이란 금기어 taboo words 사용의 적극적 무례함 전략을 채택한다. 이에 대해 남편은 [10], [12], 그리고 [14]에서처럼 직접 반박을 한다. 이 예에서 남편과 아내는 대화에 관한 서로 다른 지향점을 갖고 있지만, 최소한 관계를 유지하려고 하는 아내의 지향점은 남편의 조화관계 무시 지향점으로 인해 대화가 반목과 공격으로 번지는 위험성을 어느 정도 낮추는 역할을 한다. 이러한 맥락에서 부부의 대화는 반목과 대립보다는 갈등을 피할 수 있는 적정한 정도의 협조를 유지하고자 하는 목적을 지녔다고 볼 수 있다. 결국, 이 대화는 대화 참여자들 사이의 관계의 질에 대한 관심 혹은 우려보다는 자신의 평등권에 손상이 가해지는 것에 대한 우려와 밀접한 관련을 맺고 있다고 볼 수 있다. 따라서 이 대화는 대화 참여자의 다른 지향점에 따른 '형식적인 (가장된) 협조 행위PCA' 유형의 대화라 할 수 있다.

반면에 다음 대화의 예 2는 대화 참여자 사이의 반목의 의도가 명백한 비협조UA 유형의 대화로서 화자와 청자가 각자 조화관계 무시 지향과 조화관계 도전 지향을 가진 경우이다. 이 대화는 같은 프로그램의 2011년 6월 26일에 "아내의 이유 있는 분노"라는 제목으로 방송된 내용 중 일부로서 결혼 21년 차 부부 사이의 대화이다.

■ **부부 대화의 예 2 (남편: 50세, 부인: 47세)**
  [1] 아내: 어허허~~, 내가 모시자고 그랬다구? 그럼? 어? 내가 데리고 살자고 그랬다구?
  [2] 남편: 그래!
  [3] 아내: 내가 그 사람을 왜 데리꾸 사니? 여기서! 미쳤냐? 응? 니 부몬데 니가 모시고 살지! 내가 왜 데리꾸 살아!
  [4] 남편: 그런 식으로 응~ 상처를 내려구 자꾸! 응~!
  [5] 아내: 내가 자꾸 무슨 상처를 낼려구 그래?
  [6] 남편: 말하는 그 자체가 다 상처잖아!
  [7] 아내: 아니, 무슨 상천데? 상처 지금 받은 게 뭐지?
  [8] 남편: 당신이 우리 형제들한테 그런 식으로 얘기하고 어~! 상스럽게 얘기하고 한 게 다 상처지 뭐야?
  [9] 아내: 대화가 되는지 보다! 그러니까 안 되지!
  [10] 남편: 그래! 내 입에서 좋은 소리가 나가냐?
  [11] 아내: 피가 어디 가나?

이들 부부는 남편의 어머니를 모시는 문제로 대화를 나누고 있는데 이들의 대화는 소통을 위한 장치라기보다는 불통을 조성하기 위한 무기로 활용되고 있는 듯 보인다. 이들은 시어머니를 모시는 문제에 대해 상호 공유되지 않는 의도를 갖고 있고 나아가 믿음, 태도, 그리고 계획의 모든 요소가 부정적인 '비공유-비협조 행위'를 형성하고 있다. 아내는 남편과의 결혼생활에서 시어머니로부터 부당한 대우를 받아왔다. 남편은 아내의 입장에서 아내의 상처를 감싸주고 배려하기보다는 자신의 입장에서 아내를 비난하는 일에 앞장서 왔다. 이러한 이전의 맥락 정보는 개인적 수준에서의 아내의 자긍심 체면과 집단적 수준에서의 사회적 정체성 체면뿐 아니라 평등권 모두에 치명적인 손상을 주게 되었을 것으로 판단된다. 이런 상태는 브래트만(1993)의 용어를 빌면 아내의 행동을 구성하는 핵심 요소인 의도를 남편이 공유하지 못하게 한다. 나아가 공유되지 못하는 의도의 형성은 믿음, 바람, 그리고 계획의 모든 요소가 부정적 자질을 갖게 하는 결정적 단서라 할 수 있다. 이러한 맥락에서 이 대화에서 아내는 남편과의 이전 관계로부터 '비공유-비협조 행위NUA'를 형성하게 되었다고 볼 수 있다.

대화의 예 2의 발화 [1]부터 [5]에서와 같이 아내의 말은 남편의 체면과 권리에 심한 손상을 초래하기 위한 무례함의 전략으로 구성된다. 남편의 말 또한 직접 반박 그리고 비난의 발화수반력을 보인다. [7]에서 아내의 "상처 지금 받은 게 뭐지?"라는 발화는 '당신이 느끼는 상처는 지금까지 내가 받았던 상처의 무게와는 비교도 할 수 없을 정도이다'라는 반목의 의도와 불신이 함축되어 있다. 이에 대한 [8]과 [10]에서 남편의 비난은 발화 [7]의 함축된 의미를 충분히 복원한 결과가 아닌, 발화의 표면적 의미만을 해석한 결과라 할 수 있다. 이 대목에서 우리는 남편의 행동을 구성하는 의도와 믿음 역시 아내의 그것들과는 공유되지 못한다는 점을 알 수 있다. 이것으로 남편은 전형적인 비난과 비동의 언어 행위를 수행하게 된다고 할 수 있으며 전체 대화는 조화관계에 대한 심각한 도전으로 치닫고 있다.

대화의 예 1에서 본 '형식적인 (가장된) 협조 행위PCA'에서는 대화 참여자끼리 서로 대립하는 조화관계 지향점이 각자의 체면이나 권리에 대한 우려의 문제로 확장된다. 그러나 대립하는 지향점은 조화관계 자체를 와해시키려는 방향으로 변질되지 않고 각 주체의 바람과 믿음이 그들의 상호작용에서 적절한 정도로 유지될 수 있는 방향을 추구하게 된다. 따라서 이런 유형의 대화에서 진실하고 공유된 이상적 소통을 기대하기는 어렵지만 최소한의 조화관계를 유지하는 데 요구되는 협조적 대화 행위는 가능하다고 할 수 있다. 반면 '반목의 의도가 명백한 공격적 대화 행위'에서 대화 참여자들은 상호 조화관계를 무너뜨리기를 원하거나 조화관계에 대해 무관심한 지향점을 갖고 대화에 참여한다. 또한, 이들은 상호작용에서 자신이 추구하는 지향점을 성취하는 데 필요하다면 상대방의 체면과 권리를 침해하는 일에 적극적으로 몰입하게 된다. 한승훈(2014)에 의하면 이 행위의 또 다른 특징으로 주체는 상대방의 비동의 화행 전략에 비교적 취약하다는 점이다. 가령 자신의 요청 혹은 제안 화행이 상대방에 의해 거절되었을 때 주체의 행위는 급격하게 부정적 자질의 것으로 변화된다. 이러한 유형의 행위는 상대방과 공유되지 못하는 의도와 믿음에 기반을 두어 형성된 행위이다. 그들 사이의 지향점 불일치 상태는 아주 사소한 것이라도 방해 요소에 의해 쉽게 영향을 받게 되어 대화 참여자의 태도와 계획이 더욱더 부정적인 자질 값을 갖도록 변화시킨다. 그 결과 대화 참여자는 비협조적 태도로 자신의 체면 그리고 권리를 지키기 위한 불통을 추구하게 되는 것이다.

3.4 비동의 행위와 조화관계

우리 주위에서 비교적 흔히 볼 수 있는 언어 행위로서 비동의 행위는 대화 상대방이 말하거나 생각하는 것에 대해 동의하지 않는 발화수반력을 가진 말을 하는 것이다. 비동의 행위는 일반적으로 상대방의 체면에 위협을 주는 공손하지 못한 행위이며 조화관계를 위한 수렴적 태도에 어긋나는 행위이기 때문에 화자가 부득이하게도 비동의를 피력해야 할 때는 보정적인 장치로서 적절한 공손 전략이 필요하다. 브라운과 레빈슨의 관점에서 보면 비동의 발화가 갖는 체면위협도가 크면 클수록 공손 전략도 더 강력한 것이 선택되어야 하는데 물론 아예 비동의 발화를 하지 않음으로써 체면위협을 하지 않는 것이 가장 현명할 수 있지만, 꼭 자신의 의견을 말해야 할 때는 될 수 있는 대로 간접적인 방식인 비공개 전략을 택하거나 소극적 공손 전략을 택하는 것이 안전하다고 생각된다. 그러나 실제 사례를 보면 비동의 발화라고 해서 반드시 무례하게 들리는 것은 아니며 무조건적인 동의 발화에 비해 조화관계를 증진하는 데 효과적인 경우도 많다. 예를 들어 회사에서 새로운 제품의 개발을 위한 아이디어 회의를 하는데 신입 사원이 기존 직원들의 의견에 무턱대고 동의만 하면 패기가 없거나 눈치만 보는 사람으로 찍힐 가능성도 있다. 따라서 비동의 발화를 평가할 때는 공손 전략을 도식적으로 적용해서는 안 되며 발화와 관련된 인적 조화관계의 요소를 종합적으로 고려해야 한다. 시피아누(1992)도 이 점에서 '동의를 추구하라 Seek agreement'와 '비동의를 피하라'는 동의의 격률이 보편성을 지닌다고 본 리치의 분석에 문제점을 지적할뿐 아니라 이런 자세는 적극적 공손을 위한 것이라는 브라운과 레빈슨의 분석에 이의를 제기하면서, 때에 따라서는 동의가 아닌 비동의가 오히려 상대방에 대한 관심으로 보일 수도 있어 오히려 체면이 상승하는 기능도 할 수 있다고 주장한다.

스미스 Smith(1987:2)의 조사를 따르면 미국인들은 일반적으로 자신의 의견에 동의하는 사람을 더 좋아하는 경향이 있지만, 호주인들은 자기와 의견이 다른 사람에게 더 호감을 느끼는 것으로 나와 있다. 이런 주장의 타당성을 어디까지 인정해야 할지 모르겠지만 중요한 사실은 동의가 반드시 공손은 아니며 비동의라고 반드시 무례는 아니라는 점이다.

한국어의 비동의 행위를 대화 전략적인 측면에서 분석한 전정미(2011)는 [문제해결]과 [관계유지]라는 두 가지 기준에 기초하여 비동의 행위에서 볼 수 있는 전략을 다음과 같이 4가지로 나누며 각 전략의 하위 전략을 제시한다.

1) 자기중심 전략: [＋문제해결, －관계유지]
2) 상대방 중심 전략: [－문제해결, ＋관계유지]
3) 회피 전략: [－문제해결, －관계유지]
4) 승승 전략: [＋문제해결, ＋관계유지]

비동의를 대화 참여자들 사이에서 상호작용의 실패로 본 마이어스 Myers(2004)와는 달리 전정미(2011)는 비동의가 상호작용의 실패인 경우도 있지만 그렇지 않은 경우도 있다고 한다. 이는 대화가 합의를 목표로 하는 닫힌 소통인지 아니면 새로운 발견을 목표로 하는 열린 소통인지의 차이에 따라 달라진다. 일사불란한 의견 일치를 강조하는 폐쇄적 소통 맥락에서는 비동의는 공손하지도 않고 사회적으로 부적절한 발화가 되지만 다양한 의견의 개진과 교환을 용인하는 개방형 소통 맥락에서는 비동의도 공손과 무관한 발화로 인정될 수 있다. 전정미의 분석에서도 비동의를 발화하는 화자는 자기만을 위한 것이 아니라 상황에 따라 다르게 해석될 수 있는 다양한 전략 중 하나를 택하고 있는 것인데 1)자기중심 전략에는 단언하기, 비난하기, 거절하기 등이 속하고, 2)상대방 중심 전략에는 부분 수용하기가 있으며, 3)회피 전략에는 변명하기, 침묵하기, 되묻기, 최소화하기, 대답 보류하기 등이 속하고, 4)승승 전략에는 대안 제시하기, 이유 설명하기 등이 있다고 한다. 그런데 1)부터 4)의 4가지 상위 전략과 이들 전략에 속한다고 보는 하위 전략들 관계는 반드시 이렇게 고정되어 있다고 보기 힘들다. 예를 들어 이유 설명하기는 전정미의 분석처럼 반드시 화자와 상대방의 동반 상승을 위한 승승 전략에만 속하는 것이 아니라 때로는 회피 전략이나 자기중심 전략에 속할 수도 있다. 그뿐만 아니라 상대방 중심 전략을 취하는 비동의 화자는 반드시 부분 수용하기 전략만 구사하는 것이 아니라 때로는 단언하기나 대안 제시하기 등의 하위 전략도 택할 수 있기 때문에 위 4가지 상위 전략과 하위 전략의 관계를 보다

탄력적으로 볼 필요가 있다. 일단 전정미(2011)의 분석적 틀을 통해 앞에서 본 부부 대화의 예 2의 후반부를 다시 검토해 보자(편의상 앞에 제시한 대화 일부를 아래에 다시 복사함).

[7] 아내: 아니, 무슨 상천데? 상처 지금 받은 게 뭐지?
[8] 남편: 당신이 우리 형제들한테 그런 식으로 얘기하고 어~!
       상스럽게 얘기하고 한 게 다 상처지 뭐야?
[9] 아내: 대화가 되는지 보다! 그러니까 안 되지!
[10] 남편: 그래! 내 입에서 좋은 소리가 나가냐?
[11] 아내: 피가 어디 가나?

이 대화에서 아내의 비동의 전략은 남편과의 관계를 개선하는 데에는 관심이 없고 다만 당면한 문제를 어떻게든 유리하게 해결하고 싶은 마음에서 발화하고 있기 때문에 기본적으로 [＋문제해결, －관계유지]의 자기중심 전략으로 보이지만 [7]에서는 [－문제해결, －관계유지]의 회피 전략으로 되묻기를 수행하고 있다. 남편의 기본적 전략 또한 대체로 자기중심 전략에 해당되지만 [8]에서는 모처럼 아내의 질문에 대한 구체적인 이유를 설명하는 [＋문제해결, ＋관계유지]의 승승 전략을 택하고 있다. 그런데 아내의 되묻기와 그리고 남편의 이유 설명하기는 전정미가 주장하는 각각의 세부 전략에 해당하지 않는다. 앞에서도 언급했듯이 이들의 언어 행위는 서로의 의도가 본질적으로 공유되지 못하는 상태에서 비롯되고 있다는 점에서 [7]에서 아내의 되묻기는 자신의 함축된 의미를 전달하고자 하는 자기중심 전략 혹은 승승 전략에서 비롯된 것으로 반면 [8]에서 남편의 이유 설명하기는 오히려 아내를 비난하고 자신의 반목 의도를 단언하려는 자기중심 전략에 가깝다고 보아야 할 것이다. 이처럼 반목의 의도를 가지고 있는 부부는 비동의 전략을 [문제해결]과 [관계유지]의 기준에 따라 선택하는 것이라기보다는, 한승훈(2014: 420~426)의 지적대로 [자신 체면 유지] 그리고 [의도 성취]라는 또 다른 자기중심적, 내적 기준에 의해 선택하게 된다고 보아야 할 것이다. 따라서 스펜서-오티의 관점에서 볼 때 이 대화의 참여자는 그들 간의 조화로운 관계를 무너뜨리려고 하는 조화관계 도전의 지향점을 가지고 있으며 이것은 상대방의 체면과 권리를 존중하는 방향이 아니라 자신의 체면과 권리를 지키려는 방향으로 상호작용하여 말을 주고받을수록 수렴적 소통convergent communication이 아닌 발산적 소통divergent communication으로 나아가게 된다고 할 수 있다.

이와 유사한 또 다른 사례를 살펴보자. 다음 대화의 예 3은 2013년 3월 26일에 "아내의 짜증, 남편의 한숨"이라는 제목으로 EBS에서 방송된 내용중 일부이다.

■ 부부 대화의 예 3 (남편: 37, 부인: 34, 결혼 8년차)
　[1] 아내: 아니! 뭐~ 음료수를 그렇게 한 사발을 먹냐구?
　[2] 남편: 커피 마시는 대신 먹는 거야!
　[3] 아내: 아니, 근데 그걸 뭐~ 그렇게 한 사발씩 먹냐구?
　　　　　 야~~! 내가 작은 거 사라고 그랬지! 이거! 누구 먹을려구?
　[4] 남편: 아니! 나 먹는다니까, 왜 그래?
　[5] 아내: 남기기만 남겨봐라!
　[6] 남편: 남기든 말든 무슨 상관이야 자기가…
　　　　　 [말도 안 되는 걸 가지고 막 시비를 걸어]
　　　　　 음료수 사 먹는 사이즈 가지고 저렇게 시비 거는 사람은 처음 봤어, 태어나서!
　[7] 아내: 태어나서 처음 봤으면 어쩌라고?

이 대화에서 남편은 자신이 결정하는 대부분의 일을 아내와 사전에 논의하여 동의를 구하는 과정에 무관심하다. 제멋대로인 남편의 행동을 아내는 점점 견디기 힘들어한다. 남편이 마시고 있는 음료수의 크기에 대해 부부는 서로 다른 의도와 믿음이 투영된 대화를 수행하고 있다. 아내의 비난 발화 [1]에 대해 남편은 발화 [2]에서 이유를 설명하고자 하지만 아내는 [3]에서처럼 남편이 음료수를 커다란 용기에 마시는 것이 못마땅하여 이를 되묻고 있다. 아내는 [5]에서 일종의 협박에 해당하는 발화수반력을 전달하고 있으며, 남편은 발화 [6]에서 아내의 이런 공손하지 못한 발화를 맞받아치는 비난의 발화수반력을 전달하고 있다. 우선 남편의 전략은 전정미의 분석에 따르면 기본적으로 자기중심 전략에 바탕을 두고 있지만, 이유 설명하기([2]) 혹은 비난하기([6])를 맥락에 따라 선별적으로 사용하고 있다. 그런데 남편의 이유 설명하기는 관계 유지는 뒷전이고 당장 시급한 아내의 비난에 응수하기 위한 것이기 때문에 전정미의 분석처럼 그들 간의 [+문제해결, +관계유지]의 승승 전략이 아니라 자기중심 전략에 해당된다. 한편 아내의 전략 또한 자기중심 전략에 기반을 두고 있지만 되묻기 ([3]) 발화는 남편과의 일치되지 못하는 아내의 의도와 믿음을 투영하여 이를 전달하고자 한다는 점에서 [-문제해결, -관계유지]의 회피 전략이 아닌 자기중심 전략에 해당한다. 이러한 맥락에서 이들의 복합적 비동의 전략의 기준은 오히려 [+자신 체면 유지, +의도 성취]의 반목 전략에 기반하여 수행된 것이라 보는 것이 더욱 적합할 것이다.

   이 대화에서 드러난 불통의 근본적 원인을 부부의 조화관계 지향점에서 찾아본다면 이들은 조화관계를 와해시키고자 하는 지향점과 조화관계의 질에 대해 별다른 관심을 두거나 걱정을 하지 않는 무시하기의 지향점을 갖고 있다. 따라서 이들의 이런 지향점은 이들 부부로 하여금 상호 비난과 거절하기 등의 비동의 발화를 통해 조화관계보다는 자신의 체면 유지와 의도 성취에 초점을 맞추게 한다. 반목의 의도가 분명한 지향점은 이들의 대화 이전부터 지속된 관계에서 형성되었던, 공유되지 못하는 의도와 믿음의 상태에서 비롯된 것으로 판단된다.

   마지막으로 다음 대화의 예 4에 제시된, 평등권과 교제권이 문제가 되는 비동의 대화의 또 다른 경우를 살펴보자. 이는 2012년 5월 15일에 "아물지 않은 상처"라는 제목으로 EBS에서 방송되었던 대화 내용의 일부를 옮겨 쓴 것이다. 아내는 결혼 초부터 시어머니로부터 심한 간섭을 경험해왔다. 아내는 이러한 간섭이 자신에 대한 시어머니의 불만과 부당한 비교에서 비롯되었다고 믿고 있다. 한편 남편은 자신의 어머니를 불편해하는 아내를 이해시키는 일에 점점 지쳐가고 있다.

■ **부부 대화의 예 4 (남편: 37, 부인: 34, 결혼 6년차)**

[1] 남편: 내가 애들을 봐도 힘들고 짜증나고 그럴 때가 많은 데 정말 모르는 사람이 내 애를 과연 볼 때… 그러니까 내가 어머니 얘기를 꺼내게 되는 거에요.

[2] 아내: 근데, 내가 명절 때 어머니 뵙고 이런 것도 되게 힘들어하는 거 알면서 그렇게 말하는 게 좀 서운한데, 나는… 나는 너무 힘들거든요!

[3] 남편: 나도 지금 이 상황 이 자체에 대해서 스트레스를 어마어마하게 받고…

[4] 아내: 그니까 전화해보라고 했잖아요!
어머니한테 전화해보라고 조금 전에 말했잖아요!
그 날 내가 하루 종일 기분이 안 좋고 힘들어하고 스트레스 받아 할 수도 있다는 걸 감내하라고요!

[5] 남편: 나도 그 날 그렇게 될 수 있겠네!

[6] 아내: 그럴 수도 있죠! 그럼 생각하고 전화해보라고요!!
각오하고 있으라고!!! 나도 사람이니까, 감정이 있으니까!!!

이 대화는 아이를 어머니에게 맡기는 문제에 대한 의견의 불일치에 대한 사례이다. 남편은 아이를 모르는 사람보다는 자신의 어머니에게 맡기자고 제안하는 반면 아내는 모르는 사람이 차라리 시어머니보다 좋고 편하다면서 남편의 제안을 직접적으로 거부하고 있다. 그런데 아내의 반박 발화에는 "나는 너무 힘들거든요!"라는 부분에서 보듯 남편이 시어머니에 대한 자신의 불편한 심정을 이해해주기를 원한다는 바람이 투영되어 있다. 그러나 남편은 아내의 바람이 투영된, 이해를 요청하는 발화수반 의도는 무시하고 아내의 반박에 초점을 맞춘 반응만을 하고 있다. 이러한 남편의 발화는 아내의 바람에 대한 직접적 거절의 역할을 하게 되며 결국 아내의 발화 행위를 더욱 공격적으로 변화하게 하는 원동력이 되고 있다. 이들 부부는 이전의 사례와는 달리 최소한의 조화관계를 유지하고자 하는 지향점을 갖고 대화를 시작했지만 진행되는 맥락에서 각자의 바람과 믿음이 상대방의 반박으로 거절되어 각자의 자율과 교제권에 직접적인 손상을 경험하게 된다. 이것은 본래의 지향점에서 벗어나 조화관계를 와해시키고자 하려는 공격적인 지향점으로 급격하게 변화시키는 원동력이 된다. 변화된 지향점이 채택된 시점인 발화 [4]부터 부부는 손상이 가해진 자신의 권리를 지키는 일에 전념하게 된다. 이것은 이들의 공격적 언어 행위 형태로 대화의 맥락에서 실현되고 있다 ([4]~[6]).

이 대화의 예에서 볼 수 있는 불통은 소통 주체들의 자긍심 체면에 대한 바람이 상대방에 의해 거절되어 이것이 권리에 대한 손상으로 확장되어 발생하는 경우라 할 수 있다. 주체가 지니고 있는 특정한 목적에 대한 바람이 거부되는 것이 불통을 유발하는 도화선이 될 수 있는 근거는 이들의 이전 행위를 구성하고 있는 가장 근본적 요소인 의도가 상호 공유되지 못하는 상태에 처해 있기 때문이라 할 수 있다. 공유되지 못하는 의도는 믿음의 불일치를 유발하고 나아가 바람과 계획까지 불일치하게 하는 결정적 동기가 될 수 있다. 또한, 이러한 상태에서 형성된 행위는 상대방의 사소한 거절 행위에도 쉽게 부정적인 영향을 받을 수 있는 비교적 취약한 속성을 지니고 있다. 따라서 이들의 불통은 공유되지 못한 의도와 믿음을 바탕으로 형성된 불안정한 조화관계 지향점에서 비롯된다고 할 수 있다.

지금까지 스펜서-오티의 역동적인 조화관계 이론에 입각한 부부 대화의 분석은 보다 높은 차원의 공적인 사회적 소통에서의 오해와 불통을 설명하는 데에도 적용될 수 있다. 어느 사회나 사람들은 저마다 다른 개인적 체면과 권리에 대한 생각을 갖고 소통에 참여하게 된다. 이때 상대방과의 관계 설정에 따라 선택할 수 있는 언어 행위의 전략이 달라질 수 있는데 사회구성원들이 암묵적으로 합의한 목표에 어긋나지 않는 범위 내에서 개인의 목표를 추구하되 그 과정에서 상대방을 가능한 한 최대로 포용하려는 개방형 소통의 자세를 가질 때 사회적 소통의 엔트로피가 감소하는 수렴적 소통이 가능해질 것이다. 현재 우리나라에서 일어나고 있는 온갖 사회적 불통 현상은 소통에서의 조화관계 지향점이 어긋나 있고 하버마스가 말하는 소통적 행위보다 전략적 행위가 필요 이상으로 팽배하기 때문이다. 결국 누구나 소통을 원하지만 현실적으로 소통이 잘 안 되는 이른바 소통의 아이러니를 해소하기 위해서는 사회구성원들 사이의 조화관계 지향점과 이를 구현하기 위한 언어 행위 방식에 대한 이해가 선행되어야 하며 이는 각자가 사회적 존재로서 자기의 언어 사용에 대한 깊은 성찰에서 시작되어야 할 것이다.

4장 참고문헌

김선영. 2013. 한국어와 영어의 요청 화행 비교 분석. 서강대학교 교육대학원 석사 학위 논문.
윤시온. 2008. 대학생의 요청 화행: 그 특징과 공손성, 간접성의 관계. 한국언어학회 2008 겨울 연구회 발표 논문.
이성범·한승훈. 2014. 체면과 권리의 관점에서 본 부부 대화의 불통 및 오해. 한국어 의미학 43: 135-160.
전정미. 2007. 요청화행에 나타난 공손 전략의 실현 양상. 한말연구 21: 247-268.
전정미. 2011. 비동의 화행에 나타난 대화 전략 연구. 한말연구 29: 325-352.
Blum-Kulka, S. 1983. Interpreting and performing speech acts in a second language—a cross-cultural study of Hebrew and English. In N. Wolfson and E. Judd (Eds.), *Sociolinguistics and Language Acquisition*. Rowley, MA: Newbury House, pp. 36-55.
Blum-Kulka, S. 1987. Indirectness and politeness in requests: Same or different? *Journal of Pragmatics* 11: 131-46.
Blum-Kulka, S. 1989. Playing it safe: The role of conventionality in indirect requests. In S. Blum-Kulka, J. House and G. Kasper (Eds.), *Cross-cultural Pragmatics: Requests and Apologies*. New Jersey: Ablex, pp. 37-70.
Blum-Kulka, S. and House, J. 1989. Cross-cultural and situational variation in requesting behaviour. In S. Blum-Kulka, J. House and G. Kasper (Eds.), *Cross-cultural Pragmatics: Requests and Apologies*. New Jersey: Ablex.
Blum-Kulka, S. and Olshtain, E. 1984. Requests and apologies: A cross-cultural study of speech act realization patterns (CCSARP) 1. *Applied Linguistics* 5(3): 196-213.
Bratman, M. E. 1984. Two faces of intention, *Philosophical Review* 93(3): 375-405.
Bratman, M. E. 1993. Shared intention. *Ethics* 104(1): 97-113.
Brown, P. and Levinson, S. 1978. Universals in language usage: Politeness phenomena. In E. Goody (Ed.), *Questions and Politeness: Strategies in*

Social Interaction. Cambridge: Cambridge University Press.
Brown, P. and Levinson, S. 1987. *Politeness: Some Universals in Language Usage.* Cambridge: Cambridge University Press.
Byon, A. S. 2001. *The Communicative Act of Requests: The Interlanguage Features of American KFL Learners.* Ph.D. dissertation, The University of Hawai'i at Manoa.
Ervin-Tripp, S. M. 1976. Is Sybil there? the structure of some American English directives. *Language in Society* 5: 25-66.
Frank, F. 1980. Sexism in foreign language textbooks. Unpublished paper presented at annual AATSP meeting.
Fukushima, S. 1996. Request strategies in British English and Japanese. *Language Sciences* 18.3-4: 671-688.
Goffman, E. 1967. *Interaction Ritual: Essays on Face-to-Face Behavior.* New York: Doubleday.
Gu, Y. 1990. Politeness phenomena in modern Chinese. *Journal of Pragmatics* 14: 237-257.
Han, S. H. 2014. *A Study of Intentional Miscommunications and Misunderstandings in Marital Conversations: An Integrated Approach of Pragmatics and Action Theory.* Ph.D. Dissertation, Sogang University.
Hassall, T. 1999. Request strategies in Indonesian. *Pragmatics* 9(4): 586-606.
Hill, B., Ide, S., Ikuta, S., Kawasaki, A. and Ogino, T. 1986. Universals of linguistic politeness: Quantitative evidence from Japanese and American English. *Journal of Pragmatics* 10: 347-371.
Hong, W. 1996. An empirical study of Chinese request strategies. *International Journal of the Sociology of Language* 122: 127-138.
Ide, S. 1989. Formal forms and discernment: Two neglected aspects of universals of linguistic politeness. *Multilingua* 8: 223-248.
Ide, S. 2006. *Wakimae no Goyouron.* [Pragmatics of Wakimae]. Tokyo: Taishuukan.
Kiyama, S., Tamaoka, K. and Takiura, M. 2012. Applicability of Brown and Levinson's Politeness Theory to a Non-Western Culture: Evidence From Japanese Facework Behaviors. SAGE Open Journals, October-December 2012: 1-15.

Lakoff, R. 1973. The logic of politeness; or minding your p's and q's. *Papers from the 9th Regional Meeting of the Chicago Linguistic Society*, 292-305.
Lakoff, R. 1975. *Language and Woman's Place*. New York: Harper and Row.
Leech, G. 1983. *Principles of Pragmatics*. Essex: Longman.
Lee-Wong, S. M. 1994. Imperatives in requests: Direct or impolite — observations from Chinese. *Pragmatics* 4: 491-515.
Mao, L. R. 1994. Beyond politeness theory: 'Face' revisited and renewed. *Journal of Pragmatics* 21: 451-486.
Matsumoto, Y. 1988. Reexamination of the universality of face: Politeness phenomena in Japanese. *Journal of Pragmatics* 12: 403-426.
Matsumoto, Y. 2003. Reply to Pizziconi. *Journal of Pragmatics* 35: 1515-1521.
Mills, S. 2003. *Gender and Politeness*. Cambridge: Cambridge University Press.
Miyagawa, S. 1982. Requesting in Japanese. *Journal of the Association of Teachers of Japanese* 17.2: 123-143.
Myers, G. 2004. *Matters of Opinion: Talking about Public Issues*. Cambridge: Cambridge University Press.
Rachels, J. 1999. *The Elements of Moral Philosophy*. New York: McGraw-Hill College.
Reiter, R. M. 2000. *Linguistic Politeness in Britain and Uruguay*. Amsterdam: John Benjamins.
Rue, Y.-J. and Zhang, G. Q. 2008. *Request Strategies: A Comparative Study in Mandarin Chinese and Korean*. Amsterdam: John Benjamins.
Sifianou, M. 1992. *Politeness Phenomena in England and Greece: A Cross-cultural Perspective*. Oxford: Clarendon.
Sifianou, M. 2010. Linguistic politeness: Laying the foundations. In M. A. Locher and S. L. Graham (Eds.), *Interpersonal Pragmatics*. Berlin, Mouton de Gruyter, pp. 17-41.
Smith, L. E. 1987. *Discourse Across Cultures: Strategies in World Englishes*. London: Prentice Hall International.
Spencer-Oatey, H. 2000. Rapport management: a framework for analysis. In H. Spencer-Oatey (Ed.), *Culturally Speaking: Managing Rapport through Talk Across Cultures*. London: Continuum, pp. 11-46.
Spencer-Oatey, H. 2002. Managing rapport in talk: using rapport sensitive

incidents to explore the motivational concerns underlying the management of relations. *Journal of Pragmatics* 34: 529-545.

Spencer-Oatey, H. 2005. (Im)politeness, face and perceptions of rapport: Unpackaging their bases and interrelationships. *Journal of Politeness Research* 1: 95-119.

Takano, S. 2005. Re-examining linguistic power: Strategic uses of directives by professional Japanese women in positions of authority and leadership. *Journal of Pragmatics* 37: 633-666.

Watts, R. 1992. Linguistic politeness and politic verbal behavior: Reconsidering claims for universality. In R. Watts, S. Ide and K. Ehlich (Eds.), *Politeness in Language*: *Studies in its History, Theory and Practice*. Berlin: Mouton de Gruyter.

Watts, R. 2003. *Politeness*. Cambridge: Cambridge University Press.

Zhang, Y. 1995. Strategies in Chinese requesting. In G. Kasper (Ed.), *Pragmatics of Chinese as Native and Target Language* (Technical report No 5, Second Language Teaching and Curriculum Centre, University of Hawai'i). Honolulu: University of Hawai'i Press.

인명 찾아보기

ㄱ
감버그(Gahmberg)__23
고프만(Goffman)__4, 53, 261, 272, 339, 370, 388
골드만(Goldman)__116
공자__336
괴이(Göy)__316, 336, 370
그라이스(Grice)__64, 103, 113, 114, 115, 116, 125, 129, 130, 143, 144, 145, 146, 147, 148, 149, 156, 166, 168, 170, 172, 174, 185, 318, 339, 343, 344, 354, 355, 371, 400
그린월드(Greenwald)__60
기아마__386, 387
김선영__360, 368
김정일__292
김한나__8
김흥국__139

ㄴ
노벡(Noveck)__136
닉슨(Nixon)__59, 285

ㄷ
다나카(Tanaka)__159, 161, 276
다스칼(Dascal)__320
다윈(Darwin)__101
다카노(Takano)__360
던(Dunn)__3

도밍고(Domingo)__47
뒤르켕(Durkheim)__26
딘즈(Denes)__21

ㄹ
라센-프리맨(Larsen-Freeman)__66
라스웰(Lasswell)__39
라이터(Reiter)__271, 275, 305, 309, 338, 362, 368
라인하트(Reinhart)__273
라자르(Lazare)__303
랜험(Lanham)__4
러드(Rudd)__284
레디(Reddy)__19
레빈슨(Levinson)__65, 125, 148, 150, 168, 169, 170, 174, 175, 176, 177, 178, 180, 185, 262, 264, 265, 294, 301, 334, 339, 363, 370, 391, 398, 405, 406
레빗(Leavitt)__14
레이건(Reagan)__2, 6, 7
레이코프(Lakoff)__19, 150, 332, 339, 340, 343, 377, 379, 380, 391
롬니(Romney)__249
뢰슬러(Rösler)__316
루즈벨트(Roosevelt)__7, 59
류(Rue)__360, 367, 386
르카나티(Recanati)__177
리-웡(Lee-Wong)__360

리버스(Rivers)__103, 104, 105
리치(Leech)__145, 150, 233, 251, 252,
　　253, 254, 255, 262, 322, 339, 343,
　　371, 380, 391, 406
리프킨(Rifkin)__34
링컨(Lincoln)__286

■
마라(Marra)__28, 30
마쓰모토(Matsumoto)__386, 397
마오(Mao)__335, 398
마이어스(Myers)__407
마틴(Martin)__283
매카시(McCarthy)__202, 261
매컬로우(McCullough)__216
맥호터(McWhorter)__74, 76, 87
멀켄(Mulken)__136
메라비언(Mehrabian)__4, 5, 6, 7, 82
메이(Mey)__142, 239, 250, 276
모리스(Morris)__177
미들러(Midler)__47
미야가와(Miyagawa)__360
밀즈(Mills)__382

ㅂ
바넷(Barnett)__26
바우스필드(Bousfield)__148, 150
바이트(Weydt)__316
바흐친(Bahktin)__91
박준범__79
배론(Barron)__217, 308, 310, 315
버슈어렌(Verschueren)__55, 56, 88,
　　232

베자이든하우트(Bezuidenhout)__177
벤셰리프(Bencherif)__159, 161
벨(Bell)__54, __54
변상필__360
보킨(Borkin)__273
부스(Booth)__295
부시(Bush)__106, 107
브라운(Brown)__148, 150, 262, 264,
　　265, 301, 339, 363, 370, 391, 398,
　　405, 406
브래트만(Bratman)__400, 404
브롬스(Broms)__23
블레어(Blair)__106
블룸-쿨카(Blum-Kulka)__140, 141, 271,
　　293, 355, 359, 360, 361, 363, 366,
　　368
비고츠키(Vygotsky)__35
비스마르크(Bismarck)__338

ㅅ
사유리__138
사이먼즈(Simons)__101
새넌(Shannon)__15, 16, 17, 18, 25, 50,
　　52
세이덕(Sadock)__322, 323
송일수__132
쇼버(Schober)__52
스노든(Snowden)__60
스미스(Smith)__406
스캇(Scott)__203
스티븐슨(Stevenson)__52
스퍼버(Sperber)__125, 150, 151, 154,
　　155, 157, 159, 160, 161

스펜서-오티(Spencer-Oatey)__150, 259, 264, 266, 391
시카고(Chicago)__283
시피아누(Sifianou)__382, 406
신봉승__134
심슨(Simpson, Nicole)__116
심슨(Simpson, O. J.)__116
썰(Searle)__21, 185, 186, 204, 205, 213, 221, 222, 223, 233, 239, 240, 241, 248, 254, 255, 318, 320, 321

ㅇ ─────
아포스텔(Apostel)__148
알렉산더(Alexander)__277
애디슨(Addison)__101
액커만(Ackermann)__36
야고다(Yagoda)__69, 72
양용은__302
어빈-트립(Ervin-Tripp)__366, 368
에르도안(Erdoğan)__178
엘튼 존(Elton John)__283
염(Yum)__26
오가와(Ogawa)__276
오라일리(O'Reilley)__109, 111, 112
오바마(Obama)__59, 109, 111
오스틴(Austin)__21, 66, 185, 186, 201, 204, 205, 208, 212, 213, 232, 233, 234, 237, 238, 239, 241
오트쿠(Otcu)__316
올쉬테인(Olshtain)__308, 355, 360
옹(Ong)__85
와이너(Weiner)__279, 280
왓츠(Watts)__146, 338, 388

우드워드(Woodward)__285
우즈(Woods)__301, 303
울펠(Woelfel)__26
웨인(Wayne)__283
웰치(Welch)__202
위버(Weaver)__15, 16, 17, 18, 25, 50, 52
윌슨(Wilson)__125, 150, 151, 152, 154, 155, 157, 159, 160, 161
윌커슨(Wilkerson)__260
윤시온__360, 364
이글튼(Eagleton)__13
이데(Ide)__386
이만수__203
이성범__50, 51, 96, 320, 400, 414
이판티두(Ifantidou)__154
이현종__107

ㅈ ─────
장(Zhang)__360, 367, 386
장하아얀__178
전정미__360, 406, 407, 408, 410
제이렉(Zeyrek)__316
존슨(Johnson)__19
죌러(Zoeller)__301, 303
즈위커(Zwicker)__202

ㅊ ─────
챈들러(Chandler)__20
체스터튼(Chesterton)__295
촘스키(Chomsky)__81, 182, 185
최경주__302

ㅋ

카스턴(Carston)__177
카치기언(Khachigian)__2
카터(Carter)__2
칸트(Kant)__115, 116
캇소스(Katsos)__177
캐스퍼(Kasper)__140, 141, 293, 307, 355
컬페퍼(Culpeper)__150
코헨(Cohen)__308
콕스(Cox)__60
콜맨(Coleman)__5
쿨리(Cooley)__13
쿨마스(Coulmas)__257
크리스티나(Christina)__139
클라크(Clark)__52, 54
키난(Keenan)__142, 144
키퍼(Kiefer)__146
킨케이드(Kincaid)__25, 26, 27, 28, 34

ㅌ

토마스(Thomas, Helen)__107
토마스(Thomas, Jenny)__41, 145

ㅍ

패솔드(Fasold)__144
퍼만(Fuhrman)__116
퍼트넘(Putnam)__102
페퍼트(Papert)__35, 36, 38

풀(Poole)__102
프란치스코 교황__56
프랭크(Frank)__343
프랭클린(Franklin)__295
피아제(Piaget)__34, 36, 38
피어슨(Pearson)__101
핀슨(Pinson)__21

ㅎ

하르덴(Harden)__316
하버마스(Habermas)__20, 181, 182, 183, 184, 186, 187, 189, 191, 249, 261, 372
하쌀(Hassall)__360, 362
하우스(House)__307, 355
한승조__133
한승훈__400, 405, 408, 414
허들스톤(Huddleston)__325
허치언(Hutcheon)__292
헨첼(Hentschel)__316
호켓(Hockett)__22
혼(Horn)__170
홍승진__320, 328, 360
후쿠시마(Fukushima)__360
휘즐러(Whisler)__14
휘트필드(Whitfield)__103, 104, 105
히스(Heath)__141
히틀러(Hitler)__5

주제어 찾아보기

ㄱ

가교 추론__173
간접 언어 행위__317, 318, 320, 321
간접성__361, 362, 365, 366
갈등적 언어 행위__252, 253, 254, 256
감정노동__278
감청__57, 59, 60
감탄__325, 326
감탄적 명령문__325
감탄적 의문문__325
감탄적 진술문__325
갑을 관계__289
강한 암시__358
강화 표현__307, 308, 310
강화사__247, 307, 309
개인 간 소통__23
개인 내 소통__23
거리__382, 383
거울 자아 이론__13
거절 행위__298, 299, 318
격률__114, 115, 116, 123, 125, 129, 130, 138, 140, 147, 148, 185, 230, 340, 343, 354
격률 무시__134
격률 실수__137, 138, 139
격률 위반__130, 137
격률 회피__132, 230
격률과 문화__140
겸손의 격률__344, 347, 350

경고 행위__219, 220, 239
경로__39
경어법__183, 184, 215
경쟁적 언어 행위__252, 253, 254, 293
경제성의 원리__78
경청자__61, 62
고정함축__167, 168
공감의 격률__344, 349
공개된 전략적 행동__190, 191, 192
공격적 언어 행위__412
공격적 언어전략__401
공손__148, 150, 185, 215, 216, 225, 251, 252, 254, 255, 256, 262, 361, 364, 365, 366, 367, 383, 406
공손 규칙__379
공손 전략__370, 372, 374, 379, 381, 382, 383, 386, 389, 395, 405
공손 표지__211, 214, 310
공손성과 간접성__363
공손성의 격률__143, 350
공손성의 척도__351, 371
공손의 규칙__332, 377
공손의 원리__338, 344, 354
공적인 소통__162, 166, 178, 229
공지시어 해석__173
과거 시제__315
관계의 격률__103, 115, 125, 230
관습적으로 간접적인 단계__357, 368
관용의 격률__344, 346, 350

광고 언어의 과장성__122
광보__63
교제권__395, 397, 410
교통 표지__116
구경꾼__54, 55, 56, 57, 59
구성주의__35
구성주의 모델__15, 34, 38, 52
구술적 전통__142
굴절__91, 95
권위의 척도__353
권한__368, 382, 383, 388
권한 행사 행위__235, 238
근본적 조건__220, 224, 240, 268, 319
글말__76, 83, 85, 87
기본값 모델__177
기본적 추론__65

ㄴ ─────

내부 수식__247, 300, 306, 367, 369
내용 분석__39
내적인 요인__387, 388

ㄷ ─────

단보__63
단언 행위__346, 347, 348, 349
단일 수신자 송신__63
단일 양식의 송출__50
닫힌 소통__407
담화__190, 191
대독자__41, 45, 46, 56
대맥락__92
대변인__41, 45, 56
대인 소통__23

대화에서 전달되는 것__64
대화의 원리__67, 103, 113, 114, 140, 145
대화함축__126, 167, 169, 378
도관 비유__19, 36
도청__57, 59, 60
도청자__43, 54, 55, 56, 57
독수독과원칙__58, 59
독수독과이론__58
독자__52
동보__63
동의의 격률__344, 348, 406
되먹임__18, 22, 26, 39, 40, 87, 88, 89
되먹임 분석__40
등급 Q-함축__171
또래 압력__80

ㄹ ─────

레이건의 아이러니__3

ㅁ ─────

말장난__135
말해진 것__64, 148, 166
맞장구 표현__88
매체 분석__39
맥락__38, 40, 64, 65, 154, 155, 253
맥락 가정__152, 153
맥락 분석__40
맥락 함의__152, 153
맥락 효과__151
맥락적 요인__387, 388
메시지__17, 39, 63
면대면 대화__23

면대면 상황_83
명령 행위_351
명시적 소통_160, 162
명시적 수행문_213, 356
명시적인 의미 내용_152
명예훼손_74, 210
명제 내용 조건_219, 221, 240, 267
명확성_341
무례_148, 150, 256, 393, 406
무장해제 표현_300, 306
문법성_226
문자 메시지_78
문자적 전통_142
문장의 의미_64, 65, 66, 168
물리적 잡음_89
미란다 고지_58
미명시 모델_177

ㅂ

반목 전략_410
반어법_224
발산_30, 34
발산적 소통_409
발화 타입 의미_168
발화 토큰 의미_168
발화 행위_66, 150, 205, 207, 209, 210
발화결과 행위_66, 149, 150, 208, 209, 210, 211, 268
발화수반 의도_412
발화수반 행위_66, 150, 185, 207, 209, 210, 233, 239
발화수반력_205, 209, 213, 215, 245, 296, 300, 301, 307, 308, 309, 313, 315, 316, 366, 373, 380, 384, 389, 390, 405, 410
발화수반력 표시 장치_211, 214, 215, 271, 310
발화수반적 목표_251, 262
발화수반적 요점_205, 208, 241, 374, 378, 385, 391, 395
발화의 의미_65, 66, 168, 170
배려의 격률_344, 345, 350
범상황적 체면_391
법에 의한 도출_356
변수_6
보정 장치_383, 384
보조 언어 행위부_298
보편문법_182
보편화용론_182
복합 양식의 송출_50
부가의문문_315
부담 정도_368, 369, 382
부정_315
부정 강화_173
불통_400, 403, 405, 412
불특정 다수 수신자 송신_63
비공개 전략_264, 378, 380, 381, 385, 390, 391, 406
비공손성_364, 365
비공유-비협조 행위_400, 403, 404
비관습적으로 간접적인 단계_357, 369
비굴한 사과_296, 297
비동의 행위_28, 405, 406
비면대면 상황_83
비용/이득의 척도_351
비용과 이득_395, 396

비자발적 우연 청자__55, 56, 57
비참여자__55
뻣뻣한 사과__294, 296, 297

ㅅ ─────
사과 행위__256, 262, 268, 298, 299, 389
사과의 정의__257
사교성 권리__394, 397
사교적 맥락__201
사이버 망명__61
사회문화적 관점__15
사회적 거리감__353, 366
사회적 구성주의__35
사회적 맥락__201
사회적 목표__251, 262
사회적 목표 공유__146, 148, 150
사회적 변수__368, 386
사회적 소통__124
사회적 수행__277
사회적 언어 행위__201
사회적 정체성 체면__370, 394, 395, 396, 397, 404
사회적 지위__366
사회적 행동__189, 190
사회적 협조__145, 147, 149, 150
상대방 중심 전략__407
상대적인 체면 지향__398
상업 광고__119
상위화용적 지각 표시__88
상호주관주의__157
상황-특정적 체면__391
상황적 요인__386

생리적 잡음__89, 90
생산자__17
생활세계__20
서법__212
서술 행위__238
선-사과__377
선보__63
선언 행위__244, 246, 247, 256
설명 행위__234, 238
성실성 조건__220, 223, 240, 267, 319
세팅__92
셀프 모니터링__22
소극적 공손__341, 369, 380, 381
소극적 공손 전략__263, 376, 377, 380, 381, 390, 406
소극적 체면__371, 377, 381, 384
소망의 표시__357
소맥락__92
소셜 네트워크 서비스__44
소통의 정의__10
소통적 의도__157, 158, 160
소통적 적절성__186
소통적 행위__181, 189, 190, 191, 193, 250, 372
손가락 말__76, 83, 85, 87
송신의 양식__50
송신자__15, 17, 39, 40, 42, 45, 52, 53, 56, 63, 83, 88
수렴__30, 34, 91, 400
수렴 모델__15, 25, 34
수렴적 소통__409
수사적 의문문__324, 325
수사학적 접근__15

수식_300
수신자_15, 16, 17, 39, 52, 56, 62, 83, 88
수신자의 역할_53
수행 동사_183, 185, 211, 212, 213, 214, 237, 271, 274, 289
수행문_212, 213
스스로 되먹임_87
스펜서-오티_150
승승 전략_407, 408
심리적 잡음_89, 90

ㅇ

I-원리_170, 172
I-함축_172, 175, 176
암시적 소통_160, 162
약속 행위_231, 268
약한 암시_358
약화된 수행문_356
약화사_312
양상 표지_247, 307, 315, 316
양의 격률_103, 115, 123, 125, 126, 127, 137, 138, 143, 144, 170, 172, 230, 354
양태의 격률_115, 117, 125, 136, 141, 143
어휘적 완화사_310
억양_211
언약 행위_236, 238, 241, 242, 243, 255, 345, 346, 353
언어 간 화용론_283
언어 보편소_182
언어 연쇄_21

언어 행위_186
언어 행위 동사_231
언어 행위 발화의 구조_298
언어 행위 이론_21, 66, 149, 185, 201, 204, 313
언어 행위의 이론_186
언어 협조의 원리_148
언어의 의미_80
언어의 형식_66, 80
언어적 공손_150
언어적 목표 공유_145, 146, 150
언어적 협조_145, 147, 149, 150
에너지 보존의 법칙_27
엔트로피_26, 27, 34, 91
M-원리_170, 174, 178
M-함축_174, 175, 176
역동적인 상호작용_36
열 받게 하기_74
열린 소통_407
예비적 조건_219, 221, 222, 223, 240, 241, 267
예비적 조건 질의_357, 362, 368
완서법_375
완전 공개 전략_263, 264, 289, 372, 380, 381, 384, 389, 390
완화사_247, 307, 310
외부 수식_300, 304, 367, 369
요청 행위_223, 224, 251, 298, 299, 308, 310, 384
요청하기_220, 388
우연 청자_54, 55, 56, 59
우호적 언어 행위_252, 254, 255, 293
울타리 표현_311

워터게이트 사건__59, 285
원조 논쟁__43
위협도 공식__388
유령저자__45
유사메시지__95
유의미성__226
유인사__313
은폐적 의사소통__160, 161, 162
음위전환__75
2차 구술 시대__86, 87
2차 문자시대__86, 87
1차 구술 시대__86
1차 문자시대__86, 87
의도주의__157
의례__277
의례적 사고__277
의례적 사과__272
의무 진술__357
의문문__315, 322, 323
의미 보충__151, 172
의미론__64, 167
의미적 잡음__89, 90
의미적 적형성__227
의사소통적 합리성__181, 186
이모티콘__77, 78
이상적인 개인 자율성__398
이상적인 사회 정체성__398
이유 표현__300, 301, 304
이해 도출 지향 행동__190
인공두뇌학 __15
인용자__45
인정의 격률__344, 346, 350, 354
인지 환경__153, 154, 155, 156, 158, 170
인지적 소통__157
인지적 효과__136
일반화된 대화함축__65, 167, 168, 170, 176
입력자__52
입말__76, 85, 87

ㅈ ─────

자긍심 체면__264, 394, 395, 396, 397, 404, 412
자기 소통__23
자기중심 전략__407, 408, 410
자립과 강제__395
자립적 견해 __52
자막__50
잠복된 전략적 행동__190, 191, 192
잠재적 체면위협__377
잡음__18, 39, 89
재창조자__50
저자__40, 45
적극적 공손__262, 380, 381, 406
적극적 공손 전략__263, 301, 374, 376, 377, 380, 381, 384, 389
적극적 무례함__402
적극적 체면__265, 371, 375, 381
적절성__185, 226, 227, 228
적정성__185, 212, 226, 227
적정성 조건__217, 218, 220, 221, 222, 223, 225, 227, 241, 266, 267, 268, 282, 319, 384
적합성__150, 320
적합성 이론__125, 137, 150, 154, 157

적합성의 격률__125
적형성__225, 227
전달 모델__15, 34, 36, 38
전달자__41, 45, 57
전략__277
전략적 사고__277
전략적 행위__189, 190, 191, 193, 250, 372
전제__38
전파자__40, 42, 45, 47, 48
전파자 표시 방법__46
전형적인 것으로의 추론__173
절 Q-함축__171
절대적 보편소__182
접속문 연결 해석__173
정보 기술__14, 19
정보 송출자__16
정보 전달의 은폐적인 형태__161
정보 통신 기술__14
정보적 소통__332
정보추구형 의문문__324, 325
정체성__393
정체성의 체면__265
정확성__228
제보적 의도__157, 158, 159, 160, 161
제안성 어구__357
제어 분석__39
조건부적 사과__293, 294
조건절__315
조건절 강화__173
조작__190
조화관계__391, 394, 395, 397, 398, 399, 404, 405, 412

조화관계 이론__391
조화관계 지향__393, 398, 399, 400, 402, 403, 404, 409, 410
종착지__16
주관화 표현__311
주변 청자__54, 55, 56, 57
주변부__298, 299, 300, 367
주요부__298, 299, 367
준비 표현__300, 304, 305
중심 청자__43, 54, 55, 56, 57
지령 행위__240, 241, 310, 322, 345, 346, 353
지시 행위__239
지위__368, 369, 382
직접 언어 행위__317
직접성__225
직접적인 단계__356
진리치__226
진술 행위__239, 240, 254
진술문__212
질의 격률__114, 116, 117, 126, 131, 140, 141, 142
집단 의식__26
집단 행동__26
집단적 체면__392

ㅊ ———

참여자__55
창조자__40, 45, 46
채널__15, 83
처리 노력__136, 151
처신 행위__205, 234, 236, 238
천안문 사태__284

청자__17, 43, 52, 53, 61, 62
청자의 유형__55
청중__54
청중 분석__39
청해자__61
체계적으로 왜곡된 행동__190, 192
체면__261, 266, 369, 370, 371, 372, 374, 376, 378, 380, 388, 389, 390, 391, 392, 394, 404, 405, 406, 409, 410
체면손상__392, 393, 397
체면위협 행위__30, 262, 371, 378, 380, 381, 383, 389
체면위협도__386, 388, 405
초두 효과__5
최소화의 격률__172
최적의 적합성__137, 151, 153, 154, 162, 164, 166
축소사__311
출처__16
친교적 소통__332
친밀도__368, 384
7-38-55 규칙__5, 6, 7

ㅋ
컨센서스적 행동__190
Q-원리__170, 179, 180, 185
Q-함축__170, 175, 176

ㅌ
타당성 주장__187, 189
타인 되먹임__88
텍스트 혁명__79

통계적 보편소__182, 183
통사적 완화 표현__310, 315
통사적 적형성__226
통신 언어__73, 74, 76, 78
통제자__50
특수화된 대화함축__168
특정 다수 수신자 송신__63
특질__392

ㅍ
패러디__290, 292
평결 행위__233, 238, 239
평등권__394, 395, 396, 397, 402, 404, 410
표절__43
표현 행위__242, 243, 248, 250, 346, 347
피드백__18

ㅎ
하위문화__80
함언적 보편소__182, 183
함축__38, 126, 127, 129, 143, 153, 154, 169, 171, 185, 224, 377, 378, 408
함축된 것__64, 166
합작적 견해__53
합작적 언어 행위__252, 254, 256
해독자__52
해석자__55
핵심부__300
현시적 의사소통__159, 161
협박하기__220
협조__145, 148, 149

협조의 원리__114, 126, 129, 146, 147,
    148, 150, 185, 318, 338, 339, 343,
    354, 400
형식적 화용론__181
형식적인 (가장된) 협조 행위__400, 402,
    404
호격__183, 184
혼-등급__170, 176
화용론__65, 113, 167, 193
화용적 능력__340
화용적 보편소__183, 184
화용적 제약__67
화용적 척도__350
화자__17, 40, 45, 47, 48, 49, 54, 55, 56,
    57, 59
화자의 의미__64, 65, 66, 167, 168
확인사__314
환경__39, 40
회피 전략__407, 408, 410
효과 분석__39

| 표 목록 |

[표 1] 청자의 유형 (Clark 1996:14를 일부 수정한 것) ·································· 55
[표 2] 면대면 대화와 비면대면 대화 ·································· 83
[표 3] 소통에서 협조의 두 측면 ·································· 150
[표 4] 함축 유형의 속성 비교 ·································· 175
[표 5] 사회적 행동의 유형 ·································· 190
[표 6] 언어 행위의 세 측면 ·································· 209
[표 7] 언어 표현의 적형성 조건 ·································· 226
[표 8] 뻣뻣한 사과와 비굴한 사과 ·································· 297
[표 9] 요청 행위 발화의 코드 체제 ·································· 358
[표 10] 한국어 요청 발화의 코드 체제 ·································· 361
[표 11] 레이코프와 브라운과 레빈슨의 비교 ·································· 379
[표 12] 조화관계 관리의 요소 ·································· 395

그림 목록

[그림 1] 섀넌과 위버의 커뮤니케이션 모델 ················· 16
[그림 2] 언어 연쇄 (Denes and Pinson 1972, p.5) ············ 21
[그림 3] 메시지 송신자의 유형 분류 ····················· 45
[그림 4] TV 자막 방송에서의 이중 메시지 전달 과정 ········· 51
[그림 5] 해석자의 역할 분류 ··························· 55
[그림 6] 언어의 세 영역 ······························· 66
[그림 7] 중의적인 주차 금지 표지 ······················· 118
[그림 8] 중의적인 교회 안내문 ·························· 118
[그림 9] 잘못된 도로 공사 표지 ························· 119
[그림 10] 격률 무시성 금연 포스터 ······················ 135
[그림 11] 말장난을 이용한 금연 포스터 ··················· 136
[그림 12] 소통의 유형 ································· 161
[그림 13] 그라이스의 의미 층위 ························· 167
[그림 14] 브라운과 레빈슨(1987)의 공손 전략 ·············· 380